北京大学研究生学术规范与创新能力建设丛书

法律实证研究方法

(第二版)

白建军 著

图书在版编目(CIP)数据

法律实证研究方法/白建军著. —2版. —北京:北京大学出版社,2014.3
(北京大学研究生学术规范与创新能力建设丛书)
ISBN 978-7-301-23785-4

Ⅰ. ①法… Ⅱ. ①白… Ⅲ. ①法律-研究方法 Ⅳ. ①D90

中国版本图书馆 CIP 数据核字(2014)第 015873 号

书　　　名:	法律实证研究方法(第二版)
著作责任者:	白建军　著
责 任 编 辑:	泮颖雯
标 准 书 号:	ISBN 978-7-301-23785-4/D·3511
出 版 发 行:	北京大学出版社
地　　　址:	北京市海淀区成府路 205 号　100871
网　　　站:	http://www.pup.cn　新浪官方微博:@北京大学出版社
电 子 邮 箱:	编辑部 jyzx@pup.cn　总编室 zpup@pup.cn
电　　　话:	邮购部 010-62752015　发行部 010-62750672　编辑部 010-62753056
印 刷 者:	北京虎彩文化传播有限公司
	730 毫米×980 毫米　16 开本　24 印张　478 千字
	2008 年 7 月第 1 版
	2014 年 3 月第 2 版　2023 年 12 月第 3 次印刷
定　　　价:	48.00 元

未经许可,不得以任何方式复制或抄袭本书之部分或全部内容。
版权所有,侵权必究
举报电话:010-62752024　电子邮箱:fd@pup.cn
图书如有印装质量问题,请与出版部联系,电话:010-62756370

北京大学研究生学术规范与创新能力建设丛书

学术委员会

主　任： 许智宏

副主任： 林建华　柯　杨　张国有

委　员： 甘子钊　杨芙清　袁行霈　厉以宁
　　　　　方伟岗　文　兰　昌增益　陈尔强
　　　　　陶　澍　朱苏力　王缉思　陈学飞
　　　　　温儒敏　牛大勇　叶　朗　王明舟
　　　　　王仰麟

编辑委员会

主　任： 林建华

副主任： 王　宪　王仰麟　张黎明

委　员： 高　岱　生玉海　段丽萍
　　　　　郑兰哲　贾爱英

丛书策划： 北京大学研究生院　北京大学出版社

丛 书 总 序

21世纪的竞争,归根结底是人才的竞争。中国共产党第十七次全国代表大会明确提出要优先发展教育,提高高等教育质量,建设人力资源强国。高等教育担负着为国家培养高素质创新人才、为社会提供一流服务的重任,大力发展高等教育是实现我国由教育大国向教育强国转变的战略手段,北京大学正努力地朝着建设一流的研究型大学的目标迈进。

近十年,国家启动两期"985工程"和"211工程",加快推进了我国高等教育的改革和发展。现在,"985工程"和"211工程"第三期也已经或即将启动,这必将继续推动我国高等教育的进步,促进教育质量的提高、学科设置的改善、学校管理的改革和人才队伍的建设。在此期间,中国高等教育积极开拓国际视野,增强与国外大学特别是世界知名大学的交流与合作,通过联合培养、交换学习等方式让教师和学生接触国际学术前沿;并通过引进海外优秀人才、教学互访等方式加强了与国外大学的合作,吸纳了很多先进的教学方法与科技成果。

世界各国特别是发达国家,长期以来都是把培养拔尖创新人才作为国家发展战略,并作为增强其国家核心竞争力的重要手段。从一定意义上说,研究生教育代表着一个国家高等教育的水平,研究生培养直接关系创新型国家建设目标的实现。研究生教育的任务就在于培养出国家人力资源金字塔中的顶尖人才,这也决定了研究生教育具有精英性、专业性和创新性的特征。研究生教育的培养质量代表着中国科学研究的能力和潜力,引领着中国科技和文化的发展方向,是建设社会主义和谐社会的重要力量。随着全球化的不断深入和扩大,如何把我国从一个高等教育大国建设成为高等教育强国是我们面临的重要挑战,如何进一步提高研究生培养质量也成为我们亟待解决的问题。

受历史条件、客观因素的制约,目前我国的研究生教育存在一些阻碍其长足发展的瓶颈区域。研究生培养质量有待提高,导师制度有待健全,学术道德观念亟需加强,自主创新的能力和水平也应不断提高。这些问题提醒我们高校教育工作者,要结合我国教育实际和客观条件,进行积极有效的培养机制改革,提高教师和学生从事科学研究的积极性和能力,加强学术道德规范建设,为全面提高高等教育质量尤其是研究生培养质量作出贡献。

多年来,北京大学不断探索提高研究生培养质量的途径,并进行了卓有成效的研究生培养机制改革,取得了一些成果,收获了一些经验。为进一步了解国外大学教育制度和研究生培养情况,吸收他们的先进经验,北京大学研究生院与北京大学出版社共同遴选了一批在国外具有较广泛影响的教材和参考书,并正式出版了学术道德与学术规范系列丛书。该丛书中每种著作针对一个主题,分别从学术道德、文献搜集、研究资讯的管理、阅读和写作指导、科研计划的撰写、论文写作与发表及科学研究的基本方法等方面,介绍国际学术研究的基本规范程式。与此同时,在课程教学积累的基础上,一批由北京大学教师编著的研究生学术规范类教材也正在逐步完成。它们凝聚了北大教师们多年的研究经验和成果,也是与中国教育实际契合的很好的教学科研用书。这套丛书给广大研究生和研究生教育工作者们打开了一扇世界之窗,有利于我们的学生和教育工作者借鉴国内外学术规范和学术研究的先进方法,吸取更多的经验和教训,有利于提高我国高校教育质量和自主创新能力,催生更多具有国际先进水平的学术成果和更健全的教育体系。

"工欲善其事,必先利其器。"加强学术规范教育和训练是我国研究生教育长期的课程和目标,良好的学术规范是科学研究的基础,也是全面提高学生培养质量的有力保证,从规范入手,让学生知道如何规范地搞科研、做学问,自觉遵守学术道德,恪守科学精神,对推动我国研究生教育有深远意义。我愿意和广大教育工作者们一起,从关注基础、关注规范入手,不断提升研究生教育的质量,形成研究生教育立足规范、注重质量、追求卓越、勇于创新的新气象。

第二版自序

与第一版相比,这一版的变化有以下三点。

第一,更新了体系。在第一版中,构成全书内容的是立法、违法、司法、法制社会四个方面的实证研究。研究方法分散在这几个部分中加以介绍,本身没有逻辑顺序。而在这一版中,乍一看是九章,没什么特别。但实际上,正如九宫格内容进阶体系所示,这九章内容是两条线索交叉形成的一个九宫格体系结构。一条线索是实证研究方法的三个层次:样本观察方法、关系分析方法、假设检验方法。这三个部分之间基本上是一种进阶关系,逐步深入,可掌握一些基本的实证研究方法。另一条线索是法学问题的三个方面:分别是立法问题、违法问题、司法问题。这两条线索相互交叉,便形成了本书内容的九宫格体系,也就是目录中顺序列出的九章。

从某种意义上说,这九章基本上概括了法律实证研究的九类方法或九种基本的研究套路。无论在实战中怎样变化,许多研究无非还原为这九个"问题—方法"模式中的任何一个,或是其中几个模式的灵活组合。这是因为,实证研究方法基本上可以归结为样本观察、关系分析和假设检验三个部分,而法学问题又大体上分为立法研究、违法研究以及司法研究三类。因此,这本书,既可以横着看,也可以竖着读,甚至可以根据选题的需要,从九宫格中任何一个部分进入。横着看,你可以一步一步研习实证研究方法。这时,法律问题是例子,帮你理解方法的选用。竖着读,你可以沿着各种问题进入法学领域。这时,实证研究方法是个视角,使你对法律和法学形成另一种感觉。

不过,还是必须说明:虽然这九个组合之间相互独立,比如,司法观察就不同于违法观察,也不同于司法分析,它们在对象、问题、方法、形式等方面都各有不同。但是,具体的统计工具和分析技巧却可以出现在九个部分中的任何一个中。比如,交互分析法虽然出现在本书的法律分析部分,但实际上,其他所有板块中都会用得上交互分析法。可见,这个九宫格体系不过是法律问题与实证研究方法之间的某种连接方式,也是相关知识主题的某种解说方式。因此,不应该把某个部分中介绍的具体统计方法钉死在该部分。

第二,增加了内容。这一版中,大约一半以上是2008年第一版以后我的研究成果或第一版中没有出现的内容。所谓一半以上,既是指字数,也包括内容选题。所以,有朋友说,这一版几乎是一本新书,建议我换个书名再出一本。不过,我还是坚持让这些东西在第二版中充实我的《法律实证研究方法》。原因很简单,对我来说,数量固然重要,但更该在乎的是学术品牌和大体上稳定的读者群。如果你的书不能让读者记住一两件事,一两个知识点,一两个有趣的启示,数量再多也可能被读者遗忘。设想,如果总是有那么一些读者需要你,惦记着你,在网上找你的书,在你面前捧着全本复印的你的书,哪怕不多,那也是一种独特的贡献了。退一步坦白地说,这一版虽然相对第一版增加了一半以上的内容,但实际上,这些内容已经以不同形式发表过了。不同的是,装进九宫格以后,着重从研究方法的角度加以解说,让人们进一步了解这些成果是怎么来的。这种形式的学术创作至少可以满足部分老读者的好奇,去掉法律实证研究的神秘感,当然,于作者而言,不被指责为自我重复,就已经要谢天谢地了。所以,成果清单里少一本新书,并不足惜。

第三,压缩了篇幅。尽管增加了内容,这一版却比第一版少了几万字。除了整块地删除了一些部分,如"法学博士论文选题创新性实证分析",更多的是对原有内容做了瘦身处理。比如,在第一版中,"规范文本中的政策导向"有一万五千字之多。而在第二版中,这部分更名为"司法解释背后",只用了三千字。我写着省事,别人读着省事,何乐而不为?说到篇幅,倒是有一点需要说明。这本书的一个基本特点是,主要用我自己亲手做过的研究为例,介绍如何做实证研究,算是经验研究的经验吧。如果说做第一版时学界的法律实证研究还不够多的话,如今已经大不一样了,各种法律实证研究越来越多,已经小有气候。那么,为什么这一版还是没有对国内外各种法律实证研究进行系统收集、梳理、评介呢?如果这样做了,这本书的篇幅岂不更大更气派吗?的确,现在的做法绝不意味着只有我的研究才算是实证研究。如果没有前人的工作,我不可能有今天的成果;没有更多学人的加入,也说明实证研究并无生命力。不过,不把别人的东西拿来撑门面,它们也待在那儿不会跑了,读者可以自己去读。更不会因为缺了我的评介,它们就不是实证研究了。最重要的是,根据我在北大法学院为研究生开设"法律实证分析"课程十三年来的课堂感受,学生最爱听的,是原作者的现身说法。他们读了你的东西,再来听你自己交代某个想法是怎么来的,某个设想是怎么实现的,过程中有哪些故事,再加上一点直白的叙述,会形成一种独特的印象。拥有读者这种印象的作者是幸福的,是幸运的,也是有理由坚持下去的。至少,学生都识字,也很忙,不大愿意听你在宝贵的两个课时中东拉西扯。总之,做到哪儿就说到哪儿,只讲自己见过的,不拿连自己都不信的东西去蒙人,这个追求并不算太远大。

最后,这一版能和读者见面,要感谢北大出版社泮颖雯编辑为这本书做出的不懈努力;感谢北京大学信息化办公室为北大师生提供了正版 SPSS,满足了实证研究对分析工具的需要;感谢《中国社会科学》《中国法学》《法学研究》等杂志社让我的研究成果得以发表;感谢我的统计学老师郑真真教授,教我如何正确选用统计分析工具;感谢郑顺炎、陈浩、许克显等人在数据收集、整理方面给予的无可替代的支持;感谢我的太太赵娅教授,能在我享受写作时承担起繁重的家务;最后,还是特别感谢我的所有学生,让我有勇气在法律实证研究这块领域中继续做下去。

白建军

2014 年 2 月

"九宫格"内容进阶体系

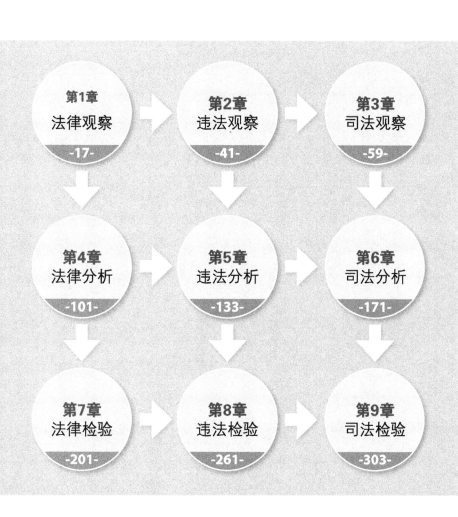

目 录

- 导论：少一点"我认为"，多一点"我发现" ······ 1
- 第1章 法律观察 ······ 17
  - 1.1 法条也实证？ ······ 18
  - 1.2 三部刑法的统计观察 ······ 19
  - 1.3 建个数据库来观察你的研究对象 ······ 23
  - 1.4 四级罪：划分与归类 ······ 24
  - 1.5 类型化处理的规则：互斥与周延 ······ 27
  - 1.6 除了纯正就是不纯正？ ······ 28
    - 1.6.1 不作为犯罪的外延边界 ······ 29
    - 1.6.2 法定不作为犯的基本类型 ······ 30
    - 1.6.3 法定不作为犯的形式特征 ······ 32
    - 1.6.4 法定不作为犯的内容特征 ······ 37
    - 1.6.5 法定不作为犯的经验定义及其意义 ······ 38
- 第2章 违法观察 ······ 41
  - 2.1 学术研究与证据意识 ······ 42
  - 2.2 个案观察与归纳 ······ 43
  - 2.3 道德冒险：从个案观察到全景观察 ······ 48
  - 2.4 绝对数与相对数：法律现象的简单描述 ······ 52
  - 2.5 区群缪误：关于分析单位的常见错误 ······ 56
- 第3章 司法观察 ······ 59
  - 3.1 样本意识 ······ 60
    - 3.1.1 抽样原理 ······ 61
    - 3.1.2 抽样方法 ······ 61
    - 3.1.3 误差对策 ······ 63
  - 3.2 法官何以说不？ ······ 66
    - 3.2.1 变更结果的观察 ······ 67
    - 3.2.2 相关因素的观察 ······ 71
    - 3.2.3 变更罪名的限制性操作 ······ 74

3.3 均值比较 75
3.3.1 均值过程 75
3.3.2 单样本 T 检验过程 77
3.3.3 独立样本 T 检验过程 79
3.3.4 配对样本 T 检验过程 81
3.4 发现法官的集体理性：裸刑均值研究 82
3.5 找到代表性案例：量刑参数研究 87
3.6 分类汇总 95
3.7 时间差：案件持续时间 97
3.7.1 案件平均持续天数 98
3.7.2 案件持续性的地区比较 99
3.7.3 案件持续性的部门比较 100

第 4 章 法律分析 101
4.1 变量层次：从定性到定量 102
4.2 交互分析：实证分析的"AK47" 104
4.2.1 解释与预测 105
4.2.2 相关程度 109
4.2.3 形成新的量化组合 111
4.3 罪名体系的量化组合 112
4.4 罪刑关系的全景量化 115
4.5 生命刑法：视而不见的法律信息 119
4.6 法社会学：立法者听谁的？ 121
4.7 详析分析：用交互分析的升级版解读婚姻成败 125

第 5 章 违法分析 133
5.1 防患于未然 134
5.1.1 违法危害性的量化描述 134
5.1.2 违法规律的发现与利用 135
5.1.3 违法者的个体测量 136
5.2 企业违法的法律风险评估 137
5.2.1 银行诉讼的价值阶梯 137
5.2.2 价值阶梯的量化 141
5.2.3 败诉率与业务环节 141
5.2.4 败诉率与风险来源 142

5.3 金融犯罪的规律与预测 ································· 144
    5.3.1 得逞率与被害性 ······························· 147
    5.3.2 消极发现率与被害性 ·························· 152
5.4 问卷调查 ··· 156
    5.4.1 数据采集方法 ··································· 156
    5.4.2 方法选用原则 ··································· 158
    5.4.3 问卷设计的"九定" ························· 159
5.5 银行职务犯罪问卷调查 ································· 162
    5.5.1 行为倾向测量 ··································· 162
    5.5.2 主观因素测量 ··································· 163
    5.5.3 受罚预期测量 ··································· 164
    5.5.4 因素影响力测量 ······························· 166

第6章 司法分析 ··· 171
6.1 有利被告的统计数据 ···································· 172
6.2 司法解释背后 ··· 174
6.3 累犯升格：均值和交互分析的组合运用 ········· 178
6.4 logistic 回归分析 ·· 181
6.5 用 logistic 分析死刑适用的影响因素 ············· 187
    6.5.1 死罪圈、死刑圈与死缓圈 ·················· 187
    6.5.2 法律解释观 ······································ 189
    6.5.3 "示范性案例"与分析框架 ··············· 190
    6.5.4 死罪阶梯中的法官释法 ····················· 192
    6.5.5 回到法律解释学 ······························· 199

第7章 法律检验 ··· 201
7.1 应然与实然 ·· 202
7.2 罪刑法定：坚硬的理论，弹性的规则 ············ 203
    7.2.1 罪刑法定的一个内在矛盾 ·················· 203
    7.2.2 弹性刑法的界定 ······························· 204
    7.2.3 中外刑法中的弹性规则 ····················· 205
    7.2.4 弹性刑法的内在分析 ························ 208
    7.2.5 弹性刑法的风险分析 ························ 210
7.3 妓女与修女：法的立场 ································ 213
    7.3.1 怎样观测法的价值倾向 ····················· 213

　　　　7.3.2　假设的理论含量 …………………………………… 214
　　　　7.3.3　假设的建立与检验 ………………………………… 216
　　7.4　几个盗窃等于一个杀人？ ………………………………… 221
　　　　7.4.1　转换原理 …………………………………………… 223
　　　　7.4.2　误差原理 …………………………………………… 225
　　7.5　罪刑均衡实证研究 ………………………………………… 227
　　　　7.5.1　应然之罪 …………………………………………… 228
　　　　7.5.2　实然之罪 …………………………………………… 243
　　　　7.5.3　均衡性检验的发现 ………………………………… 248

第8章　违法检验 ………………………………………………………… 261
　　8.1　P值："有数"未必可信 …………………………………… 262
　　8.2　相关与回归 ………………………………………………… 264
　　8.3　作为结果：犯罪率的归因 ………………………………… 270
　　　　8.3.1　问题与假设 ………………………………………… 270
　　　　8.3.2　检验逻辑与测算过程 ……………………………… 272
　　　　8.3.3　结果讨论 …………………………………………… 280
　　　　8.3.4　方法看点：检验的可重复性 ……………………… 283
　　8.4　作为原因：罪对刑的影响 ………………………………… 284
　　　　8.4.1　罪与刑：自变量与因变量 ………………………… 285
　　　　8.4.2　结果与讨论：法律并非全部 ……………………… 288
　　8.5　归纳法：检验逻辑的精髓 ………………………………… 291
　　　　8.5.1　量刑情节只是量刑的"辅料" …………………… 291
　　　　8.5.2　故意杀人案件的量刑 ……………………………… 294

第9章　司法检验 ………………………………………………………… 303
　　9.1　操作化：复杂假设检验方法 ……………………………… 304
　　　　9.1.1　概念操作化 ………………………………………… 304
　　　　9.1.2　理论操作化 ………………………………………… 307
　　9.2　计算变量 …………………………………………………… 308
　　9.3　大词也量化：公正的可检验性 …………………………… 311
　　　　9.3.1　被害人平等：报应重于预防 ……………………… 312
　　　　9.3.2　受刑人平等：同案同判 …………………………… 314
　　　　9.3.3　原被告平等：裁判中立 …………………………… 316
　　　　9.3.4　结论：公正在于平等 ……………………………… 319

9.4 证券执法实效和制度成本 …… 320
   9.4.1 "惩戒实效"的操作化 …… 320
   9.4.2 样本的类型分布 …… 322
   9.4.3 从违法暗数看惩戒实效 …… 322
   9.4.4 从查处速度看惩戒实效 …… 323
   9.4.5 从程度均衡性看惩戒实效 …… 326
   9.4.6 从再犯率看惩戒实效 …… 335
   9.4.7 结论与建议 …… 336
9.5 怎样获得可比性：量刑情节的幅度 …… 337
9.6 无罪研究：简单的往往是有力的 …… 342
   9.6.1 怎样理解无罪率 …… 343
   9.6.2 潜见的形成及其对判决的影响 …… 345
   9.6.3 研究样本及分析 …… 347
   9.6.4 四类背景信息下的司法潜见 …… 349
   9.6.5 从无罪看有罪 …… 357

参考文献 …… 361
致谢 …… 364

导论：
少一点"我认为"，多一点"我发现"

>>>

科研活动通常由两个层面构成：一个是做出了什么研究成果，另一个是研究成果是怎么做出来的。在社会科学研究中，人们通常会用"我认为……"、"我的观点是……"或者"我的理论是……"等形式表述所做出的研究成果本身，而用"我发现……"、"我根据……"或者"我依据的证据事实是……"等形式报告其研究成果是怎么做出来的。按常理，面对事实并不一定都能正确挖掘或抽象出其中的理论，而理论却一定来自于特定的事实基础。但一些学术论文却给人一种感觉：由"我认为"带出的理论、观点随处可见，而这些理论观点所依据的事实证据的发现过程及其展示事实证据的方法却显得比较单薄。当然，这样的研究成果并非全无根据，其他学者尤其是外国学者的论著、论断或者几个事例，是这种研究的主要根据，而其理论在多大程度上建立在新发现的事实或者原有事实之间新发现的关系的基础之上就很难说了。鉴于此，本书的中心意思是：如果你认为你编制的理论是特别的，那你最好先说出新发现的事实——这种新的事实应该是规范的研究程序运作的结果，并得到规范的描述和展示。

在包括法学在内的社会科学研究中，不是所有问题都需要选用实证分析的研究方法，但实证分析是发现事实的各种研究方法之一。

伴你一生的知识是如何获得知识的知识

在北京大学任教 20 年来，每年要指导或者评阅的研究生论文越来越多，有一种感觉也越来越强烈：一些学生分不清"学习"和"研究"这两件事，或者说，有的学生会学习，会考试，但不会研究。表现在他们的论文中主要有几多几少：综述多于分析，观点多于观察，发明多于发现，演绎多于归纳，想象多于经验，外来多于本土，结果多于过程，复制多于临摹。经常看到这样一种论文套路："马克思说……，孟德斯鸠说……，贝卡里亚说……，龙布罗梭说……，当代某著名学者说……。而我认为……"。或者，"某某问题上的肯定说认为……，否定说认为……。而我的意见是……"。当然，谁都有表达意见的自由和权利。可问题是，你认为又怎样呢？你的认为是超过了这些学者的认识呢，还是仅仅表达你对这些学术思想的理解而已？如果说实现了理论上的超越，恐怕连自己也不太相信。如果说只是说说自己的理解，那别人为什么不去直接读这些原著而要来花时间听你转述呢？充其量，这种套路作为学习心得可以，但真的不能等同于做研究。况且，如果没有带来一定的知识推进，说说而已的意见又有什么意义呢？此外，还有一种论文套路是:"某某国家的制度设计是……,所以我国应当……"这种模式起码有两个危险:首先,未经比较而仅仅用一个样本代替总体,何以见得这个单一样本是最具代表性、最值得借鉴的样本?何以见得其他国家不存在比这还好的制度设计?其次,一个再完美的样本都有它独特的历史原因和文化环境,不去比较两者在这方面的异同,"所以我国应当"的结论何以成立?

在我看来,学习与研究的区别之一是,能否恰当、娴熟地运用科学方法去发现并解决某个学术问题。科学方法就是如何获得知识的知识,是学者一生最重要的本钱。说什么固然重要,怎么说其实也很重要。了解别人成功选用方法发现和解决问题的结果就是在学习,而自己成功选用科学方法发现和解决问题的过程就是在做研究。较之于学习而言,研究之所以更具能动性和原创性,就在于研究活动中认识者与认识对象之间的有效桥梁是科学方法而非各种认识成果的简单陈列。我曾经在给毕业学生的赠言中说:

只有不到50%的课堂知识来自老师的老师;只有不到25%的学校所学离开大学后仍然有用;只有不到10%的学生懂得更加看重怎么学而非学什么;只有这最后的10%,才将是我中华学术延绵不断的希望所在。

这本书,就是讨论如何获得知识的知识。

什么不是实证分析

研究方法有许多,本书仅讨论目前法学研究中的一种非主流方法,即法律的实证研究方法。在《中国法学》2000年第4期上,笔者曾以"论法律实证分析"为题撰文指出,所谓法律实证分析,是指按照一定程序规范对一切可进行标准化处理的法律信息进行经验研究、量化分析的研究方法。几年过去了,尽管我们高兴地看到法学研究中的实证分析理念正在得到越来越多的认同,但还得承认,就是在那些适合实证研究的法学领域中,实证方法的选用也很不充分。原因之一也许是,人们对什么是实证分析仍存有误解,一些冠之以某某问题实证研究的研究,其实并不是实证研究,至少与标准的实证研究尚存距离。为了实证分析方法在法学研究中的正常发展,有必要说明什么不是实证分析。

一提到实证分析,人们自然先联想到实证主义哲学。其实,这两者虽有联系但有重要区别。实证主义哲学是19世纪30年代由法国学者孔德创立,后来演变为马赫主义、逻辑实证主义的一种哲学体系。实证哲学和作为研究方法的实证分析都强调感觉、经验、客观观察在认识活动中的重要性，但实证主义是一种哲学思想，是关于世界的认识成果，而实证分析是研究方法，是获得理论认识所凭借的工具。作为一种方法，实证分析不具有实证主义哲学所固有的某些特征，也不依附于实证主义哲学所信奉的某些理念。比如，实证主义哲学"拒斥形而上学"，①否认现象背后存在本质，和贝克莱的"存在即被感知"一脉相承。而实证分析本身没有这些理论预设，从实证分析方法本身无法直接推论出某种世界观。其实，一方面强调自然科学的观察实验方法，另一方面又构思出一种适用于一切领域的一般原理或"第一原理"，企图从该原理出发演绎出一套理论，这与其说是实证分析，倒不如说是更像思辨哲学，这本身就是实证主义哲学的一个矛盾。②而且，实证主义哲学对经验观察在认识活动中重要意义的强调已经过分到了轻视甚至无视理性思维的地步。在实证主义哲学看来，人的认识只能达到可能感觉到的现象，现象以后是不可知的。而实证分析不接受这种束缚，它强调不间断地往返于研究对象的经验层与抽象层之间，强调对任何数据都要进行深入解释和理性把握。在实证分析看来，理性能力和感性能力这两者一个也不能少。还有，实证主义哲学具有突出的自然主义和还原主义倾向，不仅认为社会现象同样受制于自然规律，而且将社会简单归结为自然界的延续。与此不同，实证分析方法本身对社会现象的属性没有自然主义的假定。从某种意义上说，彻底的实证精神，对研究对象的属性不作任何预先的规定。最后，通常认为，实证主义哲学在政治和意识形态上比较保守，主张改良和循序渐进的社会政策。③而实证分析方法却没有这个形象，作为一种方法，实证分析无所谓激进或保守。有时，实证分析用事实说明事实的品性恰恰是破除某种迷信的最佳手段，它使有些常识、口号、偏好的碰撞显得幼稚可笑。因为

---

① 在希腊文中，"形而上学"意为"物理学之后"。后人在编纂亚里士多德的生前手稿时，把有关自然科学的论著归为"物理学"。把有关抽象本质、本体论的论著归为"物理学之后"，或"物理学之后诸篇"。这里，"物理学之后"与"物理学"的对应，与我国古人所谓"形而上者谓之道，形而下者谓之器"中的"道"与"器"的对应相类似，所以，在我国，"物理学之后"翻译为"形而上学"。这个意义上的"形而上学"是指，研究世界本原、本质的学说，是研究有形实体背后的本质的抽象学问。孔德所拒斥的形而上学就是这个意义上的形而上学。他既反对将世界归结为精神，也反对将世界归结为物质。他只承认研究现象本身和有形实体的学问才是科学。他认为，知识都是关于**现象**的知识，科学都是经验科学。感觉是一切知识的来源。我感觉到山、水、木、石的存在，因而它们是真实的。但我感觉不到这些东西背后还有什么本质、本原，因此，研究世界本质、本原的努力是徒劳的。

② 谢立中：《西方社会学名著提要》，江西人民出版社，1998年7月版，第3页。

③ 《中国大百科全书·社会学》，中国大百科全书出版社，1991年12月版，第382页。

有时对符号暴力①的专断来说，更难缠的不是理念本身，而是得出某种理念的可重复的过程和方法，以及借助这些方法发现并说出的事实。

总之，实证分析是"empirical research"，而非"positivism"。

确定的未必就是正确的

除哲学以外，"实证"一词也常常出现在法学研究中，这就是与自然法相对的实证法或法律实证主义，而本书所谓的法律实证分析与这个意义上的实证法恰恰是两回事。

法的确定性与法的正确性是法律世界中一对永恒的矛盾。在这个坐标系中，与实证法相对，自然法被认为是"更高级别的法，它知晓所有问题的答案，并将一面明镜置于实证法之前，它是'正确的'法，因为我们的法律意识、对法与恶法的直接而明显的感觉来自于它。自然法是最高意义的法。它位于一切实证法之上。它是实证法的标准和良知，它是法律的国王，规范的规范"。② 然而，"在一个经济发达的复杂社会，需要高度的法的确定性，但那种流传下来的自然法体系不能为之提供保障，为此，产生了对唯理的、在抽象——普遍上形式化的法律之渴求"。③ 在这个方向下，实证法是指实在法，即国家的制定法。这个意义上的实证法学的核心理念是"形式理性"、"否认法律规范的道德内容"、"认为经正当程序制定的法律，即使是恶法也是法"。费尔巴哈就认为，法律的有效性，不依赖于其内容在多大程度上符合正义、道德、合目的性等价值——形式合理性大于实质合理性。与其说法律实证主义强调的是形式理性，不如说是价值无涉。法律实证主义认为任何法律规范都与价值无关。实证主义（特别是凯尔森的纯粹法学说）试图将法的中心要素（价值实现）从法律概念中排除出去。④ 总之，实证法强调法的确定性，而不顾法的正确性。

到底该怎样调和法律的确定性与正确性、形式理性与实质理性、规范文本与价值内容之间的差异与冲突呢？在各种调和、超越这种差异的努力中，德国学者

---

① 在法国学者布迪厄看来，所谓符号暴力，就是这样一种权力，即在一特定"民族"内（也就是在一定的领土疆界中）确立和强加一套无人能够幸免的强制性规范，并将其视之为普遍一致的和普遍适用的。参见〔法〕皮埃尔·布迪厄、〔美〕华康德著，李猛、李康译：《实践与反思——反思社会学导引》，中央编译出版社，1998年2月版，第153页。

② 〔德〕伯恩·魏德士：《法理学》，丁小春、吴越译，法律出版社，2003年7月版，第190页。

③ 〔德〕阿图尔·考夫曼、温弗里德·哈斯默尔主编：《当代法哲学和法律理论导论》，郑永流译，法律出版社，2002年1月版，第109页。

④ 〔德〕伯恩·魏德士：《法理学》，丁小春、吴越译，法律出版社，2003年7月版，第224页。

哈贝马斯的"法律商谈理论"很有特色。这种理论关注的是法律的道德内容,实质合理性。但它不像自然法那样,撇开法律的形式而论其内容,而是通过"商谈过程",实际上是程序正义的实现过程,来逐步完善法律的实质合理性。[①] 与这种法哲学的视角不同,我的角度既不是形而上学的,也不是纯规范学的,而是事实学的。因为我一方面始终怀疑,规范的确定性与其正确性之间的相关系数是不是真的为1,是不是只要规范的制定和颁布程序合法、形式合理,就一定充满了正义和公平,合法与合理到底是一回事还是两回事。当然,这种对实证法的保留并不当然意味着应该转而寄希望于习惯法、民间法,但法律的确定性与正确性之间并非函数关系而只是概率关系的确是个不争的事实。另一方面,既然确定的不等于正确的,我们是否就该放弃对形式理性的笃信而回到自然法对法律道德内涵的体悟呢?也不一定。因为"在极权主义的恶法国家中,任何人援引自然法可以为其革命性反抗寻找依据;反之,在自由民主制度中,任何人求助自然法等于说他试图将少数人的统治权凌驾于多数人的意志之上。在极端情况下,自然法可以为动用武力反抗现存的秩序进行法律辩护,这种辩护方式既可以是政治机会,也可能是政治风险"。[②] 所以,我们需要的是一种客观中立的态度,并且基于这种客观中立的态度去发现规范形式背后的价值内容,发现形式理性中的实质理性,发现实证法中所彰显的自然法,总之,发现确定性内涵的正确性。这个"发现"的过程所以可能,首先是因为制定法规范本身也可以被视为一种意义上的事实,另一方面更因为任何规范条文都承载着一定的价值内容,这本身也是一种事实。所以,尽管其对象可能是抽象的理念或者规范的法条,但这种发现事实的方法却是一种事实学的,而非法哲学的或部门法学的。

这个意义上的实证分析就是借用事实学的方法研究法律规范的过程,就是在形式理性中发现实质理性的过程。这个过程并不事先预设任何价值或结果,而是具有三个特点:其一,法律实证分析的对象既包括法律条文也包括司法判决,所以法律实证分析不只是着眼于静态的立法,而且关注动态的司法。其二,法律实证分析的内容既有声称的原理原则,又有未言明的实然价值导向,所以法律实证分析是不同于文义解释的一种法律解释。其三,法律实证分析的结果既可能发现法律和司法判决中人们不愿意看到的非理性,又可能发现其中人们尚未意识到的合理性,无论怎样,对法律实证分析而言都只是一种客观事实而不对研究的出发点构成任何影响。所以,积极理解或者批评,都只是读者对法律实证

---

① 参阅〔德〕哈贝马斯:《在事实与规范之间——关于法律和民主法治国的商谈理论》,童世骏译,三联书店,2003年8月版。

② 〔德〕伯恩·魏德士:《法理学》,丁小春、吴越译,法律出版社,2003年7月版,第190—191页。

分析所发现结果的一种主观感受而已。

应该怎样不等于实际上怎样

在法律世界中,应然和实然的区分到底有没有根据和意义,历来存在不同学术意见。在传统的自然法学说看来,实然与应然是一致的,而在康德、新康德主义、法实证主义、分析法理论看来,实然与应然是不一致的。① 在这一点上,作为研究方法的法律实证分析与法律实证主义倒是存在共同的假定:如果不认同法律中应然与实然的区分,法律实证分析便不存在其独立价值,这个区分是法律实证分析得以成立的一个前提。具体说来,法律中的应然与实然之分表现在以下几个方面(见下表):

表 0.1　法律中应然与实然的比较

	应然	实然
对主体的规定	理想、预期、目标	实现程度、法律实效、已然
法制环节	规范	规范的遵守、操作、适用
主体与对象的关系	价值、主体性、应当是……	真理、客体性、实际上是……
认识活动的程序	假设	检验
法治实践	必要性	条件、成本、可能性

首先,从主体所面临的规定和制约因素来看,法律中的应然就是指理想、预期、目标或者未然性,而法律中的实然就是指这些理想、预期和目标的实现程度、实际效果、已然的状态。例如,重罪重罚,轻罪轻罚,罪刑相适应,就是刑法中的应然;而在立法和司法实践中,仍然存在一些重罪轻罚或者轻罪重罚的情况,这就是刑法中的实然。这两者之间显然没有实现完全的重合,而我们大部分的法律实践都是为了缩小这两者之间不重合的部分。在这个努力中,法律实证分析的作用就在于发现这些不重合部分的范围、规模、内容、相关因素、客观规律,为更好地实现理想和预期提供事实基础。

其次,从法制的动态过程来看,法律中的应然是指法律规范本身,而法律中

---

① 〔德〕阿图尔·考夫曼、温弗里德·哈斯默尔主编:《当代法哲学和法律理论导论》,郑永流译,法律出版社,2002年1月版,第135页。

的实然是指这些规范的操作、适用和具体实现。其中,规范既包括原则性规范(如法律面前人人平等、罪刑法定),也包括具体规范(如责任能力、某个罪名等)。所以,原则性规范的实现途径既可以是具体的司法判决,又可能是其他具体规范。但不论怎样,规范的话语形式一般是应当如何、可以如何或者不应当(禁止)如何的命令。然而,命令往往不能百分之百地实现。于是,我们需要不断地监测法律命令在多大程度上得到了贯彻,这个过程就是法律实证分析的过程。例如,宪法说,国家尊重和保障人权。那么,在中国刑法中,有多少生命犯罪被配置了生命刑?有多少生命刑分配给了生命犯罪?又有多少非生命犯罪被规定了生命刑?为什么?发现并思考这些问题,就是在对宪法规范的操作、适用和在其他法律中的实现进行实证分析。又如,法律说禁止非法剥夺他人生命的行为,否则,就可能受到故意杀人罪的指控和惩罚。然而,同样以故意杀人罪定罪判刑的案件之间有何重要差异?是否存在定罪量刑的失衡?每年的故意杀人犯罪率有多高?其地区、种类分布如何?有何客观规律可循?这其中,禁止杀人的规范就是一种意义上的应然,而相应的司法实践、故意杀人犯罪及其他事实数据就是某种实然。显然,谁也不会拒绝承认这两者之间的不同,或者否认研究这种差异的意义。

第三,从主体与对象的关系来看,法律中的应然是法律中的价值判断,而法律中的实然是法律中的真理认知。作为价值关系的主体,立法者、司法者往往借助法律和司法实践表达正义、公平、善恶、犯罪、侵权"应当是什么",基于一定的价值标准,"人们希望什么是合法、什么是违法"。即使围绕同一客观事实或者行为,不同主体或者不同历史条件下的同一主体,也可能对"应当是什么"以及"希望是什么"的问题给出完全不同的回答。这就是法律中应然的一面,主要表现为主体性和价值判断。另一方面,不论怎样希望,也不论谁去希望,作为真理关系中的认识主体,立法者、司法者以及研究者又不得不面对"实际上是什么"的问题,不得不服从一定的客体性。在这个方向上,我们可以借助实证分析的手段延伸自己的感官,不断地接近客观真理。我们虽然不能改变法律现象的价值属性,但我们可以改变其显现状态,从法律事实中看到更多的意义。例如,围绕法院变更罪名问题学界一向存在争论,肯定说认为法院变更罪名可以更好地体现实体正义以准确打击犯罪,否定说认为法院变更罪名剥夺了被告辩方的辩护权,有违程序正义。不难看出,针锋相对的结论所由出发的是两个价值判断,而谁都无法直接证否对方坚持的价值判断本身。法学研究中某些问题的讨论之所以难分难解,原因之一就是讨论被局限在价值层面,谁都认为自己打起的应然性大旗无可辩驳。其实,如果将这个讨论转换为真理问题,也许我们可以绕开"应该不应该"的问题而去追问:变更罪名问题在司法实践中实际上有多大规模?其分布和变化有何特征和规律？实际中有多少变更罪名不利被告？有没有对被告有利的变更？其比例关系如何？法院在多大程度上主导着变更罪名的实践？这些事实性设问之后，很可能引发一系列针对变更罪名问题的实证考察，其结论虽然只是"实际上怎样"，却可能对"应该怎样"的思考有所帮助。至少，这种实证研究可以是法学研究的一种补充。

第四，从认识活动的程序来看，大部分法学理论都可以被视为假设，也即事物之间应当存在何种关系的理论猜想。从这个意义上说，所谓法学研究其实就是证实或者证否这些理论假设的过程，也即以实然数据和客观逻辑检验理论假设和主观逻辑的过程。结果，有的检验过程证实某种理论的真实性，而有的则无法排除零假设的成立，即尚无足够事实证实该理论的真实性，于是便可能引发进一步的检验过程。经过多次重复性检验过程，才能最终决定接受或者宣布证伪了某个理论假设。这就是由实然不断地接近应然的认识过程，其中，对检验过程中的数据规模、样本代表性、检验步骤、分析工具的选用条件都有严格要求。正因为尊重应然与实然的不一致，证据意识才是假设检验模式的核心，成为整个实证分析的灵魂。甚至可以说，作为科学方法的实证分析，其实就是不断发现新证据、比较各种不同的证据、挖掘证据意义的过程，而与各种奇思异想的聚会之间有着明显的不同。所以，那些直接用一两个例证支撑某个理论的论证方式，或者干脆从理论到理论的推导，也许忽略了应然与实然之间的差异，也许就不认为存在这种差异。

第五，从法律实践的过程来看，法律中的应然往往是指某某法律实践的必要性，而法律中的实然则往往是指着手某项法律实践的现实条件、所需成本和可能性，这两者之间的差异更是显而易见。如果我们把每年国民经济总产值的一半投入到社会治安的治理，那犯罪率肯定会得到明显的控制。但这可能吗？就算可能，值吗？可见，我们更多碰到的，不是该不该打击犯罪的问题，而是怎样分配犯罪控制的社会投入才更加现实、有效的问题，而此类问题的解决就少不了实证研究。

最后，从广义上看，"应该怎样不等于实际上怎样"还意味着，"应该怎样"的判断本身有时就值得怀疑。一种情况是，有些"应该怎样"的背后往往另有原因，这时，我们被告知的某些应然性只是某些人实现其他目的的工具而已。另一种情况是，"应该怎样"中夹杂着某些盲目的道德冲动，结果，盲信一旦变成大规模的群众实践，便可能导致某种灾难性的伤害。在这之后，我们已经不太容易相信那些声称的应然性，尤其在法律领域中，如果忽视应然与实然的差异，如果忽视"该不该打击犯罪"与"实际上什么才是犯罪"之间的不同，那么，"难道不该打击犯罪吗？"、"难道不该保护社会吗？"就可能直接成为滥用国家强制的理由，这无疑是一种挪用人们善良情感的危险的欺骗,是对逻辑链条中必要环节的粗暴删减。从这个意义上说,"应该怎样"是政治哲学的事,而"实际上怎样"才正是法学研究的基本任务。

总之,在法律和法学研究中区分应然与实然有着重要的学术价值。① 法律实证分析就是研究法律世界中应然与实然之间差距的科学。

拿鞋找脚也要拿脚找鞋

实证分析的另一个方法论前提是对归纳研究的重视。这里有一对"鞋与脚"的关系:所谓鞋就是指事物间的共性、规则、演绎推理的前提,所谓脚就是指事物的个性、规则的适用对象、归纳活动的经验原型。比如,"秘密窃取他人财物是盗窃罪"与此时此地的某个盗窃罪指控、彼时彼地的另一个盗窃罪指控等,就构成了一对鞋和脚的关系。在法学中,所谓拿鞋找脚,就是说为了说明某个法学概念、理论、规则,而寻找典型例证进行论证的过程。所谓拿脚找鞋,就是从大量案例、法律事件、经验事实中寻找、提炼法学原理、规则和法的共性。法律实证分析所做的工作,就可以被归结为拿脚找鞋的过程,也即对经验事实进行归纳的过程。

首先,实证分析拒绝全知假定而坚持半知假定,对实证分析而言最重要的知识是不知道什么,即知所不知。就是说,实证分析是从问题出发,去寻找、比较解决问题的规则、原理。比如,对《刑法》第四十八条规定的适用死刑的两条界限,即是否"罪行极其严重"以及是否"不是必须立即执行",实证分析不是企图建构一套周延的解释而要求法官们照此办理,而是反过来从法官们的大量司法实践中归纳出相关的适用标准,此即沿着从"脚"到"鞋"的方向研究法律。其次,拿脚找鞋的过程还意味着经验观察的重要性。实证分析强调对研究对象的客观观察和实地感受,强调感性知识的认识论意义,反对动辄探求事物的本质。尽管"材料狩猎神"和"意义狩猎神"都是片面的,②但迪尔凯姆曾说过:"科学要想成为客观的,其出发点就不应该是非科学地形成的概念,而应该是感觉。科学在最初所

---

① 参阅李道军:《法的应然与实然》,山东人民出版社,2001年1月版,第27—33页。
② 韦伯认为,"材料狩猎神"对事实的欲壑只有档案材料、统计巨册和调查表格才能填满,对于新观念的精致毫无感觉。而"意义狩猎神"由于总是贪婪新观念的精美而败坏了对于事实的鉴赏力。真正的艺术才能总是表现在知道如何通过将人们所熟悉的事实与人所熟悉的观点关联起来而后产生新的认识。参见〔德〕马克斯·韦伯著,韩水法、莫茜译,《社会科学方法论》,中央编译出版社,1999年3月版,第60页。

下的一些定义,应当直接取材于感性资料。"① 他还认为,一种社会事实只能以另一种社会事实来解释,②因为那种放弃观察、描述和比较事物,而习惯于用观念来代替实在并作为思考、推理的材料的研究方法,不能得出符合客观实际的结果。③ 在这个问题上,孔德的看法是可取的,他认为,科学观念的相对特征与自然规律的真实观念是不可分割的,就如同不现实地追求绝对的知识总是伴随着使用神学的虚构和形而上学的实体一样。④ 第三,拿脚找鞋还意味着承认经验原型的多样性,典型是相对的,不典型才是绝对的。按照拿鞋找脚的方式,当然没有不合适的鞋而只有不适合鞋的脚。而问题是,如果反过来看,天下没有两片完全一样的树叶,所以只有不合适脚的鞋,而无所谓合适与否的脚。当发现规则无法用来解决实践中的问题,或者原理无法用来解释现实中的经验现象时,我们要么承认规则、原理的局限性,要么由此发现规则、原理中原来没有挖掘出来的深刻内涵。所以,实证分析强调立足不典型而反观典型,从而丰富关于规则、原理的认识。最后,退一步设问,演绎推理中的大前提又是从哪来的呢？当我们说"亚洲人都是黄皮肤"、"中国人是亚洲人",所以,"中国人也是黄皮肤"时,还应承认,这个逻辑中的大前提原本就来自"中国人是黄皮肤""日本人是黄皮肤"等一系列观察和归纳,最终才得出"他们都是亚洲人,所以,亚洲人都是黄皮肤"的结论。

当然,在法学知识的传承过程中,还是少不了拿鞋找脚的过程,即所谓举例教学。但在法学知识的生产、创新过程中,归纳法体现了法律实证分析的基本特征。

有理无数慎谈学术

定量化是当代社会科学研究的重要趋势之一。据哈佛大学多伊奇等人对1900—1965年世界社会科学的重大进展的研究,定量的问题或发现(或者兼有)占全部重大进展的2/3,占1930年以来重大进展的1/6。定量研究问题虽然仅属于研究方法的问题,但它实际上已经成为中国社会科学与国外现代社会科学

---

① 〔法〕E.迪尔凯姆著,狄玉明译,《社会学方法的准则》,商务印书馆,1995年12月版,第62页。
② 〔法〕E.迪尔凯姆著,狄玉明译,《社会学方法的准则》,商务印书馆,1995年12月版,第156页。
③ 〔法〕E.迪尔凯姆著,狄玉明译,《社会学方法的准则》,商务印书馆,1995年12月版,第35—36页。
④ 《奥古斯特·孔德》,第453页,转引自〔美〕D.P.约翰逊著,《社会学理论》,国际文化出版公司,1988年2月版,第99页。

的最主要差距之一。在代表我国社会科学最高水平的综合性社会科学核心期刊上,定性研究论文接近 94%;即使是定量、半定量研究程度偏高的社会学,其定量、半定量程度也不足 30%,经济学则不足 20%。这与定量研究占 5/6 的西方现代社会科学有相当大的距离。① 伽利略说过:"上帝是用数学语言来描述世界的"。② 在人文科学中,定性研究可以离开量化的方法而独立进行,而定量研究实际上离不开定性分析。绝大多数的量化分析,都是定性与定量相结合的研究。③ 具体来说,法律的数量规定性除了刑期的长短、犯罪所得金额的多少、立法的数量、法官、检察官等法律工作者的数量、犯罪率、发案数等研究对象的范围、规模、水平的量化描述,还包括对法律现象之间关系的量化分析。

其实,不做定量分析,并不等于就没有进行定量分析的数据材料。从这个意义上说,对绝大多数学术活动而言,都是既有理又有数。但为什么有的研究生既有理又有数却不对其占有的数据材料进行量化分析呢?有一个学术现象很有趣:当我们对几百个案件样本进行定量分析时,人们会通过质疑这区区几百个样本的代表性而拒斥定量研究,但反过来,对那种仅用一两个实例就可以论证宏大理论的研究,反而不从样本代表性的角度审视理论本身。原因之一可能是,人们基于一种科学性假定和预期来面对定量分析及其结论,认为这种研究应当是科学的,所以对其样本的结论能否推论到总体抱有很高的期望值和审慎的态度。那么,这是不是意味着人们对纯定性的思辨研究不抱有这种预期呢?也许,读者与这种研究之间的关系仅仅是一种"信不信由你"的关系?不论怎样,这倒是进一步说明,实证的量化分析承担着某种科学的使命。其实,问题根本不在于样本的多少,而在于样本的展示方式,在于数据材料的运用方式,在于理论的诉说方式。如果说用几百个样本所进行的定量分析之所以被质疑主要是因为其样本的抽取过程不够随机,总体中的每个单位并未获得同等的被抽取机会的话,那么,举例论证中的那一两个实例的选用难道就符合随机性要求吗?实际上,这种主观"选样"的过程更具任意性和"为我性"。况且,定量分析不仅具有严格的抽样规范,通常还承认只限于样本内数量关系的观察。至于在多大程度上可以推论到总体,还有赖于同一题目下多个研究的不断重复,最终才能达成学界共识。所以,"有理无数慎谈学术"的核心不在于有没有"数",而在于一个"慎"字,即根据科学规范选择、展示、运用"数"以挖掘其中的"理",而非为了论证某个"理"人为

---

① 范并思:"社会转型时期的中国社会科学——社会科学的科学计量学分析",《上海社会科学院学术季刊》,2001 年第 3 期,第 97 页。
② 〔加〕伊恩·哈金:《驯服偶然》,刘钢译,中央编译出版社,2000 年 3 月版,第 7 页。
③ 关于刑事学中定性与定量的关系问题,请参见郭春贵文《社会科学研究中的案例分析方法》,载于乔健、李沛良、马戎编:《社会科学的应用与中国现代化》,北京大学出版社,1999 年 10 月版,第 76—80 页。

地选用"数"。正如美国统计学家朱迪思·A.迈克劳夫林所说:"如果'专家'不愿意向我们展示支持其理论的证据,那么他们的理论的价值又何在呢?"① 其实,许多学者都曾强调,法律的量的规定性应得到足够的关注和研究。布莱克认为,法律研究的理论策略在一定范围内是定量的、可预测的和普遍的。② 波斯纳也曾抱怨说,对法律的实证经济学理论的统计学检验进行得很少,经济学分析者大多满足于对所研究的法律规则、原则和决定的财富最大化特点作定性测定。③

在"论法律实证分析"一文中我曾认为,法律现象是质的规定性和量的规定性的统一。现在看来,法律现象量化分析的必要性还可以换个角度加以说明:"有理无数慎谈学术"的要求意味着实证分析中不仅要有数,而且要有数量分析。换句话说,有数不一定就有数量分析,而要做数量分析就必然以数为事实基础,并深入到大量事件内部发现法律现象之间的各种关系并用数量语言加以描述,反映法律世界中的平均水平、集中或者离散程度、概率大小、相关程度、决定系数等等。这是因为法律现象本身是多样性的集合,不确定性是法律现象之间关系的基本属性。而越是关系到多种个体、多样化的事件,就越是需要了解对象的平均水平和集中趋势而不是个别的极端个案,越是需要把握对象之间的概率关系而非函数关系。极端事件也许很真实,也有一定代表性,但就像放大一千倍的美女脸上的一个点,一点也不好看,是以个别真实代替、扭曲、抹煞整体的真实、结构的真实。法律现象之间的必然性、决定性联系也只是存在于大量个案背后,需要统计工具的恰当选用才可能发现并描述。总之,量化分析是以客观逻辑校正主观逻辑的艺术,如果决策活动和规范的制定建立在法律现象的平均特征和集中趋势基础上,就不会排斥法律现象的量化分析。

加拿大哲学家哈金在《驯服偶然》一书中描述了一个有趣的现象:"尽管西方世界充斥着个人与国家的自由主义、个体主义和原子主义的各种观念,但人们却在社会数据中发现了统计规律。而盛行集体主义和整体主义的东方,却未能发生"。④ 这个现象有着双重的意义:一方面,从认识对象本身的客观逻辑来看,对象越离散、越多样化、越表现出显著的异质性,就越需要发达的统计手段才可能把握其中的规律和共性。如果天下每一片树叶都是绝对的一模一样,自然不需要什么概率统计、量化分析。而在法律世界中,从法条到案件,从实体到程序,从民事到刑事,从原告到被告,从此时空的法到彼时空的法,也表现出巨大的差

---

① 〔美〕朱迪思·A.麦克劳夫林:《行为科学统计学入门》,严文蕃、夏春等译,凤凰出版传媒集团、江苏教育出版社,2005年12月版,第5页。
② 〔美〕布莱克著,唐越、苏力译,《法律的运作行为》,中国政法大学出版社,1994年4月版,第2页。
③ 〔美〕波斯纳著,苏力译,《法理学问题》,中国政法大学出版社,1994年7月版,第465页。
④ 〔加〕伊恩·哈金:《驯服偶然》,刘钢译,中央编译出版社,2000年3月版,第5页。

异性和不确定性。所以,法律世界的共性和规律也需要科学的量化分析手段才能准确把握,除非,我们对这种共性和规律根本不感兴趣。另一方面,从量化分析的文化背景来看,制度上的集权主义、思想上的绝对主义、本质主义、方法论上的一元决定论和确定的因果观,也许不太热衷于量化分析,至少,他们不太习惯于和他人一起分享数量分析的过程和结果。这也许是因为,他们有更省事的方法去贯彻某种意志,统一人的知识,修改人们的精神,传承某个意见。这使我联想到一个朋友对我的忠告:只听说过伪科学、伪实证,可没听说过伪观点、伪思辨。在案件信息、数据来源都没能全面公开的情况下,何以开展你的实证分析呢?而且,只有理而无数难道就没有发表学术意见的自由了吗?看来,法律实证分析的必要性论证与其合法性讨论相交织,使投身其中的学者并不轻松。

中国问题世界方法

问题和方法是任何一项研究的两个基本元素。没有真问题便没有文章,没有适合一定问题的科学方法便没有好文章。而问题和方法又可以从各种角度进行划分,形成各种可能的"问题—方法"组合。根据以上介绍,法律实证分析就是法律的经验研究方法,就是规范现象的事实学,就是往返于法律的应然与实然之间的研究,就是典型和不典型法律现象的归纳过程,就是量化分析方法在法学中的应用。从这些属性中可以看出,法律实证分析的方法元素可以归结为经验研究方法,与这种研究方法有关,法律实证分析的问题元素又必然以一定本土实际为选题资源。当然,关注实际并非尾随实际、复制实际,更不是粉饰实际,而是用科学方法去发现、描述和解读实际。我的学生从国外学习回来对我说,现在才体会到当初你为什么那么强调实证分析在法学研究中的运用。在国外的社会科学界,实证分析是学者们讨论学术观点的一种通用语言。加拿大科学哲学和科学史学家哈金也认为,应把运用数量分析的能力视为另一种读写能力(literacy)。[①]从这个意义上说,可以用"中国问题世界方法",或者"用可重复的方法描述不可重复的问题"来概括本书向读者展示的法学研究方法,尽管这只是一种非主流法学研究方法。应该承认,并不是所有法学问题都适合采用实证分析的研究方法。一般而言,实证分析对研究对象的基本要求是,第一,需要有大量单位相同而特征各异的事件,如案件、被告人等。从这些事件中抽取的研究样本不仅真实客观,而且其研究结论可能用来推论到未然的总体或者其他空间。如果从明天开

[①] 〔加〕伊恩·哈金:《驯服偶然》,刘钢译,中央编译出版社,2000年3月版,第7页。

始犯罪现象就不再出现了,或者样本只是某时空条件下特有的犯罪现象,即使通过实证分析的方法发现了所有犯罪的客观规律也没什么意义。第二,是否选用实证分析的方法,还与研究目的有关。比如,如果只是研究某个孤立个案的法律适用,或者研究某个规范制度的法理渊源,或者研究某个制度设计的正当性,或者研究某个法学理念的历史发展过程,都不必考虑实证分析的选用。反过来说,只要希望知道大量法律事件中的客观规律,都可以考虑实证分析方法的运用。

从纵向来看,本书就是沿着问题和方法这两条线索写作的。本书的每个部分都由两方面内容构成,一是在每个部分的开始介绍一些实证分析方法,二是在方法介绍之后用一些研究实例介绍如何运用上述方法解决某个学术问题。其中,关于实证方法部分需要说明几点:首先,本书虽然涉及 SPSS 即"社会科学量化分析软件"(版本不限)的应用,但对读者的数学知识要求不高,多数情况下能分得清大小即可。即使碰到一些统计术语、量化模型,书中也都尽可能通过实例加以说明。其次,本书并不是专门全面、系统介绍研究方法的专著,所以,只涉及研究实例中用到的方法而不可能周延所有实证分析方法。我一直以来都相信,对多数不是专门从事方法教学研究的学者而言,方法要服务于问题,服务于使用,要在使用中学习方法。这也许是本书的方法部分显得有些零散的一个原因吧。第三,本书只讨论某些具体实证方法的选用,而不涉及其数学原理的推导。第四,介绍方法的顺序大体上服从各部分研究实例的要求,实例中出现何种方法,前面就铺垫何种方法。因此,建议读者在阅读本书的同时,手边有一两本系统介绍社会科学研究方法的专著或教材。

第 1 章

法律观察

>>>

1.1 法条也实证?
1.2 三部刑法的统计观察
1.3 建个数据库来观察你的研究对象
1.4 四级罪:划分与归类
1.5 类型化处理的规则:互斥与周延
1.6 除了纯正就是不纯正?

所谓法律观察,就是采用经验研究方法对大量立法活动、法律条文、法律法规文本的规模、范围、特征、类型、分布、集中趋势和离散趋势所做的记录、归纳、分类和一般性的量化描述。根据这个概念,法律观察有以下几个基本要素:

● 对象既不是某一两条法律规则,也不是大量司法案例,而是大量立法活动、法律条文、法律法规文本。

● 问题是承载着某类法律规则的法律文本有多少?在某个法律规则总体中占多大比重?与其他法律条文之间有何比例关系?它们的平均水平是多少?等等。

● 方法是记录、归纳、分类、描述等基本经验研究手段。

● 形式是某类法律文本的频数、比例、比率、均值、中值、众值等简单统计信息的感知、提取、展示和解释。

1.1 法条也实证?

研究法律不能不研究法律条文。而研究法律条文的基本方法自然是法律解释学,比如,"入户抢劫"中的"户"是否包括院落、学生宿舍、渔船?故意杀人罪中的"人"是否包括胎儿?民法上的"占有"与刑法上的"占有"有何异同?存单的法律性质是合同还是票据?

然而,对法律条文的关注往往不止于此。比如,我们想研究存单相关的法律规范。于是,便对海量的法律法规进行检索。结果发现,有2649条记录都有"存单"的字样。其中,宪法法律类信息5条,行政法规类信息17条,司法解释类信息29条,部委规章类信息422条,地方法规类信息1840条,政策纪律类信息37条,行业规范类信息294条,国际条约类信息6条,政府文件类信息151条。只要动动手边的计算器,就可以大体了解各类规则占所有存单法律规则的比例。既然按此标准可以进行一次分类,那么,我们还应该可以算出其中的刑事规范占多少?民事规范、行政规范分别有多少?

再如,我们要研究知识产权的刑法保护,首先就得弄清刑法中有多少知识产权犯罪的罪名。它们在市场秩序犯罪中占多大比例?这类犯罪的法定刑平均水平有多重?高于还是低于另一类市场秩序犯罪的法定刑总体水平?高多少?低多少?等等。

如果换一套话语来叙述这些问题,我们就可以说,存单法律规范或知识产权犯罪刑法规范的总量有多大?其中各类规定各占多大比例?与其他法律规范的相对比重是多大?以及,法律责任大小的均值、中值、众值分别是多少?我们将这类问题称为法律现象的简单观察和统计描述。

问题是,这类问题的提出和回答有什么意义呢？换句话说,法律条文也可以成为实证分析的对象吗？在这一部分中我们将看到,当你的研究手段和分析工具有所不同时,你的研究对象也就随之不同了。当你选用实证研究方法审视一组法律条文时,你会发现原本十分熟悉的法律条文呈现出某种陌生而新奇的结构特征或属性。总之,尝试一种新的研究方法会延伸你的感官,让你看到原来看不到的侧面,走进你未曾到达的深度。著名学者波斯纳就认为,不仅像侵权案件等法律现象中可以获取大量实证分析所要求的数据从而进行量化分析,就是法律规则本身也可作为实证分析的对象。他明确指出,如果认为规则不能作为科学研究的数据将是一个错误。[①]

1.2 三部刑法的统计观察

举个例子。法律的严厉性程度,是许多法律学人都感兴趣的问题。尤其是刑法,对罪名范围大体一致的两部刑法而言,死刑或其他重刑越多的刑法,显然是相对较重的刑法。当刑罚力度相同时,把较多的行为规定为犯罪的刑法相对更加严苛。沿着这两个维度观察中国刑法,可以将1979年刑法典、1997年刑法典和2011年刑法典确定为三个有代表性的样本。

1979年,我国颁布了第一部刑法典。此后,到1997年,全国人大常委会的一系列《决定》是我国刑法逐步走向完善的主要形式。从1997年到2011年间,8个刑法修正案的制定颁布,让我们看到了相对更加精致的刑法典。为了观察这些刑法文本的变化,我们考虑过三类指标：其一是计算各类刑罚的比例关系,重刑比例越高,刑罚的严厉性程度就越大。但由于有死刑的犯罪一般都规定有无期徒刑,因此,用死刑和无期徒刑各自的比例,并不能更精准地反映刑罚结构。其二是计算各种犯罪法定刑上限与下限之间的幅度,上下限较高的犯罪,其刑罚显然就越严厉。然而,由于不少罪名的法定刑都是上至死刑下至拘役,无法灵敏地反映出各自的差异。而且,死刑、无期徒刑与有期徒刑性质不同,很难确定某个刑罚幅度内公认的集中趋势值。因此,刑罚幅度也不是描述刑罚严厉性水平的最佳指标。其三是以法定刑上限为分组标准,观察刑事立法中的刑罚严厉性水平。此法较好地避免了前两者的缺陷,还简单明了地表达了立法者对不同犯罪的容忍限度。一个罪的法定刑上限越高,说明刑法对这个罪的评价越严厉。

---

① 〔美〕波斯纳著,苏力译,《法理学问题》,中国政法大学出版社,1994年7月版,第465页。

因此,我们将采用此法对刑法分则中规定的各种罪刑关系进行分组。

据此观察刑法得到的第一个结果是,从绝对水平来看,以死刑或无期徒刑为法定刑上限的罪名仍在我国现行刑法中占有相当比例。一方面,从数量规模来看,刑法修正案(八)减少了13个死刑以后,目前仍有55个死罪,法定刑上限为无期徒刑的罪名也有46个。两项合计,占罪名总数的22.2%。换句话说,公民每受到一个刑事指控,就有22.2%的概率面对死罪或者无期徒刑之罪的指控。尽管这不等于有22.2%的机会被适用死刑或无期徒刑,毕竟是我国刑法威慑力的某种说明。相比而言,在现有汉译本的50个国家的刑法典中,有20部刑法规定有死罪。按死罪数量的多少排序依次是,中国55个、阿尔巴尼亚43个、泰国34个、越南27个、古巴20个、韩国15个、菲律宾13个、喀麦隆10个、新加坡10个、日本9个、朝鲜5个、尼日利亚5个、印度5个、俄罗斯4个、蒙古4个、斐济3个、库克2个、萨摩亚2个、汤加2个、美国1个。可见,即使在这些死刑国家中,我国刑法也显得较为严厉。

另一方面,从死刑和无期徒刑的分布来看,在308个非暴力犯罪中,也有58个罪名的法定刑上限为死刑或无期徒刑。就是说,我国公民每实施一个即使是非暴力犯罪,也会有18.8%的概率面对无期徒刑乃至死刑。不能否认,死刑、无期徒刑在立法中如此普遍,意味着我国社会控制仍在较大范围和程度上依赖极端手段。这使得至少在这个范围内,更加危险和最无法容忍的行为与其他行为之间的区别反倒模糊不清。尽管到目前为止尚无证据证明,某些最严重犯罪是否会由于死罪和无期徒刑之罪如此普遍而使犯罪成本相对较低因而变本加厉,中国刑法中重刑较多毕竟是不争的事实。

第二个观察结果是,从相对的变化来看,最重刑和最轻刑的比例逐渐萎缩,而较重的生刑比例呈上升之势。

表 1.2.1 中国刑法严厉性的动态分布

罪名按刑罚上限分组	1979年刑法典		1997年刑法典		2011年刑法典	
	罪名个数	占罪名总数比例(%)	罪名个数	占罪名总数比例(%)	罪名个数	占罪名总数比例(%)
6个月					1	0.2
一年	2	1.6	2	0.5	2	0.4
二年	7	5.5	11	2.7	11	2.4
三年	23	18.1	72	17.4	72	16.0
五年	7	5.5	33	8.0	34	7.5

续表

罪名按刑罚上限分组	1979年刑法典		1997年刑法典		2011年刑法典	
	罪名个数	占罪名总数比例(%)	罪名个数	占罪名总数比例(%)	罪名个数	占罪名总数比例(%)
七年	30	23.6	83	20.0	99	22.0
十年	7	5.5	58	14.0	66	14.6
十五年	16	12.6	55	13.3	65	14.4
无期徒刑	8	6.3	32	7.7	46	10.2
死刑	27	21.3	68	16.4	55	12.2
合计	127	100.0	414	100.0	451	100.0

与这种两端越来越小的走势相反,刑法中较重的生刑越来越多。先看法定刑上限为十年有期徒刑的犯罪在刑法中的比例,1979年刑法中只占5.5%,1997年刑法中就占14.0%,到2011年刑法中,上升为14.6%。再看法定刑上限为十五年有期徒刑的犯罪在刑法中的比例,1979年刑法中只占12.6%,1997年刑法中就占13.3%,到2011年刑法中,上升为14.4%。最后看法定刑上限为无期徒刑的犯罪在刑法中的比例,1979年刑法中只占6.3%,1997年刑法中就占7.7%,到2011年刑法中,上升为10.2%。如果以上限十年有期徒刑为重刑起点的话,可以认为,死刑的减少和重刑的增加都已成趋势。这并不暗示刑法严厉性程度的明降暗升,越来越多的犯罪面临重刑毕竟是不争的事实。

从刑法文本的比较观察中看到的第三个结果是,死刑的分布凸显三十多年来刑事政策导向的变化。1979年刑法有分则八章27个死刑,占用死刑资源的第一大户(众值)是反革命罪,55.6%即15个死刑分布在反革命罪一章中。1997年经过一次大规模修订,刑法共有分则十章68个死刑,占用死刑资源的第一大户变为破坏社会主义市场经济秩序罪,23.5%即16个死刑分布在各类经济犯罪中。到了2011年,刑法分则还是十章而死刑数减少到55个,占用死刑资源的第一大户又由危害公共安全罪取代了破坏社会主义市场秩序犯罪,有25.5%即14个危害公共安全的犯罪配了死刑。

死刑分配的这两次大的变化,代表了刑事政策重点的两次重要转移。1979年,刚刚结束"文革"的中国,人们仍然相信"阶级斗争"的存在。因此,所谓反革命犯罪将引起最强烈的社会反应,占用死刑资源最为理所当然。经过近二十年的改革开放,大规模经济建设和随之而来的各类新型经济关系从各方面影响着社会生活,机会和困惑一起涌向社会各个层面。于是,和经济犯罪的聚集一样,经济领域的秩序与安全形成了对重刑的巨大需求。进入 21 世纪的最初十年,国际、国内恐怖犯罪和各类危害公共安全的犯罪越来越成为社会管理控制的焦点。在此背景下,公共安全的重要性终于从前两部刑法死刑分布的第二位上位为众值,成为死刑资源的第一耗费大户。从社会控制对死刑的需求变化来看,重刑的实际意义已然多于其象征意义。反革命犯罪、破坏市场秩序犯罪和危害公共安全犯罪,先后分别代表了几十年来至少是立法者心目中最为危险的几类犯罪。因此,作为社会容忍度的底线,死刑显然具有社会控制风向标的作用,既反映了社会危险的前后变化,又不断指导乃至拉动社会惩戒资源的主动配置。

　　上述三方面事实从不同角度展示了我国刑事立法的严厉性程度以及威慑分寸上的变化。这些观察的结果意味着,我国刑事立法确有明显的重刑情结,而且,这种情结与何种犯罪行为被假定为最严重的危险有关。从中,人们不难看出立法者对刑法威慑作用的倚重。问题是,这种情结是如何影响刑事司法的呢?是不是被原封不动地传递到具体案件的处理中呢?

　　也许,有人可能会认为,犯罪的法定刑上限实际上适用率极低,因此,为了威慑犯罪,也为了满足最极端案件的刑法适用,法定刑上限重一点是可以接受的。这里暗含着一个假定是,刑罚上限重一点闲置不用,不会导致实际上的刑罚资源过量投入。

　　为了检验这个判断是否可信,我们首先按法定刑上限的不同,将刑法规定的犯罪分为上限为死刑的犯罪、上限为无期徒刑的犯罪、上限为 15 年有期徒刑的犯罪三种,以便对三种犯罪的司法实践进行比较观察。第二步,由于上限相等的不同犯罪之间,法定刑下限可能不同。因此,我们还不能对上限不同的三组犯罪进行直接比较。比如,同为上限死刑的犯罪,其有期徒刑的下限就有 10 年、3 年、半年有期徒刑三种情况。同为上限无期徒刑的犯罪,其有期徒刑下限也有 5 年、3 年、2 年、半年有期徒刑四种情况。而且,就是在有期徒刑内部,法定刑上限也不都是 15 年,以 15 年有期徒刑为上限的罪名中,其法定刑下限也不都是半年。如果我们不考虑这个差异,即使真的看到三组犯罪的量刑结果有所不同,也可能是法定刑下限不同的结果,而上限不同将无法被视为量刑差异的唯一解释。于是,为了排除法定刑下限差异的影响,我们又将犯罪分为三组:第一组是法定刑上限为死刑下限为半年有期徒刑的犯罪;第二组是法定刑上限为无期徒刑下限为半年有期徒刑的犯罪;第三组是法定刑上限为 15 年有期徒刑下限为半年有期徒刑的犯罪。这样,由于法定刑下限相等,若有实际差异便可以归因为法定刑上限的不同影响。第三步,在一个样本总数为 31 万个刑事判决的数据库中进行筛选,得到上述三组数据。第四步,计算三组样本中适用了有期徒刑的样本的平均刑期,以便观察三组法定刑下限相等的犯罪的有期徒刑适用是否存在显著差异。

然后，我们着手进行统计观察。结果发现，第一组法定刑上限为死刑下限为半年有期徒刑的犯罪中，有样本 141 362 例，其有期徒刑的均值为 1 419 天，约为 47.3 个月有期徒刑；第二组法定刑上限为无期徒刑下限为半年有期徒刑的犯罪中，有样本 23 187 例，其有期徒刑的均值为 1389 天，约为 46.3 个月有期徒刑；第三组法定刑上限为 15 年有期徒刑下限为半年有期徒刑的犯罪中，有样本 27 491 例，其有期徒刑均值为 695 天，约为 23.2 个月有期徒刑。其中，尽管前两组的有期徒刑均值之间肉眼看上去距离不大，仅有一个月之差，但统计分析的结果显示，三个均值之间的差异都满足统计显著性要求。可以看出，由于三组样本所涉罪名的法定刑下限一样，刑期均值的不同就可以在很大程度上由其法定刑上限的不同来解释。事实上，即使没有顶格量刑，由于法定刑上限中有死刑，其有期徒刑的适用相对最重，由于法定刑上限为无期徒刑，其有期徒刑的适用也仅次于上限死刑的案件。相比而言，三组数据中有期徒刑平均水平最低的一组样本，的确是法定刑上限既无死刑又无无期徒刑的犯罪。

这个结果意味着，法定刑上限越高，司法判决中实际刑期的平均水平就越高。这就是立法对司法实践的实在影响，法定刑上限的确拉高了宣告刑的平均水平。不能否认，这种拉动作用也是刑法威慑力的一种实现方式。就是说，尽管死刑等法定刑上限不会被轻易动用，但在法官视野的"余光"里，这些最重刑毕竟隐约可见。于是，就算对许多罪名来说，死刑的配置看上去往往搁置不用，但被搁置不等于不起作用。实际上，死刑闲而不虚，为刑罚资源的放量投入拓宽了余地。

1.3　建个数据库来观察你的研究对象

上述实例中涉及的统计学概念再熟悉不过了，即事件的个数和百分比。此外，如果你要研究法律制度的立法后实际效果评估，或者透视一组法律条文背后的某种结构性特征，再或者分析比较两组法律规则之间的异同，还会用到本书将会提到的集中趋势值、相关分析甚至回归分析等统计学方法。不论怎样，前提都是要先建立一个数据库。在数据库中研究法律的好处之一是，可以帮助你更好地观察、比较各种法律规则的范围、规模、动态、比例结构、集中趋势、离散趋势等等。这些信息对立法学、法律史学、法律经济学、法律社会学等研究来说，都具有重要的学术价值。

应该说，实现这些量化观察的手段有许多。笔者在这里介绍一种简便易学且功能强大的方法，即建立一个 SPSS 法律数据库。

SPSS 有两个译法：一是"统计产品和服务解决方案"，英文为 Statistical Products and Service Solutions。二是"社会科学量化分析软件"，英文为 Statistical Program for Social Sciences。其中，后者较好地表达了引进该软件研究法律现象的本意。不过，自 20 世纪 80 年代初 SPSS 问世以来，SPSS 已经被广泛应用到社会学、经济学、媒体、民意调查、经营管理、市场营销、医学研究、药品研发等各个领域，是当今世界上最为流行的统计软件之一。在这些领域，SPSS 已经有许多成功的运用，而法学研究和 SPSS 之间谁看谁都觉得十分陌生。其实，在接下来的部分我们将看到，SPSS 已经进入法律领域，并正在证明着它的普适性和给法学研究带来的新气象。

例如，如果研究股票相关的法律制度，完成有关法律条文的检索之后，将其放到 SPSS 数据库中。于是，便可以借助数据库中的各种统计工具计算出这些与股票相关的全部法律规范中，刑事、民事、行政规范各占多少，它们与发行、交易等不同市场环节之间有何关系等等。见图 1.3.1 和图 1.3.2：

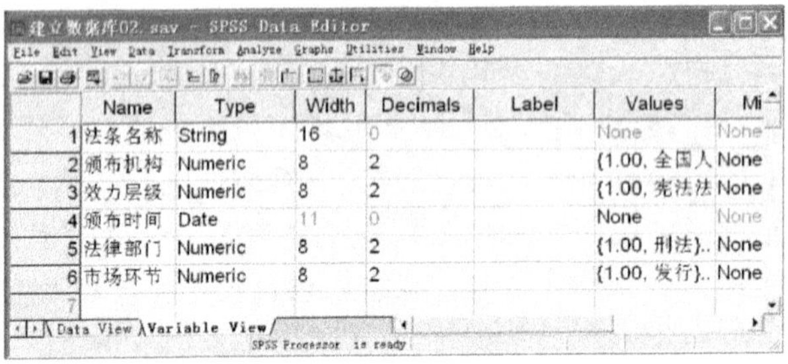

图 1.3.1　变量界面

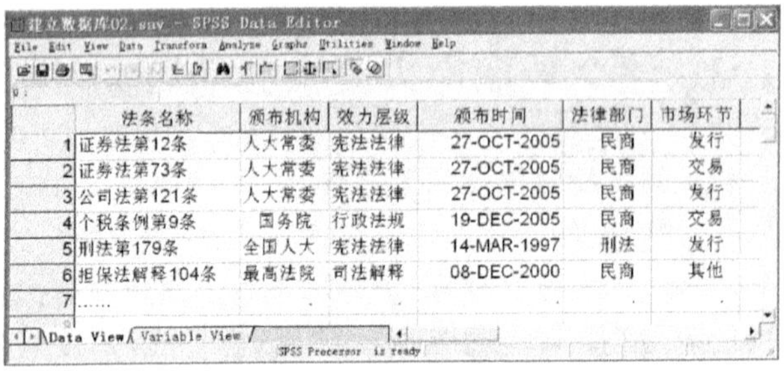

图 1.3.2　数据界面

1.4　四级罪：划分与归类

有了数据库，就可以着手对数据库中的研究对象进行实证观察了。其基本方法之一就是划分与归类。因为作为研究对象,法律条文乃至其他许多法律现象都具有数量大、不同质这样两个特点。法条、案例不仅动辄数以万计,而且,几乎没有两个完全一样的法条或案例。因此,要想了解这么多的法律现象之间有何关系,就要进行划分和归类,使我们看到某种原来视而不见的法律现象。请看一例:①

该研究的样本是50个国家的刑法典。② 其中,除美国文本为《量刑指南》以外,其余49国的刑法文本均为现行刑法典。样本范围的确定,取决于至今是否已有公开出版的刑法典中译本。只要有正式译本的,全部收入数据库。其实,从各国政府网站也能收到其刑法典的英文版,但考虑到中英文混用可能导致法律用语的口径不一,从而降低法条之间的可比性,所以一律采用正式出版的中文译本作为研究对象。

研究的分析单位是由罪名、罪状、法定刑构成的独立罪刑关系。从上述50部刑法分则中,我们共提取出13 121个这个意义上的罪刑关系。平均每部刑法有大约262个独立罪名,最多的为保加利亚刑法,有476个罪名,最少的是马绍尔刑法,只有63个罪名。③

我们先将13 121个犯罪分为暴力犯罪和非暴力犯罪两类。然后,按照所侵害的客体将其分为破坏公共秩序的公权犯罪和侵犯个人利益的私权犯罪。建立了划分标准以后,便可以逐一将每个罪名分别归入不同类型。对法条进行这种划分与归类的处理,能给我们带来丰富的学术信息。

首先,完成两次划分和归类,除了可以弄清刑法中有多少暴力犯罪,多少非暴力犯罪,以及多少公权犯罪多少私权犯罪以外,我们还可以同时从两个角度观察样本。做法是将这两种划分标准结合起来,形成四种组合:暴力公权犯罪、暴力私权犯罪、非暴力公权犯罪和非暴力私权犯罪四个犯罪类型。其中,在这一万多个罪名中,暴力公权犯罪2 337个,占样本总数的17.8%。暴力私

---

① 参见白建军:"犯罪轻重是如何被定义的",《中国法学》,2010年第六期,第109—120页。
② 这些国家是:阿尔巴尼亚、阿根廷、奥地利、澳大利亚、巴西、保加利亚、冰岛、波兰、朝鲜、丹麦、德国、俄罗斯、法国、菲律宾、斐济、芬兰、古巴、韩国、荷兰、吉尔伯特、加拿大、喀麦隆、库克、罗马尼亚、马耳他、马绍尔、美国、蒙古、尼日利亚、挪威、葡萄牙、日本、瑞典、瑞士、萨摩亚、所罗门、泰国、汤加、图瓦卢、土耳其、瓦努阿图、西班牙、希腊、新加坡、新西兰、匈牙利、意大利、印度、越南、中国。
③ 应该说明,在许多国家,大量法定犯的罪名,如环境犯罪、违反银行法的犯罪等等,往往作为附属刑法规范规定在行政法及单行刑法中,而刑法典中出现的罪名主要是一些传统的自然犯,如杀人、抢劫、强奸、盗窃等等。而我国已经不存在附属刑法,全部罪名都规定在刑法典中。从这一点看,我国刑法与其他有些国家的刑法之间的可比性是有限的。但是,这并不意味着外国刑法中不存在任何法定犯,而且,即使存在附属刑法,刑法典毕竟是一国刑法规范最具代表性的标志性样本。只要在明确中外刑法的这一区别的同时,用统一的分析框架对各国刑法典进行结构性透视,其结果还是有一定意义的。

权犯罪 2 068 个,占样本总数的 15.8%。非暴力公权犯罪 5 747 个,占样本总数的 43.8%。非暴力私权犯罪 2 969 个,占样本总数的 22.6%。如果说,罪名个数的多少在一定程度上反映了法网的疏密,那么,四类犯罪的从密到疏的顺序依次是:非暴力公权犯罪、非暴力私权犯罪、暴力公权犯罪、暴力私权犯罪。

更重要的是,这四类犯罪的刑罚轻重有何不同?就是说,在立法者心目中,哪些犯罪比较重,应该配置较重的刑罚,反之亦然。为回答这个问题,我们将死刑、终身监禁、有期徒刑的上下限确定为衡量刑罚轻重的基本指标,用来比较不同种类犯罪的轻重。据此,先对死刑在四类犯罪中的分布进行统计分析,结果是:暴力公权犯罪中的 5.3%、暴力私权犯罪中的 3.4%、非暴力公权犯罪中的 1.3%、非暴力私权犯罪中的 0.4% 规定了死刑。然后,我们又比较了终身监禁刑在四类犯罪中的分布,结果是:暴力公权犯罪中的 17.6%、暴力私权犯罪中的 13.6%、非暴力公权犯罪中的 5%、非暴力私权犯罪中的 3.3% 规定了终身监禁。最后,为慎重起见,我们还比较了各类犯罪有期徒刑的上下限,结果是:四类犯罪按有期徒刑上限的均值由长到短的顺序为,暴力公权犯罪平均 93.6 个月、暴力私权犯罪平均 87.8 个月、非暴力公权犯罪平均 61.2 个月、非暴力私权犯罪平均 55 个月。四类犯罪按有期徒刑下限的均值由长到短的顺序为,暴力公权犯罪平均 30 个月、暴力私权犯罪平均 26.2 个月、非暴力私权犯罪平均 12.2 个月、非暴力公权犯罪平均 11.6 个月。综合这三个观察,除了有期徒刑下限的比较中,非暴力公权犯罪反而略低于非暴力私权犯罪 0.6 个月以外,其余所有排序结果都一致显示,50 国刑法中总体上暴力公权犯罪最重,暴力私权犯罪次重,非暴力公权犯罪较轻,非暴力私权犯罪最轻。正是根据这个结果,我们将暴力公权犯罪称为一级罪,暴力私权犯罪称为二级罪,非暴力公权犯罪称为三级罪,非暴力私权犯罪称为四级罪。

进一步看,这个总体模式并不能代替每一部具体刑法的罪刑关系模式。于是,以上述四类犯罪的划分为分析框架,逐一分析 50 国刑法后,我们又发现了四种罪刑关系模式。其一是突出公权保护的公权刑法,结构特征是:暴力公权犯罪最重,非暴力公权犯罪次重,暴力私权犯罪较轻,非暴力私权犯罪最轻。其二是强调私权保护的私权刑法,结构特征是:暴力私权犯罪最重,非暴力私权犯罪次重,暴力公权犯罪较轻,非暴力公权犯罪最轻。其三是在突出公权保护的同时也兼顾私权保护的亚公权刑法,结构特征是:暴力公权犯罪最重,暴力私权犯罪次重,非暴力公权犯罪较轻,非暴力私权犯罪最轻。其四是以私权保护为主兼以公权保护为辅的亚私权刑法,结构特征是:暴力私权犯罪最重,暴力公权犯罪次重,非暴力私权犯罪较轻,非暴力公权犯罪最轻。

再进一步,在 50 国刑法中哪种模式最多呢?计量结果显示,属于公权刑法的有3部,属于私权刑法的只有1部,属于亚公权刑法的有30部,属于亚私权刑法的有16部。可见,真正的公权或私权刑法只占少数,多数刑法都是这两种极端形式的不典型。其中,亚公权刑法显然最多,占样本总数的60%。

在上述分析框架和纵向排序中审视我国刑法就会发现,一方面,和多数国家一样,截止到刑法修正案(七),我国选择了亚公权刑法的罪刑关系模式。证据是:第一,我国刑法中的暴力公权犯罪中有25个死罪,占该类犯罪的32%,有28个无期徒刑,占该类犯罪的36%,有期徒刑的范围为平均14.7—121.5个月,综合评定最重。第二,暴力私权犯罪中有7个死罪,占该类犯罪的25%,有8个无期徒刑,占该类犯罪的29%,有期徒刑的范围为平均12—117个月,综合评定次重。第三,非暴力公权犯罪中有28个死罪,占该类犯罪的12.4%,有48个无期徒刑,占该类犯罪的21%,有期徒刑的范围为平均4.9—115个月,综合评定较轻。第四,非暴力私权犯罪中有8个死罪,占该类犯罪的7.2%,有18个无期徒刑,占该类犯罪的16%,有期徒刑的范围为平均2.1—100.5个月,综合评定最轻。

综上,通过划分和归类的比较不难发现,各国刑法不仅轻重不等,而且,在价值取向上也不尽相同。轻其容忍之罪,重其难容之罪,犯罪本身从来都无法单独解释刑法的轻重。在很大程度上,要看谁根据何种价值理念来决定犯罪的轻重。

1.5 类型化处理的规则:互斥与周延

对法律信息进行划分与归类处理,实际上就是法律信息的类型化过程。这个过程虽然可以帮助我们发现一些新信息,但要注意的是,类型化必须满足一定的方法论要求。其基本规则就是互斥与周延。

互斥就是指变量作为划分标准要含义清晰、前后一贯,使划分出来的各个部分之间呈全异关系,互不相容。如果变量设计符合互斥性要求,那么,数据库中的任何一个个案都将被分配到一个唯一的位置,而不会出现"摆在哪里都行"的情况。例如,法条数据库中的某个变量称为"规范类型",取值为刑事规范、民事规范、程序规范。这样,《刑事诉讼法》规定的"刑事案件的侦查由公安机关进行",就既可以归入"刑事规范"又可以归入"程序规范"。再如,将犯罪人分为男犯、女犯、未成年犯,也犯了类似的错误。因为未成年犯既可能是男犯又可能是女犯。同样的错误还出现在数额分组时。例如,将收入水平分为1 000元以下,1 000元到2 000元,2 000元到3 000元,以及3 000元以上。于是,如果某个被调查者的收入正好是2 000元,就不知该分派到哪一组了。

周延就是指变量作为划分标准要全面反映出样本中每个个案与其他个案间共有的属性,使集合中每个个案都属于某个子类,最终穷尽所有个案。如果变量设计符合周延性要求,那么,数据库中的任何个案都将有其位置,而不会出现"放到哪里都不行"的情况。例如,如果把法条文本只分为"刑事规范"、"民事规范",那么,行政法规范的条文就没有位置了。再如,将犯罪分为"人身犯罪"与"财产犯罪",那么,刑法中规定的"分裂国家罪"就很难找到合适的子类。

如果说,互斥性要求尚可通过精准定义加以满足的话,那么,周延性其实做起来是很难彻底实现的。原因是法律现象的错综复杂,难免出现远离某个划分标准的极端个案。对此,有两个方法建议,一是用"其他"项来兜底,将所有无法归入现有各类的个案归入"其他"项,至少在形式上满足了周延的要求。但要注意,被归入"其他"的个案数量不能太多,一般不宜超过个案总量的5%,否则,就可能对分析结果的科学性构成负面影响。二是采用二分法,将个案分为"是"与"否"两种,或者说"A"与"非A"两类,仍然符合划分规则。例如,将犯罪分为是否暴力犯罪、是否财产犯罪、是否性犯罪等等,然后研究它们的差异、形成原因等等。

当然,真正做到互斥与周延并不容易。比如,抢劫罪既是暴力犯罪又是财产犯罪,贪污罪既可以归入偷窃类犯罪又可以归入欺诈类犯罪,等等。遇到这种情况,就要根据你对这个对象基本属性或核心特征的理解进行处理了。如果你认为人身安全的价值大于财产安全的价值,那么,你就有理由将抢劫罪归入暴力犯罪。如果你认为"侵吞"、"盗窃"是贪污犯罪的最常见形式,而"骗取"并不典型,那么,你也有理由将贪污罪归入偷窃类犯罪。其实,即使在自然科学中,对研究对象属性的判定也不是绝对的。在个别情形下,就连个体的性别到底是以男性为主还是以女性为主,也不十分确定。只要这种情形在现实中的规模不大,划分和归类还是能够反映出研究对象的客观属性的。而且,如果太多的个案都难以归类,其实反过来说明划分标准本身有问题。

1.6 除了纯正就是不纯正?

正因为划分很难做到周延与互斥,所以有的法律现象的划分其实只是形式上的周延,而实际上带来理解上的不准确。

举例来说,学界通常把不作为犯罪分为纯正和不纯正两种,而纯正不作为犯在刑法中只有十几个罪名。这就引出一个问题,除这十几个纯正不作为犯以外的其他所有犯罪都可能由不纯正不作为犯构成吗？如果不是所有犯罪都可能由不作为构成,那么,根据什么标准来判断哪些犯罪才可能,而哪些不可能由不作为构成？如果说所有犯罪都可能由不作为构成的话,就等于说刑法分则规定的所有罪名都同时既是禁止性规范又是命令性规范。这样的话,公民所承担的刑法义务以及随之而来的刑事责任也许会超出现在我们想象的范围。其实,对不作为范围的追问,最终会回溯到究竟什么是刑法上的行为。这就是提出这个问题的意义所在。在接下来的分析中我们将指出,其实,有些罪名无论归入纯正不作为还是不纯正不作为都不够恰当。①

1.6.1 不作为犯罪的外延边界

为了弄清不作为犯罪的实际规模,我们首先收集了十年来全国各地各级法院的 95 031 篇刑事判决文书,对其进行逐一排查后有几个发现：

首先,不作为犯罪的发案率低,定罪率高。排查结果发现,九万多份判决书中只有 14 个案件的判决理由中提及不作为犯罪。② 其中,按法律后果分,只有一例无罪,其余 13 起案件均按有罪处理。可见,尽管判决理由中提及不作为犯的发生率不高,只占全部样本的千分之一多一点,但是,一旦以不作为犯提起公诉,其定罪率很高,14 例中只有一例无罪。这意味着,面对罪与非罪的判断时,不作为更多地成为支持定罪的理由,人们很少用不作为理论进行出罪论证。其次,起因简单,罪名多样。按案件起因来分,有 9 起案件由被告人失职所致,5 起案件由被告人与被害人之间的各类纠纷所致。按案件导致的危害后果划分,有 8 起案件造成被害人死亡,6 起案件造成财产被盗被骗或其他损失。然而,涉案罪名却包括盗窃罪,非法拘禁罪,公司、企业人员受贿罪,故意杀人罪,过失致人死亡罪,滥用职权罪,玩忽职守罪,受贿罪,巨额财产来源不明罪,徇私枉法罪,等等。例如,同样是财产被盗的 4 个案件,就有盗窃罪,公司、企业人员受贿罪,徇私枉法罪,玩忽职守罪 4 个罪名的认定。可见,人们对不作为与具体犯罪构成之间关系的理解,仍存在一定差异。再次,纯正不作为少,不纯正不作为多。按不作为的种类划分,纯正不作为犯只有 5 例玩忽职守案,其余 9 例均为不纯正不作为犯,涉及盗窃罪,公司、企业人员受贿罪,徇私枉法罪,非法拘禁罪,故意杀人罪,过失致人死亡罪。因此,不纯正不作为很可能比纯正不作为有更多的机会成

---

① 参见白建军："论不作为犯的法定性与相似性",载《中国法学》,2012 年第 2 期,第 108—118 页。
② 判决理由中没有提及不作为犯罪的,不一定就不是不作为犯罪。例如,遗弃罪是一个不作为犯罪,但许多遗弃案件的判决理由中不提不作为犯罪。因此,现实中的不作为犯发案率很可能高于本观察给出的数据。但是,我们只能以判决书的经验观察为据进行主观推断。

为入罪理由。最后,按不作为犯的意见来源分,14个案件中无一例外,都是法院在判决理由中首次提出不作为问题,没有一个案件是由律师或检察机关提出。因此,尚无根据推论说,不作为概念是更有利控方还是更有利辩方的法律理由。

这些观察让人想到,不作为尤其是不纯正不作为很可能成为许多罪名成立的理由。这就自然引出一个问题:除了法定的纯正不作为以外,是不是所有其他犯罪都可能由不纯正不作为构成?换句话说,不作为犯罪有没有一个自身的外延边界,在此之外,有些犯罪只能由作为构成。这个问题之所以可能有意义是因为,如果任何犯罪都可能由不作为构成,而刑法又只规定了少数一些纯正不作为犯,那么,罪刑法定原则是否可能由此受到侵蚀?刑法义务是否会被扩大理解?通常认为,刑法中大部分规定是禁止性规定,其典型的对象往往是作为。如果某个危害后果不是由积极作为引起的,法律对此又没有明文规定,论证其有罪最便捷的方法之一可能就是将其归入不作为犯罪。从这个意义上说,不作为犯的概念很可能是刑事法制的一个软肋,是"无行为则无犯罪"原则的一个"后门"。① 后门是可以有的,但对后门更需严加看守。如果说,刑法禁止积极地实施某种行为就已经在某种意义上限制了人们自由的话,那么,刑法命令人们必须有效实施某种行为才能避免刑事追诉,则意味着在更大程度上限制人们的自由。如果这种限制仍是合理的,人们至少有权知道这种限制的明确界限何在。

1.6.2 法定不作为犯的基本类型

刑法中,不作为犯的典型表述是"拒绝……"、"拒不……"、"不履行……"等等。穷尽具有这些字样的罪名以后,还有些不作为的含义可能隐含在具体罪状中,同样属于纯正不作为。例如,按照刑法第161条的规定,依法负有信息披露义务的公司、企业向股东和社会公众提供虚假的或者隐瞒重要事实的财务会计报告,或者对依法应当披露的其他重要信息不按照规定披露,严重损害股东或者其他人利益,或者有其他严重情节的,其直接负责的主管人员和其他直接责任人员则构成违规披露、不披露重要信息罪。这里,披露不应该披露的信息,以及不披露应该披露的信息,都是法律所不允许的。这里,虽然没有"拒绝"、"拒不"等显性表述,但不披露应该披露的信息也应当是法定构成要件行为,我们仍可将其视为一种法定的不作为。还有一种情况是,虽然刑法典中未明示,但在相关司法

---

① 赫尔穆特·迈耶就指出,将特别的法定义务作为不真正不作为犯的成立要件,不合理。因为这里的法定义务并没有明确规定在犯罪构成要件中,而只能在习惯法上寻找,这违反了罪刑法定;同时,仅以不履行法定义务评价不作为犯,而最终却以作为犯来处罚,把似是而非的东西当成等价值的媒介。参见刘艳红:《开放的犯罪构成要件理论研究》,中国政法大学出版社,2002年7月版,第183—184页。

解释中予以明确,也应归入法定的不作为。例如,刑法第 397 条玩忽职守罪的规定,条文中也没有不作为的显性表述,但在 1999 年 9 月 16 日的《最高人民检察院关于人民检察院直接受理立案侦查案件立案标准的规定(试行)》第二条中明确规定,玩忽职守罪是指国家机关工作人员严重不负责任,不履行或者不认真履行职责,致使公共财产、国家和人民利益遭受重大损失的行为。其中的"不履行"职责,可以理解为放弃履行职责,显然是一种不作为。

从内容来看,法定的不作为犯可以归结为以下几种类型:(1) 不履行报告说明义务。表现为不报告说明事故、应当披露的信息、持有国家秘密的来源与用途、收入的合法来源、境外存款。(2) 不履行财税义务。表现为不归还透支款息、挪用的资金公款、代为保管的财物;不报税、不纳税;收储不入账;不支付劳动报酬。(3) 拒绝抚养义务。表现为遗弃。(4) 不服从命令。表现为拒不执行消防措施、解散命令、判决裁定、卫生防疫措施;拒绝停止使用无线电台、拒绝铲除毒品原植物、拒绝提供间谍犯罪证据、不交公礼物、拒绝传达军令、拒绝救援友邻部队、拒绝服役、拒绝军事订货、军事征用。(5) 不履行职责。表现为玩忽职守,执行判决,裁定失职,不移交刑事案件,不征、少征税款,商检失职,动植物检疫失职,放纵制售伪劣商品犯罪行为,不解救被拐卖、绑架妇女、儿童。

在截止到修正案(八)的刑法中,具有这些形式特征的法定不作为犯共有 41 个,占罪名总数的 9.1%。这 41 个罪就是法定不作为犯的全样本,按其法定性的具体形式,可以分为四种类型:

第一种法定不作为犯是充要不作为犯,是当且仅当一个罪名下全部构成要件行为是不作为时所成立的犯罪,相当于纯正不作为。充要不作为共有 14 个罪名,占法定不作为犯的 34%。

第二种法定不作为犯是必要不作为犯,即罪状中的不作为与作为之间互为必要条件时成立犯罪的情形。必要不作为共有 9 个罪名,占法定不作为的 22%。

第三种法定的不作为犯是选择不作为犯,即罪状中的不作为与作为之间呈"或者"关系时成立犯罪的情形。选择不作为犯共有 10 个罪名,占法定不作为犯的 24%。

第四种法定的不作为犯是上述第二、第三种情形的混合体,可以称作混合不作为犯,也就是选择不作为犯中的不作为行为由必要不作为犯构成。混合不作为犯共有 8 个罪名,占法定不作为犯的 20%。

上述观察至少说明,将不作为犯分为纯正的和不纯正的,掩盖了不作为犯的许多具体形态。而我们对法定不作为犯的划分,起码突出了不作为犯的法定性,强调从法定的构成要件出发区分不作为的各种情况。首先,这种新的划分从逻辑关系的角度理解各类法定不作为犯之间的区别。这意味着,满足一定形式逻辑的要求,一个行为才可能该当或符合一定构成要件的要求被认为是犯罪。这样,在原有的纯正、不纯正两类不作为犯之间,又出现了法定的必要不作为犯、法定的选择不作为犯和法定的混合不作为犯三种新类型,并以是否法定为标准将这些新类型与所谓不纯正不作为犯区别开来。至少,在以往的理解中,这些都不是不纯正不作为犯的典型形态。至此,我们基本圈定了不作为犯罪的法定样本,为回答到底什么是不作为犯罪的问题提供了基本依据。进一步看,新的划分还质疑不作为犯罪的超法规存在。人们有理由提问,既然构成要件中的不作为不仅仅是充要条件还可以是必要条件,也可以是选择条件,还可以是必要与选择的混合条件,那么,在这以外,还有哪些既非必要条件,又非选择条件的不作为呢?如果有,为什么不将其法定化呢?不将其法定化,是不是为某种需要而提供方便呢?如果是,这种所谓方便又会是谁的方便呢?

尽管如此,我们还是不敢仅仅根据这些观察给出一个法定不作为犯罪的定义,更不敢据此贸然界说什么是不作为犯罪。因为上述观察只是在法定不作为犯的内部进行类型学考察,而要深入了解不作为犯,还应将法定不作为犯与其他犯罪进行比较观察,进一步从什么不是不作为的角度去把握不作为问题。

1.6.3 法定不作为犯的形式特征

既然这 41 个罪是独立于其他犯罪的法定犯罪类型,那么,这些法定不作为犯就不仅内部构造清晰,还应该具有自己完整独特的法律特征。而要了解这些法律特征,只有在比较中才能观察到法定不作为犯与其他犯罪之间在形式上的区别。应当说明,这种比较并不是在暗示,只有法定不作为才是不作为犯。事实上,按照刑法第 15 条规定,过失犯罪,法律有规定的才负刑事责任。[①] 而刑法并没有规定,不作为犯罪,法律有规定的才负刑事责任。因此,我们至少可以说,不作为犯罪,法律没有规定的也不是没有可能被认为是犯罪。因此,在与法定不作为犯相对的其他犯罪中,不排除存在法律尚未明示,但实然上或应然上按犯罪处理的不作为,譬如所谓不作为杀人。只是其规模大小、分布如何尚不得而知。因此,在接下来的比较观察中,如果在某个方面,法定不作为犯与其他犯罪之间无法被证实存在显著差异,很可能就是其他犯罪中这种法律未明文规定的不作为犯在起作用。因为参与比较的两类犯罪之间,恰好在这个方面分享某种共性。

---

① 尽管如此,刑法教科书中将交通肇事罪等刑法并没有规定为过失犯罪的一些犯罪定义为过失犯罪的情况也随处可见。

然而,如果在某个方面,法定不作为犯与其他犯罪之间被证实存在统计意义上的显著差异,那么,要找出理由否认法定不作为犯在这方面的与众不同就不太容易了。被证实的特征,也许正是这些行为被法定为不作为犯的原因所在。总之,当接下来的观察证实某个特征时,意味着不作为犯很可能具有该特征。而当观察证否某个特征时,不作为犯并不一定就不具有该特征。下面报告根据这一逻辑所作观察的主要结果:

(一)大部分法定不作为犯是身份犯,而大部分其他犯罪是非身份犯

通过比较刑法规定不难发现,刑法规定的作为义务与特殊身份之间存在某种有趣的关联。一方面,大部分法定不作为犯都是身份犯:大约70%的法定不作为犯属于身份犯,只有大约30%的法定不作为犯属于非身份犯。另一方面恰好相反,与法定不作为犯相对的其他犯罪中,身份犯只占27.6%,而非身份犯占据了72.4%的比例。就是说,法定不作为犯中的身份犯比例是其他犯罪中身份犯比例的两倍还多。可见,对具有特殊身份的人,刑法才更可能在禁止其实施某种行为的同时,还命令其必须实施某种行为。实施了某种被禁止的行为,或者不实施某种必须实施的行为,对这些特殊身份来说,都意味着刑事违法。总之,刑法上的作为义务往往伴随着特殊身份的要求,甚至可以说,特殊身份有更大的机会承担刑法义务。例如,丢失枪支后的及时报告义务,来自行为人的依法配备公务用枪的特殊身份。吸收客户资金后的入账义务,来自行为人的银行工作人员的特殊身份。对外交往中接受礼物后的交公义务,来自国家工作人员的特殊身份。这些特殊身份多数情况下就是指特殊的职务身份,但有时也来自由法律固定下来的特定人际关系。例如,对没有独立生活能力的人的抚养义务,就来自家庭成员的特殊身份。

应当说明,身份犯更可能是义务犯,这并不等于说,非身份犯就不可能被设定刑法义务。毕竟,在法定不作为犯中,还有12个即30%的非身份犯。例如,信用卡诈骗罪中的恶意透支行为,其还款义务来自持卡人先前的透支行为,而不是某种特殊身份。侵占罪中,行为人的归还义务也不是来自其特定身份,而是来自其先前的保管关系。反过来说,大部分身份犯也即113个身份犯也不是法定不作为犯。例如,生产、销售伪劣产品罪,为亲友非法牟利罪,背信损害上市公司利益罪都是身份犯,即使由不作为构成,也肯定不是法定不作为犯。身份犯与义务犯并非一对一的关系,只能说法定不作为犯比其他犯罪更可能是身份犯。

(二)法定不作为犯的成立都以行为人对危害结果有所预见而不仅是应当预见为前提

法定不作为犯的成立在主观方面也有很严格的限制。观察发现,41个法定不作为犯中,无一疏忽大意的过失犯罪。其中,有34个罪名都是故意犯罪,占法

定不作为犯的83%。另有7个法定不作为犯的主观方面既可能由轻信可以避免的过失构成,也可能由间接故意构成。它们分别是教育设施重大安全事故罪、消防责任事故罪、妨害传染病防治罪、玩忽职守罪、食品监管渎职罪、商检失职罪、动植物检疫失职罪。

  刑法分则中,有些犯罪到底是故意犯罪还是过失犯罪一看便知。比如,故意杀人、过失致人死亡等等。还有些犯罪即使没有标明"故意"、"过失"字样,也还是不难判断其主观方面的内容。比如,盗窃、抢劫、强奸等犯罪,法律不必指明这些都是故意犯罪。因为没人会相信有不小心盗窃、抢劫了他人的财产,不慎强奸了他人这种事。但问题是,有些犯罪肯定不会是出于直接故意的心态所实施,也显然不可能出于疏忽大意的过失而实施,但到底是出于间接故意还是轻信可以避免的过失实施的,并不容易从法条给出的信息中做出准确判断。比如,交通犯罪中,如果行为人出于直接故意在公路上横冲直撞造成多人死伤,就构成以危险方法危害公共安全罪了。但另一方面,又很难想象一个了解驾驶常识的人,对某些违法驾驶行为的危险后果没有任何预见。于是,当一个交通事故发生以后,肇事者的心态到底属于有所预见的轻信可以避免的过失,还是有所预见而放任危险后果的间接故意,就变成了一个复杂的事实判断。也就是说,间接故意和轻信可以避免的过失之间的界限实际上比较含混。学理上把这种既可能是间接故意又可能是轻信可以避免过失的情形称为轻率,或复合罪过。① 之所以难以判断,就是因为这两种主观心态的共性都是对危害结果有所预见,而不是应当预见因为疏忽大意而没有预见。

  在41个法定不作为犯中,有7个罪名就属于这种轻率犯罪。不难理解的是,这几个罪显然不属于直接故意犯罪。重要的是,它们也不属于疏忽大意的过失犯罪。按照刑法第138条的规定,明知校舍或者教育教学设施有危险,而不采取措施或者不及时报告,致使发生重大伤亡事故的,其直接责任人员构成教育设施重大安全事故罪。这里的"明知"就是排除其疏忽大意过失的根据。按照刑法第139条的规定,违反消防管理法规,经消防监督机构通知采取改正措施而拒绝执行,造成严重后果的,其直接责任人员构成消防责任事故罪。这里的"经消防监督机构通知采取改正措施"意味着,行为人对危害后果不可能没有预见。而且,因拒绝按照卫生防疫机构提出的卫生要求,对传染病病原体污染的污水、污物、粪便进行消毒处理,而构成妨害传染病防治罪的,显然也因卫生防疫机构已经提出相关要求而说明,行为人拒绝这种要求的行为不可能基于对危害后果没有任何预见。至于上述几个玩忽职守类的法定不作为犯,之所以也属于轻率犯

---

① 储槐植:《刑事一体化论要》,北京大学出版社,2007年10月版,第129—141页。

罪,是由其职务职责的存在所决定的。因为具有一定职务职责的人,理应具备相应的专业知识或行业规范。正是由于熟知这些知识或规范,行为人一般不可能对危害后果没有任何预见。通常情况下,对危害后果有所预见但轻信可以避免,才是具有一定职务职责的人实施法定不作为犯的在主观方面的实际状态。

总之,法定不作为犯在主观方面的底线是,至少表现为对危害后果有所预见。或者出于轻信可能避免,或者出于放任,因而违反了刑法义务。仅仅是出于疏忽大意的过失,不可能构成法定不作为犯。实际上,有学者在论及不纯正不作为的作为义务实质判断时指出,是否具有原因设定和结果支配,可以说是重要根据。所谓原因设定就是不作为者在该不该作为之前,必须自己设定倾向侵害法益的因果关系。所谓结果支配就是指,对结果发生具有支配性。① 对没有法律明文规定的所谓不纯正不作为犯的要求都如此严格,更何况法定不作为犯呢!

(三) 大部分法定不作为犯的成立都要求有某种法定的犯罪结果,而大部分其他犯罪的成立都不要求具有法定的犯罪结果

首先需要交代的是,这里所谓的"犯罪结果"包括三种情况:一是结果犯,即刑法分则条文中明确以"造成"、"致使"、"引起"等词语引导的各种犯罪结果作为成罪条件的犯罪,或称狭义结果犯。二是纯正情节犯,即以情节严重、恶劣为成罪必备条件的犯罪。三是数额犯,即以达到一定犯罪数额为成罪必备条件的犯罪。某种意义上说,情节和数额都是一定结果,与狭义结果犯合起来,统称广义结果犯。这三种结果都以法律明文规定的客观事实为依据,没有这些法定的客观事实,只有罪与非罪的问题,而不发生有罪基础上的既遂未遂问题。

从这个角度观察犯罪结果与刑法义务之间的关系,我们发现,68%的法定不作为犯同时都是广义结果犯。相比之下,只有37%的其他犯罪属于广义结果犯,大部分其他犯罪的成立都不要求具备即使是广义上的犯罪结果。就是说,法定不作为犯对犯罪结果的要求,几乎是其他犯罪的两倍。这个事实意味着,以不作为形式危害社会,往往是一种结果危险。与此不同,以积极的作为形式危害社会,更多情况下表现为一种行为危险,而行为危险的动刑理由显然比结果危险的动刑理由更加充分。

说到这里必须紧接着指出,强调法定不作为犯与犯罪结果之间的密切联系,和通常教科书中提到的不作为犯成立条件之间有所不同。一般认为,行为人不履行特定义务而引起危害社会的结果,是不作为犯成立的必要条件。② 然而,以

---

① 陈兴良主编:《刑法总论精释》,人民法院出版社,2010年4月版,第172—173页。
② 杨春洗等主编:《中国刑法论》(第三版),北京大学出版社,2005年11月版,第54页。

上观察对这个通说有一个修正：根据上述统计观察，尽管有 68％的法定不作为犯是广义结果犯，在法定不作为犯中占据多数，但毕竟有其余 32％即 13 个法定不作为犯的成立与广义犯罪结果无关。更何况，这只是法定不作为犯，还没有包括法无明文规定的不作为犯。这意味着，我们还不能说，每一个不作为犯的成立，都要求有犯罪结果的发生。而且，这里所要求的犯罪结果还不包括行为危险意义上的危害结果，更不能将作为成罪条件的犯罪结果与作为既遂条件的犯罪结果混淆起来。因为，如果把行为危险也视为一种犯罪结果，认为只要犯罪就危害了社会因而都有结果的话，或者把犯罪未遂也塞进犯罪结果的概念中，那么，通说中不作为犯对结果的要求就等于什么都没说，因为没有没有结果的犯罪。只有把通说中的犯罪结果限定在客观上法定入罪条件意义上的结果，这个要求才有意义。总之，我们只能说多数法定不作为犯的成立的确要求具备犯罪结果，至于其他不作为犯与犯罪结果的关系，还有待进一步研究。

这三个特征归纳起来看，法定不作为犯的一个基本形式特征就是入罪门槛比较高。就是说，法定不作为犯的成立比其他犯罪有更多、更复杂的构成要件上的法定要求。41 个法定不作为犯中，只有一个罪名没有诸如特别身份、主观目的、行为结果、情节或数额的轻重大小、违反某种行政法律法规等条件的限制。这个唯一的特例就是抗税罪，即以暴力、威胁方法拒不缴纳税款的行为。也就是说，98％的法定不作为犯的成立都在行为本身的基础上附加了若干条件，只有一个法定不作为犯仅凭其行为本身即可说明入罪理由。与其相比，在所有犯罪中，有 80％即 361 个罪名，在法定不作为犯以外的其他犯罪中，有 78.3％即 321 个罪名，在行为本身的基础上附加了若干入罪条件——大大低于法定不作为犯的这个比例。比较这些数据就可以清楚地看到，与其他犯罪相比，刑法法定作为义务的违反，一般需要满足至少一个乃至数个限制条件。或者可以由此推论，与作为犯相比，仅仅违反了某个作为义务的行为本身，尤其是当这种义务不属于刑法义务而是其他某种道德义务时，不足以独立成罪。这是作为义务及其违反的形式特征。

法定义务犯的这一形式特征还有一个佐证，这就是，所有法定不作为犯都是封闭犯罪构成，无一开放构成的特例。这里所谓开放与封闭的一个重要判断指标就是"其他方法、手段"等兜底条款的有无。罪名中存在这种兜底性的规定，意味着入罪的行为可以不在法律明文规定之列，罪与非罪的标准弹性较大。我之所以敢说"所有"法定不作为犯都是封闭构成，是因为在所有法定不作为犯中只发现了一个罪名有兜底性规定：按照刑法第 382 条的规定，国家工作人员利用职务上的便利，侵吞、窃取、骗取或者以其他手段非法占有公共财物的，是贪污罪。这里的"其他手段"是一个兜底性规定，但是，与侵吞、窃取、骗取相当的"其他手段"显然应该是作为犯罪。因不作为而构成的贪污罪,只发生在第394条规定的国家工作人员在国内公务活动或者对外交往中接受礼物,依照国家规定应当交公而不交公,数额较大的情况下。而这个不作为贪污,又不存在兜底性规定,是个封闭构成。所以,我们可以有把握地说,所有法定不作为犯对法定义务的违反,都在形式上具有严格的限制。在这个意义上,如果说法定不作为犯可以基本上代表不作为犯的话,那么,在法定不作为犯以外,即使还有不作为犯的话,也应符合至少是接近这一形式要求。我们甚至可以推测,犯罪性越明显的犯罪,入罪条件相对越简单,成为不作为犯的几率就应该相对越小。

1.6.4 法定不作为犯的内容特征

如果说不作为犯罪的形式特征是显性的,都可以从相应法条中找到法律根据的话,那么,其内容特征便是隐性的,需要从各种理论角度对其进行类型化处理。尽管这种处理有一定的主观色彩,还是可以丰富我们对不作为犯的理解。

(一)法定不作为犯往往是公权犯罪,以法定不作为方式侵害私权的犯罪只是极少数

从刑法设定作为义务所保护的价值取向来看,93%也即38个法定不作为犯都是针对公法益实施的侵害,只有7%也即3个法定不作为犯是针对私法益实施的侵害。

(二)法定不作为犯基本上没有暴力犯罪

严格地说,41个法定不作为犯中只有一个半暴力犯罪,即抗税罪和遗弃罪。按照刑法第202条的规定,以暴力、威胁方法拒不缴纳税款的,是抗税罪。应该说,这个违反法定义务的犯罪是一个百分之百的暴力犯罪。而按照刑法261条的规定,对于年老、年幼、患病或者其他没有独立生活能力的人,负有扶养义务而拒绝扶养,情节恶劣的,是遗弃罪。拒绝抚养的后果,很可能是被害人的伤残乃至死亡。正是从这个意义上说,遗弃罪是一个暴力犯罪。而且,不论是拒绝"抚养"国家,还是拒绝抚养亲人,都是拒不履行某种义务。但是,这两个暴力不履行义务毕竟有所不同。在抗税罪中,行为人是以积极的暴力作为实现其消极的不作为,即不履行缴税义务。而在遗弃罪中,毕竟没有之前的积极暴力作为。所以说,即使存在暴力不作为犯,也是极个别的特例。这里所体现基本理念也许是,不施暴,不是刑法上作为义务的主要内容。甚至可以说,不施暴不是个刑法义务,而是个刑法禁令。作为禁令的对象,施暴通常是个积极的作为。既然施暴通常是积极的作为,那么,将不作为与其勾连起来时,就要十分慎重。把上述两点连起来看,法定不作为犯往往是非暴力的公权犯罪。

（三）法定不作为犯的刑量通常较轻

证据是，首先比较法定不作为犯与其他犯罪在死刑配置上的不同。结果证实，41个法定不作为犯中，有两个条文涉及死刑，占法定不作为犯的将近5%。一个是贪污罪，其中的国家工作人员在国内公务活动或者对外交往中接受礼物，依照国家规定应当交公而不交公，数额较大的行为属于法定不作为犯。另一个是422条规定的隐瞒军情拒传军令的犯罪中，也规定有死刑。相比而言，整个刑法中共有55个规定有死刑的罪名，占罪名总数的12.2%。其他犯罪中有53个死罪，占法定不作为犯以外的其他犯罪的13%。可见，法定不作为犯的死罪比例大大低于其他犯罪。其次，再看有期监禁刑的比较结果。① 法定不作为犯的有期监禁刑上限平均为88个月，下限平均为2个月。相比而言，其他犯罪有期监禁刑上限平均为115.6个月，下限平均为6.7个月。就是说，就有期监禁刑的配置而言，法定不作为犯的刑期普遍低于其他犯罪的刑期。总之，无论重到死刑还是轻到有期监禁，法定不作为犯的法定刑罚都明显轻于其他犯罪。

将上述三点观察综合起来便可得出结论，法定不作为犯不仅是入罪门槛较高的犯罪，而且多为较轻的非暴力公权犯罪。

1.6.5　法定不作为犯的经验定义及其意义

归纳以上观察，我们得到一个法定不作为犯的经验定义。按照这个经验定义，所谓法定不作为犯通常是那些特殊主体出于轻率以上的罪过，采用非暴力手段不履行刑法义务造成公共权益实际损害的犯罪。符合这个描述的犯罪，通常是入罪门槛较高的轻罪。这个定义来自上述观察，因而不必再展开解释。需要说明的是，所谓经验定义，一方面是说它来自对实定法的实际观察，是对实定法的概括归纳。毕竟，实定法本身是我们讨论一切问题的依据。从这个意义上说，这个定义具有一定的规范意义。另一方面是说，既然是概括归纳的结果，就不是规范本身，而是一组规范的集合。从这个意义上说，法定的不作为犯只是不作为犯罪的典型形态，不排除在其范围之外，还存在与其相似但并未获得法定形式的不典型的不作为犯。尽管如此，作为一组不作为犯罪的典型代表，法定不作为犯仍应是控制、限缩刑法义务边界的基本依据。刑法中与法定不作为犯越相近似的犯罪，才有越大的机会落入不作为犯的范围。反之，与这个范围相去越远、差异越明显的犯罪，属于不作为犯罪的可能性就越小。对这种犯罪，即使以不作为入罪，也应越加慎重。相比之下，原有不纯正不作为犯的概念不具备划定刑法义

---

① 这里的有期监禁刑是包括拘役和有期徒刑在内的监禁刑。

务边界的功能,基本上没有提出哪些犯罪不可能由不作为构成的问题,这就给刑法义务的任意扩张留下了空间。

现在回到我们最初的问题——不作为犯罪的范围到底有多大?基于上述经验定义可以推论,前文提到的以不作为犯罪成立的杀人、盗窃、非法拘禁等,都不在法定不作为犯的范围之内,也都与法定不作为犯的经验特征相去较远。[①] 也就是说,这些所谓不作为犯形式上没有法律根据,内容上也与典型的不作为犯之间没有相似性。尽管不能据此完全否认这些所谓不作为犯与作为犯罪之间具有等价性,我们还是没有更具可操作性的理由认为,这些与典型不作为犯不相似的犯罪却与作为犯罪之间具有等价性。就算有这么一种犯罪,它与作为犯罪等价,但与典型的也即法定不作为犯不相似,我们当然不能否认它仍有可能是一种犯罪。但是,为什么硬要将其作为不作为犯的一种呢?一种可能的解释是,现行刑法就应当减少现有 41 个法定不作为犯的范围,同时,将上述按照不作为犯罪认定的犯罪纳入法定的不作为犯的范围。比如,明确规定不作为杀人罪,或在故意杀人罪中加入"以作为或不作为的方法非法剥夺他人生命"的表述。这样的话,上述关于法定性和相似性的追问都自然失去了意义。遗憾的是,至少截止到目前,我国刑法尚无此类规定。这大概就是上述案件的定罪为什么只能以理论为依据的原因之一吧。更何况,在刑法修订之前,现有实践中某些所谓不作为杀人并非不作为而是作为,有的可以从共犯或期待可能性等刑法路径加以解决。

因此我们认为,刑法义务的限缩应当法定化。我们关于不作为犯的超法规适用和不纯正不作为概念的质疑意味着,罪刑法定原则贯彻过程中有这么一个盲区。至少,是罪刑法定的一个例外。我们尚无根据断定,罪刑法定原则仅适用于禁止性规范。实际上,命令性规范同样应该遵守罪刑法定原则,不应成为例外。如果套用刑法第三条的规定,"法律明文规定为犯罪行为的,依照法律定罪处刑;法律没有明文规定为犯罪行为的,不得定罪处刑",那么,法定的不作为犯依照法律定罪处罚,而法律没有明文规定的所谓不作为犯,不得定罪处罚,才是合法合理的结论。即使在法定不作为犯以外仍有设定刑法义务的必要,也应通过立法来解决。而且,通过刑法修订扩大不作为犯的范围,也应尽可能体现与现有法定不作为犯之间的相似性,不宜出现过大的反差。至少,刑法理论不应单独成为突破现行刑法规定法外动刑的理由。否则,只要客人在饭店喝酒后驾车离开,饭店相关人员都可能被控不作为的危险驾驶罪。理论上说,类似不作为犯罪

[①] 已经有学者指出,我国司法实践对不作为故意杀人罪成立条件的把握存在过于宽泛之嫌。参见何荣功:"不真正不作为犯的构造与等价值的判断",载《法学评论》,2010 年第 1 期,第 112 页。另参见刘娟:"的哥的行为是否属于不作为犯罪",载《中国检察官》,2010 年第 9 期,第 74 页。

概念的扩大适用还可能不止于此。

由此反观现实,不难联想到两种同时存在的倾向:一方面,该充分体现司法实践理性的有些方面,人们有时不太注意总结最大多数司法人员在法律范围内最普遍的司法实践经验,而对越来越细的司法解释形成了越来越多的依赖。另一方面,对法律尚无明确规定的某些行为,却敢依据相关理论学说定罪量刑。那么,在法定的 41 个不作为犯的范围以外,如果以不作为犯为由定罪,是否属于后者,请读者你自行判断吧。

第 2 章

违法观察

2.1 学术研究与证据意识
2.2 个案观察与归纳
2.3 道德冒险:从个案观察到全景观察
2.4 绝对数与相对数:法律现象的简单描述
2.5 区群谬误:关于分析单位的常见错误

所谓违法观察,就是采用经验研究方法对大量违法案件、行为、现象的规模、范围、特征、类型、分布、集中趋势和离散趋势所做的记录、归纳、分类和一般性的量化描述。根据这个概念,违法观察有以下几个基本要素:

- 对象既不是某一两个焦点案件,也不是大量法律文本或司法活动,而是大量违法案件、行为、现象。
- 问题是"某类违法现象有多少""在整个违法现象总体中占多大比重""与其他违法现象之间有何数量关系""它们的平均水平是多少""有何时空分布特征"等。
- 方法是记录、归纳、分类、描述等基本经验研究手段。
- 形式是某类违法现象的频数、比例、比率、均值、中值、众值等简单统计信息的感知、提取、展示和解释。

2.1 学术研究与证据意识

办案要有证据意识,做学术要不要讲一点证据意识呢?我们写文章或者阅读文献,常常会遇到"实际上"这个词。比如,我们走到街上,随便找个路人问他,"你赞成废除死刑吗?"路人会告诉你他或她的态度。或者,我们在一次大规模调查中发现,有49%的人赞成(或反对)废除死刑。调查结果是,有51%的人赞成(或反对)废除死刑。或者,调查结果显示,99%的人赞成(或反对)废除死刑。根据这些结果,如果你说"现在有人赞成(或反对)废除死刑",或者说,"许多人都赞成(或反对)废除死刑",或者说,"只是少数人赞成(或反对)废除死刑",或者说,"大多数人都赞成(或反对)废除死刑",这些说法都没有说谎。因为一个人也是人,49%的人既可以说是许多人,也可以说是少数人,51%和99%都可以归入多数人之列。既然没有说谎,那就是根据事实真相说话啦。既然论证的根据是事实真相,跟在后面的决策或者理论当然不容置疑了。但会不会有人质疑说,"你所说的'有人'到底是多少人?你所说的'少数人'到底是1%还是49%?你所说的绝大多数人到底是51%还是99%?"

值得庆幸的是,至少在当下一些法学研究中,基本上不必担心碰上这种质疑。因为我们更在乎某个理论、结论本身合不合自己的心意,能不能说圆,不太会对理论的经验根据和事实基础刨根问底。所谓做学问,就是问你的认为,是否等于我的认为,中国人的学问是否等于外国人的学问。然而,按照实证研究的方法论,学术观点的争鸣是学问,学术观点所由出发的事实考据也是学问。对现有理论学说进行梳理整合是学问,对经验事实进行观察归纳也是学问。总之,和司法实践中的定罪活动一样,法学研究也要讲一点证据意识,做理论要言之有物,持之有据。

具体到违法现象的研究,实证分析就不会笼统地说某某犯罪危害极大,而是尽可能对危害性的大小、范围、规模、程度做出客观描述。一方面,实证分析力图使不同的抽象违法之间获得可比性,使同一价值衡量标准下的不同抽象违法的比较成为可能。所谓抽象违法就是指,既非张三又非李四实施的一般侵权行为,或者既非此时此地又非彼时彼地的一般违约行为,或者既非针对某甲又非针对某乙、既非使用枪支又非使用刀具或者其他什么具体凶器的一般抢劫行为,等等。另一方面,实证分析还力图使不同的具体违法之间获得可比性,以实现同一判断标准下的不同具体违法案件、行为在危害性大小上的比较。在这方面,实证分析不仅能比较此盗窃案与彼盗窃案在恶害大小上的不同,甚至还能比较不同性质的违法案件在某个维度或者指标上的差异。对违法危害性的量化描述是基于这样一种理念:法律现象本身是质与量的统一,违法既有质的规定性一面,又有量的规定性的一面,全面理解法律现象不应固执地拒斥包括量化分析在内的各种有用的研究方法。

2.2 个案观察与归纳

个案观察和经验归纳,是使理论站在坚实的事实基础和经验根据之上的第一步。意大利学者菲利在比较实证主义犯罪学与古典犯罪学的差异时就说过:"对我们来说,实验(即归纳)法是所有知识的关键;对古典学派来说,一切都是从逻辑演绎和传统观念中得出来的。对他们来说,事实应当让位于三段论(演绎法);对我们来说,事实有决定性作用,没有知识就不能进行推论。对他们来说,科学仅仅需要纸张、笔、墨水,其他的则来自充满了大量书本知识的大脑,而那些书本也是用同样的方式产生的。对我们来说,科学要求长期地逐个检验事实,评价事实,获得它们的共同特征,从它们中抽取出中心概念。对他们来说,演绎法或绎事法足以推翻通过多年的观察收集的大量事实;对我们来说,情况正好相反。"[①]

归纳就是对经验事实的概括,是从大量个别性的前提推出一般性结论的认识过程。归纳法的基本逻辑公式是:

---

① 转引自吴宗宪:《西方犯罪学史》,警官教育出版社,1997年7月版,第183—184页。

S_1 具有(或不具有)P 属性;
S_2 具有(或不具有)P 属性;
S_n 具有(或不具有)P 属性;
(S_1……S_n 是 S 类部分对象)

所以,S 类具有(或不具有)P 属性。

例如,我们可以在经验世界中观察到,中国人是黄皮肤,韩国人是黄皮肤,日本人是黄皮肤,泰国人是黄皮肤。而中国人、韩国人、日本人、泰国人都是亚洲人,于是我们相信,亚洲人是黄皮肤。意大利实证主义犯罪学者龙布罗梭将归纳法用于犯罪人的实证分析,有三类经典的运用形式:

运用一:对某类犯罪人的各种被观察到的经验现象进行归纳,从而概括出这类犯罪人的若干个特征。这是实证分析的最常见方式。龙布罗梭在其《犯罪人论》中,对情感冲动型犯罪人进行了深入观察和分析。在这项研究中,龙布罗梭概括出情感冲动型犯罪人的 20 个特征。[①] 其中每个特征的认识,都使用了归纳法。比如,龙布罗梭首先注意到,此类犯罪人在犯罪过程中往往由于情绪激动而失去正常的判断力,结果便会导致侵害行为的扩大化,伤及旁人。这个认识的获得来自这样的归纳过程:

某人用剪子不仅伤了自己的对手,还伤了情人和母亲。
某人在强奸企图受到拒绝后,将被害人杀死,还杀死了被害人的父亲和被害人的牛。
某人仅仅为了一点小麦,杀死了父亲、姐妹和外甥。
某人在杀死情人的同时,还杀死了她的母亲、叔叔和邻居。
某人遭到妻子拒绝后,杀死了她的兄弟,并将妻子断肢,还咬伤了母亲。
某人杀死仇人后,将其伙计伤害致死,还对另外两个陌生人造成重伤害。
……
他们都是情感冲动型犯罪人。
所以:情感冲动型犯罪人在实施犯罪时往往有侵害行为扩大化伤及旁人的危险倾向。

运用二:将划分和归类结合起来,先从属到种的方向上,对经验现象进行划分,然后再从种到属的方向上,对经验现象进行归类。最后,将两类经验现象进

---

① 〔意〕切萨雷·龙勃罗梭:《犯罪人论》,黄风译,中国法制出版社,2000 年 8 月版,第 105 页。

行对比,发现其异同。龙布罗梭关于罪犯笔迹的研究,①就属于这种运用形式。在该研究中,龙布罗梭首先在档案馆馆长、监狱长、检察官等方面人士的帮助下,收集了407份罪犯的笔迹。然后,经过观察他发现,这些犯人笔迹可以分为两大类:一类是字母写得较宽的笔迹,另一类是字母写得较窄的一类。这就经历了一个划分的过程。然后,龙布罗梭发现,许多杀人犯、抢劫犯、土匪的笔迹都具有字母写得很宽,弧度较大,字母的上下都明显地较宽的特点,于是,将其归入一类。同时龙布罗梭又发现,许多盗窃犯的笔迹与抢劫犯的笔迹明显不同,并不显得宽,字母带有喇叭状,写得柔软,不那么鲜明,签名几乎一点都不潦草,很像女人写的字。于是,将其归入一类。这就经历了一个归类的过程。在这个过程中,龙布罗梭使用的就是归纳法,其推理形式是:

罪犯A的笔迹中字母较宽;
罪犯B的笔迹中字母较宽;
罪犯C的笔迹中字母较宽;
……
这些罪犯都是实施杀人、抢劫、土匪等暴力型犯罪的犯罪人。
所以:暴力犯罪的犯罪人的笔迹具有字母较宽的特征。

罪犯D的笔迹中字母较窄;
罪犯E的笔迹中字母较窄;
罪犯F的笔迹中字母较窄;
……
这些罪犯都是盗窃犯。
所以:盗窃犯的笔迹具有字母较窄的特征。

两相比较的结论是,暴力犯罪行为人的笔迹中字母较宽,盗窃犯罪行为人的笔迹中字母较窄。这种描述无疑对刑事侦查和诉讼具有积极意义。可见,比较研究中往往涉及归纳法的运用。

运用三:因果关系的分析。归纳法中包括完全归纳和不完全归纳两种。二者区别的关键在于观察的对象是否无一遗漏。在完全归纳中,被观察是否具有某种属性的经验事实是全部研究对象,只要一个经验事实未被观察到,就不能称作完全归纳,结论也就不是必然的了。而不完全归纳则不要求穷尽观察对象。

---

① 〔意〕切萨雷·龙勃罗梭:《犯罪人论》,黄风译,中国法制出版社,2000年8月版,第173页。

事实上，在社会现象的研究中，绝大多数情况下都只能采用不完全归纳。然而，就其可靠程度而言，不完全归纳又可分为两种情况：简单归纳和科学归纳。简单归纳实际上是尽可能枚举大量的经验事实具有或不具有某种属性，只要没发现反例，便可以进而推出该类经验对象具有或不具有某属性的结论。简单归纳的结论通常或然性较大。而科学归纳尽管也是一种不完全归纳，但和简单归纳不同之处在于，科学归纳中各个经验事实与某种属性之间的关联不仅得到观察上的证实，而且，这种关联的内在联系还经过科学实验、观察、分析等方法获得了确认。科学归纳的逻辑公式是：

S_1 具有（或不具有）P 属性；
S_2 具有（或不具有）P 属性；
S_n 具有（或不具有）P 属性；
（$S_1……S_n$ 是 S 类部分对象，并且经过科学实验、观察、分析等方法，确认各被研究对象与 P 属性之间的内在、必然联系）

所以，S 类具有（或不具有）P 属性。

例如，我们可以在经验世界中观察到，中国人是黄皮肤，韩国人是黄皮肤，日本人是黄皮肤，泰国人是黄皮肤。而中国人、韩国人、日本人、泰国人都是亚洲人，而且，通过人类基因的研究人们发现，亚洲人的肤色是由其特有的遗传基因决定的，于是我们相信，"亚洲人是黄皮肤"这一结论是必然的，而非或然的。

从龙布罗梭关于犯罪人感觉的研究[①]中我们不难看出，有两个套在一起的归纳推理：一个是科学归纳，当中包含着一个简单归纳。科学归纳是：

一个囚犯杀死了一个同牢房的人，理由只是后者睡觉时打鼾的声音太响。
一名囚犯因为同伴不为自己擦皮鞋而将其打伤致死。
某杀人犯杀人的原因是被害人从他那里拿走了一双靴子。
某人因为五分钱而杀人。
……
这些人都是犯罪人，而且，根据以下大量的简单归纳（简单归纳之一、之二）可以相信，罪犯都感觉麻木迟钝，轻视自己和他人的生命。这是其犯罪严重程度与其诱因之间极不对称现象的内在原因和基本解释。
所以：罪犯的犯罪严重程度与其诱因之间极不对称——微不足道的诱因便

[①] 〔意〕切萨雷·龙勃罗梭：《犯罪人论》，黄风译，中国法制出版社，2000 年 8 月版，第 73 页。

可导致他们实施非常残暴的犯罪。

这其中包含着两个简单归纳推出的两个结论：其一，罪犯往往感觉迟钝；其二，罪犯往往道德感觉麻木。正是有这两个简单归纳作为中间环节，以上归纳才成其为科学归纳。两个简单归纳分别是：

简单归纳之一：罪犯的生理感觉。

一名老盗窃犯让人把烧红的铁块放在自己的阴囊上，而不发出喊叫，然后问道："完了吗？"

一个感觉极为麻木的人让人截断他的腿，然后把这条断了的腿拿在手里并用它开玩笑。

一名盗窃犯已经被判过13次刑，他借口右腿疼痛而拒绝参加劳动。后来护士发现他真的有病，但不是右腿而是左腿。

一名谋杀犯是个退伍老兵，一再要求监狱长把他留在监狱，否则他不知道出去后怎样得到面包。在请求被拒绝后，他用勺子把绞断了自己的肠子，然后平静地爬上楼梯，像平常一样躺在床上，几小时后死去，没有发出任何呻吟。

一个谋杀犯为了逃避监狱的某个决定，有意把腿搞伤，伤口愈合后，他又用头发穿进膝盖，拉出关节，而后死去。

一个死刑犯在被砍头前让人在他的胳膊和腿上刺了8条道，一声没吭。

为了掩盖自己的某个特征，某罪犯用火药炸掉了自己的3颗牙。

为了掩盖自己的某个特征，某罪犯用玻璃划破了自己的脸。

在某监狱，1871年发生了483起自残事件，1872年发生了358起自残事件。

一罪犯在袭击一辆马车时被砍了一刀，前臂被砍断，他从容地用另一只手臂将其捡起，带回家中，藏在床底下，直到后来因出血过多而死去。

某罪犯在阴茎上刺绘一只靴子。

三个罪犯沿着阴茎刺绘了一个裸体女人。

一个罪犯在阴茎头上画了一张女人的脸，她的嘴是尿道口。

一个罪犯在阴茎上刺绘了自己情人的名字。

……

这些人都是罪犯。

所以：罪犯往往具有感觉迟钝的特征。

简单归纳之二：罪犯的道德感觉。

一个21岁的罪犯冷酷地在母亲身上扎了50刀，当他感到累了时，就躺在尸体旁边的床上，平静地睡着了。

另外几个犯罪人挨着被他们杀死的被害人睡了一整夜。

一个杀人犯面对被他碎尸了的兄弟的断肢依然平静地吃饭,并说:"放在那总比吃进我肚子里好。"面对上断头台的可能性,他说:"我只会被切成两块,而我却把他切成了六块。而且你们不会也把我的脑浆溅起 10 英尺高。"

一个资深的刽子手告诉过龙布罗梭,几乎所有抢劫犯和杀人犯在临死前都与他开玩笑。

往往刚刚执行了一次死刑,被处决者的同伙就又实施了一起杀人罪。

在 167 名被判处死刑的英国人中,有 164 人曾经观看过死刑的执行场面。

……

这些人都是罪犯。

所以,罪犯往往具有道德感觉麻木的特征。

在这个逻辑过程中我们清楚地看到,由于两个简单归纳的存在,"罪犯的犯罪严重程度与其诱因之间极不对称——微不足道的诱因可能导致他们实施非常残暴的犯罪"这一判断从或然走向必然。因为两个简单归纳揭示了这一判断之所以成立的内在原因:罪犯感觉的迟钝和麻木。这种感觉上的麻木使犯罪人不把他人和自己的死亡看作是什么大事,此种麻木再加上欲望的推动力可以解释为什么犯罪的严重程度与犯罪人的动机之间往往大不相符或者毫不相符。① 可见,归纳法是研究现象之间因果关系的重要方法,因而也是法律实证分析的常用研究方法。

2.3 道德冒险:从个案观察到全景观察

银行安全、金融安全是整个经济安全的核心,在国家安全的概念中占有越来越突出的位置。因此,银行安全问题的研究显然具有重大意义。但是,以往这个领域的研究,多以涉及银行的诈骗、盗窃、抢劫、贪污、挪用等犯罪为对象,讨论其法律责任等问题,而较少对银行安全的概念进行重新思考的基础上深入考察。鉴于此,笔者曾提出过"道德冒险"的概念,试图完善银行安全问题的描述与解释。② 其中,用到了前面介绍的个案观察与归纳方法。

"道德冒险"是金融犯罪研究的特有产物。回想起这个概念的提出,首先离

---

① 〔意〕切萨雷·龙勃罗梭:《犯罪人论》,黄风译,中国法制出版社,2000 年 8 月版,第 78 页。
② 该项研究成果以"信用安全与道德冒险"为题发表在《政治与法律》2000 年第 1 期。

不开大量金融业中违法犯罪案件的反复观察:

　　1995年1月,巴林银行的海外分支机构——新加坡巴林期货公司交易负责人尼克·里森错误地作出判断:日本经济将开始走出谷底,于是,在未经授权的情况下,里森在新加坡国际金融交易所大量购入日经股价指数期货合约。并且,在阪神大地震后,里森继续错误认为日本政府将为拉动经济刺激需求而造成股价上扬,所以一意孤行,不断从伦敦调入巨资,增加持仓,以加码买入该合约。结果,完全事与愿违,2月23日,日经股价指数再次大跌,里森已经无法支付足额保证金,最终认识到回天无力,只好仓皇出逃。后在德国法兰克福机场被捕,引渡到新加坡受审,被判6年半有期徒刑。其间,即1995年1月23日,日本股市大幅下跌后,里森面临两种选择:要么卖掉仓位,住手认输,但这意味着他不朽的交易记录、"金融新星"的美誉以及丰厚待遇的消失。这种损失对里森来说是确定性的。另一种选择就是继续赌博,大量买入日经期货。这样做可能保住自己不败的交易记录和优越的地位,也可能毁掉200多年历史的金融帝国——巴林银行。结果,里森选择了继续赌博,并使最坏的可能变为现实。巴林银行由于资不抵债,被荷兰国际集团以1美元的价格收购。①

　　对这些案件的反复观察,使我不得不重新审视金融骗局的隐蔽性。在常识水平上,骗局的隐蔽性是指骗局中的加害人向被害人掩盖其真实目的。其实,隐蔽性还包括另一层含义:骗局中的加害人向自己掩盖其行为的真实伦理意义和法律意义,使自己相信,自己的行为可以得到某种合理化或合法化的解释和支持。换句话说,在某些骗局中,不仅骗局真实的罪恶的一面对被害人来说是隐蔽的,而且对加害人自己也是隐蔽的。所谓道德冒险,正是对这后一种心理过程的一种说明。道德冒险可以定义为行为人对其违法活动是否最终导致损害后果有所预见但无法完全控制的一种主观心态。道德冒险支配下所从事的金融活动,行为人也许赢得很大,也许输得很惨。其获利或损失都是或然的,与许多因素有关。最终到底是英雄还是罪犯,行为人并不能完全控制。他们希望并自信能够成为赢家,但也许还是成为输家。上面提到的巴林案件中的主角,其实不是积极追求搞垮自己供职银行的后果,但最终还是导致了所在金融机构的灾难性损失。究其内心,这种道德冒险的心态起着明显的作用。道德冒险的特点有:

　　1. 间接功利性。间接功利性也可称为罪过中性,可能表现为类似于刑法上的间接故意和轻信可以避免的过失这两种情况。这两种情况的共同点是,它们都以可能出现某种危害后果的预见为前提,而且都不排除物质利益的获取。不

---

① 姜建清:《海外金融风潮评析》,上海财经大学出版社,1997年10月版,第134—159页。

同的是,间接故意对可能出现的危害后果持放任态度,而轻信可以避免的过失对可能出现的危害后果持否定态度。这说明,道德冒险的主观恶性不是赤裸裸的。

2. 后果不确定性。从行为后果来看,道德冒险包括两种情况:一种是被害对象最终是否真的遭受实际被害损失的不确定;另一种是骗局涉及两个甚至两个以上的被害人中,哪个被害人最终遭受实际损失的不确定。比如,有些人采取虚构事实掩盖真相的方法骗取贷款,但是,对将来是否占有贷款不予归还并没有明确的故意。他们一方面对无法归还贷款的后果是有所预见的,但另一方面又在积极经营,积极运作骗取的信贷资金。盈利了更好,出了事便将损失转嫁给金融机构。这就属于"被害对象最终是否真的遭受实际被害损失的不确定"。与此不同,有的骗局涉及两个或者两个以上的潜在被害人。比如,在利用银行账外经营的违法行为进行的欺诈行为中,最终承担损失的,可能是付出高额利息的用款人,也可能是用账外客户资金非法放贷的银行,到底由谁承受损失,是不确定的。在这种情况下,其掷币赌博的游戏规则变为:"正面我赢,反面你输"。

3. 欺骗性。道德冒险不以非法占有公私财产的明确目的为标志,但这不等于说它不具有欺骗的属性。出于道德冒险,照样可能使他人根据错误的信息作出错误的判断,遭受财产损失。因为在道德冒险支配下,行为人仍然可能在经济往来过程中披露不应当披露的信息,或者未披露不应当披露的信息。比如,非法吸收公众存款的行为,一方面不具有明确的非法占有财物的目的,但仍具有欺骗的性质,因为行为人在信息披露方面虚构事实掩盖真相,骗取了储户的信任。

4. 违法性。道德冒险支配下的违法行为,至少表现为资格违法和手段违法。所谓资格违法是指不具有合法的主体资格,未经批准而从事金融业务活动。所谓手段违法是指身份合法的人在实现功利取向的过程中所实施的行贿受贿等违法行为。

道德冒险的解释力主要体现在对"复式骗局"的理解上。按照骗局指向的不同,金融骗局可以分为简单骗局和复式骗局。简单骗局就是以银行资金安全为直接侵害对象的金融欺诈,复式骗局就是以银行信用安全为直接侵害对象的金融欺诈。比如,某诈骗分子用伪造的票据到金融机构骗取贴现,或者冒用他人的存单到金融机构盗领存款,这就属于简单骗局。如果诈骗分子骗取某银行的资信文件或保函,到另一银行或非金融机构企业去进一步实施其他诈骗,那么,从总体来看,此类骗局是由某银行信用安全先行遭受侵害和另一经济组织财产利益继而遭受损害共同构成,这就是以银行信用安全为直接对象的复式骗局。尽管前者的欺诈性质比较明显,但后者才是更纯正意义上的金融骗局。

至此,我们便可以清楚地看到"复式骗局"与"道德冒险"之间的内在逻辑联系:如果说直接侵害金融机构的资金安全行为人会体验到某种罪责感的自我谴责的话,那么,以金融机构的信用安全为直接对象的骗局,就可能是道德冒险的结果。也可以说,出于道德冒险,行为人应该首先选择金融机构的信用安全下手,而不是直接选择金融机构的资金安全作为直接的侵害对象。所以说,道德冒险往往与复式骗局的设置有关。①

为了检验道德冒险对复式骗局的解释力,我们可以运行交互分析方法②:将道德冒险设为自变量(列变量),将复式骗局指向设为因变量(行变量)。运行交互分析过程后得到结果如表2.3.1所示:

表 2.3.1 道德冒险与骗局指向交互分析

			道德冒险		合计
			恶意型	道德冒险	
骗局指向	资金安全	计数	48	4	52
		道德冒险的%	60.8%	19.0%	52.0%
	信用安全	计数	31	17	48
		道德冒险的%	39.2%	81.0%	48.0%
合计		计数	79	21	100
		道德冒险的%	100.0%	100.0%	100.0%

a. $p<0.005$

由表2.3.1中复式骗局一行的列百分比的比较可见,出于道德冒险,骗局直接指向金融机构的信用安全表现为复式骗局的可能性为81%,而出于明确的恶意,骗局直接指向金融机构的信用安全表现为简单骗局的可能性仅为39.2%。或者反过来说,通过简单骗局一行的列百分比的比较也可以看出,如果出于明确的恶意,骗局表现为简单骗局的机会高达60.8%,而如果出于道德冒险,骗局表现为复式骗局的机会仅为19%。这就是说,在道德冒险的心态影响下,骗局更可能表现为复式骗局,在明确的主观恶意支配下,骗局更可能表现为简单骗局。可以说,道德冒险与盗用、借用、滥用、骗取金融信用之间存在着显著的关系。复式骗局是道德冒险的突出体现,道德冒险是"复式"骗局的最佳标签。这一关系的P值小于0.05,关系显著。结论是,道德冒险确实对复式骗局具有明显的影响。

这个研究实例始于个案观察,提炼出"道德冒险"的概念。然后,根据这个概

---

① 当然,这并不意味着复式骗局的设置者都是出于道德冒险的心态。事实上,在我们经验到的大量复式骗局中,始作俑者往往是出于明确的恶意设置圈套诓骗他人,然而,使人误信上当的,也不乏各种利益驱使下放任危害后果的金融机构从业人员。他们的道德冒险心态在骗局中起了十分重要的作用。就是说,复式骗局与道德冒险密切相关,这和复式骗局中的每个行为人是否都出于道德冒险实施欺骗行为是有区别的。

② 该法的具体操作过程参见本书4.2部分。

念进行变量设计,并对大样本进行类型化处理,进而实现了道德冒险与银行安全之间关系的全景观察。如果没有从个案观察中得到的启示,就没有"道德冒险"概念。但是,如果没有后来的全景观察,就不知道现实中"道德冒险"有多普遍,它能在多大程度上解释银行信用风险的形成原因。可见,实证研究就是不断从个别观察,并通过归纳而走向一般的认识过程。

2.4 绝对数与相对数:法律现象的简单描述

描述某个法律现象的实际规模与水平,既可以用案件数、人数、金额等绝对数,也可以用百分比、比例或比率等相对数。其中,比例和比率两个概念往往容易混淆。比例是用来描述总体中两个部分之间数量关系的统计量,而比率是用来描述总体中某个部分与总体之间数量关系的统计量。通常我们说的几比几,就是比例,如男女之间的性别比。而我们说的百分比、千分比或者万分比,就是比率,如发案率、不良资产率、犯罪率等。现以中国20年犯罪率考察为例,说明相对数在描述法律现象实际规模时的具体应用。①

犯罪率是每十万人口中的犯罪案件数或犯罪人数。作为相对数,犯罪率似乎使不同时空的犯罪严重程度获得了可比性。其实,从犯罪率的内在构成来看,犯罪率相等,犯罪状况未必一样。

首先,犯罪率中的犯罪数(分子)只是各类犯罪的总和,并不自动反映重罪与轻罪的比例。数量上等值,质量上未必同一。其次,犯罪率中的分母是被简化为10万的人口数,并未显示人口结构。因此,通常使用的犯罪率只能描述犯罪对每个可能的被害人带来的危害,而无法反映刑法的每个潜在评价对象有多大可能实施犯罪。因为总人口中并不是每个可能的被害人都有能力成为加害人,用犯罪率来表示犯罪状况,还应考虑人口结构因素,从总人口中减去不具刑事责任能力的人口数。② 第三,犯罪率的计算依据只是已知犯罪的数量,而无法反映犯

---

① 本节内容曾以"从中国犯罪率数据看罪因、罪行与刑罚的关系"为题,发表在《中国社会科学》2010年第二期。

② 事实上,尽管1998年以来,中国法院一审结刑事案件年均增长率为4.61%,但同期全国人口出生率却呈下降趋势(年平均下降2.81%),一审结刑事案件数与出生率之间的皮尔逊相关系数为−0.958(p=0.000)。不难看出,人口出生率越高,说明人口总数中无刑事责任能力的自然人的比例越大。反之,人口出生率越低,说明人口总数中达到刑事责任年龄的个体比重相对越大。于是,出生率与犯罪率之间的这种高度负相关就意味着,犯罪率上升可能与有能力犯罪的人在人口总数中的比例相对增多有关。这时,如果一个社会一方面成功推行人口控制政策,另一方面又仅仅根据犯罪率的上升而加大刑事惩戒力度,其合理性值得研究。

罪暗数的影响。所谓犯罪暗数,就是潜伏犯罪的估计值。所谓潜伏犯罪,就是确已发生,但未被记录到官方犯罪统计中去的犯罪。犯罪暗数的客观存在意味着,犯罪率代表的只是犯罪实际规模的一部分而非全部。

至于犯罪的实际规模与已知规模之间的差额到底有多大,与许多因素有关。首先,官方犯罪记录的制作与民众报案过程中的某些主观因素有关。[1] 其次,破案率的高低、刑事司法统计数据制作过程受人为因素干预的程度,都与犯罪率的误差大小有关。[2] 另外,犯罪暗数的大小,还与犯罪类型的属性有关。通常,凶杀、伤害、抢劫等暴力人身犯罪和盗窃、诈骗等财产犯罪的暗数比较低,而经济犯罪、职务犯罪、白领犯罪的暗数比较高。由于犯罪率通常只是犯罪实际规模的一部分,所以,描述犯罪现象时,就应该尽可能选用能在最大程度上消减犯罪暗数影响的犯罪率。目前,可供选择的犯罪率有:以公安机关立案数计算的犯罪率、以公安机关破案数计算的犯罪率、以检察机关批捕数计算的犯罪率、以检察机关提起公诉数计算的犯罪率、以法院一审收案数计算的犯罪率、以法院终审定罪数计算的犯罪率。[3] 其中,尽管立案不一定破案,破案不一定批捕,批捕不一定起诉,起诉不一定收案,收案不一定定罪,但由于犯罪暗数的存在,这六种犯罪率中,以公安机关立案数计算的犯罪率相对最接近犯罪实际。从一定意义上说,以法院终审定罪数计算的犯罪率更接近于国家对犯罪做出反应的反映,而以公安机关立案数计算的犯罪率才更接近犯罪现象本身的反映。

综上,需要一种既反映数量规模又反映质量特征,既显示司法机关依法认定的犯罪现状又接近确已发生的犯罪现实的综合性犯罪率指标体系。首先,犯罪率可以分为毛犯罪率与重罪率。毛犯罪率就是以轻罪与重罪的总和为犯罪数计算的犯罪率,主要反映犯罪现象的总规模;而重罪率就是以重罪数为犯罪数计算的犯罪率,主要反映犯罪现象的质量。犯罪率还可以分为被害率和加害率。被害率就是以每十万潜在的被害人为基数计算的犯罪率,而加害率就是以每十万潜在的犯罪人即达到刑事责任年龄的人口数为基数计算的犯罪率。

---

[1] 有学者通过对美国民众报案率的研究后发现,报案率的高低与犯罪的危害程度、报案人的意愿、报案人与嫌疑人的关系、报案人对警察尊重程度、报案人的种族和社会地位等因素有关;警察对重罪的认定记录多于轻微犯罪;报案人明确要求警察采取行动时,明显地影响官方犯罪记录;受害人与嫌疑人关系越远,警方报案记录认定也越高;报案人越尊重警察,被官方接受其报案的可能性也越高;犯罪报告中体现不出种族歧视;警方在法定重大犯罪案件中较支持白领阶层。(参见陈小波:《犯罪率的制造》,《江苏公安专科学校学报》,2001年第3期)

[2] 有研究报告指出:由于犯罪率往往与地方政府主管部门的政绩有关,因此难免有虚的成分;有些地方的犯罪统计实际上执行"不破不立"的办法,即只有破了的案子才算在犯罪率的范围内。(参见朱景文主编:《中国法律发展报告——数据库和指标体系》,中国人民大学出版社,2007年,第15页)

[3] 参见朱景文主编:《中国法律发展报告——数据库和指标体系》,第13页。

根据这两个划分,便有以下四种意义上的犯罪率:(1)毛被害率,即以总人口为基数,以公安机关立案数为犯罪数计算的犯罪率,反映潜在的被害人遭受犯罪侵害的概率。(2)毛加害率,即以 15 岁以上人口总数为基数,以公安机关立案数为犯罪数计算的犯罪率,反映潜在的具有刑事责任能力的人实施犯罪行为的概率。[1](3)重罪被害率,即以总人口为基数以法院判决 5 年以上有期徒刑、无期徒刑、死刑的人数为犯罪数计算的犯罪率,反映潜在的被害人遭受严重犯罪侵害的概率。(4)重罪加害率,即以 15 岁以上人口数为基数,以法院判决 5 年以上有期徒刑、无期徒刑、死刑的人数为犯罪数计算的犯罪率,反映潜在的犯罪人实施严重犯罪的概率。[2]

问题是,怎样应用这个综合指标体系描述中国犯罪问题的现状?表 2.4.1 和图 2.4.1 分别以数字和图形形式展示了中国犯罪率数据。

表 2.4.1　中国 20 年来的犯罪率

年　份	毛被害率	毛加害率	重罪被害率	重罪加害率
1988	75.5	105.8	10.4	14.5
1989	177.3	244.3	14.9	20.5
1990	193.9	271.2	18.8	26.3
1991	204.3	291.1	15.9	22.7
1992	135.1	186.3	14.6	20.2
1993	136.4	170.3	14.7	18.3
1994	138.6	191.2	17.4	24.0
1995	139.6	187.3	18.2	24.4
1996	130.8	178.1	23.5	32.0
1997	130.5	175.8	16.9	22.8
1998	159.2	213.1	12.0	16.0
1999	178.8	238.2	12.5	16.7
2000	287.0	379.6	12.9	17.1
2001	349.3	453.9	14.8	19.2
2002	337.6	432.4	12.5	16.0

---

[1] 由于《中国统计年鉴》中只以 15 岁以上人口数为人口年龄结构的统计指标,因此,此处只能用其近似地反映具有刑事责任年龄的人口数。

[2] 为保持统计口径上的前后一致,这里仍以 15 岁以上人口数为基数。但按照中国刑法规定,不满 18 周岁的人犯罪不适用死刑。所以,其结果只能近似地反映犯罪现实。

续表

年　份	毛被害率	毛加害率	重罪被害率	重罪加害率
2003	340.0	429.7	12.3	15.5
2004	363.0	450.7	11.3	14.0
2005	355.5	450.7	11.5	14.6
2006	354.0	434.0	11.7	14.3
2007	363.9	443.2	11.5	14.0

说明：表2.4.1及图2.4.1的数据是根据《中国法律年鉴》和《中国统计年鉴》历年版本原始数据计算而来。其中,毛被害率、毛加害率、重罪被害率、重罪加害率皆为十万分比。

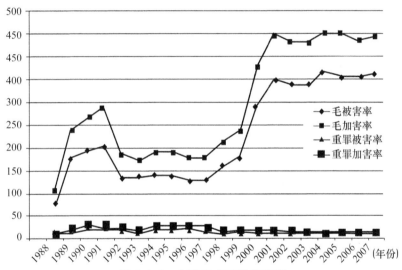

图 2.4.1　中国 20 年来的犯罪率

基于数据观察可以看出,20年来全国犯罪率总体上升趋势明显,1988年全国每十万人中只有75.5个公安机关立案的刑事案件,到了2007年,全国每十万人口中就有363.9个公安机关立案的刑事案件,后者是前者的4.8倍。中国20年来犯罪率的内在结构具有两个显著特征：一是毛犯罪率的增速大大高于重罪率的增速,两者之间近似于"剪刀差"状。证据是,20年来毛被害率的年平均增长率为12.3%,毛加害率的年平均增长率为11.5%。而这一时期的重罪被害率的年平均增长率为2.1%,重罪加害率的年平均增长率为1.6%。二是加害率与被害率之间基本同步消长。证据是,毛被害率与毛加害率之间的相关系数高达0.996($p=0.000$),而且,重罪被害率与重罪加害率之间的相关系数也高达0.989($p=0.000$),说明加害率与被害率的同步性比较明显。发现中国犯罪率

"剪刀差"现象的直接意义是,我们不应笼统地说犯罪问题趋于严重或者轻缓,而应当分别观察轻微犯罪与严重犯罪的范围、规模和走势有何不同。否则,仅仅看到毛犯罪率上升便决策加大刑罚资源的投入,或者仅仅根据重罪率下降便放松犯罪控制,都可能误导刑罚适用的宽严导向。

2.5 区群谬误:关于分析单位的常见错误

对法律现象进行经验研究,特别要遵守分析单位的方法论原则。所谓分析单位,就是指具有可比性的事物之间共同的量化属性,也是数据库的个案存在方式。比如,张三是一个人,李四也是一个人,北京是一座城市,上海也是一座城市。其中,人和城市就不能直接比较,不具有共同的量化属性。因此,人和城市分别构成不同的分析单位,同一个数据库中的个案不能既有个体,又有组织,又有城市,还有案件。总之,分析单位就是用来考察和总结同类事物特征、解释其中差异的单位。① 社会科学研究的分析单位至少有五个层次:个人、群体、组织、社区、社会产物(事件、案件、文化产品等)。②

关于分析单位的方法论原则是,在一项研究中应自始至终、前后一贯地基于同一分析单位的自身逻辑展开研究,而不能随时根据论证的需要而偷换分析单位。否则,便会陷于区群谬误,或"社会生态谬误"。③ 以下是几个"社会生态谬误"的典型例子:

- "越穷的社区,生育率越高,因此,越穷的农民子女越多。"
  错。因为可能在穷社区中,主要是有钱人多生子女。
- "某候选人在平均年龄低的社区具有较高的支持率,说明他得到更多年轻人的支持。"
  错。因为平均年龄低的社区可能参选的以老龄公民为主。
- "此校比彼校戴眼镜的人多,升学率也高,因此,戴眼镜的人更容易成功。"
  错。因为还需证明,戴眼镜的同学的升学率的确高于不戴眼镜的同学。
- "黑人多的城市犯罪率高,意味着黑人更可能犯罪。"
  错。因为在这些城市中可能有更多的白人针对黑人的犯罪。

---

① 〔美〕艾尔·巴比著,邱泽奇译:《社会研究方法(上)》(第8版),华夏出版社,2000年4月版,第120页。
② 袁方:《社会研究方法教程》,北京大学出版社,1997年2月版,第150页。
③ 唐盛明:《社会科学研究方法新解》,上海社会科学出版社,2003年9月版,第21—22页。

在法律实证分析中,较为常见的分析单位至少有:个人(如违法者、被害人、证人、法官、检察官、公安人员等)、案(事)件(如民事案件、刑事犯罪案件、突发事件、犯罪率、警情通报、立法执法活动等)、组织(如法院、检察院、公安局、政府部门、媒体机构、公司企业、黑社会集团等)、区域(如居民小区、行政区划、自然地理分区等)、法律规范(如法律、法规、法条等)、法律文化(如法学论文、法制报道、调查问卷等)。可见,除了法条文本以外,法律世界中还有许多可以进行实证分析的观察单位,其中尤以司法案例最为常见。

例如,为了研究刑法适用,我们常常需要收集大量刑事案例。在一项量刑实践的研究中,我们就在最高法院量刑规范化改革课题组的大力支持下,从全国21个省市的77家法院收集到39 143份刑事判决书作为研究样本。拿到这些样本后,我们就需要根据我们的研究目的确定分析单位。我们的选题是量刑规范化问题,因此,量刑的对象到底是案,还是人,还是罪行,就是一个分析单位问题。显然,任何一个具体的宣告刑,都是针对具体罪行的宣告刑。而每份判决书中都包含案、人、罪三个层次的信息:一个案件可能有多个被告人,一个被告人可能有数个罪行。法官先对具体罪行决定刑罚,再根据数罪并罚的规定和全案案情决定最终的宣告刑。而研究量刑问题,需要将案件信息还原为罪刑关系的最小分析单位。所以,这项研究的分析单位确定为具体罪行与相应刑罚的关系,而不是最终宣告刑与具体被告人之间的关系。为此,我们首先从39 143份判决书中提取出全部被告人共66 245个,然后再从这些被告人信息中提取出全部最小罪刑关系共71 653个,构成本研究样本的基本分析单位。可见,分析单位的确定在很大程度上与研究目的有关。本例的目的是研究量刑,因此,与一个宣告刑相对的不是"案",也不是"人",而是具体的罪行。

第 3 章

司法观察
>>>

3.1 样本意识
3.2 法官何以说不?
3.3 均值比较
3.4 发现法官的集体理性:裸刑均值研究
3.5 找到代表性案例:量刑参数研究
3.6 分类汇总
3.7 时间差:案件持续时间

所谓司法观察，就是指采用经验研究方法对法律职业群体大量司法实践的过程和结果的规模、范围、特征、类型、分布、集中趋势和离散趋势所做的归纳、分类和一般性的量化描述。根据这个概念，司法观察有以下几个基本要素：

- 对象是大量判决文书、公诉文件、律师文件等法律适用活动的记录和载体。既不是某一两个判例，也不是大量立法文本或违法行为本身。
- 问题是某类司法实践有多少？在整个司法实践总体中占多大比重？与其他司法实践之间有何数量关系？它们的平均水平是多少？有何时空分布特征？等等。
- 方法是记录、归纳、分类、描述等基本经验研究手段。
- 形式是某类司法实践的频数、比例、比率、均值、中值、众值等简单统计信息的感知、提取、展示和解释。

3.1 样本意识

实证分析与纯定性思辨研究之间的一个重要区别就在于，实证分析特别看重某个认识、结论所来自的样本，这些样本来自于何时何地、是怎样抽取的、有多大规模、占总体的多大比重等等。从某种意义上说，实证分析说到底就是从样本数据中挖掘论证根据的过程。当然，要想证明一种理论，人们随时可以找到一两个事例作为支持这种理论的证据，这种个别事例也是一种意义上的真实。但严格地说，个别事例作为证据，不仅可能随时遭遇反例，而且其误差是不可控的。因此，只有一两个事例作为证据的所谓理论，很可能只能是一种意见、猜想或者判断，无法作为规律性认识为人所接受，更不能作为社会政策制定过程的决策基础。因为个别事件可能处在正态分布中的任何一个位置上，既可能碰巧代表大量同类事件的集中趋势，也可能只是极端事件。从这个意义上说，实证分析所追求的客观真实来自符合科学抽样程序性、规模性和可重复性要求的样本。

其实，在实证研究看来，关键不在于定量不定量，而在于是否对大量存在、反复出现的集体经验、群体经验心怀敬畏。我们可以掰着手指做样本，把十个手指的特征输入 SPSS，照样可以运行交互分析、T 检验、方差分析、多元线性回归、降维分析等几乎所有量化分析过程，然后用图表、饼图、线图等形式热热闹闹地表现出来。我们还可以上街随便找来三个路人，问他们是否赞成废除死刑。然后我们照样可以报告说，有 66.666 6% 的民众赞成或反对废除死刑。这都是在做量化分析，但都是对经验的亵渎，是对现实生活的亵渎，是对科学的亵渎，也是对学者这个称谓的亵渎。换个角度看,我们不能说,一百个样本中的经验才是经验,一个样本中的经验就不是经验。更不能说,我的经验才是经验,你的经验就不是经验。问题是,谁报告的经验相对更加接近生活现实的总体。

这样想问题便不难理解大样本研究的几个好处:第一,只要抽样过程符合随机性要求,样本越大,抽样误差就越小,由此所得结论偏离现实世界的可能性就越小。理论上说,当样本等于总体时,误差为零。第二,样本越大,所含信息、类型就越丰富,所研究的对象就能以更多的方式展现自己。通常,人们对定量分析有一个误解,认为量化过程对现象进行压缩处理,脱水后的研究对象失去了生气,面无血色。的确,这正是小样本量化分析可能有的效果。但随着样本的增大,人们可以灵活运用各种观察手段,看到事物更多的侧面。大样本用得好,可以让研究对象表情丰富,百般风情,而用极端个案说事,展现的往往是说故事者自己。极端个案的确有血有肉,生动具体。但是,由于无法控制某个极端个案在多大程度上代表了总体,因此,也无从知道这种用极端个案说故事的方法是否掩盖、侵吞甚至扭曲了多少客观真实。第三,样本越大,可供选择的分析工具也就越多,其结论也越可信。如果只有二三十个样本,就算用上多元线性回归,统计软件也会报告结果,但这样的结果连你自己都不信。换句话说,样本越大,可选的分析工具越多,你就越自由。

3.1.1 抽样原理

抽样是从研究总体中抽取部分单位加以研究,并用所得结果推断总体特征的方法,是实证研究的基本功之一。之所以需要抽样,首先因为样本与总体是一般与个别的关系。研究总体,没有必要对总体中每个单位进行逐一调查。只要符合统计要求,可以认为样本特征近似于总体特征。第二,由于需要研究的总体巨大,受人力、财力所限,除国家实施的大规模人口普查以外,不可能逐一调查所有研究对象的个体。所以,不仅可以借助样本观察总体,也只能借助样本观察总体。第三,被研究的总体本身具有程度不同的异质性,只抽取其中一个单位,不可能代表总体中其他未被抽取单位的情况。因此,用来观察总体的样本尽管不可能太多,但也不能过少。过多的样本耗费调查资源,过少的样本可能产生过大的抽样误差。

3.1.2 抽样方法

抽样分为随机抽样(概率抽样)和非随机抽样(非概率抽样)两种。在随机抽样中,总体中的每个单位都有同等机会被抽取成为样本。其特点有四:第一,按随机原则抽取而非随意抽取。第二,每个单位被抽取的概率是已知的,而非未知的。第三,由样本推论到总体的可靠程度可计算,可控制。第四,抽样前,对总体边界已知。随机抽样分为以下几种:

(1) 简单随机抽样:除了抽签法外,主要是随机数字表法。先把总体 N 个单位从 1 到 N 编号。如,500 个罪犯,就是从 001 到 500。然后根据 N 的位数,确定在乱数表中选取数字的位数,并把乱数表重新分组。如,500 是三位数,就把乱数表分为三位数一组。然后随机地把乱数表中某一行与某一列的焦点定为抽样起点。最后按一定方向(上下、下上、左右、右左、斜线),连续或间隔地抽样,直到满足预定样本容量为止。当然,如果样本很大,无法获得总体名单,就无法用纯随机抽样法。

(2) 分层抽样:是依据一定重要变量,把总体分成若干互不重叠的组,然后在各组中进行简单随机抽样的方法。如果研究性别与犯罪的关系,其中,性别就是重要变量。但如果到监狱中对 1 000 名犯人进行简单随机抽样,理论上就可能出现样本全是男性或女性的结果。为了避免这种情况的发生,应先把 1 000 名犯人分成男女两组,在组内分别抽样,再结合两组构成总体样本。分层抽样的基本要求是,保证组内同质性,组间异质性,实际上比简单随机抽样更加精确。

(3) 系统抽样,又称等距抽样:是从一个随机的起点开始,每间隔一定数字抽取一个样本的方法。例如,从某监狱的犯人名单抽取样本。此法虽然省时省力,但风险是,如果总体名单的排列有规律或者周期性,就会出现周期性偏差。

(4) 整群抽样,又称聚类抽样:是以总体中的若干群体为抽样单位,随机抽取一定群体为样本的方法。此法与分层抽样的不同在于,分层抽样的目的是突出组间的异质性,缩小组内的异质性。而整群抽样的目的是减少组间的异质性,突出组内的异质性。整群抽样适合于总体大,经费少的研究项目。

与随机抽样不同,非随机抽样是无法精确给出抽样误差因而无法将研究结论直接推论到研究对象的总体的抽样方法。非随机抽样包括:

(5) 方便抽样:又称偶遇抽样,如街头拦人抽样。

(6) 立意抽样:又称定标抽样、判断抽样、目的抽样,是从总体中抽取那些被认为最能够代表总体的单位为样本的方法。此法的前提是对总体的某些特征十分了解,而且,由于总体太大,边界不清,无法随机抽样。实际上立意抽样就是典型调查。

(7) 滚雪球抽样:抽样时,先由研究者了解的若干样本为最初的样本,再由他们提供更多的样本,依此类推。

3.1.3 误差对策

抽样技术的关键,就在于尽可能减少误差,控制误差,抽出真正代表总体的样本。一般而言,影响抽样误差大小的因素主要有以下几种:首先是技术误差。如录入、整理、计算时由于操作不当出现的误差。其次是系统误差,即由研究人员的偏见等主观因素造成的误差。其三是抽样方法本身的不同。比如,概率抽样与非概率抽样相比,具有较强的降低误差能力。其四,研究对象本身的异质性程度,或离散程度。异质性程度越大,形成误差的可能性就越大,如果异质性等于零,就没有误差问题了。其五,样本容量的大小。在一定规模的范围内,样本越大,误差越小,大到等于总体时,也就没有误差了。

不过,作为社会现象的一部分,法律现象与自然现象之间有着显著区别。法是由人制定的,法是由人实施的,法是由人违反的。所以,法律现象有着太多的异质性和不确定性。但另一方面,法律现象的总体又往往巨大无比,每年法院处理的各类案件几百万件,每个达到一定责任年龄的公民都是潜在的违法者,所有公民都是潜在的被害人。一方面,为了控制抽样误差,只有样本数量足够大才行。另一方面,总体极大,样本数量大到多少才行呢?正因为存在这对矛盾,抽样结果的代表性常常是法律实证分析遇到的最主要的质疑问题之一。按照这其中的某些质疑,法律实证分析的每个选题只有达到几百万案例的样本容量,或者十几亿个人的被调查者才算是客观、科学。否则,还不如回到纯定性的思辨研究。为了解决这个问题,笔者从多次尝试中归纳出三个方面的对策:

首先,全样本选题。在法律现象的研究中,并不是所有问题的对象总体都是13亿人或者百万、千万计的案件。比如,截止到2006年6月《刑法》修正案(六)通过颁布以前,中国刑法规定有425个罪名,截止到2003年12月23日,最高司法当局发布的刑事司法解释共有1233个,某一笔专项资金总额400亿元,涉及该项资金的全部职务犯罪案件共300件,本书前面的研究实例金融诈骗百案研究中的一百个金融诈骗案件,就是当时全国案值最大的100个样本。这些都是力所能及的全样本选题。此外,某个行业的行业性规范、某个部门的执法活动等等,也都可以成为全样本研究的选题。除了这些以全国范围为对象总体的选题以外,还可以将有代表性的某个省、某个市、某个地区,甚至某个县、乡的全部某类案件、某些司法文书、判决结果、政策文件等确定为全样本研究的对象。此类全样本虽非全国范围的全样本,但为什么研究对象及其结论一定要能推论到全国才算是科学呢?为什么学术活动一定要左右于一个中心才算是触摸到了真理呢？其实，这本身就是一种关于学术研究的误解，一种盲目追求宏大叙事而不屑于细微具体研究的浮躁。既然如此，法律实证分析中丰富的全样本选题，是尽可能降低抽样误差的一个较好对策。

其次，合理确定抽样框架。所谓抽样框架，就是一份与总体非常相似的用来选取具体样本的名单。例如，1936年是美国的选举年，民主党竞选人是竞选连任的总统富兰克林·罗斯福，共和党的竞选人是来自堪萨斯州的阿尔弗·兰登。为了预测谁将在选举中获胜，美国的《文摘》杂志进行了一次美国历史上规模最大的民意测验，它调查了240万美国人的选举倾向。根据调查结果，《文摘》杂志宣布，兰登将以57%对43%击败罗斯福。而实际的选举结果却是，罗斯福以62%对38%获得大胜。预测失败的问题就出在抽样框架上。《文摘》杂志总共寄出了1000万份调查表，地址与姓名大都取自于电话簿与汽车俱乐部会员名单。但在1936年，大多数美国人没有安装电话，很多人也没有汽车。这样，低收入的穷人就被完全排斥在调查之外，而正是这部分穷人支持了罗斯福，造成了同样是美国历史上规模最大的抽样误差。这个例子中的抽样框架就是《文摘》所选定的电话簿和汽车俱乐部会员名单。[1] 从抽样原理来看，这个抽样框架与美国全体选民这个总体之间的相似性程度不大，所以才会预测失败。

由此也可以看出，关键不在于样本的数量大小，也不在于抽样框架是出于何种目的确定的，而在于根据某个框架所获得的样本与总体之间是否相近。而所谓是否相似，其实又有多个可能的侧面，如年龄、性别、职业、文化，还是社会地位？只要对既定研究目的而言，抽样框架与总体之间具有相似性即可，而两者不可能在所有方面都满足相似性要求。调查者所以选定电话簿和俱乐部名单，也是因为他们真的相信这个框架在选举意向方面能代表总体。否则，他们为什么要有意制造自己的预测失败呢？所以，当无力于全国普查时，我们可以根据研究目的的要求确定一个抽样框架，假定这个抽样框架是一个代表总体的总体，然后或者基于这个框架进行全样本研究，或者在这个框架内进行随机抽样。这样，研究结论能否推论到总体首先可以基本上排除主观偏好或者其他人为因素对样本获取过程的影响，而剩下的问题只是人们在多大程度上相信这个框架与总体之间的相似性，或者说两者之间的差异在多大程度上可能对研究结论向总体推论构成根本性影响。

例如，为了研究我国刑事司法中死刑的适用，我们不可能获得全国近10年来上千万案件的名单然后据此进行随机抽样。于是，笔者将1997年10月以后到2005年9月以前来自最高法院各业务厅、研究机构、出版单位、网站等权威机

---

[1] 唐盛明：《社会科学研究方法新解》，上海社会科学院出版社，2003年9月版，第135页。

构公开发布、发表的全部真实判决案例共 3 077 个设定为抽样框架,①并称其为"示范性案例",然后抽取其中的死罪案件进行全样本研究。这个规模为 3 077 个案件的抽样框架与全部刑事案件总体之间的相似性,就在于它们的示范性。这种"示范性"体现在:第一,由于这 3 077 个案件来自全国各地,由各地各级法院选送,具有对全国总体的代表性;第二,由于是最高法院各权威机构认可并公开的案件,因而具有对司法实践的指导性;第三,由于其中绝大部分案件属于生效判决,因而具有一定的有效性;第四,由于各地选送案件以及最高法院各单位选取案件时充分考虑到案件类型和性质的多样化,因而对学术研究而言具有一定的标志性;第五,由于是公开发布的案件,因而对公民行为而言具有相当的规范性、模范性和可预测性;最后,由于本研究提取了这个范围内的几乎全部死罪案例共 1 643 个,将抽样误差降低为零,因而具有研究依据上的准确性。

当然,尽管由最高法院相关机构选取,但其遴选标准并没有全面考虑死刑适用、罪名、地域、行业、时间、种类等方面的均匀分布、比例关系,而是以每个案件中所提出的核心法律问题是否具有代表性为准。这样,如果以其为抽样框架研究死刑适用问题或者其他法律适用问题,人们便有理由质疑该抽样框架与研究总体之间的相似性程度。对此,笔者认为只要读者知道抽样框架是怎么来的,并且相信核心法律问题的选择基本上代表了更大范围内审判人员的司法实践,至少,这种选择不可能人为地控制死刑案件是否入选,就可以在一定意义上接受研究结论的客观性和可推论性。其实,如果可能将总体的所有特征一模一样地微缩到某个随手可得的抽样框架中的话,无异于对总体完成了一次严格的随机抽样,并以其结果为抽样框架进行二次抽样,其实这已经不是在选择抽样框架而是进行多段抽样了。况且,由于众所周知的原因,目前要想在全国范围获得准确的死刑案件总体是不可能的。而从示范性案例中提取全部死刑案件,至少是有根有据的资料获取过程。

第三,避免盲目放大样本容量。一般而言,研究所希望达到的精度越高,

---

① 这些示范性案例来自:最高人民法院、最高人民检察院:《中国案例指导》,(刑事行政卷)2005 年第 1 辑、(刑事行政卷)2006 年第 1 辑,法律出版社。最高人民法院办公厅:《中华人民共和国最高人民法院公报》,人民法院出版社,1985—2006 年版。最高人民法院中国应用法学研究所:《人民法院案例选》,1998 年第 1 辑、刑事卷(1992—1999 年合订本)、2004 年刑事专辑,人民法院出版社。国家法官学院、中国人民大学法学院:《中国审判案例要览》,中国人民大学出版社、人民法院出版社,1995 年至 2004 年版。《人民法院裁判文书选》,法律出版社。最高人民法院网站(www.court.gov.cn)。最高人民法院刑事审判第一庭、第二庭:《刑事审判参考》,法律出版社,1999 年—2006 年 2 月版。最高人民法院刑事审判第二庭:《经济犯罪审判指导》,人民法院出版社,2003 年 6 月—2005 年 3 月版。最高人民法院审判监督庭:《审判监督指导—审判监督指导与研究》,人民法院出版社,2001 年—2006 年 3 月版。

研究总体本身的异质性程度越大,需要分析的变量的个数越多,则所需要的样本规模就越大。但是,对样本规模究竟需要多大的问题有一种误解,认为样本越大越好,占总体的比例越高越好,一个占总体5%的样本,就比一个只占总体1%的样本要好上5倍。其实不然。有研究证明,在总体小于1 000的情况下,如果样本占总体的比例低于30%,那么,样本误差将会很大。但是,当总体的规模增加时,样本比例的作用趋向于越来越小,当总体为10 000时,我们只需有10%的样本比例,当总体为150 000时,1%的样本比例就已经足够。当总体为1 000万或者以上时,样本比例的增加实际上已经不起作用。换言之,样本规模绝对数值的重要性大大超过样本占总体比例的重要性。在社会科学界,由于±3%的精确度被普遍接受,就普通调查目的而言,样本规模在1 000人左右就足够了。即使对有特殊要求的大规模调查而言,样本数量一般也无需超过2 500人。[①]

3.2 法官何以说不?

法官说"不"通常只是小概率事件,但是,如果把许许多多这样的小概率事件收集起来,那可是一个法学研究的大样本。对检察官关于某个案件提出的指控,法官有两种说"不"的方式:一是认为根本不构成犯罪,结果往往是无罪判决。另一种是认为不构成所指控的罪名,却构成另一个罪名,结果便是变更罪名的有罪判决。笔者曾以"变更罪名实证研究"为题,在2006年第4期《法学研究》发表论文,从实体与程序、规范学与犯罪学的多种视角出发研究我国法官群体的变更罪名司法实践。该研究发现,变更罪名未必都有失公正也不必然体现实体公正,择轻变更未必都有利被告,合法的变更未必是合理的变更。

在这个问题上,历来有两种理论倾向:否定说认为变更罪名会构成对被告人辩护权的剥夺,违背审判活动的被动性原则,有违程序公正,[②]肯定说认为变更罪名的权力内涵在裁判权中,与控方局限性有关,有助于节约司法资

[①] 唐盛明:《社会科学研究方法新解》,上海社会科学院出版社,2003年9月版,第153—155页。
[②] 参见江晓阳:《评人民法院变更指控罪名权》,《人民检察》1999年第9期;汪建成、祁建建:《论诉权理论在刑事诉讼中的导入》,《中国法学》2002年第6期;左卫民、莫晓宇:《指控罪名不能更改之法理分析》,《四川大学学报》(哲学社会科学版)2000年第2期;徐国华:《法官变更罪名权与辩护权的衔接》,《律师世界》2001年第2期;张步文、杨加明:《不诉而审无辩而判:"虹桥"案审判中的败笔之作》,《中国律师》1999年第6期。

源、维护实体公正,①对此,学界已有不少全面梳理。② 不难看出,否定说并未从实然上对变更罪名的法律根据视而不见,肯定说也没有从正面完全否认变更罪名给被告造成被动的可能性。因此,观察这个问题的另一个角度应该是,变更罪名实践在现实世界中到底有多大规模?其分布和变化有何特征和规律?实际中有多少变更罪名不利被告?有没有对被告有利的变更?其比例关系如何?那些不利被告的变更主要是由谁动议的?基于这些观察,才可能更深入地思考其背后的理论内涵,回答罪名适用到底应当在多大程度上具有唯一性、客观性的问题。

3.2.1 变更结果的观察

在当时掌握的示范性案例库中,属于变更罪名的案例有375个,占示范性案例总数的12.2%。至少在示范性案例的范围内,一审控方每提出10个指控罪名中,就大约有一个被审判机关在最终裁决时做了变更处理。这个意义上的变更率被控制在何种水平上是可以接受的,至今尚无公认的判断标准,值得进一步研究。另一个意义上的变更率是指,在全部变更罪名的案件中,哪些指控罪名被变更处理的可能性较大。在该研究的样本中,抢劫罪被变更罪名的概率最大,占变更罪名案例的10.9%;其次是贪污罪,被变更的机会为9.3%,再次是绑架罪,被变更的机会为8%;再再次是盗窃罪,被变更的机会为4.8%。在变更罪名的案件中,这4类指控最容易被变更处理。

变更罪名的结果可以从质和量两个方面加以测量。在质的方面,变更结果又可以分解为变更方向和增加罪名两个指标。在变更方向上,数据库中可以观察到三种情况:一是变更后的罪名重于变更前的罪名即择重变更,二是变更后

---

① 参见欧锦雄:《法院可以变更指控罪名的法理分析及立法研究》,《政法论丛》2001年第3期;夏珍珍:《法院拥有变更指控罪名权研究》,《甘肃政法成人教育学院学报》2004年第2期;蒋石平:《论法院拥有变更指控罪名权——兼评綦江虹桥案法院变更罪名程序》,《现代法学》2000年第3期;陈晶:《浅析刑事审判中的罪名变更》,《引进与咨询》2006年第2期;赵红星、张宇:《罪名变更问题研究》,《河北法学》2004年第9期。

② 参见陈瑞华:《问题与主义之间——刑事诉讼基本问题研究》,中国人民大学出版社2003年版,第247页以下;万毅、刘沛谞:《再论罪名变更的法理基础及其模式选择——刑事一体化角度的思考》,《四川大学学报》(哲学社会科学版)2005年第3期;周国均:《关于法院能否变更指控罪名的探讨》,《法学研究》2000年第4期;程昊:《论诉审同一原则的标准——兼论法院变更指控罪名的模式》,《学术交流》2005年3月;李昌林:《诉判同一与变更罪名》,《现代法学》2003年4月;谢佑平、万毅:《法院变更指控罪名制度探析》,《人民检察》2001年第7期。

的罪名轻于变更前的罪名即择轻变更,三是变更前后的刑量完全相等即等量变更。① 三种情况的分布如图 3.2.1.1 所示:

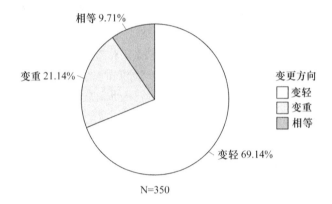

图 3.2.1.1 变更方向

从图 3.2.1.1 不难发现:

第一,择重变更的案例占变更罪名案例的 21.1%。如:

- 由非法经营罪变更为诈骗罪;
- 由非法持有毒品罪变更为运输毒品罪;
- 由寻衅滋事罪变更为以危险方法危害公共安全罪;
- 由销售假冒注册商标的商品罪变更为销售伪劣产品罪;
- 由伪证罪变更为诬告陷害罪;
- 由销售有毒、有害食品罪变更为投放危险物质罪;
- 由公司、企业人员受贿罪变更为受贿罪;
- 由诈骗罪变更为抢劫罪或票据诈骗罪;
- 由信用卡诈骗罪变更为金融凭证诈骗罪;
- 由合同诈骗罪变更为集资诈骗罪;
- 由过失致人死亡罪变更为故意伤害罪;
- 由聚众斗殴罪变更为故意伤害罪;
- 由故意伤害罪变更为故意杀人罪;
- 由敲诈勒索罪变更为绑架罪,等等。

---

① 轻重的判断依据是具体罪名的法定刑的轻重,其计算方法可参见拙著:《罪刑均衡实证研究》,法律出版社 2004 年版。应当说明,法定刑轻重的比较是以罪名为单位还是以具体犯罪行为为单位仍需进一步研究。赵廷光教授在这个领域里作出了巨大的艰苦尝试,参见赵廷光:《量刑公正实证研究》,武汉大学出版社,2005 年版。不过,由于本研究讨论的是罪名的变更问题,因而其轻重比较仍以罪名的法定刑轻重为准。

其中不乏由一般犯罪变更为死罪(有死刑的犯罪)的情况。

第二,择轻变更的案例占变更罪名案例的69.1%,在变更罪名实践中占绝大多数。如:
- 由贪污罪变更为职务侵占罪;
- 由金融凭证诈骗罪变更为诈骗罪;
- 由非法行医罪变更为医疗事故罪;
- 由抢劫罪或故意伤害罪变更为寻衅滋事罪;
- 由贪污罪变更为挪用公款罪或私分国有资产罪;
- 由虚假出资罪变更为虚报注册资本罪;
- 由组织卖淫罪变更为协助组织卖淫罪;
- 由以危险方法危害公共安全罪变更为销售有害食品罪;
- 由运输假币罪变更为持有假币罪;
- 由非法制造爆炸物罪变更为危险物品肇事罪;
- 由颠覆国家政权罪变更为煽动颠覆国家政权罪;
- 由盗窃罪变更为侵占罪;
- 由绑架罪变更为非法拘禁罪或者敲诈勒索罪;
- 由抢劫罪变更为强迫交易罪;
- 由生产、销售伪劣产品罪变更为假冒注册商标罪;
- 由故意杀人罪变更为故意伤害罪,等等。

第三,等量变更的案例占变更罪名案例的9.7%。如:
- 由组织卖淫罪变更为强迫卖淫罪;
- 由贷款诈骗罪变更为信用卡诈骗罪;
- 由私分国有资产罪变更为私分罚没财物罪;
- 由招摇撞骗罪变更为敲诈勒索罪;
- 由抢劫罪、放火罪、投放危险物质罪变更为故意杀人罪;
- 由票据诈骗罪变更为金融凭证诈骗罪;
- 由玩忽职守罪变更为滥用职权罪;
- 由提供虚假财务会计报告罪变更为出具证明文件重大失实罪;
- 由妨害作证罪变更为辩护人伪造证据罪,等等。

除了变更方向以外,变更前后是否增加了新罪名也反映了变更结果的性质。[①]结果发现,在所有变更罪名的案例中,有8.3%的案例属于未经指控而增添罪名

---

① 示范性案例库中也有减少罪名的情况,但本研究将其视为某种意义上的无罪处理,将另辟专题进行研究。

的情况。其中也不乏死罪罪名,如走私武器、弹药罪,运输毒品罪,强奸罪,等等。

在量的方面,变更结果的概念可以表述为变更程度,并分解为变更范围和变更跨度两个指标:在变更范围上,样本中有两种情况:一是对指控的多个罪名只做部分变更,二是对指控的多个或一个罪名全部变更。其中,全部变更的比例越大,说明变更的程度越大。结果发现,部分变更的案例只占变更案例的10.4%,其余89.6%的变更都属于全部变更。

在变更跨度上,样本中也有两种情况:一是变更的前后发生在刑法分则各章之内,二是变更的前后发生在刑法分则各章之间。其中,跨章变更的比例越大,说明变更的程度越大。结果发现,样本中在刑法分则同一章之内的变更占所有变更的45.6%,而跨章变更占变更总数的54.4%。可见,样本中变更罪名的程度较大。

本研究还将样本所在地区分为东北、华北、华东、华南、华中、西北、西南7个区域,并对各地区变更案例对变更总数的比例以及各自的变更方向做了比较。结果是:

(1) 所占比例由高到低的顺序为,华东(35.7%)、华中(20.3%)、华南(14.7%)、西南(9.9%)、华北(7.5%)、西北(6.7%)、东北(3.2%)。

(2) 择轻变更的概率(每百个变更中择轻变更的比例)从高到低前三名是,华南(75.5%)、华中(74.0%)、华东(72.5%),说明这三个地区的法院比其他法院更多地进行由重到轻的变更处理。

(3) 择重变更的概率(每百个变更中择重变更的比例)从高到低前三名是,东北(41.7%)、西北(36.4%)、华北(34.8%),说明这三个地区的法院比其他法院更多地进行由轻到重的变更处理。

(4) 变更前后轻重相等概率最高的是西南(20.0%)。

从以上变更结果的观测来看,绝大部分的变更(69.1%)都是择轻变更;确有不少择重变更(21.1%);甚至还存在少数(8.3%)未经任何指控而平添罪名的情况;大部分变更都是全部变更(89.6%)和跨章变更(54.4%);各地区审判机关在变更罪名的方向、程度等方面参差不齐,并不平衡。[①] 这些观测结果的意义复杂而多解:

首先,择重变更以及新增罪名对被告而言显然意味着"双重危险":他们不仅可能失去对最终罪名的辩解机会,而且这个突如其来的罪名还带来了更重的刑事责任。

其次,不论择轻还是择重,从最初遭到指控到最终获罪,作为责任分配的逻

---

① 遗憾的是,本研究未能对样本中直接变更与最终变更的比例关系做出测量。参见周国均:《关于法院能否变更指控罪名的探讨》,《法学研究》2000年第4期。

辑起点,被追诉行为的实体性质处于一种多变的状态。以诈骗罪为例,样本中最初被控诈骗罪的案例最终有票据诈骗、贷款诈骗、合同诈骗、抢劫、挪用公款、擅自设立金融机构、职务侵占、行贿等 8 种变化,其中既有择轻又有择重。

再次,即使在择轻变更范围内,同一种指控也有多种可能的结果。如:
- 由绑架变为非法拘禁、强迫交易、敲诈勒索;
- 由盗窃变为侵占、诈骗、职务侵占、转移赃物;
- 由非法拘禁变为玩忽职守、侮辱、敲诈勒索;
- 由非法制造爆炸物变为重大责任事故罪、危险物品肇事罪;
- 由故意伤害变为过失致人死亡、过失致人重伤、寻衅滋事、强迫交易;
- 由合同诈骗变为伪造公司印章、挪用资金;
- 由集资诈骗变为诈骗、非法经营;
- 由金融凭证诈骗变为诈骗、侵占;
- 由挪用公款变为挪用资金、诈骗;
- 由抢劫变为非法搜查、故意伤害、劫持汽车、强迫交易、故意伤害、寻衅滋事、妨害公务、过失致人死亡、非法侵入住宅、敲诈勒索、盗窃;
- 由贪污变为职务侵占,妨害清算,诈骗,侵占,私分国有资产,挪用公款,公司、企业人员受贿,挪用资金;
- 由以危险方法危害公共安全变为销售有害食品、交通肇事、编造虚假恐怖信息等。

其实,当我们说变更后的罪名较轻因而有利被告时,前提是被变更的罪名成立。而事实上,许多由重到轻的变更都是前罪名不成立所以才发生变更问题,因此,对有些择轻变更而言名为由重到轻实为从无到有,谈不上有利被告。另外,理论上倒是不能排除择轻变更中可能隐含着的打击犯罪以退为进的策略性考虑。如此说来,择轻变更是否有利于被告是或然的,而变更罪名给定罪带来的不确定性、不统一性却显而易见,择轻未必有利被告。

3.2.2 相关因素的观察

本研究试图用"变更焦点"、"前后关系"、"变更根据"三个变量去解释变更方向和程度的变化,回答为什么有的择重而有的择轻,为什么有时有较大程度的变更而有时只有较小程度的变更。

所谓变更焦点就是指法官是否做出变更处理所必须回答的案件核心法律问题,选择这个变量试图从评价对象本身的复杂性角度解释变更罪名的方向和程度。图 3.2.2.1 显示出示范性案例中变更焦点的基本分布情况:

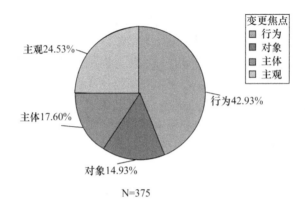

图 3.2.2.1 变更焦点

如图 3.2.2.1 所示,变更焦点的基本分布结果为:围绕案件中行为本身的不同理解所产生的罪名变更,占全部变更样本的 42.93%,为数最多。围绕行为人的主观罪过的不同理解所产生的罪名变更,如为索债非法剥夺他人人身自由以获取财物的是绑架还是非法拘禁等,占变更样本的 24.53%,位居第二。围绕行为主体刑法性质的不同理解所产生的罪名变更,如企业改制中被告的身份是否国家工作人员等问题,占变更样本的 17.60%,位居第三。围绕行为对象刑法性质的不同理解所产生的罪名变更,如借记卡是存单(金融凭证)还是信用卡的不同理解,占变更样本的 14.93%,为数最少。可见,导致变更的焦点问题是多元性的。

所谓前后关系就是指变更前后罪名之间的关系,包括竞合关系和相异关系。这个变量的设计思想是,试图从罪名之间的错综关系来解释变更的方向和程度。其分布状况如图 3.2.2.2 所示:

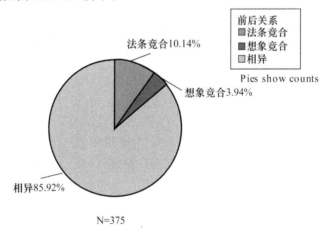

图 3.2.2.2 变更前后罪名关系

如图 3.2.2.2 所示,变更前后的罪名之间呈法条竞合或者想象竞合关系的案例,占变更总体的大约 14%,变更前后的罪名之间呈相似易混淆但实际本质上相异关系的案例,占变更总体的大约 86%。这说明,规范之间的包容、交叉、冲突并不是导致变更罪名的主因,而对同一评价对象刑法意义的不同理解才是变更罪名问题的较好解释。

所谓变更根据就是指根据谁的动议所做出的变更,其设计思想是试图从不同法院的能动性程度解释变更的方向和程度。其分布如图 3.2.2.3 所示:

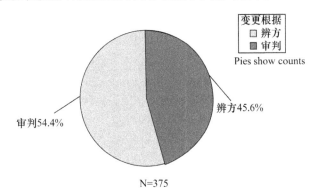

图 3.2.2.3 变更根据

如图 3.2.2.3 所示,法院在控辩双方意见以外主动做出的变更,占全部变更样本的 54.4%,由辩方动议后得到法院支持的变更只占全部变更样本的 45.6%,而控方起诉后又提出变更罪名并被法院采纳的情况基本没有发现。这说明,法院在整个变更罪名的实践中起着绝对的主导作用,以至于在相当大程度上有别于"不告不理"的被动性审判模式。这个指标的地区差异如表 3.2.2.1 所示:

表 3.2.2.1 变更根据的地区比较

			区域							合计
			东北	华北	华东	华南	华中	西北	西南	
变更根据	辩方	计数	5	8	8	60	18	41	13	18	171
		区域的百分比	62.5	66.7	28.6	44.8	32.7	53.9	52.0	48.6	45.6
	审判	计数	3	4	20	74	37	35	12	19	204
		区域的百分比	37.5	33.3	71.4	55.2	67.3	46.1	48.0	51.4	54.4
合计		计数	8	12	28	134	55	76	25	37	375
		区域的百分比	100.0	100.0	100.0	100.0	100.0	100.0	100.0	100.0	100.0

表3.2.2.1中可见,华北地区法院所做的每百个变更就有71.4个变更根据为法院自主选择,其次,华南法院主动变更的概率为67.3%,再次,华东法院的主动变更率为55.2%,接下来的主动变更率依次为,西南法院51.4%,西北法院48.0%,华中法院46.1%,东北法院33.3%。

综上,评价对象本身的复杂性、罪名之间的错综关系以及不同法院的能动性程度,都可能构成对变更罪名问题的解释。

3.2.3 变更罪名的限制性操作

既然变更罪名不可避免,又应受到一定的限制,那么,以下几个操作原则应当予以重视:

1. 不裁剪事实原则。在定罪过程中,指控事实的有与无是一对前提性的关系。所谓不裁剪事实原则就是指,允许法官对经法庭认定的犯罪事实之间进行比较并据此决定罪名的选用,而禁止法官对是否成立不具可比性的事实进行选择并据此选用罪名。例如,不得在是否故意犯罪存疑时以"至少是过失"为由将故意犯罪变更为过失犯罪,在是否构成运输毒品罪存疑时,不得以"至少是持有毒品"为由将运输毒品罪变更为持有毒品罪,在是否成立集资诈骗罪存疑时,不得以"至少非法吸收了公众存款"为由将集资诈骗罪变更为非法吸收公众存款罪,等等。不裁剪事实的法理不仅在于择轻变更未必有利被告,更在于被控事实本身是对法官主体性的最根本限制,如果法官对定罪事实的裁剪过多受到功利目的的影响,就可能挣脱评价客体对主体的规制,评价将变成单方面的自说自话。

2. 不增加罪名原则。作为承担刑事责任的基础,罪名的多与少是另一对基本关系。所谓不增加罪名原则就是指,法官在罪名选用及变更时不应对同一认定的法律事实在指控罪名以外增加未曾指控的罪名。例如,控方仅以票据诈骗罪对伪造并使用伪造的票据进行诈骗的行为进行指控时,法官就不应根据伪造票据的事实而以伪造金融票证罪与票据诈骗罪数罪并罚。可见,不增加罪名的对象是认定的法律事实而非新发现的法律事实。所以,不增加罪名是基本上坚持实体公正的同时,求得控审双方的统一,以显示犯罪定义过程中主体性的谦抑。

3. 相合不择重原则。在事实清楚的情况下,待选择的罪名之间有两类关系,一是相合关系,即竞合、牵连、转化等关系;二是相异关系,即看似相似实而有别的易混淆关系。所谓相合不择重原则就是指,在被控罪名与拟选用罪名之间呈相合关系时,法官可以为了准确评价犯罪而选用刑量相等或较轻的罪名取代原罪名,不应变更为较重的罪名。这里,前提是事实清楚,因而较重罪名同样成立,变更罪名肯定不导致被告处境的恶化。当然,其代价在于,某些实体上的刑法适用原则在这里只能得到相对的贯彻。首先,在法条竞合时,上位法是特别法,而有的特别法重于一般法,有的则轻于一般法。这时,如果指控罪名是较轻的一般法(如诈骗罪),即使理应选用较重的特别法(如票据诈骗罪),法官也应放弃择重。其次,在想象竞合时,尽管重法优于轻法,如果控方选用了轻法,法官也不应变更为重法。再次,在一般的牵连犯场合下,如果控方选用的罪名较轻,法官也不应再从一重处。当然,法律明文规定数罪并罚、加重处罚和从一重再从重处罚的牵连犯除外。最后,在转化犯的场合下,如果控方选用的罪名较轻,法官也不应再从一重处。相合不择重的法理是,在相合关系中,罪名之间的多种选择是法律本身造成的,原因之一是规范之间的错综复杂,相互交错,反映了主体性本身的某种局限。这时,同为犯罪定义主体,控方和法院越多地表现出一致择轻,只会提升法律适用的公信力,权衡之下,部分实体规范适用原则无法彻底贯彻的利弊得失显而易见。需要说明的是,是否加重、是否未完成罪等判断不属于罪名变更问题,法官对此所做的变更处理不在本研究讨论的范围之内。

4. 名重刑不重原则。在相异的不同罪名之间,法定刑的轻与重是最重要的差异之一。所谓名重刑不重原则就是指,在被控罪名与拟选用罪名之间呈相异关系时,法官可以为了准确评价犯罪而选用刑量相等乃至较重的罪名取代原罪名,但量刑应尽可能不重于变更前的罪名。名重刑不重的法理是,在相异关系中,变更罪名的可能性不能归咎于法律本身的混乱与矛盾,而是犯罪行为的复杂性和不典型性造成的。这时,法官为了纠正指控罪名的不准确所做的变更处理,正是体现了主体性对评价客体的服从,体现了犯罪定义的客观性对主体性的另一种限制。

3.3 均值比较

样本自己不会说话,有了大样本,不等于可以自动提炼出某种理论。要想让样本开口说话,还有赖于分析工具的正确选用。其中,最常见的信息处理就是集中趋势的统计分析。比如,男犯智商与女犯智商的均值比较、甲地法院抢劫罪用刑总量与乙地法院抢劫罪用刑总量的均值比较、今年涉案金额与去年涉案金额的均值比较,等等。

3.3.1 均值过程

进行集中趋势分析,常常会运行均值(Means)过程。现以 110 个信用卡犯罪真实案例的研究为例,①说明均值过程的操作方法。具体步骤是：

● 用 SPSS 软件打开信用卡犯罪数据库,按 Analyze→Compare Means→Means(分析→比较均值→均值)的顺序单击,即可打开均值的主对话框,如图 3.3.1.1 所示：

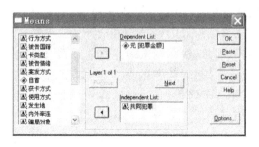

图 3.3.1.1　均值主对话框

其中,因变量列表(Dependent List)框中的内容选自左边变量源中需要计算其均值的变量,此例中需要计算的是票据诈骗犯罪涉案金额的均值。自变量列表(Independent List)框中的内容选自左边变量源中用于分组的变量,此例中的分组标准是共同犯罪,以便了解是否共同犯罪、共同犯罪中是否团伙犯罪等不同组别之间在涉案金额上的均值差异。

● 单击 Options(选项)按钮,打开选项对话框,如图 3.3.1.2 所示：

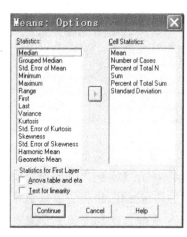

图 3.3.1.2　选项对话框

其中,左边的 Statistics(统计量)框中有许多备选的统计量分别为：

Sum(总和)、Number of Cases(观测量数目)、Mean(均值)、Median(中值)、Grouped Median(分组中值)、Standard Error of the Mean(均值标准误差)、Minimum(最小值)、Maximum(最大值)、Range(全距)、Standard Deviation(标准差)、Variance(方差)、Kurtosis(峰度)、Standard Error of Kurtosis(峰度的标准误差)、Skewness(偏度)、Standard Error of Skewness(偏度的标准误差)、First(首值)、Last(尾值)、Percentage of Total Sum(占总和的百分比)、Percentage of

---

① 数据来源为笔者指导的北京大学法学院左婧同学的硕士论文《信用卡诈骗行为研究》。

Total N(占观测量总数的百分比)、Geometric Mean(几何均数)、Harmonic Mean(调和均数)。

本例中根据需要选择了均值(Mean)、观测量数目(Number of Cases)、占观测量总数的百分比(Percentage of Total N)、总和(Sum)、占总和的百分比(Percentage of Total Sum)、标准差(Standard Deviation)几个统计量并要求系统依次输出结果。

● 单击继续(Continue)按钮回到均值主对话框后单击确定(OK),便得到如下表 3.3.1.1 所显示的分析结果。

表 3.3.1.1　Report

单位：元

共同犯罪	Mean	N	% of Total N	Sum	% of Total Sum	Std. Deviation
单独犯罪	246 734.68	74	67.3%	18258 366	57.7%	848 434.235
一般共犯	262 751.12	26	23.6%	6831 529	21.6%	368 935.548
犯罪团伙	658 070.60	10	9.1%	6580 706	20.8%	1277 158.497
Total	287 914.55	110	100.0%	31670 601	100.0%	813 552.150

从输出结果中可见,信用卡犯罪中,单独犯罪的涉案金额均值最小,为 246 734.68 元;一般共同犯罪居中,为 262 751.12 元;团伙作案的涉案金额均值最大,为 658 070.60 元,大大高于总体平均水平。表中还报告了三类犯罪在样本中的频次分布、各自的涉案总值及其对总值的比例关系,以及各类犯罪金额的离散程度。这些量值有助于研究者比较不同类型犯罪的危险性程度、危害性大小。

3.3.2　单样本 T 检验过程

如果已知一个总体均值,希望检验一下有限样本的均值与该总体均值之间是否存在显著差异的话,就要用到 One-Sample T Test(单样本 T 检验)过程。我们仍以上述 110 个真实信用卡犯罪案件的研究为例,介绍这个过程的操作方法。具体步骤是：

● 按 Analyze→Compare Means→One-Sample T Test(分析→比较均值→单样本 T 检验)的顺序单击,即可打开单样本 T 检验的主对话框,如图 3.3.2.1 所示：

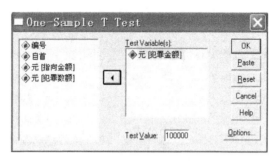

图 3.3.2.1 单样本 T 检验主对话框

其中,将左边变量源中的"犯罪金额"用向右的箭头选入右边的检验变量(Test Variable)框中。下面的检验值(Test Value)框中人为输入一个定值作为假设检验值。该检验值可以是一个理论值、标准值或者经过大量观察所得到的一个公认的稳定值。可以说,这个过程的运行目的,就是通过比较,以推断出样本所代表的未知总体平均水平与这个理论上的定值之间有无显著差异。本例中假定,各类财产犯罪的犯罪金额平均水平大约为 10 万元,试图通过单样本 T 检验过程检验信用卡犯罪的犯罪金额平均水平是否显著高于或低于财产犯罪的总体水平。

- 单击确定(OK)后得到结果如表 3.3.2.1 和表 3.3.2.2 所示:

表 3.3.2.1 One-Sample Statistics

	N	Mean	Std. Deviation	Std. Error Mean
元	110	287 914.55	813 552.150	77 569.154

表 3.3.2.2 One-Sample Test

	Test Value=100000					
					95% Confidence Interval of the Difference	
	t	df	Sig. (2-tailed)	Mean Difference	Lower	Upper
元	2.423	109	.017	187 914.55	34 175.01	341 654.10

从表 3.3.2.1 中我们看到,样本数(N)、均值(Mean)、标准差(Std. Deviation)、均值的标准误差(Std. Error)等信息。从表 3.3.2.2 中我们看到该比较结果的 T 值为 2.423,自由度(df)为 109,显著值(Sig.)为 0.017,小于0.05,样本均值与检验值的差(Mean Difference)为 187 914.55 元,该差值 95%的置信

区间(95% Confidence Interval of the Difference)是 34 175.01—341 654.1。可见,该研究中信用卡犯罪的犯罪金额平均水平显著高于财产犯罪的总体上的理论平均水平。如果尝试一下,将理论值设定为 20 万元,结果将显示,虽然直观上看 20 万元明显小于本例中的均值 287 914.55 元,但输出结果显示的显著值将大于 0.05,说明二者差异并不显著。

3.3.3 独立样本 T 检验过程

对样本内两组或者多组样本进行某方面平均值的比较,除了可以直接运行上面讲到的均值过程以外,还可以使用 Independent-Samples T Test(独立样本 T 检验)过程。这种方法用于检验两组独立的样本分别代表的总体均值之间是否差异显著。如果样本之间不独立,则应选用下面将要介绍的配对样本 T 检验。比如,比较 100 个男犯与 100 个女犯在监狱内的文化课学习成绩平均得分是否显著不同,就要用独立样本 T 检验,因为男犯与女犯分别代表各自独立的总体。而要比较这 200 个犯人入狱前的文化课考核成绩与入狱后两年文化课的考核成绩的平均水平有无显著变化,或者比较这 200 个样本的数学成绩与语文成绩的平均水平,就要选用配对样本 T 检验。因为这 200 个犯人属于同一总体。

现仍以信用卡犯罪研究为例介绍独立样本 T 检验的操作步骤:
● 按 Analyze→Compare Means→Independent-Samples T Test(分析→比较均值→独立样本 T 检验)的顺序单击,即可打开独立样本 T 检验的主对话框,如图 3.3.3.1 所示:

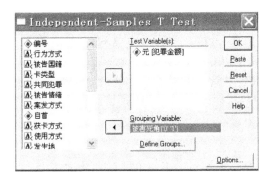

图 3.3.3.1 独立样本 T 检验主对话框

其中,仍然将左边变量源中的"犯罪金额"用向右的箭头选入右边的检验变量(Test Variable)框中。下面的分组变量(Grouping Variable)框中选入的变量只能是一个二分变量,如性别、有无某个因素等。注意,如果是三分变量,也要分别两两相比。单击定义组(Define Groups)按钮后将二分变量的两个值(0 和 1)分别写入对话框即可。

- 单击确定(OK)后得到结果如表 3.3.3.1 和表 3.3.3.2 所示:

表 3.3.3.1 Group Statistics

	被害死角	N	Mean	Std. Deviation	Std. Error Mean
元	无	39	308 558.00	731 917.339	117 200.6
	有	71	276 575.20	859 909.058	102 052.4

表 3.3.3.2 Independent Samples Test

		Levene's Test for Equality of Variances		t-test for Equality of Means						
		F	Sig.	t	df	Sig. (2-tailed)	Mean Difference	Std. Error Difference	95% Confidence Interval of the Difference	
									Lower	Upper
元	Equal Variances Assumed	.003	.959	.196	108	.845	31 982.803	162 871.13	−290 856	354 821.6
	Equal Variances not Assumed			.206	89.529	.837	31 982.803	155 404.87	−276 778	340 743.8

表 3.3.3.1 列出了有无被害死角的两类案件的个数、犯罪数额的均值、标准差和均值的标准误差。表 3.3.3.2 中的信息可以分两行来看,第一行为假设方差相等进行的检验(Equal Variances Assumed)。如果方差方程的 Levene 检验(Levene's Test for Equality of Variances)栏中的显著值(Sig.)大于 0.15,说明方差相等,所以应看第一行的 Sig.(2-tailed)显著值是否小于 0.05。小于 0.05 时,才能认为相比的两个均值之间差异显著。第二行为假设方差不相等进行的检验(Equal Variances not Assumed)。如果方差方程的 Levene 检验栏中的显著值(Sig.)小于 0.15,说明方差不相等,所以应看第二行的 Sig.(2-tailed)显著值是否小于 0.05,小于 0.05 时,才能认为相比的两个均值之间差异显著。[①]

[①] 参见黄海、罗友丰、陈志英编著:《SPSS 10.0 for Windows 统计分析》,人民邮电出版社,2001 年 2 月版,第 105 页。

本例中的方差方程的 Levene 检验栏中的显著值(Sig.)为 0.959>0.15,说明方差相等,所以应看第一行的 Sig.(2-tailed)显著值,结果是 0.845>0.05,因而不能认为有无被害死角的两组案件之间的犯罪金额均值差异显著。

3.3.4 配对样本 T 检验过程

如果你不想对来自两个总体的独立样本进行均值比较,而是需要对同一总体的不同均值进行比较,就要用到 Paired-Samples T Test(配对样本 T 检验)过程。仍以信用卡犯罪为例介绍其步骤:

● 按 Analyze→Compare Means→Paired-Samples T Test(分析→比较均值→配对样本 T 检验)的顺序单击,即可打开配对样本 T 检验的主对话框,如图 3.3.4.1 所示:

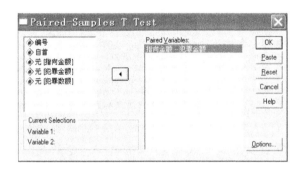

图 3.3.4.1　配对样本 T 检验主对话框

其中,右边对话框里的变量总是成对的,其来源当然是左边对话框中的变量。本例中需要比较的是信用卡犯罪行为指向的金额(涉案金额)与犯罪金额(所得金额)之间的平均水平有无显著差异。如果差异显著,意味着涉案金额的大小不好直接用于评估被害金融机构的实际损失风险。反之,如果差异不显著,则表明不论用涉案金额还是用所得金额都可以用来描述信用卡犯罪给被害人带来的资金风险的大小。

● 单击确定(OK)按钮后立即得到结果如表 3.3.4.1 和表 3.3.4.2 所示:

表 3.3.4.1　**Paired Samples Statistics**

		Mean	N	Std. Deviation	Std. Error Mean
Pair 1	元	330 311.65	110	1016 157.010	96 886.769
	元	287 914.55	110	813 552.150	77 569.154

表 3.3.4.2 Paired Samples Test

	Paired Differences					t	df	Sig. (2-tailed)
	Mean	Std. Deviation	Std. Error Mean	95% Confidence Interval of the Difference				
				Lower	Upper			
Pair 1 元-元	42 397.091	374 958.765	35 750.916	−28 460.1	113 254.2	1.186	109	.238

从表 3.3.4.2 中可见,显著值为 0.238＞0.05,因而不能认为涉案金额与所得金额的平均水平之间差异显著,尽管在表 3.3.4.1 中显示,两个均值之间有一个 330 311.6 减去 287 914.6 的差值。

3.4 发现法官的集体理性:裸刑均值研究

当我们需要描述某个法律现象的集中趋势时,可能会用到中值,也就是位于一组样本 50% 的个案的值。因为中值对样本中的极端值不敏感,不会受其影响。但是,如果我们的样本足够大,均值是个不错的选择。在本书的 2.5 部分,我们曾提到一个实例,为了回答量刑时从重从轻的基准到底在哪的问题,我们曾以全国 21 个省市的 77 家法院收集到 39 143 份刑事判决书共 71 653 个罪刑关系为样本进行研究,最终发现,"低开高走"即低于法定刑幅度的中间线进行量刑,是法官群体的普遍选择。[①] 这里的"普遍选择",其根据就是刑罚的均值。

该研究有意义的发现是"裸刑均值"。所谓裸刑均值就是指,在一定法定刑幅度内,没有任何法定情节的若干案件宣告刑的平均值。其中,裸刑的含义与周光权教授所说的"不考虑任何量刑情节的情况下仅依构成事实所应当判处的刑罚量"相近。[②] 不同之处在于,周光权这里讨论的是抽象个罪的量刑基准,而我这里讨论的是一组生效判决的实然刑罚量。例如,多个既非未遂又非从犯等所有法定从轻从重情节的盗窃数额较大案件的宣告刑平均值,即为这一组案件的裸刑均值。裸刑与混合刑相对,混合刑是包括至少一个法定情节在内的宣告刑。而现实中不一定每个案件都有法定情节的认定,这种只根据基本犯罪事实确定的宣告刑即裸刑。实际上,裸刑是混合刑的基础,是法定情节适用的参照物,这正是研究裸刑问题的意义所在。当然,裸刑都是一定罪名及法定刑幅度的裸刑。

[①] 本文内容曾以"裸刑均值的意义"为题,发表在《法学研究》2010 年第六期。

[②] 周光权:《法定刑研究——罪刑均衡的建构与实现》,中国方正出版社,2000 年 11 月版,第 326 页。

例如,故意伤害罪有基本、加重、再加重三个量刑幅度,敲诈勒索罪有基本和加重两个量刑幅度。裸刑均值的计算要将故意伤害案分为三组,将敲诈勒索案分为两组,然后分别计算五组各自的裸刑均值。

问题是,我们为什么要关心裸刑实际上的平均值?因为量刑的本质不是刑的量化,①而是罪的量化,即具体案件中犯罪严重性程度、人身危险性程度的量化。量刑的要义是案情与刑责之间关系的发现,并基于这种发现做出判断。所以,研究量刑不能不观察实际的宣告刑。②沿着这个思路,我们对上述样本进行了定量观察。结果发现,尽管理论上可以等于甚至高于法定刑中线,但 7 万多样本中的裸刑均值的确普遍低于法定刑中线,于法有"距"。证据是:

1. 盗窃罪基本构成的有期徒刑法定刑中线为 21 个月,③而此次调查中 7 476 个盗窃数额较大案件的裸刑均值为 9.4 个月;④盗窃罪加重构成的有期徒刑法定刑中线为 78 个月,而此次调查中 1 975 个盗窃数额巨大案件的裸刑均值为 51.6 个月;盗窃罪再加重构成的有期徒刑法定刑中线为 150 个月,而此次调查中 976 个盗窃数额特别巨大案件的裸刑均值为 134.1 个月。

2. 故意伤害罪基本构成的有期徒刑法定刑中线为 21 个月,而此次调查中 1 579 个造成一人轻伤案件的裸刑均值为 12.1 个月;故意伤害罪加重构成的有期徒刑法定刑中线为 78 个月,而此次调查中 770 个造成一人重伤案件的裸刑均值为 54.9 个月;故意伤害罪再加重构成的有期徒刑法定刑中线为 150 个月,而此次调查中 333 个造成一人死亡案件的裸刑均值为 138.1 个月。

3. 交通肇事罪基本构成的有期徒刑法定刑中线为 21 个月,而此次调查中 122 个一般交通肇事罪案件的裸刑均值为 17.3 个月;交通肇事罪加重构成的有期徒刑法定刑中线为 60 个月,而此次调查中 166 个交通肇事逃逸案件的裸刑均值为 43.5 个月;交通肇事罪再加重构成的有期徒刑法定刑中线为 132 个月,而此次调查中 7 个逃逸致人死亡案件的裸刑均值为 94.3 个月。

4. 抢劫罪基本构成的有期徒刑法定刑中线为 78 个月,而此次调查中 3 044 个一般抢劫案件的裸刑均值为 47.4 个月;抢劫罪加重构成的有期徒刑法定刑中

---

① 石经海:"'量刑规范化'解读",载《现代法学》2009 年第 3 期,第 105 页。

② 有资深法官认为,针对抽象个罪设定抽象的基准刑,且试图在各个罪名的相应法定刑幅度内分别确定一个统一的基准刑,并作为各种不同犯罪的基准刑,这种做法看起来简单,但不一定合理,而且实践中很难确定,也不便操作。参见戴长林:"量刑方法及其应用",载《法律适用》2009 年第 8 期,第 7 页。

③ 一定法定刑幅度的中线计算方法为,上限减下限除 2 后加下限。以盗窃罪基本构成的法定刑幅度为例,法律规定为三年以下有期徒刑,上限为 36 个月,下限为 6 个月。于是,36−6=30;30÷2=15;15+6=21。下同。

④ 在测量精度允许范围内,本研究将判处拘役的样本近似地归入判处三年以下有期徒刑的样本组。因此,如果抽出判处拘役的样本,该值应该略大于 9.4 个月。下同。

线为 150 个月,而此次调查中 492 个加重抢劫案件的裸刑均值为 158.9 个月。

5. 抢夺罪基本构成的有期徒刑法定刑中线为 21 个月,而此次调查中 454 个一般抢夺案件的裸刑均值为 12.9 个月;抢夺罪加重构成的有期徒刑法定刑中线为 78 个月,而此次调查中 112 个加重抢夺案件的裸刑均值为 57.8 个月;抢夺罪再加重构成的有期徒刑法定刑中线为 150 个月,而此次调查中 30 个再加重抢夺案件的裸刑均值为 147.2 个月。

6. 诈骗罪基本构成的有期徒刑法定刑中线为 21 个月,而此次调查中 714 个一般诈骗案件的裸刑均值为 14.7 个月;诈骗罪加重构成的有期徒刑法定刑中线为 78 个月,而此次调查中 476 个加重诈骗案件的裸刑均值为 57.6 个月;诈骗罪再加重构成的有期徒刑法定刑中线为 150 个月,而此次调查中 492 个再加重诈骗案件的裸刑均值为 141.1 个月。

7. 强奸罪基本构成的有期徒刑法定刑中线为 78 个月,而此次调查中 645 个一般强奸案件的裸刑均值为 58.8 个月;强奸罪加重构成的有期徒刑法定刑中线为 150 个月,而此次调查中 172 个加重强奸案件的裸刑均值为 137.9 个月。可见,尽管程度不等,作为实然的刑量,裸刑均值普遍低于法定刑中线,与上文提到 2008 年的研究实现了相互印证。

宣告刑与法定刑之间这种微妙关系的直接意义是,当具体案件没有任何法定从轻从重情节时,法官实际上是围绕着低于法定刑中线的这个基点上下浮动其宣告刑的。进一步看,由于法定情节的适用又是以构成事实的刑罚为参照物上下从轻从重,裸刑是混合刑的参照基准,所以,当具体案件出现法定量刑情节时,裸刑均值又是法定量刑情节事实上基准的基准。可见,确定量刑应该以什么为基准固然重要,发现量刑实际上以什么为基准也很有意义。这个低于法定刑中线的,由审理几万个案件的法官群体所做出的平均选择,正是宏观上量刑改革决策的事实基础。① 离开这个基础的任何应然性设计,都缺乏现实可行性。

问题是,这些平均选择是理性的选择吗? 应该承认,法律并未规定,法官必须围绕着法定刑中线决定基本犯罪行为的刑罚。只要不违法加重或减轻处刑,法官有权根据具体案情决定刑罚。但这些判决毕竟是千万法官在法定范围内自由裁量权行使的结果,是司法实践中规则与问题之间联系多样性的真实反映,而非法条本身的机械演绎。当然,法官群体也可以选择法定刑中线,甚至选择高于法定刑中线。但他们没有如此选择,恰恰说明低于法定刑中线的裸刑均值中蕴含着某种客观合理性。这种合理性可以从已然犯罪本身的严重性来理解,也可

---

① 在法定刑中线以外另寻量刑基准的积极探索,在法院系统已经成为很普遍的思考与实践。参见陈学勇:"关于量刑基准问题的新思考",载《人民司法》2008 年第 3 期,第 22 页。

以从未然犯罪预防的必要性来解读,还可以从法定刑本身的调整空间来考虑,甚至可以从犯罪原因对法官量刑的影响来分析。① 极而言之,除非我们假定,法定刑中线是裸罪——无任何法定情节之罪——量刑必须围绕的轴心,而且,上述77家法院的刑事法官普遍接受被告人贿赂,那么,裸刑均值低于法定刑中线的合理性才值得怀疑。退一步看,低于法定刑中线的裸刑均值还蕴含着某种社会意义。其中,牢狱之灾对服刑人员及其家属的意义以及监狱环境对服刑人员的负面影响姑且不论,仅就犯罪耗费一项而言,② 可测算的结果就不能小视。据权威人士保守估算,每个服刑人员每年需耗费国家财政拨款万元左右。③ 按照这个标准,仅以本次调查上述各组样本为例便不难测算,作为刑罚裁量的两种参照值,裸刑均值与法定刑中线显然意味着完全不同的国家财政负担。④ 总之,我们甚至想象不出裸刑均值低于法定刑中线有何值得诟病之处。

不过,如果肯定法官群体的如此选择,又可能引出一个悖论。目前,法院系统已经全面推行量刑规范化改革。从一开始,这项改革的必要性就有争议。法院系统认为,量刑规范化是贯彻落实科学发展观,满足人民群众对刑事审判工作新要求新期待的具体措施,是实现量刑公正,维护社会公平正义的必然要求,是规范自由裁量权,确保国家法律统一实施的重要保证,是实现审判公开,树立司法公信力和司法权威的重大举措。⑤ 问题是,目前我们的量刑实践有何不规范之处?自由裁量权怎么被滥用了?一方面,如果全盘否定长期以来法官群体的努力,又怎么解释上述观察的结果?另一方面,如果认为法官群体的量刑实践是理性的,那么,大规模改革的必要从何而来?就是说,到底怎样把握以往司法实践与未来司法改革的关系?这个问题的提出使我们不得不重新理解裸刑均值的概念。均值是一组事件集中趋势的重要指标,它无法直接反映这组事件的离散趋势,但又是观察其离散趋势的一个重要参照物。比如,一组裸刑均值为5年有期徒刑的案件是由宣告刑分别为1、2、3、4、5、6、7、8、9年共9个案件组成,另一组裸刑均值同样为5年有期徒刑的案件是由宣告刑分别为4、4、4、5、5、5、6、6、6年共9个案件组成。两组案件的均值相等,但其离散程度可大不相同:前组案件的离散程度很明显,因而方差高达7.5,而后组案件的离散程度很小,因而方

---

① 白建军:"从中国犯罪率数据看罪因、罪行与刑罚的关系",载《中国社会科学》2010年第2期。
② 郭建安、周勇:"论犯罪耗费",载《中国刑事法杂志》2001年第5期。
③ 郭建安:"社区矫正制度:改革与完善",载《刑事法评论》第十四卷,中国政法大学出版社2004年版,第319—320页。另据报道,江苏省现有在押犯8万多人,省财政每年投入约23亿元用于监狱设施维护、解决罪犯生活医疗等问题,人均达2.7万元左右。(参见《法制日报》2010年8月25日讯)
④ 有学者断言,以法定刑中线为量刑基准并据此对法定刑进行细分的做法不仅本末倒置,而且十分危险。参见林维:"论量刑情节的适用和基准刑的确定",载《法学家》2010年第2期,第36—46页。
⑤ 高憬宏、黄应生:"积极稳妥推进量刑规范化改革",载《法律适用》2009年第8期,第3页。

差仅为 0.75。① 可见,我们既不能因为两组案件的离散程度不同,就冒然否定两组案件具有完全一样的集中趋势这一事实,也不能因为两组案件的裸刑均值相等,就对两组案件离散程度不同这一事实视而不见。从这个意义上说,实然上裸刑均值的合理性与应然上规范化改革的必要性之间并不矛盾。改革并不是要改变法官们长期以来量刑实践的集中趋势,而是要使更多的个案量刑接近大量判决的平均水平,缩小离散性程度。通常所说的量刑偏差,就是量刑的离散性问题。在司法实践中,控制量刑离散性程度的努力,主要体现为极端个案的减少。一组案件中极端个案数量越多,距离平均水平越远,该组案件的离散性程度就越大。此次调查就发现,有些个案既无法定从重情节又无法定从轻情节,但宣告刑不是过轻就是过重,与均值差距很大。只有这类案件的规模和程度得到控制,才能实现不同时空之间的执法统一。总之,我们既不能远离量刑实践的集中趋势,也不能无视其离散程度,盲目空谈或简单否认改革的必要。

裸刑均值的作用是用实践理性去规范理性的实践,科学地提高量刑规范化程度。如果法官不仅有法可依,有规可循,还有例可鉴,量刑活动应该会更接近人们可预期的结果。用这个意义上的实践理性指导量刑活动有几个好处:首先,用裸刑均值作为隐性基准帮助法官量刑,不是告诉法官怎样做不行,而是建议法官怎样做更好。这种积极疏导可以引导法官尽量与其他法官的职业活动保持一致,是在尊重法官能动性的前提下鼓励其尽可能接近司法实践的平均水平。② 其实,如果以裸刑均值为中心,距离这个中心越近的刑罚裁量是相对更安全的选择。因为从博弈论的角度看,这样能更大限度地获得对当事各方都相对有利的法律资源。相反,越是远离这个中心的裁量,越是难以得到人们的认同。从这个意义上说,以裸刑均值为中心的法律博弈过程本身,就是法官拒绝外部干预最有效的自我保护。而且,越是接近裸刑均值的判决,越是符合执法统一、同案同判的要求。

第二,用裸刑均值规范法官量刑,还可以有效避免量刑实践的大起大落。当下中国司法实践中,最危险的大起大落就是推行法定刑中线说。仅以本研究的7万样本为例,上述 19 组案例中有 18 组案例都出现了裸刑均值低于法定刑中线的现象。其中,裸刑均值比法定刑中线平均低 15.7 个月有期徒刑,最小的也有 2.8 个月,最大的有 37.7 个月,中值也有 13.9 个月。例如,盗窃罪加重构成

---

① 方差是指数值距离平均值大小即离均差平方的平均数,它的平方根叫做标准差。方差或标准差越大,说明数据的离散程度越大,方差或标准差越小,说明数据集中在均值左右的程度越明显。如果一组数据所有数值没有差异,都等于均值,那么,其方差和标准差即为零。

② 越来越多的学者注意到,限制法官的自由裁量不等于使其沦为呆滞的法律机器。参见林亚刚、邹佳铭:"关于量刑基准的几个基本问题",载《学术界》2009 年第 3 期,第 169 页。

裸刑均值比相应刑法定刑中线低 26.4 个月,故意伤害罪加重构成的裸刑均值比相应法定刑中线低 23.1 个月,抢劫罪基本构成的裸刑均值比相应法定刑中线低 30.6 个月,强奸罪基本构成的裸刑均值比相应法定刑中线低 19.2 个月。不难想象,如果对量刑实践的普遍水平视而不见,就可能使量刑实践突然起降,其后果不是灾难性的,至少也会导致盲目和混乱。裸刑均值普遍低于法定刑中线已是既成事实,即使有理由改变也应循序渐进。

第三,裸刑均值本身会学习,可调节,既是科学决策的事实基础,又是一种理想的政策工具。由于裸刑均值是审判实际集中趋势的反映,而案件的审理又与犯罪现实密不可分,所以,所谓裸刑均值会学习,就是指它具有及时、灵敏地反映犯罪问题与刑事审判动态、分布的能力。犯罪轻重不等的时间或空间,犯罪原因本身的复杂性程度,社会对犯罪的容忍程度,犯罪加害被害双方关系的紧张程度,都可能落脚到法官的刑罚裁量中,因而,都可能通过裸刑均值的波动反映出来。进一步看,如果裸刑均值成为法官量刑的第三参照系,那么,用来计算裸刑均值的样本案例是可以控制的。最高司法当局可以根据需要,依照一定的法律程序增减样本案例,实现对裸刑均值的宏观调节,进而实现对各地各级审判活动的指导与影响。这样,用裸刑均值的变化贯彻或宽或严的政策导向,比行政命令规范,比法律法规灵活。从这个意义上说,裸刑均值是一种埋藏在大量审判实践中值得开发利用的法制资源,没有理由闲置或者浪费。

3.5 找到代表性案例:量刑参数研究

均值、中值、众值这些统计量本身并不能直接用于指导司法实践。对案件处理各方来说,更直观的还是某个能代表某种集中趋势的指导性案例。这就提出问题,怎样从大量真实案例中提炼出宽严程度合理且罪刑关系均衡的精品案例,又怎样从精品案例中提炼出多功能量刑参数用于规范、指导量刑实践?关于盗窃罪基本量刑参数的研究,是解答这个问题的一次探索。

参数就是可供参考的一组数据,盗窃罪的量刑参数就是基于盗窃罪精品案例库总结归纳出来的、反映盗窃罪量刑精品案例总体的各种特征值。参考某种犯罪的量刑参数进行刑罚裁量,可以使量刑活动更加接近该罪精品案例的刑罚裁量,从而提高量刑实践同案同判、执法统一的程度。

这项研究的原始样本是五万多个盗窃罪案例。我们将从这些原始样本中筛选出可供人们参照的精品案例,并从中提取相应的量刑参数。

首先,样本中同时符合"盗窃数额较大"、"无任何法定量刑情节的裸罪"、"判处有期徒刑"、"未适用缓刑"四个条件的样本有 10 375 个。我们将从这一万多个样本中寻找盗窃数额较大案件的最佳量刑参数。其中,数额较大、巨大还是特别巨大的判断以判决书认定的为准。而判决书又来自各地各级法院,因此,数额的大小反映了各地根据本地区实际情况所确定的盗窃罪数额标准。除去 12 个缺失样本以外,这组样本的有期徒刑均值为 366 天,约为 12 个月。[①] 中值即位于 50% 的位置上案例的实际值为 300 天,即 10 个月。众值即个案最多的实际值为 180 天,即 6 个月。而按照刑法第二百六十四条盗窃罪的规定,盗窃公私财物数额较大的,处三年以下有期徒刑。也就是说,其法定刑中线应该是 21 个月。显然,样本中的几个集中趋势值都大大低于法定刑中线。

观察样本还发现少量疑似违法加重的判决,即判决中数额认定为较大,但有期徒刑的适用超过了三年,又无说明任何加重处罚的理由。其中,判处有期徒刑 1 170 天(39 个月)的有一例,判处有期徒刑 1 260 天(42 个月)的有 11 例,判处有期徒刑 1 440 天(48 个月)的有 9 例,判处有期徒刑 1 620 天(54 个月)的有 3 例,判处有期徒刑 1 800 天(60 个月)的有 5 例,判处有期徒刑 2 160 天(72 个月)的有 2 例,判处有期徒刑 2 880 天(96 个月)的有 2 例,判处有期徒刑 3 240 天(108 个月)的有 1 例。

为了测量样本的罪刑均衡性程度,我们还计算了盗窃原始数额与有期徒刑刑期之间的斯皮尔曼等级相关系数。按照统计学原理,这个系数越接近 1,说明罪刑均衡性程度越高,也即以盗窃数额代表的犯罪严重性程度与以有期徒刑刑期为代表的刑罚严厉性程度之间的对应性较好。该系数越接近 0,说明罪刑均衡性程度越低,意味着刑罚的轻重与盗窃财物的多少无关。结果,10 375 个无任何法定量刑情节且盗窃数额较大且适用有期徒刑未适用缓刑案件中的罪刑之间等级相关系数为 0.531,该结果的显著值即 P 值为 0.000。这一方面说明,盗窃数额的大小对刑罚轻重具有显著影响,二者呈高度正相关关系,盗窃数额越大则刑期越长;另一方面也说明,从 0.531 到 1 之间还有较大的距离,罪刑均衡性程度还应该得到进一步提高。

可见,这组样本既反映了法官群体的实践理性,也暴露了部分问题和不足,因而提出了裁剪样本以寻找最佳量刑参数的要求。为了同时体现罪刑均衡和刑罚节制这两个要求,我们对这组样本做了如下裁剪处理:

第一步,删除明显违法裁量的案例,如上述判决书中认定盗窃数额较大但又

---

① 这个结果略高于此前笔者完成的一项调查中的结果,原因可能是,本次调查的样本来源不仅来自最高法院量刑规范化课题组,还包括了北京大学实证法务研究所提供的案例。另外,在前次调查中,将拘役的样本近似地计入监禁刑样本,而本次调查对这两种样本进行了区分。

判处三年以上有期徒刑的违法加重判决。

第二步，合法的案例不一定是精品案例。因此还需要对案例进行筛选和数据拟合。作为数额犯，盗窃数额显然是代表犯罪严重性程度的最基本指标。因此，我们对样本的原始盗窃数额做了排序处理，使每一个案例的数额按百分位的顺序归入唯一的秩次。这样，样本被按照数额大小分为10个组别。

第三步，用同样方法对样本的有期徒刑刑期进行排序处理。于是，样本又被重新按照刑期的长短分为另外10个组别。结果，每个样本同时获得了两个新的属性：在数额排序中的秩次，以及在刑期排序中的秩次。理论上，只有那些盗窃数额的秩次与刑期的秩次相等的案例，才符合罪刑均衡的要求，而刑期秩次大于或小于数额秩次的案例，不是量刑偏重就是偏轻。

第四步，用每个案例的刑期秩次减去其盗窃数额秩次，级差为零者为罪刑均衡的案例，级差为正数者为量刑相对偏重的案例，级差为负数者为量刑相对偏轻的案例。级差的绝对值越大，说明失衡的程度越大，级差的绝对值越小，说明失衡的程度越小。结果，从级差为−8到级差为9都出现一定比例的案例。其中，级差为−8者为这组样本中量刑最为偏轻的案例，级差为9者为这组样本中量刑最为偏重的案例。

第五步，进行数据拟合。我认为，所谓精品案例，应该同时符合两个条件。第一，在相对的意义上，精品案例库内的案例之间要实现重罪重判、轻罪轻判，罪刑均衡。按照这个要求，精品库内地案例要实现罪刑之间等级相关系数的最大化，尽可能接近于1。第二，相对均衡的一组案例不一定普遍合理，不排除普遍偏重或普遍偏轻的可能性。因此，还要在绝对的意义上使进入精品案例库的案例的平均量刑水平具有合理性。具体来说，就是使精品案例库内的刑期均值与法定刑中线保持一定的合理距离，体现刑罚裁量的节制。

事实上，这个过程的复杂程度超出了想象。理论上，有期徒刑秩次与盗窃数额秩次之差为零的案例，应该就是罪刑完全均衡的案例。样本中这类案例共有1 503个，刑期从180天到1 080天不等。但问题是，这组案例的刑期均值高达407天，约为13.6个月。由于这个407天就是这组样本的裸刑均值，如果将其作为盗窃数额较大案件的法定量刑情节从轻从重的相对基准，尽管明显低于法定刑中线，但还是有些偏重，不利于刑罚节制的导向。然而，另一个极端是，以最为偏轻的一组案例的裸刑均值为量刑基准，虽然有效降低了均值，但太大程度上牺牲了罪刑之间的均衡性。因此，需要重新拟合，找到均衡性与刑罚节制之间的最佳关系。具体做法就是一次次地尝试，偏轻判决和偏重判决的界限划在何处，才能最终找到既得到较低的裸刑均值又同时达到尽可能高的均衡系数的一组精品案例。

理论上,在级差-8到9之间,需要进行153次这样的实验。但是,由上述1 503个级差为零的案例的刑期均值偏高这一事实所决定,我们有理由尝试让相对较多的偏轻判决进入测算。反复实验后发现,当样本上限为级差等于0,即完全均衡的案件,且,下限为级差等于-5,即偏轻5级的案件时,处于这个范围内的样本共有4 117个。在这组样本中,反映均衡性水平的等级相关系数从裁剪前的0.531提高到0.856,p=0.000;反映宽严导向的刑期均值由366天降为326天有期徒刑;中值由300天降为240天,众值仍为180天,最大值由3 240天降为1 080天。至此,我们终于得到了既有较高均衡系数又有较低裸刑均值的一组样本。

经过以上科学筛选裁剪,可以认为,这4 117个案例就是盗窃数额较大且无任何法定量刑情节有期徒刑适用的精品案例。理论上,这些案例都属于不仅合法而且经过科学筛选的合理判决。但是,实现案例对量刑实践的指导,还要以这组案例为基础,提取出更加典型的精品案例及其相应的量刑参数方便人们参鉴。为此,我们从这4 117个精品案例中提取出以下几组精品案例。

第一组:当盗窃数额较大,

且无任何法定量刑情节,

且罪刑均衡,

且位于精品案例组有期徒刑平均值时,

则有期徒刑刑期为11个月,最为接近这组样本的裸刑均值,即326天有期徒刑。

这组案例共有12个,占这组精品案例总数的0.3%。从某种意义上说,这是最理想的12个黄金判决。按照刑法第264条的规定,盗窃数额较大的有期徒刑适用范围,在6—36个月之间。而这里的11个月有期徒刑代表着四千多个盗窃数额较大精品案例有期徒刑适用的集中趋势,同时也意味着,如果案件中出现了法定量刑情节,也应以11个月有期徒刑为基准,由此出发向上从重或向下从轻调整其刑罚。

第二组:当盗窃数额较大,

且无任何法定量刑情节,

且位于精品案例组有期徒刑平均值,

但刑量相对偏轻时,

则有期徒刑刑期仍为11个月。但其级差为-3或-4。就是说,与上述4 117个精品案例中其他案例相比,这组案例的刑期秩次,在允许范围内小于其盗窃数额的秩次。

这组案例共有 14 个,占这组精品案例总数的 0.3%。与前一组案例不同的是,作为法定量刑情节适用的参照物,这组案例从轻的空间已经不大。原因是这组案例的实际盗窃数额明显大于上一组案件的盗窃数额,而刑期相等已经意味着偏轻。当然,这个程度上的偏轻,尚不足以影响等级相关系数 0.856 的成立。也正是从这个意义上说,当盗窃数额达到八、九千元时,在 11 个月左右决定其刑罚,仍然属于罪刑均衡的裁量。

第三组:当盗窃数额较大,
且无任何法定量刑情节,
且位于有期徒刑法定幅度最低限,
且罪刑均衡时,
则有期徒刑刑期为 6 个月。

这组案例的刑期之所以大大低于裸刑均值,是因为其盗窃的实际数额平均不到 1 500 元。也就是说,这组案例的盗窃数额在精品案例组中的相对秩次与其刑期秩次相等,是罪刑均衡的一组案例。可见,我们强调 11 个月为盗窃数额较大案件的裸刑均值,并不等于说只要构成数额较大就一定在 11 个月左右决定刑罚。距离裸刑均值多远决定刑罚,还要看构成数额较大的实际数额到底是多少。从这组案例的情况来看,只要实际数额不足 1 500 元,又没有适用拘役、管制的根据时,就可以考虑适用最低有期徒刑。这组案例有 389 个,占 4 117 个精品案例的 9.4%,也是这组案例的众值,即精品案例中最大的一组。其地域分布为:东部地区最多,约占 32.6%;西部地区其次,约占 29.8%;中部地区再次,约占 27.2%;东北地区最少,约占 9.8%。

第四组:当盗窃数额较大,
且无任何法定量刑情节,
且位于有期徒刑法定幅度最低限,
且刑量相对偏轻时,
则有期徒刑刑期仍为 6 个月。但盗窃数额平均 4 895 元,其盗窃数额秩次大于刑期秩次,在允许范围内量刑相对偏轻。

可以看出,作为法定量刑情节适用的参照物,这组案例在有期徒刑范围内已经没有从轻的空间了。原因也是这组案例的实际盗窃数额在精品案例组中的排序秩次并非最低,这时即使刑期最低也还是属于偏轻。当然,这个程度上的偏轻也不影响等级相关系数 0.856 的成立。因此,这组罪刑关系在广义上仍然是均衡的。这组案例有 93 个,占 4 117 个精品案例的 2.3%。其地域分布为,东部地

区最多,约占 71％,中部地区其次,约占 23.7％,而西部仅有 4 例,东北仅有 1 例。例如:

> 第五组:当盗窃数额较大,
> 　　　　且无任何法定量刑情节,
> 　　　　且位于精品案例组有期徒刑中值,
> 　　　　且罪刑均衡时,
> 　　　　则有期徒刑刑期为 8 个月,盗窃数额平均 2 400 元。

在这组案例中,刑期中值低于均值。作为量刑集中趋势的一个代表值,也具有一定的参考作用。8 个月是盗窃数额较大案例中刑罚轻重位于 50％的案例的刑期,在其上下各有一半的案例。而且,这组案例的盗窃数额平均 2 400 元,其刑期秩次与盗窃数额秩次相等,是罪刑均衡的一组案例。这组案例有 128 个,占 4 117 个精品案例的 3.1％。其地域分布为,东部和中部各占 39.1％,西部地区其次,约占 14.8％,东北地区最少,约占 6.2。

> 第六组:当盗窃数额较大,
> 　　　　且无任何法定量刑情节,
> 　　　　且位于精品案例组有期徒刑中值,
> 　　　　但量刑偏轻时,
> 　　　　则有期徒刑刑期为 8 个月,盗窃数额平均约 8 000 元。

这组案例的有期徒刑均为 8 个月,是盗窃数额较大案例中刑罚轻重位于 50％的案例的刑期。但是,这组案例的盗窃数额平均 8 249 元,其刑期秩次低于盗窃数额秩次,是罪刑关系偏轻的一组案例。与前一组案例相比,即使出现法定从轻情节,这种情况已经没有太大的从轻空间了。这组案例有 24 个,只占 4 117 个精品案例的 0.6％,有 20 个都分布在东部地区。

> 第七组:当盗窃数额较大,
> 　　　　且无任何法定量刑情节,
> 　　　　且位于法定刑上限,
> 　　　　且罪刑均衡时,
> 　　　　则有期徒刑刑期为 36 个月,盗窃数额平均 19 000 余元。

这组案例的有期徒刑均为 36 个月,是盗窃数额较大案例中在法定刑幅度内顶格裁量的案例。尽管这组案例的盗窃数额平均 19 456 元,但其刑期秩次与盗窃数额秩次相等,是罪刑均衡的一组案例。这组案例有 31 个,占 4 117 个精品案例的 0.8%。大部分分布在东部和中部地区。

运用这种方法,还可以对盗窃数额巨大以及特别巨大的案件进行筛选,找出指导性案例。应该承认,盗窃罪只是财产犯罪的一种典型形式,与暴力犯罪以及其他一些犯罪有所不同。从这个意义上说,暴力的、非财产性的犯罪的量刑参数,还需另外专门研究。不过,我们还是相信,除盗窃以外,诸如贪污、受贿、挪用、侵占、各类诈骗、侵犯知识产权、走私、伪劣产品等许多犯罪,都可以参照上述方法制定适合本罪的量刑参数。为此,有必要专门讨论一下量刑参数的几个理论问题。

1. 量刑参数与法律的关系:远离量刑参数的判决仍可能合法,但增大了同案异判的风险,扩大了量刑的离散性程度。

根据本文开篇对盗窃罪量刑参数的界定,所谓量刑参数应该是指精品案例刑罚裁量的特征值。坦白地说,我们制作量刑参数的主要目的就是希望用量刑参数规范量刑实践。如果大体相似的案情都能围绕一定量刑参数进行刑罚裁量,案件之间的法律后果将不会有太大的差别。但是,量刑参数毕竟不是量刑的相关法律规定。尽管两者都是刑罚裁量的根据,仍有明显的不同:法律规定是人为制定的量刑根据,是立法者主观意志、价值取向和特殊利益的主观反映;而量刑参数是从真实案例中归纳提炼出来的,是司法者量刑实践的客观反映。这里的要点是,量刑参数只能尽可能体现人们的主观意愿,但不是任意指定的数值,它只是一组真实案例某些集中趋势值的客观反映。所以,不按照有关法律规定进行刑罚裁量意味着违法量刑,而远离量刑参数进行刑罚裁量则意味着同案异判,意味着放弃大多数法官的集体选择。

2. 量刑参数与原始案例的关系:量刑参数来自日常司法实践,但又高于日常司法实践。

作为精品案例的特征值,量刑参数应该是从更大规模的原始案例中提炼出来供量刑参考的数据。我们承认,量刑参数设计的基本思想是,用实践规范实践,用法官职业群体的普遍实践,指导具体法官的具体量刑实践。换句话说,刑罚裁量不仅要合理、合法,还要合群。所谓合群就是个别服从一般,具体裁判与法官职业共同体中公认的职业行为保持一致。也许,这正是司法保守性的一种体现。然而,用实践规范实践,并不是简单的随大流,不是单纯的少数服从多数,不是对案件唯一性的否认。我们所说的用实践规范实践,是指用精英法官的精品裁判,去规范、引导更大规模的法官群体的量刑实践。这样,才能借助精品裁判贯彻一定的政策理念、彰显一定的价值导向,才能理性地组织司法资源回应社会生活。从这个意义上说,量刑参数来自日常司法实践,但又高于日常司法实践。一方面，如果不是源于日常司法实践，不是源自法官群体的职业行为，其他法官为什么要参照量刑参数进行刑罚裁量？有时，来自横向的同类实践，比来自纵向的指令性规范，能更有效地影响法官的思维。但另一方面，精品案例的筛选过程，实际上是一个再加工的过程。借助这个过程，人们可以表达法律条文本身所无法表达的东西。所以，量刑参数不是一般意义上的案件统计信息，而是蕴含着某种司法理念的量化指标。这些指标的确定，首先要看量刑的平均水平与法定刑中线之间的关系是否合理，是否体现刑罚资源的节制投入。其次，还要看犯罪的严重性程度与刑罚的严厉性水平之间的关系是否均衡，是否符合轻罪轻判重罪重罚的原则。最后，还要看是否给法官的自由裁量权的行使留足了空间，以便量刑活动能够充分反映不同地区、不同诱因、不同案情的具体情况。

3. 量刑参数与未然判决的关系：根据量刑参数进行刑罚裁量，不能保证量刑的公正性水平高到哪里，但能保证其公正性水平不至于低过一定底线。

在统计学上，均值相等的两组数据，其离散水平可能不同。三个三年有期徒刑的均值是三年，而三个刑期分别是一年、三年、五年，其均值还是三年有期徒刑，三个有期徒刑分别是两年、三年、四年，其均值还是三年有期徒刑。我们不能要求所有判决都等于三年，也就是都等于均值。但我们知道，2、3、4的分布，比1、3、5的分布要好一些。因为前者比后者更接近均值，集中趋势更明显，离散趋势相对较小。用我们习惯的表述来说就是，前者更接近同案同判的要求，后者有更大的概率被指同案异罚。量刑参数的基本计量属性就是精品案例库各种水平上的均值，用这些均值去规范量刑活动，并不要求所有裁判都与量刑参数相等，但要求具体的量刑活动尽可能接近量刑参数，尽可能围绕在量刑参数左右。越多的判决靠近量刑参数，整体上看，整个审判实践的集中趋势就越明显，离散趋势就越小。换句话说，就是同案同判率越来越高，同案异判率越来越低。

说到这里，一个自然的追问可能是，刑期的集中与离散，怎么好直接代表同案是否同判？就拿盗窃来说，两个判决的刑期相等，但盗窃数额相差几倍，其实也是一种意义上的同案异判。或者反过来说，一个远离裸刑均值的顶格量刑，也许恰恰是一个罪刑均衡的判决。总之，不能脱离特定的罪刑关系，仅仅从刑期本身的集中趋势大小来衡量刑罚裁量的公正性水平。

应该说，这是一个很到位的问题，它将把我们重新带回上文讨论的一系列盗窃罪的量刑参数。从这些参数可以看出，我们的量刑参数不仅仅是各段位的刑期均值，而是同时控制了刑期均值与法定刑中线的关系及犯罪数额与刑期之间的等级相关性程度。这种控制的结果，就是使法定刑平均水平和罪刑关系系数都达到了尽可能理想的程度。尽管随着司法实践普遍水平的提高,我们拿来进行分析的样本基础数据越来越好,这些参数可能朝着更好的方向变化。但在当下,我们不能揠苗助长,而只能根据现有的样本提炼量刑参数。

既然是同时控制了刑期的绝对水平又控制了刑期相对犯罪事实的相对水平,那么,要求具体案件审理尽可能接近量刑参数,就不仅仅是刑期之间的比对,还包括了罪刑关系的综合对照。事实上,一个从事实际操作的法官,不可能撇开案情、数额、犯罪事实去追求与量刑参数之间的绝对一致性。这也反过来说明,以往,推行量刑规范化改革之前,人们所缺的不是某个或某些刑期起点,不论这个起点是中值还是均值,更不论它是法定刑上限还是下限。人们所缺的是罪刑之间的某种相对确定的关系,也即,与何种案情相应的何等刑罚裁量。而我们研究的量刑参数,正是这种罪刑关系的多段位量化表现。它指示的不只是刑期的轻重,更是精品案例库中,何种案情下的刑期是多重。所以,如果我们的量刑参数来自大规模的量刑实践,并凝结着筛选精品案例时所注入的正确价值导向和司法理念,那么,用它来规范、指导更大规模的量刑活动,能否完全做到所谓司法公正不得而知,但我们至少知道,其结果是可控的,不会过分离谱。

3.6 分类汇总

有时,我们不仅需要比较不同组别的均值,还需要将多个组按某方面的平均水平进行排序处理。比如,我们有来自50个地区的中级法院审理的500个贪污罪案例,据此建立的数据库自然是以案件为分析单位,至少有"地区"、"犯罪金额"两个变量。地区是定类变量,而犯罪金额则是定距变量。运行均值过程后,便可方便地得到500个案件的平均犯罪金额以及各个地区的贪污案件平均犯罪金额。但是,我们无法一眼看出这50个地区的平均犯罪金额的相对位置,更无法用直观的图表方式表达这种排序。而分类汇总过程就可以方便地完成这一分析。现在我们以SPSS系统自带的一个数据库"1991年美国总体社会调查"为例,说明分类汇总的调用过程:

● 打开"1991年美国总体社会调查"(1991 U. S. General Social Survey.sav)以后我们看到,有受教育年限(educ)和年龄(age)两个变量。

● 调用均值过程后,将受教育年限设为因变量,将年龄设为自变量,确定后得到结果如表3.6.1所示:

表 3.6.1 Report

Highest Year of School Completed

Age of Respondent	Mean	N	Std. Deviation
18	11.00	3	1.000
19	10.78	9	.972
20	11.39	18	1.819
21	12.97	38	1.197
22	13.00	35	2.128
23	13.46	28	2.396
24	12.96	24	2.177
……	……	……	……
87	11.50	4	4.123
88	12.50	2	.707
89	10.13	8	5.515
Total	12.88	1508	2.985

从表 3.6.1 中我们看到,每个年龄段的平均受教育年限清楚地列在表中。但是,我们却无法从中直观到年龄与受教育年限之间的关系。为回答这个问题,除了可以进行后面将介绍的相关分析以外,就要调用分类汇总过程。

图 3.6.1 分类汇总对话框

● 按照 Data→Aggregate(数据→分类汇总)的顺序点击,打开分类汇总对话框,并将年龄选入分组变量(Break Variable),分组变量可以是数字或字符串格式。然后将受教育年限选入分类汇总变量(Aggregate Variable)。注意,分类汇总函数的源变量必须是数字。即使是像地区这样的字符型变量,也要将其转换成数值型变量,尽管这时的数值并不具有量的意义而只是代码。然后在对话框的左下角选择建立一个新的数据文件(Create new data file),如图 3.6.1 所示。

● 确定后一个新的数据文件出现在你的文件夹里,其中,分析单位就是年龄,每个年龄段的平均受教育年限是一个新生成的变量。

● 按照 Date→Sort Cases(数据→数据排序)的顺序单击,选择升序还是降序后便可将受教育年限进行排序处理。

● 按照 Graphs→Line(图表→线图)的顺序单击,打开线图对话框如图 3.6.2 所示。

● 如图选择后单击 Define 按钮,打开 Define Simple Line:Values of

individual cases 对话框,将变量源中的受教育年限选入 Line Represents 框,将年龄选入 Category Labels 中的 Variable 框,如图 3.6.3 所示。

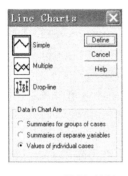

图 3.6.2 线图对话框

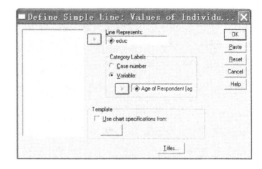

图 3.6.3 均值排序线图对话框

● 单击 OK 按钮后便得到不同年龄段人群的受教育年限均值排序的线图,如图 3.6.4 所示。

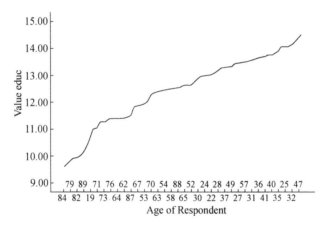

图 3.6.4 受教育年限均值排序

利用此法,还可以解决许多问题。如不同地区某类犯罪金额的均值排序,可以显示此类犯罪的危害性程度,再如多种类型案件从案发到查处的平均天数排序,可以显示不同类型案件的查处速度、难度等。

3.7 时间差:案件持续时间

每个法律事件都可能有多个时间变量,如行为时间、案发时间、起诉时间、定罪时间、入狱时间、出狱时间、首犯时间、再犯时间、立案时间、结案时间等。从法律适用的角度看，这些时点之间的距离往往反映了执法的效率、司法反应的速度、案件影响的持续时间。一般而言，违法行为时间与案发时间之间、立案时间与结案时间之间、首犯时间与再犯时间之间的间隔越小，说明执法效率越高，反应速度越快。因此，我们需要计算每个样本的某个时点与另一个时点之差。应该说，这并不是一件难事，只要两个时点相减即可。但是，如果手动计算时间差，样本不大还可以，如果样本成百上千甚至更大，手动计算不仅费时费力还很容易出错。为此，可以利用 SPSS 提供 Transform→Compute（转换→计算）功能，很方便地完成这一操作。

具体来说，从司法机关的角度看，案件发现越及时，打击犯罪的效率越高；从资金安全的角度看，违法案件持续的时间越短，资金损失的可能性就越小。这里所谓案件的持续性，是指行为人开始实施违法犯罪案件到案发所持续的时间长短。为此，我们通过计算作案时间到案发时间之间的天数，来观察案件的持续性。从这个角度上，我们可以观察到以下几个事实。

3.7.1 案件平均持续天数

操作步骤：

● 按 Transform→Compute（转换→计算）的顺序单击，弹出 Compute Variable（计算变量）对话框。

● 在对话框左上角 Target Variable（目标变量）中填入所要生成的新变量的名字，本例中写入"持续性"。

● 在对话框右上角的 Numeric Expression（数字表达式）中填写目标变量的关系式。方法是在右下角的 Functions（函数）中找出 CTIME.DAYS(timevalue)选入上面的数字表达式中，将"案发时间"选入后面的括弧内。再次找出 CTIME.DAYS(timevalue)选入上面的数字表达式中，将"作案时间"选入后面的括弧内。然后从下面的逻辑符号中找出减号写入两者之间。[①] 如图 3.7.1.1 所示。

● 确定后数据表中便出现一个新的变量及每个案件的持续时间。据此，我们可以通过运行描述统计中的频率分析过程得到表 3.7.1.1 显示的内容：对全部样本而言，平均 913 天发现一起犯罪，在排序中处于 50％的案件也要 804 天，这不能不说，案件的持续时间较长。

---

① CTIME.DAYS(timevalue)表示 timevalue 距离 SPSS 系统设定的基线日期的累计天数，CTIME.DAYS(案发时间)－CTIME.DAYS(作案时间)就可以表明犯罪从作案后到被发现之间的时间长度，以天为数量单位。

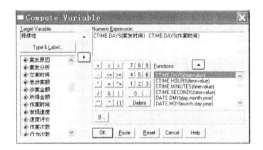

图 3.7.1.1 时间差计算对话框

表 3.7.1.1 发现速度

N	有效	378
	缺失	2
均值		913.00
中值		804.00
众数		324[a]
极小值		3
极大值		3257[b]

a. 存在多个众数。显示最小值

b. 只有一个案件

3.7.2 案件持续性的地区比较

利用前面运行"计算"过程所获结果,我们可以展开许多分析。从表 3.7.2.1 中的数据可见,A 省、B 省两地的案件持续性程度存在一定差别,B 省方面的案件持续时间相对较长。需要说明的是,以下所谓"相对较短"或者"相对较长"都是同一分析中不同组别样本在案件持续性上相比较而言的长与短。

表 3.7.2.1 不同地区的发现速度

地区	均值	评价
B 省	1126.02	相对较长
A 省	874.46	相对较短
总计	913.06	

3.7.3 案件持续性的部门比较

除了地区以外,案件发生的不同部位之间案件持续时间的比较也很有意义,可以为预防工作提供一些规律性认识。从表3.7.3.1中可见,厂矿企事业单位的案件持续时间最长,国土移民部门的案件持续时间也较长,应当是司法机关关注的重点。

表3.7.3.1 不同部门的发现速度

部门分类	均值	评价
村乡镇	879.85	相对较短
厂矿企事业	978.23	相对最长
国土移民部门	922.67	相对较长
其他党政机关	813.93	相对最短
总计	913.06	

迟来的惩戒是低效的惩戒。上述案件持续性的实证分析,对"高暗数犯罪"的预防和控制具有特殊意义。哪个环节的案件最容易持续较长？哪些案件可能较早及时发现？这些规律性认识可以帮助我们充分利用司法资源,在第一时间内及时控制资金损失的规模,将犯罪可能造成的损失降低到尽可能的范围内。

第 4 章

法律分析
>>>

4.1 变量层次：从定性到定量
4.2 交互分析：实证分析的"AK47"
4.3 罪名体系的量化组合
4.4 罪刑关系的全景量化
4.5 生命刑法：视而不见的法律信息
4.6 法社会学：立法者听谁的？
4.7 详析分析：用交互分析的升级版解读婚姻成败

所谓法律分析,就是采用统计分析方法发现、透视大量立法活动、法律条文、法律法规文本之间客观存在又无法直接感知到的关系、规律以及法律与外部社会因素之间的关系。根据这个概念,法律分析有以下几个基本要素:

- 对象是大量立法活动、法律条文、法律法规文本。既不是某一两条法律规则,也不是大量司法案例。
- 问题是这组法律规则与那组法律规则之间、法律规则与社会环境之间有哪些肉眼看不见的关系、规律?怎样描述、解释这些关系和规律?
- 方法是双变量分析或多变量分析等数据挖掘手段。既不是纯定性解释、抽象思辨等非经验研究,也不限于百分比、均值等单变量统计描述。
- 形式是不同法律文本之间、法律文本与社会因素之间量化关系的发现、展示和解释。

4.1 变量层次:从定性到定量

对法律实证研究的常见质疑之一是,包括法律现象在内的人文社科信息是不可量化的。但是,如果我们知道人文社科信息其实可以按其变量层次的不同进行类型化处理,那么,也许会放弃这种质疑。

按照所含信息量的大小,变量可以分为四个层次:定类变量、定序变量、定距变量、定比变量。

- 定类变量就是只有品质之别而无大小之分的变量,如性别分为男女,职业分为法官、医生、教授,犯罪分为暴力犯罪、财产犯罪、性犯罪等。
- 定序变量就是具有大小高低不同取值的变量,如文化程度分为文盲、小学、中学、大学,满意程度分为很不满意、不满意、满意、很满意,犯罪分为轻罪、重罪,刑种分为生命刑、自由刑、财产刑等。
- 定距变量就是各个取值之间的距离是有实际意义的变量,如智商不同分数之间的距离。
- 定比变量就是取值中具有实际零点的变量,如年龄、身高、收入、体重等。

从表 4.1.1 中可以看出,当这四种变量作为测量尺度对社会现象进行测量时,它们在包含的信息量以及允许的数学运算方面都有所不同。

表 4.1.1　测量尺度的比较[①]

尺度	特征	数字性质	平均量度值	统计检验
定类尺度	相互排斥且可辨别的类别	$=,\neq$	众数	X^2
定序尺度	等级顺序大于或小于	$>,<$	中位数	符号秩检验
定距尺度	尺度上的单位具有相等意义	$+,-$	算术平均数	t 检验，F 检验
定比尺度	有一个真正意义的零点	$+,-,\times,\div$	几何平均数	t 检验，F 检验

应当说明，尽管变量的层次越高所含信息量就越大，但是，在对包括法律现象在内的社会现象的研究中，绝大多数变量都只能是定类变量或者定序变量。而且，一定变量层次的测量与一定分析方法的选用相对应。但对高层次变量的分析方法可用来分析低层次的变量，反之则不行。具体看，法律现象的实证分析往往在以下几种关系中进行：

● 定类变量—定类变量之间。比如，当犯罪事件本身和犯罪控制手段都是定类变量时，将犯罪事件分为人身犯罪和财产犯罪以后，按照刑罚的性质将刑罚分为财产刑和非财产刑两类。于是，便可以对这对关系进行实证分析，看看犯罪对象因素对财产刑的适用与否有无影响。对定类变量—定类变量之间的关系进行测量，可选用的分析方法通常是 Lambda 和 Tau-y 两种相关系数分析。[②]

● 定序变量—定序变量之间。比如，重新犯罪可以按照次数的不同分为再犯一次、再犯两次、再犯三次、再犯四次、再犯五次、再犯六次、再犯七次以上几种，这里的自变量重新犯罪就是个定序变量。同时，作为因变量的刑罚反映也可以按照其严厉性程度分为较轻、中等、较重等不同等级，同样属于定序变量。这样，我们便可以测量刑罚的轻重与再犯次数之间的等级相关。对定序变量—定序变量之间的关系的测量，可选用的分析手段通常是 Gamma 系数、d_{yx} 系数和斯皮尔曼等级相关系数分析。[③]

● 定距变量—定距变量之间。比如，对于不同地区犯罪轻重评价等级与这些地区刑罚威慑效果评价之间的关系，或者对于犯罪所得数额和犯罪损失数额之间的关系，都可以测量其相关关系。对定距变量—定距变量之间的关系的测量，可选用的分析方式通常是皮尔逊相关系数分析。[④]

● 定类变量—定距变量之间。比如，是否再犯与刑罚轻重综合评价等级之间的关系、是否为黑社会犯罪与报案率之间的关系等，其程度和方向都可以在实

---

① 袁方：《社会研究方法教程》，北京大学出版社，1997 年 2 月版，第 172 页。
② 袁方：《社会研究方法教程》，北京大学出版社，1997 年 2 月版，第 471 页。
③ 袁方：《社会研究方法教程》，北京大学出版社，1997 年 2 月版，第 472 页。
④ 袁方：《社会研究方法教程》，北京大学出版社，1997 年 2 月版，第 476 页。

证分析中得到显现。对定类变量—定距变量之间的关系的测量,可选用的分析方式通常为 eta 相关系数分析。[①]

● 定类变量—定序变量之间。比如,是否适用死刑与公众对司法满意程度评价之间的关系,就是个定类对定序的关系,其相关的程度和方向也可以进行实证分析。对定类变量—定序变量之间的关系的测量,可选用的分析手段通常是 θ 系数、λ 系数和 τ_y 系数分析。[②]

● 定序变量—定距变量之间。比如,贪污犯罪人的职务级别与刑期之间的关系,就是个定序变量对定距变量的关系。对定序变量—定距变量之间的关系的测量,通常是将定序变量视为定类变量,或者将定序变量视为定距变量,然后采用相应分析手段进行分析。[③]

除了层次上的不同以外,变量还可以按照在命题陈述中的作用,分为自变量与因变量。自变量就是指关系中独立变化的、通常用来解释因变量变化的变量。因变量就是指依自变量变化而变化的变量。比如,罪为因,刑为果,刑因罪而变,轻罪轻罚重罪重罚。其中,罪的轻重就是解释刑罚轻重的自变量,刑罚严厉程度就是因犯罪严重程度而改变的因变量。

此外,还可以根据变量值的性质不同,将变量分为连续变量和分隔变量。[④]连续变量的值之间的差异表现在程度上,变量值可以标在一个线段上,变量值可以是一个连续线段中的任何一个位置。比如,年龄、收入、涉案金额、刑期等,都是连续变量。分隔变量的值之间的差异表现在类别上,每个值就是一个类别。性别、职业、是否再犯、是否死刑等,都是二分的分隔变量。

4.2 交互分析:实证分析的"AK47"

AK47 是产自原苏联的突击步枪,也是世界最著名的突击步枪。由于其坚固、简单、耐用,成为世界各国士兵最喜爱的步枪。实证分析方法的装备库中,也有一支"AK47",这就是交互分析。

在法学等社会科学研究中,像金额、分数、年龄这些数值型变量不多,许多变量都是是否犯罪、是否赞成某个态度等二分的定类变量,还有些是职业、地区、犯罪类型这样的多元定类变量,顶多还有一些像文化程度、刑种这样的定序变量。对这些

[①] 袁方:《社会研究方法教程》,北京大学出版社,1997 年 2 月版,第 477 页。
[②] 袁方:《社会研究方法教程》,北京大学出版社,1997 年 2 月版,第 477 页。
[③] 袁方:《社会研究方法教程》,北京大学出版社,1997 年 2 月版,第 477 页。
[④] 唐盛明:《社会科学研究方法新解》,上海社会科学院出版社,2003 年 9 月版,第 24 页。

非数值型变量而言,就很难直接进行均值比较、相关分析、回归分析等量化分析。而且,社会科学研究往往需要观察两个甚至两个以上的现象之间的关系,而不能仅仅依靠单变量分析。因此,社会科学必须找到一种对量化程度要求不高的双变量乃至多变量分析手段,而交互分析就是这样一种统计分析手段。

交互分析又称列联表分析、交叉分析(Crosstabs,Crosstabulation),是 SPSS 的一个基本分析过程,也是在社会现象研究中最常用的分析方式之一。在 SPSS 界面上,按照 Analyze→Descriptive Statistics→Crosstabs 的顺序单击,即可打开交互分析的对话框。下面,我们按其功能的不同从几个方面具体介绍交互分析在法律现象研究中的运用。

4.2.1 解释与预测

当我们说"吸烟者中有 40% 的人得了肺癌,不吸烟者中只有 15% 的人得了肺癌"时,或者说"生活在问题家庭中的少年有 30% 成为罪犯,生活在其他家庭的少年只有 8% 成为罪犯"时,就是在说,吸烟比不吸烟有更高的概率患癌症,问题家庭有更高的机会产生问题少年。这里,我们并没有说,吸烟或者问题家庭是肺癌或者少年犯罪的原因,肺癌或者少年犯罪只是吸烟或者问题家庭的结果。因为我们可能并没有真正弄清肺癌或者少年犯罪的产生过程,没有弄清这个因果链条中的每个细节。但是,我们还是相信,要想不得肺癌,还是别抽烟了,预防少年犯罪就要为他们创造一个良好的家庭环境。这个判断中就隐含着一个规律性认识:通过有无吸烟来解释肺癌进而预测得肺癌的结果,根据家庭状况解释进而预测少年犯罪的出现,有较小的可能性预测失败。根据现代科学哲学理论,事物之间确定不移的因果关系其实并不多见,大量的关系都是概率大小不同的相互关系。只要弄清哪个居先的现象之后,需要解释的现象出现的概率较大,而另一个居先的现象之后需要解释的现象出现的概率较小,就是很有意义的发现了。用交互分析法对现象进行解释和预测,就体现了这个研究思路。

例如,在法律实证分析中我们常常碰到这样一些问题:
- 某类案件的发生与何种因素的影响有关?
- 犯罪不犯罪、违法不违法的可能性在何种情况下表现出显著差异?
- 某种法律现象的出现概率何时比较大,何时比较小?
- 怎样预测胜诉(败诉)机会的大小?
- 是否适用死刑与社会治安状况之间有无明显的联动关系?
……总之:如果怎样,则会怎样?

概率比较为解决这类问题提供了一个很好用的分析框架。现在我们用一个虚拟的数据库,即“婚姻失败因素分析”来说明交互分析的调用过程。

● 打开“婚姻成败因素分析”文件后我们看到文件界面如图 4.2.1.1 所示,共有 94 个被调查者,其中,婚姻失败的占 48.9%,成功的占 51.1%。我们希望解答的问题是,婚姻失败与何种因素有关,于是把婚姻失败设定为因变量。

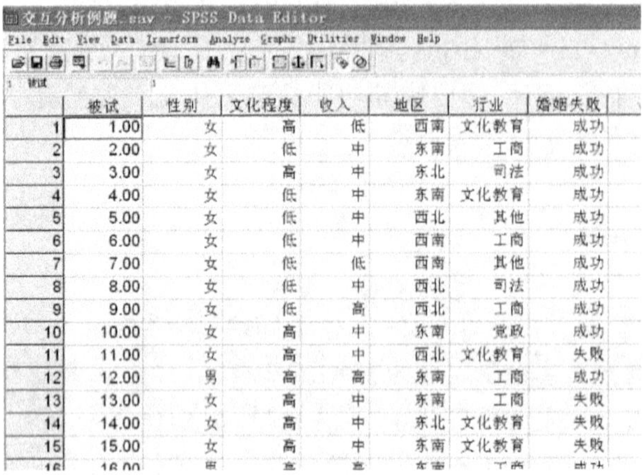

	被试	性别	文化程度	收入	地区	行业	婚姻失败
1	1.00	女	高	低	西南	文化教育	成功
2	2.00	女	低	中	东南	工商	成功
3	3.00	女	高	中	东北	司法	成功
4	4.00	女	低	中	东南	文化教育	成功
5	5.00	女	低	中	西北	其他	成功
6	6.00	女	低	中	西南	工商	成功
7	7.00	女	低	低	西南	其他	成功
8	8.00	女	低	中	西北	司法	成功
9	9.00	女	低	高	西北	工商	成功
10	10.00	女	高	中	东南	党政	成功
11	11.00	女	高	中	西北	文化教育	失败
12	12.00	男	高	高	东南	工商	成功
13	13.00	女	高	中	东南	工商	失败
14	14.00	女	高	中	东北	文化教育	失败
15	15.00	女	高	中	东南	文化教育	失败

图 4.2.1.1 交互分析数据表

● 按照 Analyze→Descriptive Statistics→Crosstabs 的顺序单击,打开交互分析的对话框如图 4.2.1.2 所示。从变量源中将需要解释的因变量选入右上角的 Row(行变量)框,将可能用来解释因变量的任何一个变量作为自变量选入 Column(列变量)框,本例中可以尝试将文化程度作为自变量选入 Column 框。

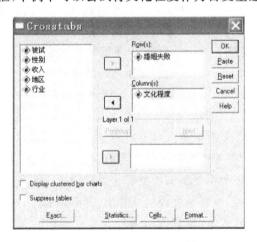

图 4.2.1.2 交互分析对话框

- 单击 Statistics 按钮，打开统计量对话框。如果仅仅是进行概率比较，则不必进行其他选择，但无论进行何种分析都一定要点击 Chi-square（卡方值），如图 4.2.1.3 所示。因为交互分析的零假设是选入的两变量之间相互独立，当 P 值小于 0.05 时才能推翻零假设，认为自变量对因变量构成影响的原假设成立。否则，如果 P 值大于 0.05，则零假设成立，两变量之间无相依关系，无法用自变量的变化解释因变量的变化。

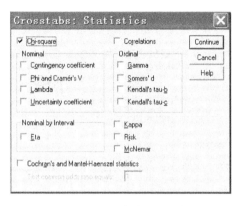

图 4.2.1.3　统计量对话框

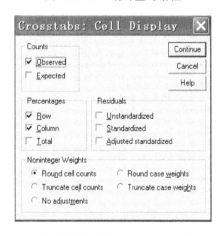

图 4.2.1.4　单元格显示对话框

- 单击 Continue 按钮，回到交互分析主对话框，单击 Cell 按钮打开 Cell Display 对话框。一般而言，只需选择 Percentages（百分比）栏中的 Row 和 Column 即可，如图 4.2.1.4 所示。选中 Row 框，系统将会在结果中输出单元格中观测量的数目占整行全部观测量数目的百分比。选中 Column 框，系统将会在结果中输出单元格中观测量的数目占整列全部观测量数目的百分比。

- 单击 Continue 按钮,回到交互分析主对话框,单击 OK 即可看到输出结果如表 4.2.1.1、表 4.2.1.2、表 4.2.1.3 所示:

表 4.2.1.1　　Case Processing Summary

	Cases					
	Valid		Missing		Total	
	N	Percent	N	percent	N	Percent
婚姻失败・文化程度	94	100.0%	0	.0%	94	100.0%

表 4.2.1.2　　婚姻失败・文化程度 Crosstabulation

			文化程度		Total
			低	高	
婚姻失败	失败	Count	25	21	46
		%within 婚姻失败	54.3%	45.7%	100.0%
		%within 文化程度	39.7%	67.7%	48.9%
	成功	Count	38	10	48
		%within 婚姻失败	79.2%	20.8%	100.0%
		%within 文化程度	60.3%	32.3%	51.1%
Total		Count	63	31	94
		%within 婚姻失败	67.0%	33.0%	100.0%
		%within 文化程度	100.0%	100.0%	100.0%

表 4.2.1.3　　检验结果表

	Value	df	Asymp. Sig. (2-sided)	Exact Sig. (2-sided)	Exact Sig. (1-sided)
Pearson Chi-Square	6.546[b]	1	.011		
Continuity Correction[a]	5.471	1	.019		
Likelihood Ratio	6.649	1	.010		
Fisher's Exact Test				.015	.009
Linear-by-Linear Association	6.477	1	.011		
N of Valid Cases	94				

a. Computed only for a 2×2 table

b. 0 cells (.0%) have expected count less than 5. The minimum expected count is 15.17.

其中,表 4.2.1.1 是统计摘要表,列出了观测量的有效个数、缺失值个数、总个数及百分比。

表 4.2.1.2 是系统给出的一个 2×2 的列联表,表中的信息是交互分析最重要的结果。首先比较列百分比,即文化程度不同的情况下婚姻失败的概率。可以看出,如果文化程度较高,婚姻失败的可能性为 67.7%,相比而言,如果文化程度较低,则婚姻失败的可能性为 39.7%。因此,文化程度较高者婚姻失败的概率较大,前者的婚姻失败率不到后者的两倍。这就是两者关系的一个量化描述。

当然,我们也注意到,在婚姻失败的个案中,有 54.3% 来自低文化组,说明文化较低解释了大部分婚姻失败的结果。这似乎与列百分比的比较结果之间形成矛盾——到底是文化程度较高更可能婚姻失败还是文化程度较低更可能婚姻失败呢?其实,仔细观察表的最下一行便可发现,在所有被调查者中,文化程度较低者占了 67%,而文化程度较高者才占三分之一。这就是不论婚姻失败还是成功低文化者都占据多数的原因,这同时说明,低文化者占多数与高文化者比较容易婚姻失败之间并不矛盾。

表 4.2.1.3 中最重要的值是 Pearson Chi-Square(皮尔逊卡方)的 Asymp. Sig.(显著值)。本例中的显著值为 0.011,小于 0.05,应否定零假设而承认文化程度的高低的确对婚姻的成败具有显著影响。如果文化程度较高者婚姻失败的少于表中的 21 个,或者,文化程度较低者婚姻失败的多于表中的 25 个,P 值就可能大于 0.05 了,那么便不能得出两者之间存在相关关系的结论。

当然,在报告研究结果时没必要将 3 个表格都放到论文里,能用语句表达的就不用表格,只是表 4.2.1.2 作为交互分析的核心结果含有丰富的信息量,有时可以编辑成三线图的形式直接提供给读者供其自己观察。

4.2.2 相关程度

列联表的分析结果只能告诉我们两变量之间是否相关,但没有告诉我们它们之间如果相关其程度如何。而事实上,同是相关关系中,有的相关程度较大,有的相关程度较小。这意味着,相关程度越大的关系,其解释力才越强。如何才能得到变量之间的相关程度的统计量呢?现在仍以"婚姻成败因素分析"为例进行介绍。按照 Analyze→Descriptive Statistics→Crosstabs→Statistics 的顺序单击,打开交互分析的统计量对话框如图 4.2.2.1 所示。

交互分析提供了以下几种情况下的相关程度分析:

● Correlations(相关系数):用于行变量和列变量均为定序或者以上数据的相关系数分析,如小学、中学、大学,或者收入、年龄等。选择后,系统可给出两变量之间的 Spearman 相关系数以及 Pearson 相关系数。其值都在 0—1 之间。系数越接近0,表明相关程度越弱,越接近1,表明相关程度越强。

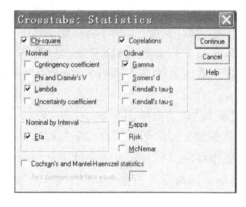

图4.2.2.1 统计量对话框

● Nominal(定类相关):当两变量均为定类变量时的相关程度分析。其中,常选用Lambda系数,反映当用自变量值预测因变量值时降低预测错误的比率。其值也在0—1之间,Lambda系数越接近1,表明自变量可以较大程度上预见因变量,Lambda系数越接近0,表明自变量用来预测因变量时失误的概率较大。

● Ordinal(定序相关):当两变量均为定序变量时的相关程度分析。其中,常选用Gamma系数,反映两个定序变量之间的对称相关性。Gamma系数的绝对值越接近1,表明两变量之间有越强的关联性,Gamma系数的绝对值越接近0,表明两个变量间只有较弱的关联性。

● Nominal by Interval(定类与定距相关):当一个变量为定类变量另一个变量为定距变量时的相关程度分析。其值也在0—1之间,越接近1表明相关性越大,越接近0表明相关性越小。

● 如果我们把婚姻成败与文化程度均视为定序变量的话,就可以在图4.2.2.1中选择要求系统计算两者之间的Gamma系数,然后点击Continue回到交互分析主规划框后点击OK,即可得到输出结果如表4.2.2.1所示:

表4.2.2.1 **Symmetric Measures**

		Value	Asymp. Std. Error[a]	Approx. T[b]	Approx. Sig.
Ordinal by Ordinal	Gamma	−.523	.168	−2.641	.008
N of Valid Cases		94			

a. Not assuming the null hypothesis.
b. Using the asymptotic standard error assuming the null hypothesis.

其中可见,Gamma 系数为一0.523,显著值为 0.008,显示两变量高度相关。出现负值是因为,在数据库中,我们将文化程度较低者取值为"0",将文化程度较高者取值为"1",同时,将婚姻失败者取值为"0",将婚姻成功者取值为"1"。因此,输出结果为负值意味着,文化程度越高者,婚姻失败的可能性也就越大。而且,其相关程度较高。

4.2.3 形成新的量化组合

交互分析还会将两种观察视角相交织,使样本形成新的组合类型,并以分布的形式呈现出来。我们仍以 94 个样本的"婚姻成败因素分析"为例进行介绍。在交互分析主对话框中将婚姻失败确定为行变量并将文化程度确定为列变量后,单击 Cell 按钮打开 Cell Display 对话框如图 4.2.3.1 所示,在百分比栏中只选择 Total。然后运行程序后得到结果如表 4.2.3.1 所示。

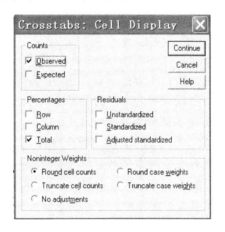

图 4.2.3.1 单元格显示对话框

表 4.2.3.1 婚姻失败・文化程度 Crosstabulation

			文化程度		Total
			低	高	
婚姻失败	失败	Count	25	21	46
		%of Total	26.6%	22.3%	48.9%
	成功	Count	38	10	48
		%of Total	40.4%	10.6%	51.1%
Total		Count	63	31	94
		%of Total	67.0%	33.0%	100.0%

表4.2.3.1中两个变量的交叉所形成的4个单元格里实际上出现了4种类型的个案：
- 文化程度较低的婚姻成功者,占样本的40.4%,位居第一。
- 文化程度较低的婚姻失败者,占样本的26.6%,位居第二。
- 文化程度较高的婚姻失败者,占样本的22.3%,位居第三。
- 文化程度较高的婚姻成功者,占样本的10.6%,位居第四。

这个结果不仅为事件的类型学观察提供了新的视角和量化信息,而且,也使每个个案都因此而获得了某些新的属性。每个个案不仅仅是婚姻是否失败或者文化程度或高或低的个案了,而是同时获得两种属性的个案了。

4.3 罪名体系的量化组合

既然交互分析方法可以帮我们从样本中发现新的量化组合,那么,如果将其用到法学研究中,能让我们有何新的见识呢？

在前面关于变量设计的介绍中我们曾经提到,变量就是从某个维度对一组事实进行测量的划分标准,我们还讨论了变量设计的方法论规则。其实进一步看,变量还有客观变量和主观变量之分。像年龄、性别、职业、收入等,就是客观变量；而把社会按其形态的不同分为社会主义、资本主义,把国家按发展状况的不同分为发达国家与发展中国家,把个体按社会身份地位的不同分为上层社会成员和下层社会成员,把刑法分则中的四百多个罪名按照同类客体的不同分为十类犯罪等,这些划分中的标准都是主观变量。可见,客观变量与主观变量之间的区别之一在于,二者的抽象层次不同：主观变量虽然源自经验,但相对远离感性经验,具有较高的理性程度。

对刑法中的罪名体系的考察,也可以引入一些既不同于纯规范学的法律特征又不十分感性的主观变量。其中,"罪的还原"和"国家被害"就是划分犯罪的两个主观变量,分别为罪名规范的解释提供了新的事实学分析框架。

所谓罪的还原,就是根据犯罪的不同样态,将所有犯罪还原为最原初的三种类型：暴力、偷窃、欺诈,"暴、偷、骗"可以称为所有法定犯罪的元犯罪。伴随着社会经济文化长期发展变化,这三种元犯罪分别派生为各种具体犯罪,刑法中大多数犯罪都与这三种元犯罪之间具有亲缘关系,都是这三种元犯罪的进化结果。具体来说,这里所说的暴力,就是直接造成人身、财物的损毁以及强行剥夺他人人身权的犯罪,典型的暴力如杀人、抢劫、强奸、非法拘禁等,不太典型的如环境污染、生产销售假药等。偷窃就是采用秘密窃取的手段非法占有管理缺席的他人权益的犯罪,如盗窃、贪污、挪用、侵犯知识产权等行为。欺诈就是通过各种虚构事实掩盖真相的手段,在信息不对称的情况下,骗取他人权益或信任的犯罪,典型的就是各类诈骗犯罪,不太典型就是诽谤、煽动类的犯罪。

所谓国家被害,就是根据犯罪对国家的不同影响,把犯罪分为另外三类:第一类是针对国家本身的犯罪,就是以国家为直接侵害对象,否定国家权力合法性的犯罪,如背叛国家罪、分裂国家罪、伪造货币罪、煽动暴力抗拒法律实施罪、侮辱国旗国徽罪等。第二类是误用国家权力的犯罪,就是在从事公共管理活动过程中不当履行国家权力或滥用国家认可的其他特定身份的犯罪,如贪污、受贿、玩忽职守、刑讯逼供罪等。第三类是违反国家规范的犯罪,就是触犯国家其他禁止性规范的犯罪,如故意杀人罪、抢劫罪、强奸罪、盗窃罪等大部分常见犯罪,既非直接指向国家权力的合法性,又无国家权力好误用,便可归入此类。这个变量的设计原理是,除了作为已然、未然被害人的代表以外,国家自身也是一种特殊的被害人。① 国家权力以及各种意义上的公共管理活动既可能是犯罪的直接对象,也可能是犯罪的间接对象,还可能是犯罪的载体或工具。国家既要"代理"被害人对犯罪行使惩罚权,又要"自营"自身利益免遭犯罪侵害。

这些分析框架不仅可以使具体罪名在原有规范学特征以外获得更多的属性和意义,例如,贪污罪可以还原为偷窃犯罪,放纵制售伪劣商品犯罪行为罪可以还原为误用国家权力的犯罪等,还能帮助我们在庞杂的罪名规范群中发现新的犯罪类型。

以现行刑法典(《修正案(八)》)规定的四百多个罪名为例,运行 SPSS 的交互分析过程后,便得到表 4.3.1 显示的结果。可以看出,两个变量的交叉生成了从 A1 到 C3 两个系列共 9 个新的犯罪类型及其量化分布。

表 4.3.1 罪名的量化组合

		罪的还原		
		暴力犯罪	偷窃犯罪	欺诈犯罪
国家被害	针对国家	A1	B1	C1
	误用权力	A2	B2	C2
	违反国家规范	A3	B3	C3

---

① 关于国家被害问题的研究,请参见汤啸天的相关论述。如汤啸天:《必须重视对国家被害的研究》,《法学》1999 年第 10 期,第 45 页。汤啸天:《对国家被害的初步研究》,《江苏公安专科学校学报》第 15 卷第 2 期,第 30 页。

其中,

A1 型犯罪是针对国家的暴力犯罪,有 31 个罪名,占罪名总数的 6.9%。如武装叛乱、暴乱罪,资助恐怖活动罪,侮辱国旗国徽罪,抗税罪,聚众冲击国家机关罪,聚众持械劫狱罪,暴动越狱罪,破坏监管秩序罪,劫夺被押解人员罪,破坏武器装备、军事设施、军事通信罪,聚众冲击军事禁区罪,等等。

A2 型犯罪是误用国家权力的暴力犯罪,有 21 个罪名,占罪名总数的 4.7%。如暴力取证罪,刑讯逼供罪,虐待被监管人罪,战时残害居民、掠夺居民财物罪,虐待俘虏罪,虐待部属罪,武器装备肇事罪,遗弃伤病军人罪,等等。

A3 型犯罪是违反国家规范的暴力犯罪,有 91 个罪名,占罪名总数的 20.2%。如故意杀人罪,聚众斗殴罪,抢劫罪,抢夺罪,强奸罪,强迫交易罪,强制猥亵、侮辱妇女罪,虐待罪,非法拘禁罪,等等。

B1 型犯罪是针对国家的偷窃犯罪,有 18 个罪名,占罪名总数的 4.0%。如偷税罪,逃避追缴欠税罪,伪造货币罪,走私假币罪,出售、购买、运输假币罪,伪造、出售伪造的增值税专用发票罪,盗窃武装部队公文、证件、印章罪,为境外窃取、刺探、收买、非法提供国家秘密、情报罪,间谍罪,战时窝藏逃离部队军人罪,等等。

B2 型犯罪是误用国家权力的偷窃犯罪,有 38 个罪名,占罪名总数的 8.4%。如私分国有资产罪,私分罚没财物罪,故意泄露国家秘密罪,贪污罪,受贿罪,挪用公款罪,为亲友非法牟利罪,徇私舞弊低价折股、出售国有资产罪,挪用特定款物罪,徇私枉法罪,私放在押人员罪,徇私舞弊减刑、假释、暂予监外执行罪,徇私舞弊不征、少征税款罪,非法批准征用、占用土地罪,非法低价出让国有土地使用权罪,放纵走私罪,等等。

B3 型犯罪是违反国家规范的偷窃犯罪,有 64 个罪名,占罪名总数的 14.2%。如盗窃罪,侵占罪,盗掘古文化遗址、古墓葬罪,走私文物罪,非法狩猎罪,非法采矿罪,非法捕捞水产罪,盗伐林木罪,盗窃、侮辱尸体罪,等等。

C1 型犯罪是针对国家的欺诈犯罪,有 22 个罪名,占罪名总数的 4.9%。如煽动军人逃离部队罪,伪证罪,煽动分裂国家罪,故意提供不合格武器装备、军事设施罪,骗取出口退税罪,煽动暴力抗拒法律实施罪,帮助毁灭、伪造证据罪,战时故意提供虚假敌情罪,战时造谣扰乱军心罪,等等。

C2 型犯罪是误用国家权力的欺诈犯罪,有 46 个罪名,占罪名总数的 10.2%。如民事、行政枉法裁判罪,违法发放林木采伐许可证罪,放纵制售伪劣商品犯罪行为罪,动植物检疫徇私舞弊罪,帮助犯罪分子逃避处罚罪,隐瞒、谎报军情罪,等等。

C3 型犯罪是违反国家规范的欺诈犯罪,有 120 个罪名,占罪名总数的 26.6%。如诈骗罪、非法行医罪、虚报注册资本罪,等等。

理论上说,A、B、C 三个系列之间,越接近 A 类犯罪越严重,反之,越接近 C

类犯罪越轻微。在三个系列内部,越接近1类犯罪越严重,反之,越接近3类犯罪越轻微。按照这个逻辑,最重的犯罪应当是针对国家的暴力犯罪,即A1型犯罪;最轻的犯罪应当是违反国家其他一般规范的欺诈类犯罪,即C3型犯罪。当然,这个顺序只是从罪的还原和国家被害这两个角度所作的评价,而实际上罪的轻重评价还要引入其他许多变量,其轻重的排序结果应当更具综合性。

主观变量的设计为罪名体系的解释提供了新的分析框架,其意义首先在于,使单一抽象个罪的理解获得了更丰富的价值属性,使我们可以从更多的角度把握某个罪名在整个社会的价值体系中的位置和作用。而且,新的划分也使某类抽象个罪的对外、对内比较获得了更加丰富的视角,我们由此便可以从更多的理论角度透视罪名体系。此外,从法律解释学的角度说,新的分析框架突出了文本解释、抽象解释中的实质理性取向,将有助于实定法的完善、修订。总之,划分的本质就是解释。

当然,尽管大多数犯罪都可以基本上无争议地归入某类犯罪,但是,仍然有些犯罪不容易归结。比如,贪污,基本上可以还原为偷窃,但其中也含有欺骗的成分。对这种情况的处理,基本方法是"四舍五入",即以其最明显的特征作为归结的依据。其实,尤其是在社会科学研究中,本来就很少绝对的划分。不仅现行刑法将犯罪按其同类客体的不同分为十类是相对的,就连目前有些刑法学专著将犯罪分为侵害个人法益的犯罪、侵害国家法益的犯罪以及侵害社会法益的犯罪,其中也难免有交叉或者包容的现象。所以,只要变量设计体现了某种理论视角,个案的归结可以自圆其说,都是可以接受的划分。更何况,类似的争论在自然科学中也比较常见。

4.4 罪刑关系的全景量化

在刑法中,某个罪的罪状与法定刑前后相续,明文写在一个具体法条里。但是,如果我们要从宏观上说清楚许多罪状与许多法定刑之间的规律性联系,以便透视某种原理或政策的存在,就需要借助实证分析的方法了。这时,交互分析法就可能派上用场。

比如,刑法分则中的罪状可以分为两类,一类是没有任何修饰语的犯罪实行行为本身,另一类是用一定修饰语修饰的犯罪实行行为。"放火"、"爆炸"、"决水",无需任何修饰,人们便知道这些实行行为本身就是犯罪。而"违反国家规定运用资金"、"非法持有枪支弹药"中,如果没有"违反国家规定"或者"非法"的修饰,"运用资金"和"持有枪支弹药"的行为本身并非犯罪。这种用来划定罪与非罪界限的修饰语,具有某种入罪过滤的性质,我们把这种罪状称为过滤罪状。何种情况下需要过滤罪状来描述犯罪的成立,何种情况下无需这种过滤,与许多因素有关。一般而言,从首要原则和普遍规范演绎推理到具体规范的过程越长,其显而易见的性质就衰减得越多;要正确地将这些推论适用于变得更为偶然的那些事实,就越是需要对全部情形进行更仔细、也更透彻的考虑。①

在刑法分则中,过滤罪状的基本形式包括非法犯②、纯正情节犯③、结果犯④。此外,还有首要犯、特殊主体犯、数额犯、主观犯等。研究发现,过滤罪状不仅可以防止不属于犯罪的行为被当做犯罪来处理,而且,还往往伴随着相对较轻的刑罚配置。罪状与法定刑之间存在这层关系的理论假设,就是靠交互分析法进行检验的。

首先观察过滤罪状与死刑的关系。具体方法是以过滤罪状为列变量,以死刑为行变量,进行交互分析,结果如表 4.4.1 所示:

表 4.4.1　过滤罪状与死刑

			过滤罪状		Total
			行为本身	过滤罪状	
死	其他	频次	90	302	392
		列百分比	73.8	92.9	87.7
刑	死刑	频次	32	23	55
		列百分比	26.2	7.1	12.3
合计		频次	122	325	447
		列百分比	100	100	100

a. p<0.000

由表 4.4.1 可见,只有 7.1% 的过滤罪状有死刑,而无过滤罪状的法条中,

---

① 〔德〕海因里希·罗门著,姚中秋译:《自然法的观念史和哲学》,上海三联书店,2007 年 5 月版,第 204 页。

② 非法犯的典型表述是,"非法……",如果没有这个限定,就不是犯罪。例如,第三百三十四条规定,只有非法采集、供应血液,制作、供应血液制品的,才属于犯罪。就是说,合法采集、供应血液,制作、供应血液制品的,就不是犯罪。在我国现行刑法分则中,这种罪名共有 99 个,占罪名总数的 22.1%。

③ 纯正情节犯是划分罪与非罪的情节犯,而不是区分加重构成与基本构成的情节犯。如果情节不够严重,情节不够恶劣,就不是犯罪。例如,刑法第二百五十二条规定,只有隐匿、毁弃或者非法开拆他人信件,侵犯公民通信自由权利,情节严重的,才构成侵犯通信自由罪。刑法分则中,这种罪名共有 36 条,占罪名总数的 8%。

④ 结果犯的标志性表述是"因而发生"、"致使"、"引起"、"造成"、"严重损害",等等。刑法分则中这个意义上的结果犯共有 81 个,占罪名总数的 18.1%。

有 26.2% 被规定了死刑,后者是前者的三倍还多。就是说,过滤罪状的出现,大大降低了死刑适用的概率。

其次,观察过滤罪状与无期徒刑的关系。由于有死刑的一定有无期徒刑,而有无期徒刑的不一定有死刑,所以,除了观察死刑与过滤罪状的关系以外,还应该观察无期徒刑以上刑罚与过滤罪状的关系。为此,仍以过滤罪状为列变量,以无期徒刑及以上刑罚为行变量,进行交互分析,结果如表 4.4.2 所示:

表 4.4.2 过滤罪状与无期徒刑

			过滤罪状		Total
			行为本身	过滤罪状	
无期以上	其他	频次	75	270	345
		列百分比	61.5	83.1	77.2
	无期以上	频次	47	55	102
		列百分比	38.5	16.9	22.8
合计		频次	122	325	447
		列百分比	100.0	100.0	100.0

a. $p<0.000$

由表 4.4.2 可见,在没有过滤罪状的法条中,有 38.5% 的机会被规定无期徒刑及以上刑罚。相比而言,在有过滤罪状的法条中,只有 16.9% 的机会出现无期徒刑及以上刑罚。而且,统计上仍是显著的。这意味着,除了死刑以外,过滤罪状的出现,也明显降低了无期徒刑适用的机会。

第三,观察过滤罪状与有期徒刑的关系。具体做法是,分别计算有过滤罪状罪名的有期徒刑上限平均值,以及无任何过滤罪状罪名的有期徒刑上限平均值。如果两者之差的方向与前两项检验相吻合,且具有统计上的差异显著性,就说明过滤罪状的确具有降低重刑使用率的功能。结果如表 4.4.3 所示:

表 4.4.3 过滤罪状与监禁刑上下限

	过滤罪状	样本数	平均月数	标准差
监禁刑上限	行为本身	122	139	51.39
	过滤罪状	325	104	56.56
监禁刑下限	行为本身	122	15	24.75
	过滤罪状	325	3	9.83

a. $p=0.000$

从表 4.4.3 可见,独立样本 T 检验的结果是:从监禁刑上限来看,[①]325 个有过滤罪状罪名的监禁刑上限均值将近 104 个月,而 122 个没有任何过滤罪状罪名的监禁刑上限均值高达 139 个月,二者之差统计显著。从监禁刑的下限来看,325 个有过滤罪状罪名的监禁刑下限均值为 3 个月,而 122 个没有任何过滤罪状罪名的监禁刑下限均值高达 15 个月,二者之差统计上仍然显著。可见,没有任何过滤罪状的法条的监禁刑上限平均值比过滤罪状法条监禁刑上限的平均值高出 35 个月,其监禁刑下限比过滤罪状法条监禁刑下限高出 12 个月,过滤罪状的存在的确显著降低了有期徒刑的刑期。

经过以上四个步骤的观察检验,综合其结果后可以认为,四个步骤的检验相互印证,取得了一致的结果:过滤罪状与刑罚之间的确存在某种规律性联系,根据过滤罪状的出现,可以大体上预见相对较轻刑罚资源的配置。与过滤罪状相伴随,就会有较少的死刑、较少的无期徒刑、较轻的监禁刑。过滤罪状越多,重判拦截功能越明显。或者反过来说,当立法者不打算对某个行为分配较重刑罚时,往往会事先设置一些过滤罪状。这样,某个行为不仅不会轻而易举地入罪,即使入罪,也很难被适用相对更重的刑罚。

得到这个结论后,我们还可以回到经验世界,进一步验证过滤罪状的客观存在。结果发现,纯正情节犯、非法犯、结果犯三种情况下,都非常典型地表达了各自的过滤功能。具体来说就是:

首先,纯正情节犯没有一个死刑,而其他罪名中出现死刑的机会为 13.6%（P=0.011）;纯正情节犯也没有一个无期徒刑,而其他罪名中出现无期徒刑的机会为 25.2%（P=0.000）;42 个纯正情节犯的有期徒刑上限平均为 67 个月,而 405 个其他罪名的有期徒刑上限平均为 118 个月（P=0.000）。综合三个观察可见,纯正情节犯的罪刑关系是最典型的罪状过滤规律之一。这意味着,当某个犯罪的入罪标准在于是否情节严重时,格外慎重的量刑符合立法本意。

第二,以"非法……"修饰某个行为的所谓非法犯在中国刑法中有 98 个罪名。其中,只有 3 个条文即 3.1% 的机会规定有死刑,而其他罪名中出现死刑的机会高达 14.9%（P=0.002）;98 个非法犯中也只有 9 个罪名规定了无期徒刑,占非法犯的 9.2%,而其他罪名中出现无期徒刑的机会高达 26.6%（P=0.000）;非法犯的有期徒刑上限平均为将近 99 个月,而其他罪名的有期徒刑上限平均为 118 个月（P=0.003）。综合三个观察可见,非法犯与刑罚之间的关系也比较典型地表达了罪状过滤规律。

---

① 这里所说的监禁刑是指有期徒刑和拘役。下同。

第三,法条中明文要求某种危害后果的出现为入罪条件的结果犯在我国刑法中有85个罪名。其中,只有3个条文即3.5%的机会规定有死刑,而其他罪名中出现死刑的机会高达13.8%(P=0.006);85个结果犯中只有6个条文规定有无期徒刑,占结果犯的7.1%,而其他罪名中出现无期徒刑的机会高达26.5%(P=0.000);结果犯的有期徒刑上限平均为将近97个月,而其他罪名的有期徒刑上限平均为117个月(P=0.002)。综合三个观察可见,结果犯与刑罚之间的关系也比较典型地表达了罪状过滤规律。

4.5 生命刑法:视而不见的法律信息

交互分析法的神奇之处,不仅是通过比较实现对某个法律现象的解释和预测,还能让某些人们原来意识不到的信息呈现出来。这是单变量的简单描述无法实现的。现以生命刑法的观察为例进行介绍。

故意杀人罪是非法剥夺他人生命的犯罪,但是,非法剥夺他人生命的犯罪却不仅限于故意杀人罪。其实,在中国刑法中,还有许多犯罪都符合"非法剥夺他人生命"这一特征。笔者将所有这些可能非法剥夺他人生命的犯罪称为生命犯罪。由于生命的消失为亡,在刑法的语境中,凡造成被害人"死亡"、"伤亡"的犯罪,以及"过失犯前款罪"中的前款之罪中含有"亡"字的,都是刑法明文规定的生命犯罪。当然,还有一些犯罪可能造成他人生命的消失,如遗弃罪、分裂国家罪等等。但是,这些犯罪的刑法条文中并未出现"亡"字,如果也归入生命犯罪可能会使规范集合的外延不清晰。

根据这个标准,我们在截止到修正案(五)的我国《刑法》的罪名数据库中进行检索,迅速找到符合标准的记录有47个,构成了生命犯罪的规范集合。生命刑就是死刑。在截止到修正案(五)的我国《刑法》的罪名数据库中,规定有死刑的罪名共有68个,构成生命刑的规范集合。

基于上述分析,我们看到生命犯罪与生命刑之间在刑法里具有明显的对应性,犯罪越严重越可能导致生命刑。但是,这种对应性是否等于说生命犯罪的主要法律后果是生命刑,同时,生命刑的主要评价对象就是生命犯罪呢?不一定。

现在,我们采用同样的方法来观察一下中国刑法中是否生命犯罪与是否分配了生命刑之间的关系。同时从这两个角度划分,应该出现四种类型的犯罪:有生命刑的生命犯罪、无生命刑的生命犯罪、有生命刑的非生命犯罪、无生命刑的非生命犯罪。我们再来观察一下表4.5.1中的情形:

表 4.5.1　生命犯罪与生命刑

			生命犯罪		合计
			其他	是	
死刑	无	频次	327	30	357
		行百分比	91.6	8.4	100.0
		列百分比	86.5	63.8	84.0
	有	频次	51	17	68
		行百分比	75.0	25.0	100.0
		列百分比	13.5	36.2	16.0
合计		频次	378	47	425
		行百分比	88.9	11.1	100.0
		列百分比	100.0	100.0	100.0

a. $p < 0.005$

表中的数量关系表明：第一，生命犯罪被分配死刑的机会（36.2%）是非生命犯罪被分配死刑机会（13.5%）的2—3倍，说明生命犯罪的确更可能对应生命刑。第二，大部分生命犯罪（63.8%）没有规定死刑，说明非法剥夺他人生命并不必然导致被国家剥夺生命。第三，大部分生命刑（75.0%）也没有分配给生命犯罪而是被分配给了非生命犯罪，是分配给生命犯罪（25.0%）的3倍。这三个关系进一步证实，尽管"杀人者死"的报应理念仍有所体现，但是，侵害被害人的生命与剥夺被告人的生命两者之间的对应关系已经相当松散。

进一步看，对这种变化的考察应沿着两个方向进行：一方面，有些生命犯罪为什么没有被分配生命刑？另一方面，有些非生命犯罪为什么却被分配了生命刑？

在第一个方向上我们注意到，共有30个没有生命刑的生命犯罪，其中，有15个都是过失犯罪，还有一些死亡后果并非犯罪人追求所致的生命犯罪，如刑讯逼供、虐待、组织他人偷越国（边）境、非法行医等犯罪。所以，虽属生命犯罪，当然不必配置死刑。

在第二个方向上我们注意到，共有51个规定了生命刑的非生命犯罪，其中有20个罪名属于贪利性犯罪，如走私犯罪、金融犯罪、贪污受贿犯罪、盗窃罪和文物犯罪等等。另有20个罪名属于国家安全、国防利益或者军职犯罪。其余11个罪名涉及公用设施、危险物品的8个公共安全类犯罪和传授犯罪方法、暴动越狱、聚众持械劫狱3个罪名。应当说，这51个罪名设立的背后，立法者的考虑和试图保护的价值显而易见：一方面立法者希望利用死刑来遏制物质财富不当的、非法的再分配；另一方面立法者还想借助死刑来预防那些对生命间接的、可能的侵害——分裂国家或隐瞒谎报军情便可能造成生灵涂炭，破坏交通设施、电力设备当然也可能危及人的生命安全。不过,这两种考虑的合理性其实都值得进一步追问:前一种考虑明显的问题是,生命和物质财富这两种价值形成明显的不对等。或者说,用加害人的生命换取被害人物质财富的合法分配秩序,是否代价过高?后一种考虑也值得反思:如果行为危险可能造成对生命的危害就可以导致死刑,那么,对犯罪人生命的剥夺便无形中超越了报应的限制,而这种超越同样意味着犯罪人(包括潜在的犯罪人)生命的贬值。而生命就是生命,不论谁的生命都是公民生命权利的组成部分。所以,犯罪人生命的贬值,同样意味着抽象的生命权的贬值。沿着这个思路走下去,既然生命在国家法律里可能贬值,在潜在的加害人那里为什么不会贬值呢?他们追求一己私利时为什么会比别人更多地顾及他人的生命呢?于是,便会有更多的生命犯罪。这样,我们似乎不得不面对一个逻辑怪圈:为了保护、尊重生命,而给更多的生命带来了危险。

为了摆脱这个逻辑怪圈,一个值得考虑的选择便是从这 51 个有生命刑的非生命犯罪开始逐步废除死刑,使死刑重新回到报应理念,直接对准那些故意追求他人死亡结果的生命犯罪,如故意杀人、爆炸、放火等犯罪。按照这个设计,即使在现有 17 个有生命刑的生命犯罪中,也不乏应废除死刑之罪,如拐卖妇女、儿童罪,组织卖淫罪,强迫卖淫罪等。

果然,在刑法修正案(八)所废除的 13 个死刑中,绝大多数都落在这 51 个有生命刑的非生命犯罪范围之内!

4.6 法社会学:立法者听谁的?

法不是孤立的社会现象,法律现象与其他社会现象之间的关系也应当是可感知的,可测量的。根据这些测量结果,我们可以更好地理解法律现象,更准确地通过其他社会现象预见法律现象,或者反过来通过法律现象理解、预见其他社会现象。从某种意义上看,法律与社会之间的关系可以分为两种情况,法律既可以是自变量,也可以是因变量。一方面,像死刑到底有多大威慑力的研究、美国学者贝克尔关于犯罪计量经济学以及犯罪预期公式的研究,都是关于法律如何影响社会和人们行为的实证分析。[①] 相对于社会而言,这时的法律是自变量。另一方面,法律是否也可以作为因变量,受到来自社会的各种影响呢?在这方面,比较典型的研究实例就是世界各国 50 部刑法典与各国社会经济、历史文化

---

① 吴宗宪:《西方犯罪学史》,警官教育出版社,1997 年 7 月版,第 111—112 页。

之间关系的研究。①

一般认为,犯罪的轻重当然取决于犯罪本身,被判了重刑,自然因为犯了重罪。然而,何以见得重刑一定是因为重罪,而不是因为重刑所以才重罪呢?鲁迅先生说过:"我先前总以为人是有罪,所以枪毙或坐监的。现在才知道,其中的许多,是先因为被人认为'可恶',这才终于犯了罪。"②其实,作为一种自然行为,没有哪种犯罪一开始就自己带着刑罚而来。犯罪的轻重,首先是由于法律的规定。没有这个被定义的过程,任何裸的犯罪行为本身都无所谓轻重。③ 但问题是,法律又是如何决定犯罪轻重的呢?或者说,法律根据什么对某种犯罪做出一定严厉程度的反应呢?如此提出问题已经意味着,除了犯罪本身以外,罪刑关系的制作过程和严厉性程度很可能另有原因。其中,既可能有规范内的解释,也可能有规范外的原因;既可能与立法者的主观选择有关,还可能与立法者所处的客观社会背景条件有关;一个罪刑关系的确定,既可能是某个偶然因素的结果,也可能是某些客观规律发生作用的结果。正因为这些只是可能,所以才需要着手探索。结果,刑法也许会把自己一个鲜见的侧面展现出来。该项研究根据50国刑法典13 121个独立罪刑关系的经验研究,发现各国刑法的严厉性程度以及价值取向与人口因素、民族异质性程度、人均资源占有量、城市化进程以及国民素质等多种非法律因素有关。各国在这些方面的差异使得立法者不得不以各自的方式与本土犯罪问题相处,并沉淀出各自行之有效的经验。当这些经验与人们共有的善恶良知以规范的形式融合到一起时,便形成了刑法中各种犯罪的轻重刻度。承认经验对刑事立法的影响,具有重要的理论意义和实践价值。

该研究中引入的社会影响因素主要有:国家所处大洲、国土面积、人口总数、人口密度、所属气候带、性别比例、城乡人口比例、民族数量、最主要民族所占人口比例、人种、最主要宗教信徒所占人口比例、国家制度、政党制度、国家结构、是否经历封建君主集权时代、最高法院系统结构、国内生产总值GDP、人均国内生产总值、所属法系,等等。根据这些信息,我们便可以将一定的罪刑关系放到它所处的社会背景结构中进行考察,使刑法规范与社会环境之间的某些关系得以显现。甚至,在一定程度上发现有些罪刑关系之间的解释。各国社会背景信息主要有两个数据来源:一是中国社会科学院《列国志》编委会在社会科学文献出版社2003年开始陆续出版的各国卷本,二是世界知识出版社编的《世界知识年鉴》历年卷本。

---

① 本节内容曾以"犯罪轻重是如何被定义的"为题,发表在《中国法学》2010年第6期。
② 鲁迅:《鲁迅散文》,人民文学出版社,2005年5月版,第134页。
③ 有学者认为,犯罪不是静态的实体,而是社会互动的动态过程不断塑造和再塑造的产物。参见〔英〕韦恩·莫里森著,刘仁文、吴宗宪、徐雨衡、周振杰译:《理论犯罪学:从现代到后现代》,法律出版社,2004年9月版,第298页

需要说明的是,正如各国刑法典不可能是同一天颁布施行的一样,各国背景信息也无法精确凝固到某个时点。由刑法典的稳定性所决定,只要各国刑法及其背景信息来自于同时代,就可以大体上在精确度允许范围内进行比较观察。

之所以引入社会因素研究法律现象,是因为法律从来都不是孤立存在的,法都是一定社会历史条件下的法。例如,有学者相信,几乎所有人口过亿的国家都没有废除死刑。[①] 问题是,如何证明死刑与人口学现象之间这种关联性呢?为此,我们对各国刑法进行法社会学考察,目的倒不限于完善立法、学习借鉴之类,[②] 而是把刑法典作为一种法律文化的样本,试图发现各国社会环境对刑法的影响。[③] 作为正义的化身,如果刑法还与外部社会因素有关,至少,我们心目中的正义将变得不那么抽象,也不那么绝对。当然,具体正义并不一定意味着某种贬义,而意味着借助刑法文本表达自己时,正义还可能获得某种新的内涵。

运行交互分析以及均值比较等过程后发现,刑法在一些方面受到社会历史以及经济因素的显著影响。

例一:人口因素。

法律控制说到底是对人的控制,因此,人口因素可能影响刑法的罪刑关系模式选择。在这方面我们的发现是:第一,20 个死刑国家的平均人口为 178 498 150 人,而非死刑国家的平均人口为 26 620 150 人,前者是后者的约 6.7 倍。因此,我们可以有条件地说,死刑国家基本上是人口大国。为慎重起见,我们又测量了有死刑国家的人口总数与刑法中死罪个数之间的相关性。结果是,两者的皮尔逊相关系数为 0.46,$P=0.04$,说明人口总数的多少不仅与死刑的有无有关,还与死刑数的多少呈显著正相关,说明人口越多不仅越可能有死刑,死罪的数量还越多。第二,样本中死刑国家的人口密度为每平方公里 491 人,而非死刑国家的人口密度仅为每平方公里 150 人。第三,除 14 个国家的数据缺失以外,在 29 个城市人口多于农村人口的国家中,有 8 个国家规定了死刑。而在 7 个农村人口多于城市人口的国家中,就有 4 个国家规定了死刑。可见,死刑现象还有可能与一个国家的城市化进程有关。第四,除 13 个国家的数据缺失以外,在 29 个人口

---

① 于志刚:"死刑存废的国际现状与中国思路",载 Social Sciences in China Vol. XXX, No. 2, May 2009, 178—190。

② 有学者发现,比较法研究的目的通常是提高对外国法律制度的认知、服务于法律改革和立法、为弥补自身制度缺陷寻找工具、服务于跨法域司法实践、促进世界范围内法律的统一与和谐。而这些目标要么太一般化、没有针对性,要么就是带有极度的实用色彩。参见〔意〕D. 奈尔肯编,高鸿钧、沈明等译:《比较法律文化论》,清华大学出版社,2003 年 10 月版,第 136—137 页。

③ 如果拒绝接受一般科学理论的发展,法学是有缺失的。参见〔德〕阿图尔·考夫曼、温弗里德·哈斯默尔主编,郑永流译:《当代法哲学和法律理论导论》,法律出版社,2002 年 1 月版,第 452 页。

老龄化社会中,有 7 个国家规定了死刑。而在 8 个非老龄化社会中,也有 6 个国家规定了死刑。这说明,刑法的严厉性程度与人口的老龄化程度很可能有关,其中的原因很值得做深入研究。总之,很难阻止人们相信人口因素对刑法严厉性程度的显著影响。

例二:民族因素。

作为社会控制的手段,刑法还可能与民族问题有关。数据显示,第一,有数据的 18 个死刑国家中,民族的数量平均为 54 个,而有数据的 29 个非死刑国家中,民族的数量平均仅为 17 个。[1] 所以,我们有一定理由说,死刑国家的民族异质性程度很可能大于非死刑国家。第二,有数据的 16 个死刑国家中,最主要民族在总人口中所占比例平均为 78.7%,而有数据的 26 个非死刑国家中,最主要民族在总人口中所占比例平均为 90%,有的甚至是单一民族国家。这个结果为上述民族数量的观察提供了某种佐证,同样引起我们关于刑法严厉性程度与民族结构之间关系的浓厚兴趣。这些事实意味着,民族异质性越强的国家,刑法越可能规定死刑,同时也越可能选择私权保护的价值倾向。相反,民族同质性越强的国家,刑法规定死刑的可能性相对较小,同时选择公权保护价值倾向的机会也较大。

例三:经济因素。

我们已经发现,犯罪率高低乃至刑事司法的宽严都与经济发展程度有关,[2] 但尚无证据表明刑事立法是否与经济发展有关。于是,我们对死刑与经济发展的关系进行了初步测量,结果是:有数据的 19 个死刑国家的人均 GDP 平均约为 9 468 美元,而有数据的 26 个非死刑国家的人均 GDP 平均为 29 776 美元,经 T 检验,P 值为 0.000。这意味着,刑法严厉性水平与人均资源占有量关系密切:人均物质资源占有量越高的国家,刑法中出现死刑的可能性相对较小。人们实际上享受的物质资源越是稀缺,国家就越可能加大刑罚资源的供给。反过来说就是,刑法严厉性的控制,关键不在国强,而在民富。民富,则自然少刑、去刑,乃至无刑。

应当说明,用社会经济因素解释刑法现象理论假设的检验过程,其证实与证否之间的分界可能是相对的、模糊的。而且,数据支持某个关系的存在并不等于理论上能说清楚因果链条中的每个环节,得不到数据支持的关系也不等于肯定不存在任何意义上的关联。然而,我们只能看到什么说什么,把想象留给科学以

---

[1] 各国民族数据除了上文提到的数据来源外,还来自〔美〕戴维·莱文森编,葛公尚、于红译:《世界各国的族群》,中央民族大学出版社,2009 年 1 月版。

[2] 白建军:"从中国犯罪率数据看罪因、罪行与刑罚的关系",载《中国社会科学》2010 年第 2 期,第 144—159 页。

外的领域。如果明天发现了某些今天没看到或自身发生变化的事实或证据,修改今天的理论是再自然不过的事了。

由此推论,既然刑法不光映射出普适人性还是一定经验世界中的法,那么,外国刑法的学习借鉴就应该是有条件的。一方面,尽可能吸收外国刑法中反映人类理性先验良知的部分,另一方面,也应注重本土立法、司法实践理性的归纳总结。从这个意义上说,所谓刑法的与国际接轨,既是指各国刑法都尽可能彰显人类最基本的善恶良知,又不排除各国对本土经验的珍重和积累。这两者中少了一个,所谓的学习借鉴都可能是盲目的。

4.7 详析分析:用交互分析的升级版解读婚姻成败

实际相互关联的事物之间肯定在统计上也显示出相关性,但是,统计上显著相关的事物之间却不一定具有内在的相关性。统计上相关的两个现象之间至少有几种关系:第一种情况是不仅统计相关而且具有实际因果关系。比如,抽烟与肺癌的关系中,不仅抽烟具有导致肺癌的机理,而且不可能反过来说,肺癌也可能导致吸烟。第二种情况是统计上相关而且的确具有内在的引起被引起关系,但现象之间又互为因果。比如,投资与利润的互动关系中,投资越大获利的可能性越大,而获利越高越可能导致进一步的投资。第三种情况是统计相关,而实际无关。比如,某些社区居民养宠物狗的数量比较大,而另一些社区养宠物狗的数量比较小。人们同时发现,养宠物狗较多的社区死亡率也比较高,而相比而言,养宠物狗较少的社区死亡率却相对比较低。于是,养宠物狗与死亡率之间形成统计上的高度相关关系。但是,我们显然不能说宠物狗是致死原因,与死亡率之间有内在的因果联系。因为进一步的调查发现,凡养宠物狗较多的社区,退休赋闲在家的人员也比较多,其平均年龄高于其他社区,而年龄偏高才是正常死亡的主要原因。因此,在真正分析事物之间关系的程度、方向之前,还得先确信,观察对象之间到底是否存在真实的关系。

问题是,怎样发现现象之间关系的真实性质?详析分析就是一种很有用的分析方法。[①] 具体做法是先引入一个第三变量,然后观察原关系有什么变化。例如,在表 4.7.1 中可以观察到,是否收听宗教节目与年龄因素有关。因为有 26% 的老年人收听宗教节目,只有 17% 的年轻人收听宗教节目,年龄与收听宗教节目的可能性呈正相关。

[①] 袁方:《社会研究方法教程》,北京大学出版社,1997 年 2 月版,第 501—545 页。

表 4.7.1　年龄与是否喜欢收听宗教节目

收听宗教节目	年轻人收听比例%	老年人收听比例%
收听	17	26
不收听	83	74
百分比总和	100	100

但我们有理由对这个关系的真实性持怀疑态度。因为年龄与收听宗教节目之间的关系背后，也许还存在着某种真实关系，也许是文化水平起着真正的作用。于是，在原关系中引入一个新的变量——受教育年限，看看结果如何。

从表 4.7.2 可见，引入受教育因素以后不难发现，在相同教育组中，年龄的差异缩小了。就是说，年龄本身与是否收听宗教节目无关，真正的原因是受教育程度。如果受教育程度高，不论年轻还是年老，都较少地收听宗教节目。如果受教育程度低，不论年轻还是年老，都较多地收听宗教节目。

表 4.7.2　年龄与收听宗教节目（控制教育）

收听宗教节目	高教育程度		低教育程度	
	年轻人%	老年人%	年轻人%	老年人%
收听	9	11	29	32
不收听	91	89	71	68
百分比总和	100	100	100	100

详析分析的核心就是观察比较引入第三变量（控制变量或称检验变量）的前后，原关系是否发生变化，如果发生变化，有何具体变化。如果引入第三变量后原关系消失，说明引入的检验因素才是真正的原因。如果引入第三变量后原关系仍然成立，说明原关系不受检验因素的影响。如果引入第三变量后原关系部分存在、部分消失，说明原关系部分受到检验因素的影响。这种方法的好处是分享了实验逻辑的优点，不仅能证实某种解释，还能排除某种虚假或错误的解释，甚至还能从中获得新的解释。当然，每次检验的结果，只能知道原关系是否受选定的这一检验因素的影响，不能肯定是否受其他外在因素的影响。因此，无法完全断定某关系是否真实。但不管怎样，通过这种检验，对某关系是否存在的信心增加了。真理是相对的，分析的过程没有穷尽。具体说，详析过程有以下几种模式：

详析模式一：以外在变量为检验因素，引入后原关系消失，证明原关系虚假。除了上述收听宗教节目的例子以外，还可以另一项研究为例。人们发现，现代社会精神病人的数量逐渐增多，于是有人认为是现代社会的紧张引起的。但有人进行详析分析，引入年龄因素后发现，由于现代社会医疗条件提高，人的寿命延长,老年痴呆的比例因而提高。这说明,精神病比例上升不是社会紧张引起的,而是社会物质生活、医疗条件提高的结果。

详析模式二:以原关系中的自变量中某一内含变量为检验因素,引入后原关系更加具体化,证明因变量主要是由这一内含变量引起的。例如,法国学者杜尔凯姆发现,结婚者比未婚者自杀率低。问题是,婚姻中的什么要素是真正的原因?是夫妻感情、性满足、不孤独,还是有子女?如果把有无子女作为内含变量引入,则发现,已婚且有子女的男子的生存系数,比已婚但无子女的男子的生存系数要高出一倍。这说明,不能笼统地说婚姻降低自杀率,实际上主要是婚姻中的有子女这个因素,在降低自杀率上起着重要作用。

详析模式三:以原关系之间的某一中介变量为检验因素,引入后原关系消失,证明原关系中两个变量之间的真实内在联系。例如,在表 4.7.3 中可以看出,已婚女工的旷工率比较高,为 6.4%,而单身女工的旷工率仅为 2.3%。问题是,为什么会这样呢?

表 4.7.3　女工旷工率

	已婚女工	单身女工
旷工%	6.4	2.3
上工%	93.6	97.7
总比数	100	100
人数	6496	10230

按照经验,已婚者家务事多。于是,在表 4.7.4 中,将家务繁忙作为中介变量引入,婚姻与旷工之间的关系便消失了:在家务事相同的情况下,不论婚否,旷工率大体相同。不同的是家务事的多少。家务事极多者,不论是否已婚,旷工率都较高。家务事少或没有者,哪怕是已婚,旷工率也较低。结论是,婚姻因素是通过家务事这个中介变量而导致旷工这个结果的。

表 4.7.4　婚姻与旷工率(控制家务事)

	家务事			
	极多		少或没有	
	已婚女工	单身女工	已婚女工	单身女工
旷工%	7.0	5.7	2.2	1.9
上工%	93.0	94.3	97.8	98.1
总比数	100	100	100	100
人数	5680	1104	816	9126

根据这个思想,SPSS 在交互分析中提供了一个很好的操作平台。我们仍以"婚姻成败因素分析"为例介绍这个方法的运用。在前文我们看到,文化程度越高,婚姻失败率越高,而文化程度越低,婚姻失败率也随之降低。问题是,这个认识可靠吗?我们调用交互分析过程来解决这个问题:

● 按照 Analyze→Descriptive Statistics→Crosstabs 的顺序单击,打开交互分析的对话框如图 4.7.1 所示。从变量源中将需要解释的因变量选入右上角的 Row 框,将可能用来解释因变量的任何一个变量作为自变量选入 Column 框,前文中是将文化程度作为自变量选入 Column 框。然后将性别选入 Layer 1 of 1 框。

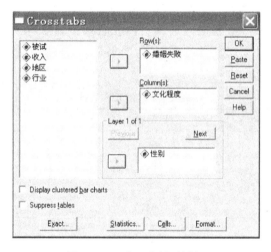

图 4.7.1　交互分析对话框

● 依次按照前文所述对 Statistics 按钮和 Cells 按钮中的内容进行选择后按 OK。得到输出的结果如表 4.7.5、表 4.7.6、表 4.7.7 所示:

表 4.7.5　婚姻失败·文化程度·性别 Crosstabulation

性别				文化程度		Total
				低	高	
女	婚姻失败	失败	Count	3	16	19
			%within 文化程度	13.6%	66.7%	41.3%
		成功	Count	19	8	27
			%within 文化程度	86.4%	33.3%	58.7%
	Total		Count	22	24	46
			%within 文化程度	100.0%	100.0%	100.0%

续表

性别				文化程度		Total
				低	高	
男	婚姻失败	失败	Count	22	5	27
			%within 文化程度	53.7%	71.4%	56.3%
		成功	Count	19	2	21
			%within 文化程度	46.3%	28.6%	43.8%
	Total		Count	41	7	48
			%within 文化程度	100.0%	100.0%	100.0%

表 4.7.6 Chi-Square Tests

性别		Value	df	Asymp. Sig. (2-sided)	Exact Sig. (2-sided)	Exact Sig. (1-sided)
女	Pearson Chi-Square	13.314[b]	1	.000		
	Continuity Correction[a]	11.217	1	.001		
	Likelihood Ratio	14.293	1	.000		
	Fisher's Exact Test				.000	.000
	Linear-by-Linear Association	13.025	1	.000		
	N of Valid Cases	46				
男	Pearson Chi-Square	.767[c]	1	.381		
	Continuity Correction[a]	.215	1	.643		
	Likelihood Ratio	.796	1	.372		
	Fisher's Exact Test				.445	.327
	Linear-by-Linear Association	.751	1	.386		
	N of Valid Cases	48				

a. Computed only for a 2×2 table
b. 0 cells (.0%) have expected count less than 5. The minimum expected count is 9.09.
c. 2 cells (50.0%) have expected count less than 5. The minimum expected count is 3.06.

表 4.7.7 Symmetric Measures

性别			Value	Asymp. Std. Error[a]	Approx. T[b]	Approx. Sig.
女	Ordinal by Ordinal	Gamma	−.854	.103	−4.380	.000
	N of Valid Cases		46			
男	Ordinal by Ordinal	Gamma	−.367	.387	−.913	.361
	N of Valid Cases		48			

a. Not assuming the null hypothesis.
b. Using the asymptotic standard error assuming the null hypothesis.

表 4.7.5 中的数据表明,对女性来说,的确是文化程度越高婚姻失败率也就随之增高,不仅原关系仍在,而且比前文看到的 66.7% 与 39.7% 之差还大,为 66.7% 与 13.6% 之差！随后两个表中的显著值和 Gamma 系数也都证实了这一点。但是,对男性而言,虽然还是文化程度越高婚姻失败率也就越高(71.4% 大于 53.7%),但是,从表 4.7.6 可见,男性组的 P 值为 0.381,大大高于 0.05 的要求,而且,从表 4.7.7 可见,男性组的 Gamma 系数的显著值为 0.361,也大于 0.05。因此可以认为,对男性来说,原关系消失。总的来说,通过详析分析,原关系部分存在,部分消失。我们不能简单地说文化程度越高婚姻失败的概率就越大,性别也与婚姻成败有关。

那么,性别对婚姻成败有无影响呢？交互分析的结果发现,当性别作为自变量时,对婚姻成败的影响并不显著,P 值为 0.147。但是,当引入收入水平作为控制变量并运行交互分析过程时,性别对婚姻的影响就呈现出某种变化,如表 4.7.8 所示:

表 4.7.8 婚姻失败·性别·收入 Crosstabulation

收入				性别		Total
				女	男	
低	婚姻失败	失败	Count	4	11	15
			%within 性别	33.3%	84.6%	60.0%
		成功	Count	8	2	10
			%within 性别	66.7%	15.4%	40.0%
	Total		Count	12	13	25
			%within 性别	100.0%	100.0%	100.0%
中	婚姻失败	失败	Count	10	10	20
			%within 性别	37.0%	50.0%	42.6%
		成功	Count	17	10	27
			%within 性别	63.0%	50.0%	57.4%
	Total		Count	27	20	47
			%within 性别	100.0%	100.0%	100.0%
高	婚姻失败	失败	Count	5	6	11
			%within 性别	71.4%	40.0%	50.0%
		成功	Count	2	9	11
			%within 性别	28.6%	60.0%	50.0%
	Total		Count	7	15	22
			%within 性别	100.0%	100.0%	100.0%

从表 4.7.8 可见,在低收入的情况下,男性婚姻失败率较高,为 84.6%,而女性只有 33.3%,表 4.7.9 显示的 P 值为 0.009,表明关系显著。但是,在中等

收入和高收入的情况下,男性的婚姻失败率就随之降低,相反,女性的婚姻失败率却呈上升趋势。不过,这两种收入水平下的关系都不符合显著性要求,P值分别是 0.374 和 0.170。表 4.7.10 中的 Gamma 系数也完全支持这一判断。可见,性别对婚姻的影响是有条件的,收入较低时,男性的婚姻很可能失败,收入中高时,婚姻成败可能与性别有关,但关联性并不显著。

表 4.7.9 Chi-Square Tests

收入		Value	df	Asymp. Sig. (2-sided)	Exact Sig. (2-sided)	Exact Sig. (1-sided)
低	Pearson Chi-Square	6.838[b]	1	.009		
	Continuity Correction[a]	4.868	1	.027		
	Likelihood Ratio	7.212	1	.007		
	Fisher's Exact Test				.015	.013
	Linear-by-Linear Association	6.564	1	.010		
	N of Valid Cases	25				
中	Pearson Chi-Square	.790[c]	1	.374		
	Continuity Correction[a]	.349	1	.555		
	Likelihood Ratio	.789	1	.374		
	Fisher's Exact Test				.551	.277
	Linear-by-Linear Association	.773	1	.379		
	N of Valid Cases	47				
高	Pearson Chi-Square	1.886[d]	1	.170		
	Continuity Correction[a]	.838	1	.360		
	Likelihood Ratio	1.932	1	.165		
	Fisher's Exact Test				.361	.181
	Linear-by-Linear Association	1.800	1	.180		
	N of Valid Cases	22				

a. Computed only for a 2×2 table.
b. 1 cells (25.0%) have expected count less than 5. The minimum expected count is 4.80.
c. 0 cells (.0%) have expected count less than 5. The minimum expected count is 8.51.
d. 2 cells (50.0%) have expected count less than 5. The minimum expected count is 3.50.

表 4.7.10 **Symmetric Measures**

收入		Value	Asymp. Std. Error[a]	Approx. T[b]	Approx. Sig.
低	Ordinal by Ordinal Gamma	−.833	.150	−3.032	.002
	N of Valid Cases	25			
中	Ordinal by Ordinal Gamma	−.259	.279	−.891	.373
	N of Valid Cases	47			
高	Ordinal by Ordinal Gamma	.579	.329	1.436	.151
	N of Valid Cases	22			

a. Not assuming the null hypothesis.
b. Using the asymptotic standard error assuming the null hypothesis.

第 5 章

违法分析

5.1 防患于未然
5.2 企业违法的法律风险评估
5.3 金融犯罪的规律与预测
5.4 问卷调查
5.5 银行职务犯罪问卷调查

所谓违法分析，就是采用统计分析方法发现、透视大量违法行为、事件、现象背后客观存在又无法直接经验到的关系、规律，回答违法现象与何种因素有关、如何根据违法现象的客观规律预测、预防违法等问题。根据这个概念，违法分析有以下几个基本要素：

● 对象是大量违法案件、行为、现象。既不是某一两个焦点案件，也不是大量法律文本或司法活动。

● 问题是这组违法案件与那组违法案件之间、违法现象与社会因素之间有哪些肉眼看不见的关系、规律？怎样解释这些关系和规律？

● 方法是双变量分析或多变量分析等数据挖掘手段。既不是纯定性解释、抽象思辨等非经验研究，也不限于百分比、均值等单变量统计描述。

● 形式是不同违法现象的样本之间、违法现象与社会因素之间量化关系的发现、展示和解释。

5.1 防患于未然

有规范的制定，就有规范的被违反。因此，法学当然要研究违法问题。对违法现象的研究来说，实证研究有助于三类问题的回答：其一，如何准确描述违法现象造成的危害大小；其二，怎样发现违法现象的客观规律；其三，如何测量违法者的内心活动以找到他们为何违法的解释。

5.1.1 违法危害性的量化描述

违法意味着负价值，意味着恶害。不同的违法，其负价值的大小不同，恶害性程度不一。因此，法律说，有的违法需由违法者承担赔偿责任，有的违法则需要使其肇事者失去一定的人身自由或者剥夺其某种资格，有的违法甚至会使违法者不得不交出生命。不过有谁曾想过，法律根据什么把较重的责任交由某种违法者来承担而将较轻的责任交由另一些违法者来承担？法律如何决定将何种严厉程度的惩戒资源投入到某类违法现象的治理中？法律又根据什么将轻重不等的否定性反应分配给各式违法行为？这其中，法律肯定拥有某种衡量手段。据我所知，这里的衡量手段主要是一些定性的、模糊的判断，而较少量化的精确度量。其实，定性还是定量，主要的区别倒不在于精确性程度问题，更重要的是，排斥量化分析的纯定性方法用于违法行为负价值大小的描述时，其正确性是无法检验的。迄今为止的规范学尚未提供一套自我检测的手段，因为规范本身已是终审。当然,如果法律的形式理性与实质理性高度一致,如果法律的适用具有极高的公信力,法律自己有无上诉法庭并不十分重要。而我们面对的问题常常是,法律还未达到这种理想状态。所以,我们所在的生活世界中,规范本身还需得到检验,规范学还需实证分析的补充。

实证分析从两个维度上进行违法危害性大小的量化描述:一方面,实证分析力图使不同的抽象违法之间获得可比性,使同一价值衡量标准下的不同抽象违法的比较成为可能。所谓抽象违法就是指,既非张三又非李四实施的一般侵权行为,或者既非此时此地又非彼时彼地的一般违约行为,或者既非针对某甲又非针对某乙、既非使用枪支又非使用刀具或者其他什么具体凶器的一般抢劫行为,等等。对于抽象违法的危害性度量,我们将在本书第7章中集中讨论。另一方面,实证分析还力图使不同的具体违法之间获得可比性,以实现同一判断标准下的不同具体违法案件、行为在危害性大小上的比较。在这方面,实证分析不仅能比较此盗窃案与彼盗窃案在恶害大小上的不同,甚至还能比较不同性质的违法案件在某个维度或者指标上的差异。

对违法危害性的量化描述是基于这样一种理念:法律现象本身是质与量的统一,违法既有质的规定性一面,又有量的规定性的一面,全面理解法律现象不应固执地拒斥包括量化分析在内的各种有用的研究方法。

5.1.2 违法规律的发现与利用

关于违法,传统规范学只告诉我们它的概念、法律特征以及法律后果,至于违法与哪些因素有关,何种社会、经济、文化条件下何种违法的发案率会高一点或低一些,为什么某个时空条件下的某类违法的规模、范围、种类会不同于另一个时空条件,为什么某类人群更可能实施某类违法行为,现有的规范学不仅没有给出答案,就连如何获得答案的方法也很少谈及。我们可以说,规范学尚未提供这些知识,但我们不能说,法学研究不需要这些知识。此类知识之所以有用是因为,人们制定法律的目的并非大家都来违反法律,而是让法律得到适用的机会。防患于未然、防"讼"于未然,才是法制社会的追求。而"防"的前提是"预",只有提前预知某类违法的发生才可能设法避免至少是减少违法的发生。再进一步看,预测的前提又是对事物规律性的认识和科学把握,只有熟悉违法现象的客观规律,才谈得上合理利用这些规律,以控制违法现象对社会造成的负面影响。现在,既然规范学在违法规律性研究方面不够发达,法律实证分析便获得了自身的存在价值。

必须说明,规范学没有发展出违法规律的研究方法,并不等于说规范学对违法问题没有任何解释。比如，何种离婚诉求可归因为情感破裂，何种违约行为应归结为单方原因或者双方原因，哪种犯罪基于故意，哪种基于过失，这些其实都是对违法的解释。但是，这些解释的共同目的都是为了责任的配置、法律后果的安排。换句话说，规范学对违法的解释主要是限于规范内而非规范外的解释。实证分析恰恰选择了这个切入点进入法学研究，试图从更宏观的层面考察法与社会、法与文化、法与个体的关系。

法律实证分析的这种考察有三个特点：其一，注重违法的因果解释，但不限于因果分析而扩展到各种可能的相关分析——毕竟，因果必然相关，而相关未必因果。只要对违法的预测有用的相关关系，实证分析都不放弃研究。其二，注重内省方法对理解个体违法行为的应用，但更加看重客观观察、经验研究方法在大量违法案件分析中的运用。其三，注意研究某个单一因素与违法的关系，但更注重多种社会因素对违法的综合影响和共同作用。

5.1.3 违法者的个体测量

违法行为是违法者实施的，因此，研究违法当然要研究违法者。但是，现代法学研究碰到这个问题时都表现出十分的慎重。因为法的现代化与中世纪封建立法、司法的重要分野之一便是，法律面前人人平等是现代法制的基本原则和品性。按照这一要求，行为是法评价的唯一根据和对象，不论是谁，不论身份地位有何不同，只要实施了法律禁止的行为，都应为此而承担同样的责任。从理论上看，这里有一个行为法与行为人法的二元对立：按照行为法假定，人是后天环境的产物，是拥有同样权利义务的正常人，法的评价应着眼于人的行为及其效果而非主观动机或身份。"同等情况同等对待"才是法制的基本精神，这里所谓的同等情况，显然不是指行为人在社会地位、个性心理、文化观念、价值取向、生理特征等方面的同等情况，而是指行为本身的大体类似。总之对规范而言，违法不仅看上去首先是行为，更重要的是，违法只能被设定为行为。与此不同，按照行为人法假定，违法与违法者密不可分，任何法的评价只能针对实施违法行为的人而不可能针对已经逝去的行为。为此，对违法的反应必须考虑到违法者的个性、心理品质、人格特征、人身危险性、微观环境，甚至生理条件，等等。

根据这一划分，现代规范学基于行为法的假定，着重研究违法行为本身的法律特征显然具有充分的合理性。但是，也正是从这一划分中得到启示，规范学着眼行为的形式评价主要是为了公平、公正地对违法行为作出反应，是从违法之后看违法。而作为科学的对象，违法毕竟不是凭空产生的，如要把握并利用其规律尽可能预防违法现象，就需要从违法之前看违法，从而找到其运动规律。这时，违法者的个体特征、心理活动便不可避免地进入法学研究的视野。可见,关注违法者的个体差异并不必然软化法的平等价值,毕竟,从违法之前观察违法与从违法之后评价违法是两个不同的角度。

具体来说,违法者在实证分析的视野中不只是大量自由选择的偶然个案,更是必然性规律的各种实现方式。针对张三还是李四、发生在此时此地还是彼时彼地、表现为此种违法还是彼种违法,这一切都是不确定的。但是,借助实证分析的手段,我们可以从大量已然的不确定背后看到某种确定性,把握住某种集中趋势,观察到某种前后相续的必然联系。正是这些与违法有关的确定性集中趋势和必然联系有关的知识,可以为违法的控制提供决策依据。

5.2 企业违法的法律风险评估

违法本身不仅意味着实际危害,而且给相关主体带来各种意义上的风险。其中,既包括各类财产损失,也包括诉讼风险。怎样分析、预测、评估这些法律风险,无疑需要实证分析方法的应用。这里,以一项银行法律风险研究为例介绍实证分析的具体过程。[①]

5.2.1 银行诉讼的价值阶梯

本研究样本为北京大学实证法务研究所截止到 2001 年底以前的全部有银行作为诉讼主体的真实诉讼案件,共 550 个,其中涉及十数家国内著名银行。观察发现,排除胜败参半等特殊情况以外,银行涉讼案件首先可以按其诉讼结果的不同分为胜诉和败诉两种情况,还可以按照银行在诉讼中的角色不同分为银行作原告的诉讼和银行作被告的诉讼两种情况。运用 SPSS 中的交互分析法,将这两个变量交叉,便有 4 种可能的诉讼结果。再将这 4 种结果按其对企业的价值不同可以顺序分为以下 4 种情况:

① 银行作原告且胜诉;
② 银行作被告却胜诉;
③ 银行作被告并败诉;
④ 银行作原告竟败诉。

[①] 参见笔者于 2001 年底到 2002 年夏在中国金融出版社出版发行的《金融法制》连载的十篇研究报告。

其中,越接近银行作原告且胜诉的方向,涉讼结果对银行越有益——是企业最希望看到的结果;越接近银行作原告竟败诉的方向,涉讼结果对银行越有害——是企业最不希望看到的结果;这就是银行诉讼的价值阶梯。其实,对银行以外的其他任何经常涉讼的主体而言,其诉讼的价值结果也不过4种情况。

诉讼中作为被告却胜诉的结果自然也不错。反复观察这类有惊无险的诉讼活动不难发现,一方面,在这类案件中,银行所以被告上法庭,较常见的一个原因是银行内部工作人员具体操作过程中确有疏漏,授人以柄。例如,在"王正玉诉商城县河风桥农村信用合作社存款纠纷案"中,原告之妻称洗衣服时将存折洗了,让被告的信贷员即第三人开证明,第三人查账后照办,后原告之妻支取时,被告银行发现账上反映的存款储户姓名是另一名字类似的人,故未予支付存款,涉讼。另外,银行内部工作人员与外部人员之间恶意串通,给人以可乘之机,则是银行成为被告的另一个原因。例如,在"张子威等诉中国银行醴陵市支行储蓄案"中,原告之一在被告银行办理无记名活期存折,后来,另一原告取得存折,到被告银行取款时,被告以该存折属假存折为由,予以没收。原告诉银行侵犯其合法权益。结果法院查明,取款的原告与被告单位工作人员恶意串通,填写重复账号的存折,应属无效民事行为,驳回起诉。此外,银行的某些客户企图转嫁自身的经营问题或风险,也可能打银行的主意,通过状告银行以摆脱自身危机。例如,在"南京熊猫电子股份有限公司诉华夏银行南京分行城中支行存单纠纷案"中,某甲欠原告货款,某乙将大额定期存单转让给原告以代某甲偿还货款。存单到期后,原告到银行取款,被告银行以该存单项下的款项已抵偿乙的贷款为由拒绝兑付,涉讼。

另一方面,此类案件中银行之所以身处被告的不利境地反而得到法院支持,除了要归功于法院查明了案件基本事实并据此适用法律(如"张子威等诉中国银行醴陵市支行储蓄案")以外,更要看到银行有关操作规程与相应法律法规之间的一致性。例如,在前面提到的"王正玉诉商城县河风桥农村信用合作社存款纠纷案"中,法院驳回原告诉讼请求的主要理由就是,只有要素齐全的银行存单才是认定存款关系的依据,证明条不能作为认定存款的依据。再如,在上面的"南京熊猫电子股份有限公司诉华夏银行南京分行城中支行存单纠纷案"中,法院认为存单不具有流通性,因而原告不是存款合同的当事人,而且,原告与乙也不存在用存单质押担保的关系,故驳回原告诉求。可见,照章办事,往往就意味着依法经营。而如果依法经营,即使摊上官司,最终陷于被动的机会也不大。事实上,有些遭遇经营困境的客户的确希望"堤外损失堤内补",打算通过法律诉讼从银行捞一把。对此,银行的有效对策之一就是平时每个业务环节中各项规章制度的严格执行。

5.2.1.1 作被告并败诉：教训多多

对银行而言，当了被告并且败诉，不管怎样还算说得过去，因为毕竟是理亏才可能被告上法庭。仔细观察这类案件发现有以下几个特点：

第一，由于银行内部从业人员利用职务便利实施贪污、挪用等刑事犯罪，造成客户资金损失，导致银行被告且败诉。例如，在"中国建设银行海南省分行直属龙华支行与北京商品交易所存款合同纠纷上诉案"中，原告在被告银行开立账户，存入3 000万元人民币。其工作人员利用银行内部管理混乱而窃取存款，法院判决银行应承担相应的民事责任，支付原告存款本金和利息。应当指出，有的银行认为，员工的刑事犯罪是他个人的事，与银行无关。其实这是误解。例如，在"董国丰诉中国建设银行绍兴市鉴湖支行存单纠纷案"中，被告银行内部的某工作人员采用不入账的方法，将原告的存款挪用，后被判刑罚。原告诉请被告兑现存单。而该银行却辩称：储蓄所的存款流水账上没有记载原告所诉的存款款项。原告与该工作人员之间系个人之间的借款关系，与银行无关，请求法院驳回原告的诉讼请求。最后，法院认为该员工的犯罪对象是其本单位资金，不影响银行承担兑付存款本息的责任。可见，银行员工犯罪当然会给银行资金安全带来风险，而银行对这种风险的法律意义缺乏认识，其实是更大的风险。

第二，由于银行外部的犯罪分子针对银行实施各类诈骗犯罪，而银行有关业务环节的职工未严格履行职务，审查不严，致使客户资金被骗，结果被客户告上法庭，并且最终败诉。例如，在"南阳市第一人民医院诉中国工商银行南阳市卧龙区支行票据赔偿纠纷案"中，原告"钱有顺"出具金额为150元的转账支票，持票人"钱有顺"把该支票金额变造为37.9万元后到被告银行处要求付款，银行对支票未尽到审查义务，对支票被变造后出现的明显污迹未能发现，法院判令被告银行对原告的损失承担赔偿责任。就是说，不管是家贼还是外贼，只要客户的资金被他们从银行偷走了，银行都得先承担客户损失的资金，然后才谈得上向犯罪人追偿。

第三，由于银行工作人员在社会上以银行名义揽储但资金不入账，使银行在不知情的情况下陷于法律上的被动地位，成为被告并且败诉。这种情况下，银行往往否认揽储人的行为是职务行为，以推卸银行的法律责任。例如，在"侯开省诉新乡县小冀中心信用合作社揽储人以该社名义出具的存单兑付案"中，被告银行以原告存款未入信用社的账，揽储人的行为属个人行为而非职务行为为由，对原告所提供的存单予以拒付。而法院认为揽储人行为是职务行为，判决银行支付本息及逾期利息。可见，银行不知的行为，并不等于不属于银行员工的职务行为，更不等于可以不承担相应的民事责任。

第四，银行服务意识不强，并由银行业务规程本身的漏洞表现出来。由此导致的诉讼也有一定代表性。例如,在"辛保森诉中国人民建设银行湖北省枝城市支行储蓄存款案"中,原告在被告银行处存款,被告在存单上注明为"特种储蓄",另在底卡联上注明实存金额而继续开办翻番储蓄时,对"特种储蓄"的含义未予公告。原告要求被告按"特种储蓄"兑付本息,银行拒绝。结果,尽管一审、二审都支持作为被告的银行,但再审以被告未尽合理告知义务为由,判决银行败诉。

第五,银行服务意识不强还体现在员工日常业务活动中。由此导致银行被告并无奈地败诉,也是比较常见的。例如,在"徐贵兴诉中国银行沈阳分行办理存款差错赔偿案"中,原告委托其弟妹去被告处存款。因实习生练习点钞造成存款短缺。法院审理认为银行为储户办理储蓄业务,应做到迅速准确。判决被告负赔偿责任。

第六,由于客户单位内工作人员故意犯罪或疏忽大意,恰遇银行工作人员也没有及时发现其中问题,导致客户单位损失,被诉上法庭后,银行往往为此承担责任。例如,在"奥地投资私人有限公司诉俞国良、交通银行海南分行侵权纠纷案"中,本来是原告公司工作人员俞国良未经公司授权,伪造相关证据,挪用原告账户内资金。结果,由于银行工作人员违规操作,导致俞国良的行为得逞以及原告遭受损失。原告将俞国良和银行一并告上法庭。被告银行认为自己无责任。但法院还是判决,银行未按有关规定操作,应该与俞国良承担连带侵权责任。

既然这些情况既是银行成为被告的原因又是败诉的原因,那么,避免类似风险的途径至少有二:一是通过人事、教育、培训部门严把进人关和强化职业培训,以降低银行的道德风险。二是把业务规程、服务条款、产品宣传法律化,使各个环节上的员工都明白,一旦这些方面操作失误会给银行带来哪些法律风险。

5.2.1.2 作原告竟败诉:不可思议

对银行而言,最不可思议的诉讼结果便是作了原告反倒败诉。这不仅在法律上输了官司,而且在声誉上也被传为笑柄;不仅在结果上失去了保护,而且暴露出银行自身从一开始便不知法不懂法。

在某银行诉中国成套设备出口公司武汉分公司经营处、中国人民建设银行海口市分行等银行承兑汇票纠纷再审案中,原告在受欺诈的情况下签发银行汇票,后汇票由二被告以连续背书及支付对价等合法的途径持有。原告认为出具汇票的原因不合法,汇票无法律效力,要求被告予以返还。一审支持其主张,再审认为被告合法持有汇票驳回原告请求。

按照我们的习惯思维,坑人的一定无理,被害的便是有理。于是,站在道德制高点上,自然应当得到法律保护,因为法律总是站在有理的一边。现在看来,这种逻辑的成立是有条件的。第一,我们只能说法律最终会为被害人提供保护,但法律不能等到找到了所有坏人才站出来说话。毕竟,法律事实和自然事实是有区别的。第二,法律的保护是对被害人合法权益的保护,可没有包括对被害人自身过失的保护。最重要的是,从长远来看,这种情况下法律对被害人的"冷淡"不等于冷漠,而是最经济的社会反应。道理其实也挺简单:法律一次次"冷淡"那些未尽到注意义务的人,迟早,人们会更积极、审慎地对待自身利益。这样,道德风险的始作俑者无处下手,下手了很难得逞,到时候,就算法律真的存心偏袒谁,恐怕也机会不多了。于是,法律最终使冲突减少,成本降低,效益提高。

5.2.2 价值阶梯的量化

除了价值阶梯的经验含义以外,我们还需要了解其定量特征。

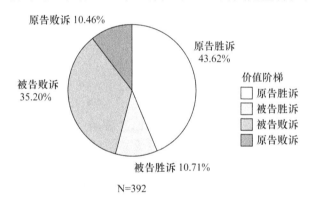

图 5.2.2.1 诉讼结果价值阶梯

由图5.2.2.1可见,样本中银行的胜诉率虽然比例过半,但不过才54.3%,毕竟有45.7%的败诉率。其中,最为沉重的数字就是对银行最为不利的诉讼结果,即作原告竟败诉的案件占到了10.46%!也就是说,除了胜负相抵的案件以外,银行每打十个官司,就有一个是在自己作原告的情况下输掉。为什么会这样呢?怎样才能有效控制企业诉讼的价值结构以降低败诉率呢?

5.2.3 败诉率与业务环节

从企业经营的角度看,首先应当知道哪个业务环节中的诉讼更可能败诉。表5.2.3.1中的数据给出了许多有意义的信息:

表 5.2.3.1　业务环节与败诉率

		业务环节					合计
		信贷	储蓄	票据	其他金融业务	非金融业务	
诉讼结果	败诉						
	计数	50	58	40	24	7	179
	诉讼结果的百分比	27.9	32.4	22.3	13.4	3.9	100.0
	业务环节的百分比	26.5	71.6	63.5	49.0	58.3	45.4
	总百分比	12.7	14.7	10.2	6.1	1.8	45.4
	胜诉						
	计数	139	23	23	25	5	215
	诉讼结果的百分比	64.7	10.7	10.7	11.6	2.3	100.0
	业务环节的百分比	73.5	28.4	36.5	51.0	41.7	54.6
	总百分比	35.3	5.8	5.8	6.3	1.3	54.6
合计							
	计数	189	81	63	49	12	394
	诉讼结果的百分比	48.0	20.6	16.0	12.4	3.0	100.0
	业务环节的百分比	100.0	100.0	100.0	100.0	100.0	100.0
	总百分比	48.0	20.6	16.0	12.4	3.0	100.0

a. $p<0.005$

从表 5.2.3.1 可以看到的信息是：

- 该组案件中的总败诉率为 45.4%。
- 首先比较各个业务环节的败诉百分比发现，储蓄环节中引发的诉讼败诉率为 71.6%，高于其他任何业务环节的败诉率。另外，票据业务中的败诉率也高达 63.5%。相反，信贷业务中的败诉率较低，胜诉率最高，为 35.5%。
- 然后观察败诉案件的内在结构，发现在所有 179 个败诉案件中，储蓄业务中的败诉案件就占到了 32.4%，为各业务环节中最多。可见，储蓄业务是"败诉大户"，与列百分比的比较结果恰好吻合。
- 最后比较各种结果的总百分比，发现在表 5.2.3.1 中的 10 个单元格即 10 种结果中，占第一位的是信贷业务中的胜诉案件，为总数的 35.3%；然后占第二位的就是储蓄业务中的败诉案件，为总数的 14.7%。就是说，除了部分诉讼请求被支持、部分诉讼请求被驳回的案件以外，每一百个银行诉讼案件中，就有 14 个为储蓄业务引发的败诉案件。

总之，储蓄业务是控制败诉率的重点业务环节。

5.2.4　败诉率与风险来源

除了业务环节以外，企业经营者一定还希望了解导致法律诉讼的风险来源，是银行内部,还是银行外部,还是内部与外部相互牵连。

表 5.2.4.1 风险来源与价值阶梯

			风险来源			合计
			内部	外部	牵连	
价值阶梯	原告胜诉	计数	3	152	16	171
		价值阶梯的百分比	1.8	88.9	9.4	100.0
		风险来源的百分比	3.5	74.5	15.7	43.6
	被告胜诉	计数	2	28	12	42
		价值阶梯的百分比	4.8	66.7	28.6	100.0
		风险来源的百分比	2.3	13.7	11.8	10.7
	被告败诉	计数	75	11	52	138
		价值阶梯的百分比	54.3	8.0	37.7	100.0
		风险来源的百分比	87.2	5.4	51.0	35.2
	原告败诉	计数	6	13	22	41
		价值阶梯的百分比	14.6	31.7	53.7	100.0
		风险来源的百分比	7.0	6.4	21.6	10.5
合计		计数	86	204	102	392
		价值阶梯的百分比	21.9	52.0	26.0	100.0
		风险来源的百分比	100.0	100.0	100.0	100.0

a. $p<0.005$

从表 5.2.4.1 中可见:

● 首先比较银行作原告竟败诉中的 3 个风险来源概率,结果是,如果有银行内外牵连现象的存在,则银行作原告还败诉的概率为 21.6%,三倍于其他两种情况。再横着比较一下"价值阶梯的百分比"可以发现,在全部作原告反而败诉的案件中,风险来源为内外牵连的就占到了 53.7%,大大高于左边的两个百分比。行列两个方向百分比的交叉比较相互印证了一点:内外牵连是银行作原告反倒败诉的主要解释。

● 其次比较银行作为被告并败诉中的 3 个风险来源概率,结果是,如果风险来自于银行内部,则银行作被告并且败诉的可能性为 87.2%,占第一位。再横着比较一下"价值阶梯的百分比"可以发现,在全部作被告且败诉的案件中,风险来源为银行内部的就占到了 54.3%,大大高于右边的两个百分比。行列两个方向百分比的交叉比较相互印证了一点:内部风险是银行作被告并且败诉的主要解释。

● 然后比较银行作被告反倒胜诉的 3 个风险来源,结果是,如果问题出在银行外部,银行虽然被告上法庭,仍有 13.7% 的概率胜诉,高于其余两者。再横着比较一下"价值阶梯的百分比"可以发现,在全部作被告反倒胜诉的案件中,诉讼风险来源为银行外部的就占到了 66.7%,大大高于左右两边的两个百分比。行列两个方向百分比的交叉比较相互印证了一点:诉讼风险越多地来自银行外部,银行胜诉的概率越大。

- 最后比较银行作原告且胜诉中的3种风险来源,结果是,只要风险来自银行外部,虽然可能涉讼,但胜诉的机会为74.5%。再横着比较一下"价值阶梯的百分比"可以发现,在全部作原告而且胜诉的案件中,诉讼风险来源为银行外部的就占到了88.9%,大大高于左右两边的两个百分比。行列两个方向百分比的交叉比较再次相互印证了一点:诉讼风险越多地来自银行外部,银行胜诉的概率越大。

- 由于风险来自银行内部和来自内外牵连其实都与银行内部有关,都可以归结为内部风险,所以可以认为,只要一有银行内部风险的出现,银行落得败诉的可能性就偏大,只要银行内部风险不出现或者少出现,银行的官司就基本上胜券在握。这说明,风险越多地来自内部,银行涉讼就越容易败诉,反之,才越可能胜诉,风险来自内部的几率与涉讼结果之间呈反比关系。

- 另外,如果将价值阶梯和风险来源两个变量都视为定类变量的话,计算其Lambda系数结果为0.443,$p<0.005$。可见,上述相关关系还是相当显著的。

5.3　金融犯罪的规律与预测

诉讼风险只是违法现象导致的法律风险的一种。其实,对潜在的被害人而言,更有意义的是预防可能的被害。而防患于未然的前提是提早预见可能遭遇的侵害,预见的前提又是对犯罪客观规律的了解。所以,我们要做的是,运用实证研究方法分析犯罪规律,预测可能的犯罪风险。这部分中,我们将以金融犯罪的规律与预测研究为例,具体介绍实证方法的运作过程。[①]

该实证研究的几个基本元素是:

1. 研究假设和理论资源

该研究的基本假设是,金融诈骗犯罪被害人自身的被害性对被骗损失后果具有重要影响,被害性越大,则被害损失越严重,被害性越小,被害损失越小。如果这个假设得到证实,则意味着可能的被害人对自身被害性的控制是预防犯罪、控制减少被害损失的重要途径。这个假设被证实还是证否,对金融机构、相关开户单位及个人乃至最终决定加害一方刑事责任的司法机关而言都至关重要。

这个假设的理论根据与被害人学有关。被害人学是犯罪学的一个分支,它

[①] 参见白建军主编:《金融犯罪研究》,法律出版社,2000年1月版。

主要研究刑事犯罪的被害现象、被害原因、被害预防以及被害补偿等问题。[①] 1941年,德国的亨蒂希在《论犯罪人与被害人的相互关系》一文中首次提出了被害人学的概念和基本理论,用被害要因解释犯罪。该理论认为,被害人塑造和造就了犯罪人,贫穷而无知的移民造就了骗子。仅仅谈论食肉动物的习性和特征,而不谈论它们赖以生存的被捕食者,是不正确、不全面的。1967年,加拿大学者弗雷泽在《关于被害人的一种犯罪学分类》中将被害人分为潜在的被害人、参与型被害人、非参与型被害人。[②] 这些被害人学方面的研究成果,为犯罪互动的研究提供了丰富的理论素材。需要说明,这里所谓被害人实际上既包括已遭受犯罪侵害的被害人,也包括尚未遭受犯罪侵害但可能成为被害的潜在被害人。所以,这个意义上的被害预防,就是指犯罪被害人或者潜在的被害人基于人身、财产、自由、环境等方面的安全需要,借助各种刑事手段以及非刑事手段,针对正在出现的或者可能出现的犯罪侵害作出保护性反应。

犯罪控制的重点从预防犯罪向预防被害的转移,是当代犯罪控制实践的一个重要特点。[③] 尽管被害预防研究的意义重大,但这个领域还是存在一些研究盲点。我们从现有研究中更多看到的是被害预防的重点、种类等研究,[④] 而对于被害预防自身的客观规律却尚无深入研究。因此,我们关于金融诈骗犯罪被害研究是从实证分析的角度开展的被害研究。

2. 因变量:被害损失

如果我们直接用案件的损失金额的绝对数说明案件的被害损失,那么,不同时空中的案件比较就失去实际意义了。因此,我们必须找到若干具有可比性的变量,对金融诈骗案件的被害损失进行综合的比较。根据经验和以往的研究,我们将被害损失这个概念操作化为得逞率和消极发现率两个指标:

● 得逞率所表示的,是诈骗分子达到其犯罪目的的机会,即达到犯罪目的的案件占全部着手实施犯罪案件的比例。犯罪人达到其目的的机会越大,说明被害人实际遭受损失的可能性就越大。反之,得逞概率越小的诈骗,其被害人承担实际损失的可能性也就越小。

● 消极发现率所表示的,是诈骗行为着手实施后,骗局被以积极有效的方式

---

① 参见郭建安主编:《犯罪被害人学》,北京大学出版社,1997年4月版;赵可主编:《被害者学》,中国矿业大学出版社,1989年11月版;汤啸天、任克勤著:《刑事被害人学》,中国政法大学出版社,1989年11月版;张智辉、徐名涓编译:《犯罪被害者学》,群众出版社,1989年2月版。
② 吴宗宪:《西方犯罪学史》,警官教育出版社,1997年7月版,第870页。
③ 郭建安主编:《犯罪被害人学》,北京大学出版社,1997年4月版,第319页。
④ 赵可、周纪兰、董新臣:《一个被轻视的社会群体——犯罪被害人》,群众出版社,2002年1月版,第329—351页。

迅速发现的可能性,即案件实施后长期未被发现而由于某种偶然因素的出现才纳入刑事司法视野的案件占所有着手实施的诈骗案件中的比例。一般说,骗局着手实施后很快被识破的诈骗案件,其被害人遭受实际损失的可能性和严重程度都可能较小。反之,如果骗局着手后往往只能以消极方式被发现,甚至案件持续很长时间后都难以被发现,那么,被害人就无法及时制止损失的扩大,损失自然会比较严重。

3. 自变量:被害性

在被害人学中,所谓被害性就是指与加害行为的发生有关的各种条件中,来自被害人方面的各种条件或影响。[①] 其实,被害性与被害要因一词在许多情况下是同义语,都表达了这样一个意思:被害人自身的某种属性、因素、特征等,诱发或强化了加害动机乃至加害行为。在本研究中,被害性是指金融诈骗犯罪被害人的被害性,即来自被害人方面的,诱发、强化金融诈骗的犯罪动机以及行为的各种因素、属性。根据以往的研究,金融诈骗犯罪被害人的被害性这个概念,可以操作化为 5 个具体指标:

● 被害死角。被害死角是被害预防机制的正常运作未能或者无法监控到的时间、空间、机制、岗位、业务、认识、关系等各种可能被诈骗犯罪利用的条件。研究认为,如果诈骗案件中诈骗分子在较大程度上利用了被害金融机构本身的过错、漏洞、死角,那么,作为被害人,金融机构的被害性就比较大。反之,如果诈骗案件在更大程度上是诈骗者预谋计划、创造条件作案的结果,诈骗案件照样会发生,但金融机构的被害性则比较小。

● 被害违法。这是指被诈骗的金融机构自身在被骗过程中表现出的违法违规行为。研究发现,并不是每个被害金融机构都是在依法经营过程中遭遇诈骗的。而作为被害人,金融机构是否违法经营,也可能对自己是否遭遇诈骗并承受损失有一定的相关性。因此,有无自身的违法经营,也是反映被害性的一个指标。

● 内外牵连。研究认为,如果诈骗案件中存在金融机构内部从业人员与外部诈骗分子之间各种形式的相互牵连,如内外勾结、贿赂交易、亲友关系等,那么,作为被害人,金融机构的被害性就比较明显。反之,如果诈骗案件是单纯的外部作案,金融机构也可能成为诈骗犯罪的被害人,但其被害性相对不明显。

● 被害地位。按照被害金融机构所处位置,可以将金融犯罪分为针对金融机构的犯罪、利用金融机构的犯罪和由金融机构实施的犯罪三类。研究认为,在

[①] 参见张智辉、徐名涓编译:《犯罪被害者学》,群众出版社,1989 年 2 月版,第 38 页。

单纯的针对金融机构的诈骗中,金融机构本身的被害性最小,在利用金融机构实施的诈骗案件中,金融机构的被害性比较大,在这两种诈骗混合交织在同一个案件中时,金融机构的被害性最大。

● 被害特定。研究认为,在针对特定被害人的金融诈骗案件中,被害人的被害性比较小,而在针对不特定的多数人实施的金融诈骗犯罪中,如集资诈骗、证券诈骗等,被害人的被害性比较大。

4. 检验逻辑与方法

如果我们所界定的"被害性"真的对"被害损失"具有显著影响的话,那么,构成"被害性"的具体指标就应当与构成"被害损失"的具体指标之间存在显著的相关关系。否则,"被害性对被害损失无影响"的虚无假设就可以成立,原假设应被推翻。由于自变量和因变量中的具体指标基本上都属于定类或者定序变量,很少定距或定比变量,所以,我们将大量运用交互分析方法逐一观察具体指标之间的关系,当多数观察都分别证实研究假设时,才最终确信假设为真。

5. 样本

该项研究是就 100 个金融诈骗案件的有关资料所进行的分析,这 100 个案例,是从若干金融机构的案件管理部门获取的。由于条件限制,研究人员难于采取纯随机抽样法进行抽样。样本选择的主要标准就是"案值大"。就是说,在合作单位提供的案例中,凡案值较大者,便抽取为样本。这样做一是因为大案、要案一般危害较大,有必要给予更多的关注;二是因为抽样过程时间紧迫,无法详细阅卷,只有案值一目了然。其实,为了保密,笔者在公开本研究成果时,不得不对案值、案名以及有关信息进行一定处理,一律使用相对数表达。从这个意义上说,案值再大,也变得没有意义了。但另一方面,样本毕竟是因案值大而被选中的,因此,本研究所获结果,可以说在一定程度上代表了大案、要案的某些特征。从这个意义上说,案值大,又是有意义的。当然,正因为样本不是纯粹随机抽样取得的,因此,所得结论,严格讲,只代表样本自身情况,至于能在多大程度上推论到样本以外的其他金融诈骗犯罪,笔者无法确知。而且,由于是从金融机构案件管理部门抽样,而不是从各级人民法院抽样,因此,案件的最终法律处理尚属未知。这都是本研究的局限所在。所以,请读者审慎面对本研究得出的任何结论。

5.3.1 得逞率与被害性

得逞不同于既遂。对行为犯来说,既遂也许未逞。得逞也不同于最终未被追究刑事责任。一个犯罪行为实施完了以后,也许真的得逞了,但是,过了一段时间后,案犯还是被缉拿归案。可见,这里所说的得逞,就是犯罪行为实施完了之时,达到了占有财产的不法目的。有的案件每发生 100 次,就有 80 次得逞,而另一些案件每发生 100 次,只有 20 次得逞。这就是得逞率问题。从被害性的角度观察得逞率,我们希望能回答的问题是,哪类案件得逞率较高,哪类较低?被害性中的哪些因素影响着金融诈骗案件的得逞率的高低?

5.3.1.1 被害死角与得逞率的关系

如果以被害死角为自变量,以得逞与否为因变量,运行交互分析后我们便会看到表 5.3.1.1 显示的关系。

表 5.3.1.1 被害死角与得逞率

			被害死角		合计
			无	有	
得逞率	得逞	计数	6	62	68
		被害死角的%	18.8	91.2	68.0
	未逞	计数	26	6	32
		被害死角的%	81.3	8.8	32.0
合计		计数	32	68	100
		被害死角的%	100.0	100.0	100.0

a. p<0.005

表 5.3.1.1 中的被害死角百分比的比较说明,案件中有无被害死角这个因素的影响,其后果明显不同。无被害死角的案件,其得逞率很低,仅为 18.8%。而有被害死角影响的诈骗,其得逞的可能性高达 91.2%,被害死角对诈骗的得逞有很大的影响——对金融机构来说,有被害死角在诈骗中遭受实际损失的概率是没有被害死角遭受实际损失概率的将近 5 倍!可见,自身的被害死角是银行最大的危险。若要预防被害,首先要系统清理并严管金融机构自身的各类被害死角。例如,金融机构基层一把手这个岗位就是违法犯罪的高发部位,原因之一就是来自各方面的监督制约都相对较弱,形成金融机构的一个被害死角。分析结果还表明,两变量之间的 Lambda 系数高达 0.625,其显著性水平 Sig.=0.000,说明当自变量被害死角的有无被用来预测因变量诈骗是否得逞时误差较小,虽不能完全预测得逞与否,但对于预测很有帮助。如果用 PPT 文件演示研究结果时感觉三线图的表格形式不够直观,研究者还可用图形来表示这个关系,即图 5.3.1.1 所示信息。

从图 5.3.1.1 中一眼就可看出,只要金融机构自身暴露出被害死角,诈骗得逞的案件不仅绝对数大于没有被害死角的情况,得逞的相对数也显著大于没有被害死角的案件。这样,抽象的数量关系被赋予了可视性特征,拉近了研究者与读者之间的关系。

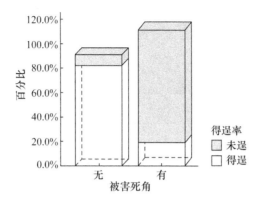

图 5.3.1.1 被害死角与得逞率

5.3.1.2 被害违法与得逞率的关系

如果以被害违法为自变量,仍以得逞率为因变量,运行交互分析过程后便应该看到表 5.3.1.2 所显示的结果。

表 5.3.1.2 被害违法与得逞率

			被害违法		合计
			无	有	
得逞率	未逞	计数	27	5	32
		被害违法的%	57.4	9.4	32.0
	得逞	计数	20	48	68
		被害违法的%	42.6	90.6	68.0
合计		计数	47	53	100
		被害违法的%	100.0	100.0	100.0

a. p<0.005

根据表 5.3.1.2 中的事实可以认为,只要被害金融机构具有某种违法经营现象,那么,一旦被骗,其犯罪的得逞率便高达 90.6%,而相比而言,如果被害金融机构无任何违法经营,针对它的诈骗也可能得逞,但其概率仅为 42.6%,明显低于前者的概率。就是说,有被害违法时遭受实际损失的概率两倍于没有被害违法时遭受实际损失的机会。可见,违法经营本身就可能招致被害,要想预防被害,首先要依法经营。例如,高息揽存可能引发储蓄业务中的票据诈骗、金融凭证诈骗,违法发放贷款可能引发贷款诈骗,违法出具金融票证可能导致票据诈骗,等等。量化分析结果还表明,两变量之间的 Lambda 系数为 0.367,其显著性水平 Sig.=0.009,说明当自变量被害违法的有无被用来预测因变量诈骗是否得逞时误差也比较小,虽不能完全预测得逞与否,但对于预测同样有一定帮助。

5.3.1.3 内外牵连与得逞率的关系

自变量被害性中的另一个具体变量就是被害金融机构的内外牵连。若以内外牵连为自变量,仍以得逞率为因变量,运行交互分析后便可见到表5.3.1.3所显示的结果。

表5.3.1.3 内外牵连与得逞率

			有无牵连		合计
			无	有	
得逞率	未逞	计数	27	5	32
		有无牵连的%	67.5	8.3	32.0
	得逞	计数	13	55	68
		有无牵连的%	32.5	91.7	68.0
合计		计数	40	60	100
		有无牵连的%	100.0	100.0	100.0

a. $p < 0.005$

表5.3.1.3中的数据表明,只要有内外牵连因素的影响,诈骗得逞的机会高达91.7%,而如果没有内外牵连因素的影响,诈骗得逞的机会仅为32.5%。这就意味着,在内外牵连因素的影响下,犯罪分子达到目的的机会比没有内外牵连因素的情况下达到犯罪目的的机会高出几乎两倍(前者大约为后者的三倍)。显然,内外牵连现象是导致诈骗得逞的重要因素。应当说明,被害死角和前面的内外牵连这两个因素之间存在着交叉关系,被害死角中的某些成分就是内外牵连,但也应看到,内外牵连中也有些成分并不具有死角的意义。比如,金融机构开户的客户的过错、金融机构内部的某些制度的缺陷、漏洞,都属于被害死角,但不一定属于内外牵连。再有,金融机构内部从业人员的偶然失误,可以说是内外牵连中的一种情况,但不具有被害死角的性质。从这个意义上说,分别考察这两个被害性的要素与得逞率的关系是有意义的。内外牵连型金融诈骗案件包括3种具体情况:第一种是面对金融机构外部诈骗分子的诈骗行为,金融机构内部工作人员具有不同程度的过失行为,致使诈骗行为得以实施。第二种是金融机构内部工作人员在接受了外部诈骗分子的贿赂以后,对金融机构被骗的后果有所预见的情况下,出于放任的心态,违法违规办理金融业务,造成金融机构资金被骗的结果。第三种就是内外勾结诈骗金融机构资金。这三种情况的共同特点是,它们都在不同程度上削弱了金融机构本来具有或应当具有的自我保护能力,使金融机构自身的风险防范机制无法正常运作起来。统计结果表明,两变量之间的Lambda系数高达0.5,其显著性水平Sig.=0.001,说明当自变量内外牵连的有无被用来预测因变量诈骗是否得逞时误差也相当小,虽不能完全预测得逞与否,但对于预测同样有一定帮助。

5.3.1.4 被害地位与得逞率的关系

作为被害人,面对针对金融机构的诈骗,金融机构的角色可能是直接的正面被害对象。有时,面对利用金融机构实施的针对其他企业的诈骗,金融机构的角色可能是间接的被害对象。有时,在针对金融机构的诈骗和利用金融机构的诈骗交织在一起时,卷入其中的金融机构扮演着另一种角色。这三种情况下,诈骗犯罪的得逞率有什么不同吗?表5.3.1.4回答了这个问题。

表5.3.1.4 被害地位与得逞率

			被害地位			合计
			利用银行	针对银行	混合型	
得逞率	未逞	计数	4	27	1	32
		被害地位的%	23.5	47.4	3.8	32.0
	得逞	计数	13	30	25	68
		被害地位的%	76.5	52.6	96.2	68.0
合计		计数	17	57	26	100
		被害地位的%	100.0	100.0	100.0	100.0

a. p<0.005

表5.3.1.4描述了被害性与得逞率之间关系的另一个侧面——当金融机构在被害中处于不同地位时,诈骗得逞的机会有何不同,也就是金融机构遭受实际损失的可能性有何不同。从被害地位百分比的比较可见,得逞率最高的是混合型诈骗案件,也就是针对金融机构的诈骗与利用金融机构的诈骗交织在一起时的情况,其得逞率是96.2%,占第一位;其次是利用金融机构实施的诈骗案件,得逞率为76.5%,占第二位;最低的是针对金融机构的诈骗,得逞率为52.6%。尽管针对银行的犯罪案件在金融诈骗犯罪中发案率最高、最为常见,却不是最危险的,而最危险的是混合型诈骗案件。因为在混合型诈骗中,金融机构不仅作为直接侵害的对象,而且也是间接利用的工具。于是我们想到,间接的,是最危险的。为什么?这需要对金融在现代经济生活中的特殊地位有所了解。在经济生活中,金融是核心,是纽带,是一切以货币形式存在的物质财富的集散地。作为可能的直接侵害对象,金融机构具有天然的戒备驱动和强大的防范机制。因此,单纯的针对金融机构的诈骗很难得逞。然而,当金融机构作为被利用的工具时,情况就发生了变化:一方面,由于不是直接针对金融机构的诈骗,因此,金融机构的强大抗制机制不被激活,而另一方面,由于被利用的是金融机构,其他企业(包括其他金融机构)对金融机构的依赖、信赖起了作用,因而也对诈骗的企图放松了警惕。这两个消极之间,正是骗局得以生存的最佳空间。

综上,自变量被害性与得逞率之间的关系基本得到了证实:由被害死角、被害违法、内外牵连、被害地位等具体变量共同构成的金融机构被害性的有无、强弱、大小,对一旦遭遇诈骗承受实际损失(诈骗得逞)的结果具有较强的解释力,这些自变量可以大体上成为金融机构资金安全和被骗风险评估的客观依据。

5.3.2 消极发现率与被害性

对被害人来说,积极及时发现被害还是消极偶然发现被害,与案件的未遂还是得逞是从不同角度反映被害损失的变量。将案发方式作为专门问题进行分析,并非得逞率分析的同义反复。特别是从被害预防的角度看,研究案件的发现方式具有相当的实践价值。如果加害得逞但被害人及时发现了被害,就为积极有效地制止加害、控制损失的扩大创造了条件。从这个意义上看,是否及时有效发现被害,也是反映被害损失的重要方面。因此,仅仅证实被害性对得逞率具有显著影响,还不足以认定被害性对整个被害损失是否具有显著相关。因此,我们还要对被害性与诈骗案件的消极发现率之间的关系进行测量分析,看看被害性的哪个因素存在与否,对消极发现被害有无明显影响。根据研究设计中的定义,诈骗案件的消极发现率是指案件实施后长期未被发现而由于某种偶然因素的出现才纳入刑事司法视野的案件占所有着手实施的诈骗案件中的比例。显然,在金融诈骗的发案率不变的情况下,消极发现率越低,说明制止、减少诈骗造成的损失的可能性越大,反之,消极发现率越高,说明被害人最终承担被害损失的数量和可能性越大。

下面,我们仍以被害性为自变量,分别考察其中的具体被害性与因变量消极发现率之间的关系。

5.3.2.1 被害死角与消极发现率的关系

如果以被害死角的有无为自变量,以消极发现率为因变量,运行交互分析过程后便会看到表 5.3.2.1 中的结果。

表 5.3.2.1 被害死角与消极发现率

			被害死角		合计
			无	有	
案发方式	消极	计数	5	43	48
		被害死角的%	15.6	63.2	48.0
	积极	计数	27	25	52
		被害死角的%	84.4	36.8	52.0
合计		计数	32	68	100
		被害死角的%	100.0	100.0	100.0

a. $p<0.005$

理解表 5.3.2.1 中数据的含义,首先要比较被害死角的百分比,结果不难看出,案件如果受到被害死角因素的影响,其消极发现率较高,为 63.2%;相比之下,案件如果没有被害死角因素的存在,其消极发现率较低,仅为 15.6%。前者 4 倍于后者,说明被害死角对消极发现率的影响较大,被害死角的确是阻碍诈骗案件被及时发现的重要原因,因而也是妨碍诈骗案件损失控制的重要因素。对实践来说,提高积极发现率的有效途径之一是减少被害金融机构自身的被害死角。被害死角与消极发现率之间的内在联系在于,金融机构中许多程序的运作都具有保障安全发现欺诈的功能,而被害死角的突出特征是,某些保障安全发现欺诈的功能本身就未曾存在,尚未创造出来。因此,如果说利用内外牵连因素设置的骗局,其掩盖诈骗企图的关键在于使原有的防范机制瘫痪,无法发现骗局,那么,利用被害死角设置的骗局,其掩盖诈骗企图的关键就在于什么都不用掩盖。因为这时欺诈者所面对的,是防范机制的空白。但应承认,分析结果显示,两变量之间的 Lambda 系数仅为 0.25,且显著性水平 Sig.=0.121,大于 0.05 的水平,说明当自变量被害死角的有无被用来预测因变量诈骗的发现方式时误差可能较大,不能安全地借此预测消极发现率的高低。

5.3.2.2 被害违法与消极发现率的关系

如果以被害违法的有无为自变量,以消极发现率为因变量,运行交互分析过程后便会看到表 5.3.2.2 中的结果。

表 5.3.2.2 被害违法与消极发现率

案发方式			被害违法		合计
			无	有	
	消极	计数	15	33	48
		被害违法的%	31.9	62.3	48.0
	积极	计数	32	20	52
		被害违法的%	68.1	37.7	52.0
合计		计数	47	53	100
		被害违法的%	100.0	100.0	100.0

a. $p<0.005$

从表 5.3.2.2 中可见,如果案件中有来自被害金融机构自身的违法经营,则有 62.3% 的可能性表现为消极的案发方式,显然对金融机构不利;如果案件中无明显的来自金融机构自身的违法经营现象,案件同样可能以消极偶然的方式被发现,但其概率仅为前者的一半,即 31.9%。可见,被害违法不仅是高得逞率的原因之一,还是造成案件发生了难以被及时发现的重要因素。因此,通过控制被害违法,坚持合法经营、合规经营,也是减少、控制被害损失的重要途径。而且,统计结果还表明,两变量之间的 Lambda 系数为 0.263,其显著性水平

Sig.＝0.034,小于 0.05,说明当自变量被害违法的有无被用来预测因变量诈骗的案发方式时误差也比较小,对于预测案件的隐蔽性有一定帮助。

5.3.3.3 内外牵连与消极发现率的关系

首先,作为被害性的一个方面,案件中如果有内外牵连的因素时,是更容易被及时发现,还是反倒更难于及时发现?解释的前提还是数据。请看表 5.3.2.3。

表 5.3.2.3 内外牵连与消极发现率

案发方式			有无牵连		合计
			无	有	
案发方式	消极	计数	9	39	48
		有无牵连的%	22.5	65.0	48.0
	积极	计数	31	21	52
		有无牵连的%	77.5	35.0	52.0
合计		计数	40	60	100
		有无牵连的%	100.0	100.0	100.0

a. p＜0.005

观察表 5.3.2.3 中的数据,首先从有无牵连百分比的比较中我们看到,如果案件中有内外牵连因素的影响,被以消极方式发现的可能性为 65%,如果案件中没有内外牵连因素的影响,即外部作案的案件,被以消极方式发现的可能性就明显降低,概率为 22.5%。就是说,在内外牵连因素的作用下,未能及时发现被害的概率几乎 3 倍于单纯外部作案且未能及时发现被害的概率。可见,提高积极发现率,降低消极发现率,内外牵连案件应当是重点。加强内外牵连案件的预防控制,是有效发现、证实金融诈骗犯罪的重要途径。统计结果还表明,两变量之间的 Lambda 系数为 0.318,其显著性水平 Sig.＝0.021,小于 0.05,说明当自变量内外牵连的有无被用来预测因变量诈骗的案发方式时误差也比较小,对于预测案件的隐蔽性有一定帮助。

在内外牵连的影响下,诈骗的企图之所以不容易被及时发现,其原因在于,从风险防范的效果来看,由程序的运作发现骗局比由从业人员的积极注意发现骗局更有效;由被骗金融机构自身发现骗局,比由其他关系人或金融机构发现骗局更有效;作案中发现比得逞后发现更有效;业务环节发现骗局比保卫、执法部门发现骗局更有效。当内外牵连因素发生作用时,就意味着本应发现骗局的程序运作发生故障,意味着被骗金融机构失去了积极防范,意味着有关业务环节防范功能的丧失或部分丧失。因此,在内外牵连的影响下,案件往往未能被发现,以至出现更大的被害后果。

回顾这一节的分析,自变量被害性与消极发现率之间的关系部分地得到了证实:由被害死角、被害违法、内外牵连等具体变量共同构成的金融机构被害性的有无、强弱、大小,对即使遭遇诈骗却无法及时积极发现被害的不利结果具有一定解释力,这些自变量可以大体上成为金融机构资金安全和被骗风险评估的客观依据。

以上,我们将被害损失与被害性这对关系拆分为几对具体的相关关系进行实证的观察和描述。其中,有的关系比较显著,有的不十分显著。总之,没有足够的证据支持被害性根本无法解释被害损失的虚无假设,原假设基本可以成立:金融诈骗的被害损失,的确可以用被害人的被害性来解释,被害性越明显,被骗时遭受的被害损失就越大。被害性的有无和大小,在一定程度上决定了被害损失的有无和大小。这一结果,与被害人学的基本原理也是一致的。

发现和证实被害性与被害损失之间的内在联系的意义在于,金融诈骗案件中金融机构遭受的财产损失,不仅仅是金融诈骗犯罪的结果,还是诈骗犯罪和金融机构自身被害性这两方面因素的共同结果。在许多情况下,这两者中缺少哪一个,都不会出现金融机构的严重被害损失。既然如此,从保护金融机构合法财产不受损失的角度出发,就不能仅仅依靠对金融诈骗犯罪的打击来换取金融安全。除了打击犯罪侵害以外,还应注重自身被害性的减少和控制。换句话说,对金融机构来说,自觉减少和控制自身被害性,和打击金融诈骗具有同等重要的意义。

综上,银行体系是信用体系而不是保险柜体系,作为一种稳定的预期,信用不只是以所持有的货币资金数量为基础,更重要的是以可靠稳定的资金流动性为基础。这个意义上的银行安全本质上就是信用安全,而不只是现金保管的安全。甚至可以说,没有信用安全,就没有真正意义上的银行安全。然而,我们不少金融机构的安全体系的设计,仍然以简单骗局的防范为基本假定,而没有真正意识到复式骗局以及道德冒险的客观存在。这种无意识在我国刑事法制中表现为,诈骗只能由具有非法占有目的的直接故意构成,而在道德冒险心态支配下的滥用、盗取、骗取金融信用,进而给金融机构或开户单位、个人资金安全带来巨大损失的行为,依法就很难构成犯罪。[①] 因此笔者曾建议,修订《刑法》时,在符合传统诈骗罪构成要件的金融诈骗之外,增加有关滥用、骗取金融信用方面的刑法规范。构成此类犯罪不要求对危害后果的直接故意和非法占有目的,只要实施

---

① 尽管不少学者坚持认为,构成欺诈类犯罪必须以直接故意为必备条件,然而,他们也意识到了现代经济生活的复杂性特点,以及欺诈类犯罪的罪过形成的复杂过程。有学者认为,欺诈类犯罪的直接故意的形成,有事前形成的——称为事前故意,也有事后形成的——称为事后故意。参见杨敦先、谢宝贵:《经济犯罪学》,中国检察出版社,1991年10月版,第390—391页。其实,这里所说的事后故意,就是行为人在结果不确定的状态下实施的行为。而这种不确定状态下的故意使人联想到的恰恰不是直接故意,而是放任的故意。看来,至少在金融业中,坚持认为欺诈一定由直接故意构成的观点,是值得商榷的。

了非法披露不应当披露的信息或者未披露应当披露的信息以牟取利益的行为就可构成犯罪。我们很高兴地看到,2006年6月29日第十届全国人民代表大会常务委员会第二十二次会议通过的《中华人民共和国刑法修正案(六)》中的第五、九、十、十二条比较成功地解决了这个问题,①这几个罪的主观心态都不同程度上与道德冒险有关。其中,第五条将原有的提供虚假财务报告罪改为虚假信息披露犯罪,第九条新增了背信损害上市公司利益方面的犯罪,第十条新增了虚假信用申请犯罪,金融机构背信擅自运用他人财产的犯罪,等等。

5.4 问卷调查

问卷调查是社会科学研究中一种有效的数据采集方法,广泛应用于民意调查、态度测量等领域。在法律实证研究中,除了民意调查以外,还会用于违法者个体特征和心理结构的测量。在具体介绍这种方法前,首先要对数据采集方法有一个总的了解。

5.4.1 数据采集方法

在法律实证分析中,至少有四大类数据采集方法:调查、观察、实验、文献研究。

调查是在没有人工干预对象行为的情况下,通过与研究对象之间的直接性语言交流搜集资料的方法。其特点有三:第一,没有人工干预。这是调查与实验的主要区别,实验是给出刺激后观察对象的行为,通过其行为的差异了解刺激的影响。第二,在调查中语言交流是研究者与研究对象之间沟通的主要媒介,这是调查与观察的主要区别。例如,问卷、访谈,都是通过语言交流搜集资料。第三,主客体之间直接接触,这是调查与文献研究的主要区别。在文献研究等非接触性研究中,研究对象并不知道自己已成为研究对象。调查按照其对象范围的

---

① 该修正案第五条规定"犯前款罪的上市公司的控股股东或者实际控制人是单位的,对单位判处罚金,并对其直接负责的主管人员和其他直接责任人员,依照第一款的规定处罚。"第十条规定,在刑法第一百七十五条后增加一条,作为第一百七十五条之一:"以欺骗手段取得银行或者其他金融机构贷款、票据承兑、信用证、保函等,给银行或者其他金融机构造成重大损失或者有其他严重情节,处三年以下有期徒刑或者拘役,并处或者单处罚金;给银行或者其他金融机构造成特别重大损失或者有其他特别严重情节的,处三年以上七年以下有期徒刑,并处罚金。"单位犯前款罪的,对单位判处罚金,并对其直接负责的主管人员和其他直接责任人员,依照前款的规定处罚。"

大小可分为：普查、抽样调查、个案调查。按调查所采取的方式不同可分为：问卷调查、访问调查、电话调查、追踪调查、集体调查。按调查在研究中的作用可分为：探索调查、试验调查、正式调查、补充调查。按调查目的的不同可分为：结构性调查、非结构性调查。

观察有广义和狭义两种。广义的观察，是获取感性资料的一切方法的总称。而这里狭义的观察是指在天然环境中主要依靠研究人员的视觉系统与对象的直接接触获取资料的方法。其特点是：第一，在天然环境中进行，而不是在实验室或座谈会中进行的。因此，观察能够比较客观地感知对象的活动、态度、行为，以及事件发生的全过程和当时当地的环境。第二，主要依靠研究者的视觉系统及其延伸，因此观察能够比较有效地避免语言交流中的歧义、暗示对研究对象的影响。这是观察和调查的又一区别。第三，研究者与研究对象直接接触，这是观察与文献研究的一个主要区别。当然，由于直接接触、天然环境和视觉系统这三个特点，观察对研究的人力、物力都有较高的要求，局限性较大，不可能面对大样本。而且，由于缺乏人工控制，无法预料其他因素的介入，观察的结果也很难量化。但无论怎样，观察是获得灵感和原创性思想的重要途径。按照研究者与对象的关系，观察首先可以分为参与观察和非参与观察两种。由于参与观察是研究对象不知道研究者真实身份情况下的观察，所以好处是使研究者能够体验到研究对象的感受，而且不干扰研究对象的表现。但是，完全的参与会遇到一些严肃的问题。例如，研究吸毒、同性恋、犯罪、自杀等问题的研究，就很难做到完全的参与观察。于是，非参与观察就可以解决身份危机、角色冲突问题。此外，还可以按照研究的计划性程度，将观察分为结构性观察和非结构性观察两种。前者是指按照既定的项目框架进行的观察。此法目的性强，便于定量比较。但如果事先考虑不周，现场出现意外因素，就很难处理。后者是没有既定框架不期待特定结果发生的观察，也是捕捉问题、形成灵感的重要方法。非结构性观察的缺点是由于样本不可能太大，因而不适于量化分析。

实验是在人工干预的条件下，通过对研究对象的不同反应进行比较，发现和证实变量之间因果联系的方法。实验的经典形式是：

实验组： 前测　刺激　后测
对照组： 前测　──　后测

实验的三个基本元素是：第一，自变量和因变量。在实验中，自变量就是研究者给出的刺激。因变量就是前后测之差。第二，前测与后测。前测是引入自变量之前的因变量。后测是引入自变量之后的因变量。前后测的差，往往被视为自变量的结果,归因于自变量的引入。第三,实验组与控制组(对照组)。在实验中,只对实验组给出刺激。而设立控制组的目的是确定实验组前后测之差是源于自变量的影响还是实验本身或其他外部原因。实验的基本前提是封闭,把人为刺激以外的变量排除在实验以外。否则,前后测之差就不知道是否应归因于刺激。实验的基本特点,是控制和比较,更适合于因果关系的研究。应当看到,在社会科学研究中很难做到全封闭,因此极大地限制了实验方法在社会现象研究中的应用。不过,社会科学研究也可在一定意义上引入此法,如现场实验和自然实验。前者是指不控制现场条件和外部变量的情况下,通过控制实验刺激,来观察因变量的变化。如,研究者在超市装扮成窃贼行窃,然后观察顾客的不同反应。后者是指不施以任何人工刺激,等待自变量的自然发生,然后测量自变量对因变量的影响。比如,地震发生后前往现场观察人们在面对突如其来的灾难时有何不同的表现。

文献研究是以报刊、书籍、档案、书信、报表、录像、照片、磁带等文献资料为资料来源的研究方法。其特点是:第一,适合于研究无法接近的对象如去世的人,具有一定的间接性。第二,由于不直接接触对象,因而没有干扰效应。第三,适合于长时段的历史研究。第四,允许大样本研究,且费用较低。文献研究的基本方法是内容分析:把文献中的语言信息转换成数量信息的方法。

在上述四大类资料收集方法中,问卷调查只是其中调查法中的一种具体方法。

5.4.2 方法选用原则

通常,研究选题确定以后,往往集中选用多种资料收集方法中的一两种。问题是,怎样选择更适于某个研究课题的资料收集方法呢?基本原则是以最经济的方法,获取质量最好、与研究假设之间的相关性程度较高、数量最大的信息。能否保质保量地获取研究所需要的数据信息,受以下几个因素的影响:

第一,研究者对课题本身是否充满了疑问。

资料收集工作开始之前,研究人员必须对课题本身充满了疑问、好奇、求解的欲望。如果一开始就预设了答案,资料搜集工作就变成寻找例证的过程,便失去了资料本身的客观性。其实,同一个案件,同一个犯罪统计数字,同一份问卷,向不同的认识主体传递着不同的信息,对不同主体具有不同的意义。因为不同研究者大脑中有关违法行为等研究对象的预存知识不同,谁的头脑中也不是白纸一张。而预存知识的内容不同、数量不同,对课题的疑问也就不同。因此带着不同的疑问去观察违法现象,就会从同样一堆事实中看到不同的真实性。从这个意义上说,资料中包含的信息只对充满问题的大脑才有意义。信息只赐给那些充满问题的大脑。如果什么都明白了,价值连城的信息也一钱不值。从这个意义上说,在资料收集阶段,首要的问题不是采用什么具体方法去观察对象,而是带着什么问题去观察对象。在社会现象研究中,"问题"或者"疑问"就表现为研究假设。研究的过程就是积极主动地寻找资料以证实或证伪研究假设的过程。

第二,所选择的观察方式能否成功排除干扰效应。

被选定的方法应当能够成功地排除"噪声"。如果把资料收集方法看成是信号传输的载体(信道),那么,"噪声"就是资料收集过程中研究人员对研究对象形成的干扰效应,以及自变量以外的其他影响。例如,笔者曾经到监狱对服刑人员进行问卷调查,填答问卷前,监狱工作人员为了配合我的工作,要求被调查者象平时考试答卷一样认真对待这次调查。结果,那次的调查结果在很大程度上失真。应当说,没有一种资料收集方法本身能够完全排除"噪声"。但相对特定课题而言,不同方法的抗干扰能力是有区别的。例如,在某些犯罪心理研究中,实验法就没有观察法的抗干扰力强。

第三,观察方式应相对选题而言具有较大的容量。

所谓研究方法的容量,就是一种方法能同时通过多少信息。一般来说,实验法、观察法,都属于容量较小的方法,比较适合于个案或小样本的研究,而调查法、文献研究法,都属于容量较大的方法,适合于大规模、大范围的研究。

第四,处理好信息量与标准化之间的矛盾。

资料收集的过程就是研究者接收来自研究对象的信息的过程。而信息的原始形态本身具有异质性、多元性、非标准化等特点,这时的信息量最大。然而,信息的原始形态本身不能直接变成理论大厦的砖石。只有对杂乱无章的事实信息进行标准化处理,才能从大量原始资料中筛选出有用的信息,才能对资料进行定量分析。不过,标准化处理的一个代价就是信息量的损失。因为在标准化处理过程中,一些信息无法纳入任何指标体系,只好被排除掉而无法进入信道。例如,学习成就,如果被操作化为考试成绩,就遗漏了发明创造的能力。可见,在观察方式的选择上,要处理好"粗"与"细"的关系。

5.4.3 问卷设计的"九定"

问卷调查比较适合于测量被调查者的主观世界,如目的、态度、意见、价值取向等,还可以间接地了解人的行为以及其他自然状况,其结果又便于标准化处理,因此非常适于对违法者个体情况的调查。问卷设计要满足九个方面的要求:

一定问卷种类。按照研究者与对象之间沟通方式的不同,问卷调查分为邮寄问卷调查、面谈问卷调查和电话问卷调查三种。① 按照被调查者回答问题方式的不同,问卷调查又可分为自填式问卷调查和访问式问卷调查。按照问卷本身结构形式的不同,问卷调查还可分为开放式问卷、封闭式问卷和半开放式问卷。开放程度越高,调查结果越难于进行标准化处理,但较有助于研究者发现新的研究线索。反之,开放程度越低,越便于标准的量化分析,但研究者很难发现被调查者的某些富有启迪意义的回答。问卷种类确定以后,才可能着手具体的问题设计。

二定问题内容。从某种意义上说,问卷调查就是比较不同被调查者对同样问题的不同回答从而观察其差异性的个体测量方法。因此,问卷中要求被调查者回答的问题可以分为三类:第一类问题是了解被调查者的态度、目的、价值取向、期望、行为倾向、某个方面的知识等主观内容。如是否赞成废除死刑,是否支持某个候选人当选,是否满意某个政府施政措施,等等。第二类问题是了解被调查者的行为本身,如是否曾经违章驾车,是否遭受过性骚扰,是否参与过某类活动,等等。第三类问题是了解被调查者的自然情况,如年龄、性别、职业、收入、文化程度、家庭人口、邻里环境,等等。问题是问卷的主干,也是对个体进行测量的主要工具,研究者的全部关心都体现在巧妙的问题设计当中。

三定问卷结构。问卷不仅仅由问题构成,为了更好地取得被调查者的合作,问卷应包括四个部分:① 封面信。包括向被调查者说明调查目的、隐私保密的承诺等内容。② 填表指南。即如何填答问卷的方法示例。③ 问题。即要求被调查者回答的问题。④ 其他。如对问卷的补充说明等。

四定提问顺序。问题的形成过程可以没有顺序,但问题呈现在被调查者面前时的顺序却应符合一定要求。一般而言,以下几个顺序性安排比较合理:① 封闭式问题在先,开放式问题在后。其作用是,开放性问题可能是敏感性问题,如果调查一开始就引起被调查者的警惕,就可能丧失掉整份问卷。② 先易后难。其目的在于,有些被调查者看到难于回答的问题感到麻烦便放弃回答,如果容易的问题在先,至少会捕捉到一定的信息,提高问卷回收后的有效利用。③ 先测量态度,再测量行为。道理在于,表达某一个态度,被调查者感觉到自己是在参与某种与公众有关的事务,自己的回答只对公众事务有关而不会导致自己的不利。而如果一上来便被问到自己是否从事过某种行为,被调查者感到调查结果可能影响到自己而不是公众,其选择的回答便可能影响到调查结果的客观性。

五定答案种类及排列。对封闭式问卷而言,问题的答案可以是赞成不赞成、对不对、满意不满意、重要不重要、可能不可能等。也可以在赞成与否、满意程度的两

---

① 参见唐盛明:《社会科学研究方法新解》,上海社会科学出版社 2003 年 9 月版,第 53—63 页。

端之间给出多个比较级,如非常满意、比较满意、无所谓、不太满意、很不满意五级供被调查者选择。还可以根据问题的内容给出几种定性的选择,如性别分为男女;职业分为工人、农民、技术人员、干部、其他;文化程度分为文盲、小学、中学、大学等。答案的等级数要适量,过多过少都不好。答案的排列方式有行式、列式、矩阵式几种。需要注意的是,一方面,封闭问题的答案必须包括所有可能的回答。例如,如果文化程度的答案只给出小学、中学、大学,那么,文盲就不知如何作答。另一方面,回答之间不能相互交叉。例如,关于民族的答案同时给出"汉族"、"藏族"、"少数民族",那么,藏族的被调查者就既可以选择"藏族"又可以选择"少数民族"。

六定问题的数量。问题数量过多,会引起被调查者的反感,从而直接影响问卷的回收率。而问题数量如果过少,很难对被调出作者的差异作出区分。一般而言,以被调查者 30 分钟左右能够基本回答完问题为宜。

七定问题措辞。作为一种测量工具,问卷中问题的表述是否准确,直接关系到调查结果的精准性和客观性。为此,问题设计一要注意避免表述的含混不清,如"你熟悉法律吗"。法学教授也不敢说熟悉。二要注意避免双重问题,如"你父母是工人吗"。被调查者很难把握你问的到底是父还是母。三要注意避免提出诱导性问题,如"许多人都认为应废除死刑,你认为怎样",被调查者即使不赞成也可能因"许多人都赞成"而不告诉你实话。四要十分小心被调查者对某些措辞的主观感受,如最好别提出"你家有醉鬼吗"这样的问题。五要尽量不用可能引起歧义的问题,如"你在哪里学习"这样的问题。对于这一问题,被调查者既可能回答在大学学习还是在家自习,还可能回答在北京学习还是在上海学习。六要考虑到回答者的文化程度,如问题中如果使用"整合"、"代沟"、"语境"、"话语霸权"等词汇就要十分慎重。

八定项目辨别力。最好的问题是能灵敏区分出不同被调查者之间在某个方面的差异性。所谓项目辨别力就是指问题作为测量工具的灵敏度,说到底,提出的问题是否灵敏,反映的是研究者对所研究问题是否有足够准确的把握以及对相关理论是否有足够深入的了解。例如,对离婚问题的研究,如果向离婚者提出的问题是"你与他或她吵过架吗?"那么,对绝大多数离婚者而言,回答可能都是肯定的。于是,这个问题就是在浪费问题资源,不具有辨别力。项目辨别力的确定方法之一,是在最终的大规模正式调查开始前,用所设计的问卷在小范围内进行试验性调查。然后,将结果中回答一致率最高的几个问题剔除,保留下来的问题才被视为具有足够的辨别力。

九定分析方式。问卷设计中就要将采用何种统计手段对调查结果进行量化分析考虑进去。例如,你要了解被调查者的平均收入,就不能在问卷设计中只要求被调查者在 1 000 元以下、1 001 元到 5 000 元、5 001 元到 2 万元、20 001 元以上几个答案中选择。这样,就无法准确计算收入的均值、众值、中值、总值等。

至此,满足了以上九个方面要求的问卷,才可能称得上一个适合个体观察的测量工具。

5.5 银行职务犯罪问卷调查

金融安全在很大程度上与银行从业人员有关,而作为可能的违法者,银行从业人员又是充满复杂性的个体。因此,如何发现大量复杂个体中与违法犯罪有关的共性,便是违法行为研究的重要课题。为此,笔者曾主持实施过一项问卷调查,试图借助问卷这种测量工具对金融违法犯罪问题进行多角度的量化描述。[①] 该项调查分别在北京、深圳两地的7家银行,由7家银行领导按照笔者提出的"尽可能有代表性"的要求抽取各类银行从业人员共218位为被调查样本。所用问卷设有64个问题,从不同侧面对被调查者的行为倾向、所在单位的内控情况,以及其他各种可能与银行从业人员违法犯罪有关的因素进行测量。样本的基本情况为:男性占39.8%,女性占60.2%;18—27岁之间的占29.4%,28—37岁之间的占45.3%,38—47岁之间的占21.1%,48岁以上的占4.3%;未婚者占21.9%,已婚者占78.1%;文化程度中专占18.1%,大专占51.6%,大学占30.3%;工资收入700元以下者占3.9%,701—1400元者占24.1%,1401—3000元者占44.3%,3001元以上者占27.5%。

这里我们着重讨论如何利用问卷量表对个体年龄、性别、职业等客观因素以外的其他主观变量进行测量的方法。

5.5.1 行为倾向测量

违法行为都是违法倾向外化的结果,因此,违法问题研究必须能够测量不同个体身上违法行为倾向的存在与否及其强度大小。作为测量工具,问卷调查就可以通过各种问题的设计及被调查者的不同回答,将更可能违法与不太可能违法的银行从业人员区分开来。为此,我们首先从抽象层面上将违法倾向定义为银行从业人员在履行职务过程中已然的行为或可能的选择表现出来的,与有关法律法规、规章制度相悖的态度和行为的可能性。该项研究设计的问卷中共有64个问题,其中,从第52到62题共11个问题就是测量行为倾向的问题。其

[①] 白建军主编:《金融犯罪研究》,法律出版社,2000年1月版,第132—215页。

主要问题及相应的测量结果为:

● 当被问到"如果您发现领导要求您办理的一项业务是违章操作,您会怎样处理?"(问题54)时,40.9%的银行从业人员选择了"照办并协助掩盖真相"的回答,还有15.8%的人选择了"拒绝违章但不向上级反映"的回答,只有43.3%的人选择了"拒绝违章并向上反映"的回答。这说明,如果有单位领导的要求,过半的银行从业者会选择与违法违规的领导合作。

● 当被问到"某银行行长在地方行政领导的强大压力下,违章出具保函,很可能给银行造成巨大损失。如果您是这个行长,您会违章出具保函吗?"(问题55)时,有10.8%的人选择"会",另有6.9%的人拒绝回答此问题。这说明,如果有地方行政领导的不当干预,至少有一成以上的银行从业人员可能违法违规。

● 当被问到"如果某企业为了得到一笔贷款向您行贿,并让您相信绝对不会被发现,您会怎样?"(问题58)时,有7%的从业者选择了"立即受贿"或者"放贷并受贿",说明如果确信被发现的机会不大便很可能选择受贿。

● 当被问到"您自己在办理业务过程中是否违规操作过?"(问题59)时,有28%的被调查者承认"偶尔有过",说明将近三成的从业者有至少一次或两次违规操作。

● 当被问到"您接受过客户的贿赂吗?"(问题60)时,有8.7%的被调查人员回答说:"没有接受过",是因为"钱数不大不值得",或者因为"担心不能为请托人办成事"。还有2.8%的被调查人员承认自己曾经接受过客户的贿赂。这说明,即使拒绝贿赂,其原因也是复杂多样的。

● 当被问到"您偶尔实施过以下这些行为中的某些或某个行为吗?"(问题61)时,有9.9%的被调查人员承认,曾经实施过违规、违法犯罪行为,说明违法犯罪并非十分罕见。

5.5.2 主观因素测量

违法是主观选择的结果,而大量的主观选择背后又隐藏着某种相关因素的影响。发现、了解这些相关因素,能帮助我们更好地理解为什么某个人更可能倾向违法,而别的个体不具有明显的违法行为倾向。在本例中,首先将违法者主观因素的概念分解为"认知因素"、"价值取向"、"自我意识"等具体概念后分别加以测量。

首先,在该项研究中,所谓认知因素就是指个体对刑法中关于金融机构工作人员职务犯罪的规定是否知悉。按照刑法,除了贪污、受贿、挪用公款是犯罪,违法发放贷款、对违法票据承兑付款保证、非法出具金融票证等行为,也属于犯罪。于是问题11是:"只要不实施贪污、盗窃、抢劫、受贿、诈骗等行为,在平时的业务活动中根本不可能触犯刑律。"你赞成这话吗？结果发现,只有2.3%的被调查者表示赞成,有47.9%的人回答说"不一定",其余49.8%的人都回答说不赞成。这说明,绝大多数人都至少知道,触犯刑律的不仅仅限于贪污、盗窃、抢劫、受贿、诈骗等行为。可见,即使其中有人做出了违法犯罪的选择,也主要不是因为对刑法的无知。

其次,本例中对所谓价值取向的测量是通过问题14、15、16、17这几个问题设计和回答进行的。例如当被问到,"以下各项中您认为哪一项最接近您对自己的要求"时,有45.9%的人选择"被周围亲友所羡慕",占第一位;有26.8%的人选择"常给家人带来实惠",占第二位;有22.0%的人选择"不触犯法律",占第三位;只有3.3%的人选择"被周围同事视为道德楷模",占第四位;最后,只有1.9%的人选择"不断提高自己在工作单位中的地位"的回答,占最后一位。不难看出,前两位的回答在价值取向上都比较中性。再如,当被问到您怎样评价办理业务中过失造成银行不良资产的行为时,有30.2%的人选择"违法但没什么不道德",占第一位;有24.1%的人选择"既违法又不道德",占第二位;有22.6%的人选择"既不违法也没什么不道德",占第三位;有13.6%的人选择"不道德但不违法",占第四位;另有9.5%的人选择"不知道",为数最少。应当说,只有24.1%的人选择比较正确的回答,即"既违法又不道德",其余四分之三的人表现出来的模糊取向,可以成为银行从业人员职务违法犯罪的某种解释。

第三,研究中所谓的自我意识,是个体对人我关系、周围事物与自我之间关系的各种观察、评价、体验的综合结果,内容包括自我物质能力的强弱(问题21)、道德层次的高低(问题23)、事业追求上的成败(问题22)等具体方面。自我意识较高的个体,往往在物质、道德、事业等方面表现出高度的自信,而自我意识较低的个体,往往在这些方面表现出高度的自卑。犯罪学家在谈到青少年犯罪、街头犯罪、暴力犯罪这些传统犯罪时,常常用到一些与自我意识相关的变量,如自信心、自我感觉、成就感、受挫感,等等。比如,人们常说,攻击行为可以从受挫感得到解释。当个体的受挫体验强烈到一定程度时,就会作出攻击性的反应。那么,这种关系同样存在于白领犯罪吗？这些与自我意识相关联的变量可以用来理解银行人的违规倾向吗？调查结果发现,当被问到与其多数朋友相比是否比较成功时,有69.2%的人认为自己只是一般,既不十分成功也不太失意,占第一位;有22.4%的人认为自己"比较成功",占第二位;另有8.4%的人认为自己"比较失意的"或者"最失败",为数最少。可见,银行中有将近一成的人自我意识较低,这也许是选择违法的另一种解释。

5.5.3 受罚预期测量

从广义上说,所谓受罚预期就是指个体在是否违法的利弊权衡过程中对一且违法将有多大机会被发现并受到处罚的估计。一般认为,受到处罚的机会越大,因违法犯罪所付出代价的预期就越确定,选择违法的可能性越小,反之,即使刑罚再重,如果被发现并受到处罚的机会极小,法律后果的确定性越小,选择违法的可能性便很大。具体说,受罚预期的概念又可以操作化为案发机会、执法率、内部管理、犯罪暗数[①]4个具体概念。

首先,案发机会的大小是反映受罚预期的一个侧面。对案发机会大小的估计,可以通过问题42的问答进行测量:"假设您真的准备侵吞单位公款,您估计被发现的概率有多大?"对此,有80.3%的人认为只有5%以下的概率被发现;有11.6%的人认为只有10%左右的概率被发现;二者合计,有91.9%的人认为即使自己违法,被发现的概率极低。

其次,所谓执法率就是指被依法处罚的违法犯罪案件在整个违法犯罪案件中所占的比率。执法率的高低也在一定程度上影响着潜在违法者的受罚预期——执法率越高,受罚预期越高,执法率越低,受罚预期也相应地越低。调查结果发现,当被问到,您估计银行里违规案件的处罚率有多高时,有38.6%的人认为只有10%以下的违法案件受到了处罚,占第一位;只有35.1%的人认为执法率在80%以上。

再次,从某种意义上说,金融机构内部的规章制度及其执行情况就是被临摹并被细化了的法律法规及其适用。这里所谓的内部管理其实是指被调查者对所在单位内控松紧程度的主观评价。也许,指导被调查者行为的,正是这些主观评价,而不是单位内控活动本身。否则,我们似乎无法解释为什么身在同一单位,有人违规倾向十分明显,而另一些人合规倾向十分明显。调查结果是,有76.7%的人认为自己单位的内控主要是有章不循而非无章可循。

最后,犯罪暗数是确已发生但未被发现的潜伏犯罪的估计值。对社会而言,犯罪暗数越高,说明犯罪的实际规模越大,执法的效率越低。而对可能的犯罪人而言,犯罪暗数则意味着犯罪后进入刑事司法视野的机会有多大,对暗数的估计越高,说明法律风险越小,反之,对暗数估计越低,意味着法律风险越大。因此,如何看待犯罪暗数的大小,是测量受罚预期的重要指标。例如,问题51是,"您估计,近年来实际发生的金融犯罪案件比被判刑的金融犯罪案件要多出多少倍?"并给出1倍以下、2倍左右、4倍左右、8倍左右、15倍左右、30倍以上等几个选择。结果,选择1倍以下的人有17.4%,选择2倍左右的人有29.7%,选

---

① 所谓犯罪暗数就是潜伏犯罪的估计值,即确已发生但由于种种原因未被记入官方犯罪统计中去的犯罪。因此,所谓高暗数犯罪,就是指确已发生但难以被司法机关甚至被害人自己及时发现的犯罪。比如,贿赂犯罪、风化犯罪、税收犯罪、失职类犯罪、金融犯罪往往属于高暗数犯罪,给被害人及时控制损失,国家及时发现、制裁这类犯罪带来较大困难。

择 4 倍左右的人有 25.2%,选择 8 倍左右的人有 5.2%,选择 15 倍左右的人有 11.6%,选择 30 倍以上的人有 11%。如果我们以实际发生的犯罪比被发现的犯罪高出 15 倍为界,那么可以认为,至少有两成以上的银行从业者对犯罪暗数估计较高,实施犯罪的法律风险较小。

5.5.4 因素影响力测量

在以上三类变量中,行为倾向是需要解释的现象,是现象联系中的因变量;主观因素和受罚预期是用来解释行为倾向的变量,属于现象联系中的自变量。问题是,自变量真的能构成对因变量的影响吗?主观因素和受罚预期与行为倾向之间真的存在显著的相关关系吗?要检验它们之间的关系是否真实,首先要设定一个假设。例如,受罚预期与形成违法倾向的可能性之间呈反比关系:受罚预期越高,越不可能形成违法行为倾向;反之,受罚预期越低,越可能表现出明显的违法行为倾向。只有当这样的假设得到证实,假设中的理论才可能应用于犯罪控制实践。

下面,我们将前面讨论过的交互分析法应用于这个理论假设的检验。

首先,已知对案发机会的估计越高,表明受罚风险预期也就越高,根据假设,形成违法倾向的可能性应当越小。反之,对案发机会的估计越低,形成违法倾向的可能性应当越大。检验过程是将案发机会的估计(问题 42)设定为自变量(列变量),将违法行为倾向变量中的问题 59(您自己在办理业务过程中是否违规操作过?)设定为因变量(行变量),然后运行交互分析过程,并观察表 5.4.5.1 中显示的分析结果。

表 5.5.4.1 案发估计的高低与违规行为的关系

			对案发机会的估计						合计
			5%以下	10%左右	20%左右	30%左右	50%左右	100%	
违规与否	从来没有过	计数	110	12	2	1	1	7	133
		列百分比	72.8	57.1	50.0	50.0	100.0	87.5	71.1
	偶尔有过	计数	41	9	2	0	0	1	53
		列百分比	27.2	42.9	50.0	.0	.0	12.5	28.3
	常有的事	计数	0	0	0	1	0	0	1
		列百分比	.0	.0	.0	50.0	.0	.0	.5
合计		计数	151	21	4	2	1	8	187
		列百分比	100.0	100.0	100.0	100.0	100.0	100.0	100.0

a. $p < 0.005$

表 5.5.4.1 中可见,对案发可能性的估计越高(横着看越接近表的右侧),也

就是认为受罚风险较大者,从来没有违法的可能性也相应地比较大,而偶尔有过违法的可能性则越小。换句话说,对案发可能性的估计越低(横着看越接近表的左侧),也就是认为受罚的风险较小者,从来没有违法的可能性也相应地比较小,而偶尔有过违法甚至经常违法的可能性则越大。受罚风险预期与违法行为倾向之间的相依关系得到了某种证实。

其次,已知对违法案件的处罚率的估计越高,表明受罚风险预期也就越高,又根据假设,形成违法倾向的可能性便应当越小。反之,对违法案件的处罚率的估计越低,形成违法倾向的可能性就应当越大。检验过程是将违法案件的处罚率的估计(问题64)设定为自变量(列变量),将违法行为倾向变量中的问题58(是否因放贷而受贿)设定为因变量(行变量),然后运行交互分析过程,并观察表5.5.4.2中显示的分析结果。

表5.5.4.2 违法处罚率估计与商业受贿行为的关系

			违法处罚率估计					合计
			100%	80%	50%	30%	10%以下	
商业受贿	放贷但拒贿	计数	20	38	26	13	59	156
		列百分比	100.0	97.4	92.9	76.5	89.4	91.8
	放贷并拒贿	计数	0	1	0	4	3	8
		列百分比	.0	2.6	.0	23.5	4.5	4.7
	立即受贿	计数	0	0	2	0	4	6
		列百分比	.0	.0	7.1	.0	6.1	3.5
合计		计数	20	39	28	17	66	170
		列百分比	100.0	100.0	100.0	100.0	100.0	100.0

a. $p<0.05$

表5.5.4.2中的数据表明,对违法案件的处罚率的估计越高(横着看越接近表的左侧),也就是认为受罚风险较大者,拒贿的可能性也相应地比较大,而几乎不太可能受贿。反过来看,对违法案件的处罚率的估计越低(横着看越接近表的右侧),也就是认为受罚的风险较小者,拒贿的可能性也相应地比较小,而受贿的可能性则越大。这里,受罚风险预期与违法行为倾向之间的相依关系又一次得到了证实。

不仅如此,表5.5.4.3进一步表明,行为人对违法处罚率的估计与商业受贿行为两个变量之间的对称相关性程度(Gamma系数)高达0.409,线性相关性程度(Pearson系数)为0.162,定序相关程度(Spearman系数)为0.154,三者的显著性水平都满足小于0.05的要求,说明自变量与因变量之间的确存在一定的相关性。

表 5.5.4.3 违法处罚率估计与商业受贿之间关系的对称度量

		值	渐进标准误差[a]	近似值 T[b]	近似值 Sig.
按顺序	γ	.409	.153	2.368	.018
	Spearman 相关性	.154	.056	2.022	.045[c]
按区间	Pearson 的 R	.162	.054	2.132	.034[c]
有效案例中的 N		170			

a. 不假定零假设。
b. 使用渐进标准误差假定零假设。
c. 基于正态近似值。

最后,已知对金融犯罪案件的处罚率的估计越高,表明受罚风险预期也就越高,又根据假设,形成违法倾向的可能性便应当越小。反之,对金融犯罪案件的处罚率的估计越低,形成违法倾向的可能性就应当越大。检验过程是将金融犯罪案件的处罚率的估计(问题 51)设定为自变量(列变量),将违法行为倾向变量中的问题 55(是否违法保函)设定为因变量(行变量),然后运行交互分析过程,并观察表 5.5.4.4 中显示的分析结果。

表 5.5.4.4 金融犯罪处罚率估计与违法保函的关系

			金融犯罪处罚率估计						合计
			1倍以下	2倍左右	4倍左右	8倍左右	15倍左右	30倍以上	
违法出具保函	不会	计数	24	40	35	5	16	11	131
		列百分比	92.3	88.9	92.1	62.5	94.1	64.7	86.8
	会	计数	2	5	3	3	1	6	20
		列百分比	7.7	11.1	7.9	37.5	5.9	35.3	13.2
合计		计数	26	45	38	8	17	17	151
		列百分比	100.0	100.0	100.0	100.0	100.0	100.0	100.0

a. p<0.05

表 5.5.4.4 中的数据表明,对金融犯罪案件的处罚率的估计越高(横着看越接近表的左侧),也就是认为受罚风险较大者,违法出具保函的可能性也相应地比较小。反过来看,对违法案件的处罚率的估计越低(横着看越接近表的右侧),也就是认为受罚的风险较小者,违法出具保函的可能性也相应地比较大。这里,受罚风险预期与违法行为倾向之间的相依关系再一次得到证实。

不仅如此,表 5.5.4.5 进一步表明,行为人对金融犯罪案件处罚率的估计与违法保函行为两个变量之间的对称相关性程度(Gamma 系数)为 0.321,线性相关性程度(Pearson 系数)为 0.179,定序相关程度(Spearman 系数)为 0.160,三者的显著性水平基本满足小于 0.05 的要求(Gamma 系数的显著值为 0.071,略大于 0.05),说明自变量与因变量之间的确存在一定的相关性。

表 5.5.4.5　金融犯罪处罚率估计与违法保函关系的对称度量

		值	渐进标准误差[a]	近似值 T[b]	近似值 Sig.
按顺序	γ	.321	.162	1.804	.071
	Spearman 相关性	.160	.085	1.979	.050[c]
按区间	Pearson 的 R	.179	.090	2.226	.027[c]
有效案例中的 N		151			

a. 不假定零假设。
b. 使用渐进标准误差假定零假设。
c. 基于正态近似值。

　　接下来需要讨论的问题便是,既然受罚风险预期与违法可能性之间呈反比关系,那么,控制违法行为的努力自然应设法提高潜在违法者的受罚风险预期——如果人人都认为一旦违法,则必将受到处罚,那么,违法行为的发案率必将大大降低。这至少说明,犯罪控制不能寄希望于提高处罚的力度,如增加死刑、提高有期徒刑年限等手段,而应设法提高违法行为受到处罚的确定性程度。当人们发现这种确定性较大时,自然提高了受罚风险的预期,从而更可能放弃违法选择,达到了减少犯罪的目的。

第 6 章

司法分析

>>>

6.1 有利被告的统计数据
6.2 司法解释背后
6.3 累犯升格:均值和交互分析的组合运用
6.4 logistic 回归分析
6.5 用 logistic 分析死刑适用的影响因素

所谓司法分析，就是采用统计分析方法发现、透视大量司法实践的过程和结果背后客观存在又无法直接经验到的关系、规律，回答司法实践与哪些因素有关、怎样预测司法过程的结果等问题。根据这个概念，司法分析有以下几个基本要素：

● 对象是大量判决文书、公诉文件、律师文件等法律适用活动的记录和载体。既不是某一两个判例，也不是大量立法文本或违法行为本身。

● 问题是这组判决与那组判决之间、司法实践与社会因素之间有哪些肉眼看不见的关系、规律？怎样解释这些关系和规律？

● 方法是双变量分析或多变量分析等数据挖掘手段。既不是纯定性解释、抽象思辨等非经验研究，也不限于百分比、均值等单变量统计描述。

● 形式是不同司法实践的样本之间、司法实践与社会因素之间量化关系的发现、展示和解释。

6.1　有利被告的统计数据

在美国，种族问题是个十分敏感的问题。一个聪明的被告人就利用这一点，并以一个司法统计数据为据，证明自己虽然有罪但被判处死刑是种族歧视的结果。

1961年11月3日，在美国阿肯色州温泉市，一个叫威廉·麦克斯韦尔（William Maxwell）的男性黑人因强奸罪被捕，随后，他被宣告有罪并被判处死刑。

这个黑人被告人时年21岁。被害人是一位白人女性，35岁，和她衰弱无力的90岁的老父亲住在一起。事发当天的清晨，攻击者打碎了窗户，闯入被害人的家，袭击了被害人和她的老父亲。

在法庭诉讼中，被告人争辩说，在阿肯色州，对强奸犯判处死刑带有明显的种族歧视的倾向。为了证明这个论断，被告人出示了宾夕法尼亚大学一位著名社会学教授沃尔夫冈（Wolfgang）的一项研究成果。该项成果分析了从1945年1月1日到1965年8月发生在阿肯色州19个县的有代表性的样本中的每一个强奸罪定罪案例。

从这些数据中沃尔夫冈教授得出结论：在决定死刑判决时，关键变量是被告人的种族和被害人的种族。他的论断基于这样的事实：其他变量也许能够解释这些差异，但与被告人的种族或判决结果并不显著相关。与被告人种族或判决结果不显著相关的因素包括：进入受害人家的方式，受害人的伤害程度、被告人过去的犯罪记录。与被告人种族不显著相关的因素是：同时期的违法犯罪行为和先前的入狱情况。与判决结果不显著相关的是受害者的年龄。与被告人种族显著相关的因素是被告人的年龄和受害者的年龄。这些结论就来自表 6.1.1 到表 6.1.6 显示的数据。[①]

表 6.1.1　判决结果与被告人种族的关系

	死刑	无期徒刑	总计
黑人	10	24	34
白人	4	17	21
总计	14	41	55

表 6.1.2　判决结果与受害人种族的关系

	死刑	无期徒刑	总计
黑人	1	14	15
白人	13	26	39
总计	14	40	54

表 6.1.3　过去犯罪记录与被告人种族的关系

	无犯罪记录	有犯罪记录	总计
黑人	20	14	34
白人	13	8	21
总计	33	22	55

表 6.1.4　判决结果与过去犯罪记录的关系

	死刑	无期徒刑	总计
有犯罪记录	12	21	33
无犯罪记录	2	20	22
总计	14	41	55

表 6.1.5　进入受害人家庭的方式与被告人种族的关系

	强行进入	允许进入	总计
黑人	13	18	31
白人	3	17	20
总计	16	35	51

[①] 迈克尔·O. 芬克尔斯坦（Michael O. Finkelstein）、布鲁斯·莱文（Bruce Levin）著：《律师统计学》，中国人民大学出版社，2008 年 7 月版，第 198—199 页。

表 6.1.6　判决结果与进入受害人家庭方式的关系

	死刑	无期徒刑	总计
强行进入	6	10	16
允许进入	8	27	35
总计	14	37	51

应该指出，这几个表格中的数据不仅来自一个不大的样本，而且，没有用相对数来显示横纵两个变量之间的关系。但不难看出，这里使用的分析方法显然是交互分析的列联表形式。尤其是前两张表之间的比较，使种族与刑事司法之间的关系更加引人注目。而且，连一个 21 岁的黑人被告人都读懂了其中的意义。至少，你要想反驳他的辩解，也需要熟悉这种最简易的实证分析方法。

6.2　司法解释背后

司法解释是大量司法实践的经验总结，与刑法典相比，又是灵活地体现不同时空条件下刑事政策的重要载体。因此，如果我们以所有司法解释为样本进行实证研究，也许会发现某些刑事政策的规律性。[①] 该研究样本为 1949 年底到 2003 年底最高司法机关颁布的属于刑事实体问题的司法解释共 561 个。按照各种划分标准，首先对样本进行了多角度的分类。

● 宽宥与苛厉：出罪解释为宽宥，入罪解释为苛厉；择轻解释为宽宥，择重解释为苛厉；有利被告的解释为宽宥，有利被害的解释为苛厉；限制解释为宽宥，扩张解释为苛厉。

● 被动解释与主动解释：其划分标准是解释主体在表达刑事政策思想导向的过程中与解释问题之间的关系。消极被动地回应下级司法机关所遇到并提出的问题，并通过这种回应表达一定政策导向，为被动解释；积极主动地发现、总结、归纳、提出实践中的问题，并通过引导性的司法解释表达一定政策导向，为主动解释。根据这个标准并使划分更具可操作性，本研究将"答复"、"复函"、"函"、"解答"、"批复"等形式的司法解释归入被动解释的范围，将"办法"、"公告"、"规定"、"规则"、"纪要"、"解释"、"决定"、"命令"、"通报"、"通知"、"意见"、"指示"、"总结"等形式的司法解释归入主动解释的范围。

● 审判机关的主导作用：按照最高审判机关的参与程度的不同分为三类：

[①] 参见白建军："刑事政策的运作规律"，载《中外法学》2004 年第 5 期。

第一类是最高人民法院单独做出的司法解释,第二类是在最高人民法院参与下与其他司法机关共同做出的司法解释,第三类是没有最高人民法院的参与而由其他司法机关单独或者共同做出的司法解释。基于这个分类,我们便可以观察最高人民法院的参与(主导)程度与刑事政策的规范化程度、苛厉性程度以及能动性程度之间有无相关、有多大程度上的相关。而说到底,这些关系无疑标志着刑事政策的法治化水平和特点。

运用交互分析法对样本进行处理后,得到了几个有趣的发现:

首先,按理说,悖德性越严重的犯罪,越应当受到苛厉的惩罚,悖德性越轻微的犯罪,越应当受到宽宥的对待。[①] 如果真是这样,那么,司法解释中关于强奸、抢劫、盗窃等传统犯罪的处罚就应当最为苛厉,非暴力的职责犯罪应当次之,经营型犯罪的处罚则应当最为宽宥。观察表 6.2.1 所示的事实是:

表 6.2.1　犯罪类型与刑事政策的宽严导向

			犯罪类型			合计
			经营型	职责型	传统型	
苛厉性	宽宥	计数	5	28	116	149
		犯罪类型的百分比	5.5	25.2	38.4	29.6
	苛厉	计数	86	83	186	355
		犯罪类型的百分比	94.5	74.8	61.6	70.4
合计		计数	91	111	302	504
		犯罪类型的百分比	100.0	100.0	100.0	100.0

a. $p<0.005$

表 6.2.1 的数据显示,有 61.6% 的关于传统犯罪的司法解释以苛厉为主,有 74.8% 的关于职责型犯罪的司法解释以苛厉为主,有 94.5% 的关于经营型犯罪的司法解释以苛厉为主——悖德性越严重的犯罪,受到宽宥性刑事反应的概率越大;悖德性越轻微的犯罪,受到苛厉性刑事反应的概率越大。这个关系的 Gamma 系数为 0.541,显著性程度小于 0.005。这个结果表明,刑事政策主体对违反传统道德规范的传统犯罪的容忍度相对较大,而对破坏社会主义市场经济秩序以及违反现行行政管理规范并导致宏观秩序破坏的犯罪的容忍度相对较小。就是说,宽严力度与犯罪的悖德性强度之间呈负相关关系,悖德性越大,刑事反应越宽宥,悖德性越小,刑事反应反而越苛厉。

第二,随着对付犯罪的策略技巧的不断积累,最高司法机关应该越来越主动介

[①] 按照加罗法洛的观点,"犯罪一直是一种有害行为,但它同时又是一种伤害某种被某个聚居体共同承认的道德情感的行为。"参见加罗法洛:《犯罪学》,耿伟、王新译,中国大百科全书出版社,1996 年 1 月版,第 22 页。这里隐含着的基本假定是,越是不道德的行为,才越应当被界定为犯罪并受到刑事制裁。

入司法实践还是被动影响司法实践,也是个有趣的问题。观察结果如表 6.2.2 所示:

表 6.2.2 司法解释被动性的变化

			时期			合计
			早期	1979	1997	
被动性	被动解释	计数	70	133	42	245
		时期的百分比	68.0	40.5	32.3	43.7
	主动解释	计数	33	195	88	316
		时期的百分比	32.0	59.5	67.7	56.3
合计		计数	103	328	130	561
		时期的百分比	100.0	100.0	100.0	100.0

a. $p<0.005$

表 6.2.2 中的数据说明,被动解释的比例不仅没有随着时间的推移而提高,相反,倒是越来越低。早期无法典时期的被动解释率为 68.0%,到了 1979 刑法时期,被动解释率降低至 40.5%,再到 1997 刑法时期,被动解释率降至 32.3%。这个关系的 Gamma 系数为 0.386,显著性程度小于 0.005。也就是说,通过司法解释体现刑事政策,其主动性越来越明显。

第三,最高审判机关在利用司法解释影响司法实践的过程中,到底在多大程度上起主导作用,既是个理论性很强的问题,也是个很现实的实践理性问题。事实如表 6.2.3 所示:

表 6.2.3 最高审判机关的主导力与被动性

			解释主体			合计
			法院	法院参与	其他机构	
被动性	被动解释	计数	168	22	55	245
		解释主体的百分比	58.7	18.6	35.0	43.7
	主动解释	计数	118	96	102	316
		解释主体的百分比	41.3	81.4	65.0	56.3
合计		计数	286	118	157	561
		解释主体的百分比	100.0	100.0	100.0	100.0

a. $p<0.005$

根据表 6.2.3 中的数据,绝大部分的被动解释都来自最高审判机关,这个比例高达 68.6%。而且,只要由最高审判机关做主角(单独解释),就有 58.7% 的机会体现刑事政策运作过程的被动性,显著高于其他两种情况。这个关系的 Gamma 系数为 0.424,显著性程度 P 值小于 0.005。所以,设法提高最高法院在司法解释中的主导性程度,是有效贯彻刑事政策决策和导向的正确渠道。然而,最高审判机关主导的司法解释只占 51.0%,毕竟仍有将近一半的司法解释中看不到审判机关的主导力。其结果,刑事政策的规范化、被动性程度的提高都随之受到牵制。

第四,换个角度观察解释的被动性问题,我们想知道,在宽严两种导向中,哪一个更可能表现为主动解释,哪个更可能表现为被动解释。结果如表 6.2.4 所示:

表 6.2.4　宽严立场对被动性的影响

			苛厉性		合计
			宽宥	苛厉	
被动性	被动解释	计数	108	110	218
		苛厉性的百分比	72.5	31.0	43.3
	主动解释	计数	41	245	286
		苛厉性的百分比	27.5	69.0	56.7
合计		计数	149	355	504
		苛厉性的百分比	100.0	100.0	100.0

a. $p<0.005$

从表 6.2.4 中可以看出,如果刑事政策立场宽宥,则有 72.5% 的机会通过被动解释体现出来,而如果刑事政策立场苛厉,就只会有 31.0% 的机会通过被动解释体现出来。这个关系的 Gamma 系数为 0.709,显著性程度小于 0.005。显然,宽宥政策的确更可能选择被动解释以面对犯罪问题,而苛厉政策则更可能选择主动解释的刑事反应去解决犯罪问题。这是刑事政策立场对其技术手段的另一种形式的影响。

这一关系可能引发某些理论思考。刑事政策研究必须回答的一个问题是,社会该如何调整自己对犯罪的容忍度,否则,便会出现越无法容忍犯罪,刑事政策就越苛厉,刑事政策越苛厉,社会就越无法容忍犯罪的恶性循环。其结果,甚至会制造出更多的敌意及犯罪。[①]

当然,所谓调整犯罪容忍度,并不是说只要无限提高犯罪容忍度,就可以遏制刑事政策自身的恶性循环倾向,只要容忍所有犯罪,就能有效控制犯罪。任何

---

① 孟德斯鸠就在《波斯人信札》中观察到了这种恶性循环现象:"在刑罚多少偏于残酷的国家,人民并不因此而更服从法律。在刑罚较轻的国家,人们惧怕刑罚,也不下于刑罚残酷的国家。"参见〔法〕孟德斯鸠:《波斯人信札》,罗大冈译,人民文学出版社,1958 年版第 140 页。贝卡里亚也描述道:"刑罚最残酷的国家和年代,往往就是行为最血腥、最不人道的国家和年代。因为支配立法者双手的残暴精神,恰恰也操纵着杀人者和刺客们的双手。"然后他指出:"赏罚上的分配不当就会引起一种越普遍反而越被人忽略的矛盾,即:刑罚的对象正是它自己造成的犯罪。"参见〔意〕贝卡里亚:《论犯罪与刑罚》,黄风译,中国大百科全书出版社,1993 年 6 月版,第 43、65 页。

善意的讨论都不会这样提出问题。问题在于，到底该如何解释所谓犯罪容忍度？犯罪容忍度受制于何种规律？总体上说，对犯罪的容忍度与多种社会价值有关。因此，如果社会不顾一切地、不计代价地打击犯罪，不仅会导致犯罪容忍度越来越低，而且使社会不得不在打击犯罪的同时放弃另一些价值。从这个意义上说，犯罪容忍度既不完全取决于犯罪本身的数量规模，又不完全取决于政策主体的主观价值偏好，而在更大程度上与政策主体在进行价值选择时的理性程度有关。理性的价值选择导致政策主体自觉控制自己对犯罪的容忍度，注意平衡打击犯罪中实际存在的各种关系；非理性的价值选择会导致犯罪容忍度的不断降低，进而引发刑事政策苛厉程度的不断升级，最终打破某些本该得到维护的平衡。因此，最好的刑事政策是社会不断根据犯罪的实际状况和理性的价值选择调整对犯罪的容忍度的艺术；就是勤于将自己的实际运作过程向科学的实证研究开放的犯罪干预艺术；就是不断追求惩罚犯罪与社会发展、人权保障、被告权利保护、正当行为的自由、国家惩罚犯罪的物质容量等各种平衡的艺术；因而也是不断提高刑事政策法治化水平的艺术。

说到底，最好的刑事政策就是自觉控制社会控制的艺术。

6.3 累犯升格：均值和交互分析的组合运用

当我们需要对分组样本进行两两比较时，尤其是数据的变量层次既有连续变量又有定类变量时，常常需要将均值比较和交互分析两种方法同时用上。我们关于累犯加重处罚的研究就是一个例子。[①]

研究法院刑事案件判决时发现了这样一批案例：判决书中有"盗窃数额较大"的认定，但判处的刑罚却在三到十年之间；或者，判决书中有"盗窃数额巨大"的认定，但判处的刑罚却在十年以上。而按照刑法第二百六十四条的规定，盗窃数额较大的量刑幅度在三年以下有期徒刑、拘役或者管制；盗窃数额巨大的量刑幅度在三年以上十年以下有期徒刑；只有盗窃数额特别巨大或者有其他特别严重情节的，才能判处十年以上有期徒刑。而且，按照一般理解，"从重处罚与从轻处罚都应当在法定刑幅度以内判处刑罚"。[②] 那么，这些案件是不是属于违法加重量刑呢？

进一步观察后发现，大部分疑似违法加重的案件中都有累犯情节的认定。

[①] 白建军："司法机关应慎用少用累犯加重"，载 2011 年 2 月 15 日《中国社会科学报》第十版。

[②] 参见陈兴良、周光权：《刑法总论精释》，人民法院出版社，2010 年 4 月版，第 808 页。

也就是说，累犯很可能是这些案件之所以加重的一个因素。实际上，1997年11月4日的《最高人民法院关于审理盗窃案件具体应用法律若干问题的解释》第六条第三项中规定，盗窃数额达到"数额较大"或者"数额巨大"的起点，并具有下列情形之一的，可以分别认定为"其他严重情节"或者"其他特别严重情节"：……4. 累犯……。也就是说，盗窃虽未达到数额巨大，但具有包括累犯在内的法定从重情节的，可以视为"其他严重情节"的一种，在三年以上十年以下判处刑罚。而且，盗窃虽未达到数额特别巨大，但具有包括累犯在内的法定从重情节的，可以视为"其他特别严重情节"的一种，判处十年以上有期徒刑。或者说，累犯等"其他严重情节"与盗窃数额巨大之间呈并列关系，累犯等"其他特别严重情节"与盗窃数额特别巨大之间呈并列关系。按照这个逻辑，从重情节当加重条件来用，是合法的。

不过，如果接受这个判断，是否意味着司法解释可以突破刑法典的规定？刑法第三条规定，法律明文规定为犯罪行为的，依照法律定罪处刑。刑法第六十二条规定，犯罪分子具有本法规定的从重处罚、从轻处罚情节的，应当在法定刑的限度以内判处刑罚。刑法第六十五条规定，累犯应当从重处罚。按照这些规定，累犯是法定从重情节，而从重就是从重而非加重，不得在相应量刑幅度之上量刑。除非，司法机关做出的司法解释的效力可以突破立法机关颁布的法律；或者，可以将法定从重情节在学理上解释进"其他情节"。否则，我们只能认为上述判决是违法加重。关于司法解释的法律效力，这里不做专门讨论。不难想象，这将涉及广泛的复杂问题。我们也不太可能从一般的意义上说，所有法定从重情节都可以或者不可以解释为"其他情节"。我们这里只能看到什么说什么，将讨论限定在盗窃数额仅仅达到较大的累犯，能否解释为"其他严重情节"，从而升格量刑；以及，盗窃数额仅仅达到巨大的累犯，能否解释为"其他特别严重情节"，从而升格量刑。在这条思路上，我们更希望知道的是，实践中这种升格量刑的实际规模到底有多大，以及，被升格的案件与其他案件之间是不是真的存在实质不同？如果升格与没有升格的案件在犯罪本身的严重性程度上，或者在犯罪人的人身危险性方面，没有任何实质区别，那么，是否升格便只能从评价者自身的角度寻找解释了。只有当两种累犯的处理之间真的存在某种值得做出不同反应给予轻重不同评价的理由，"罪为因，刑为果"这条基本原理才不会在人们心目中发生动摇。

为了回答上述问题，我们对几万个来自各地各级法院的盗窃罪判决进行了观察，借助均值比较和交互分析两种最简单的量化分析工具进行分析。

观察一：同时符合"盗窃数额较大"、"累犯"、"三年以上有期徒刑"三个条件的样本的实际盗窃数额平均为7 402元。相比之下，同时符合"盗窃数额较大"、

"累犯"、"三年以下有期徒刑"三个条件的样本的实际盗窃数额平均为 3 473 元。这应该意味着,盗窃数额较大的累犯之所以升格适用了刑罚,可能是因为此累犯的实际盗窃金额大于彼累犯。如果此说成立,我们就应将盗窃金额更大,也就是危害性越大的累犯,作为解释进与盗窃数额巨大并列的"其他严重情节"的一个条件,并据此升格量刑。

观察二:同时符合"盗窃数额巨大"、"累犯"、"十年以上有期徒刑"三个条件的样本的实际盗窃金额平均为 8 3499 元。相比而言,同时符合"盗窃数额巨大"、"累犯"、"三到十年有期徒刑"三个条件的样本的实际盗窃数额平均为 46 926 元。这应该说明,盗窃数额巨大的累犯之所以升格适用了刑罚,可能是由于这种累犯的实际盗窃金额大于没有升格量刑的累犯。如此解释也符合罪刑均衡的原理,因此,也可以将金额大小作为是否升格量刑的条件之一。

但不幸的是,肉眼看上去不同的两个平均数之间,不一定真的存在有意义的差异。为了检验上述两个结果是否真的显著,我们又对其做了独立样本 T 检验。结果发现,观察一中的 7 402 元与 3 473 元之差,以及观察二中的 83 499 元与 46 926 元之差,在统计学上都不符合显著性要求。因此,尚无足够证据证明,实际数额的大小本身就可以成为累犯升格的根据。至少,我们需要进一步寻找累犯升格的其他解释。于是,我们又用交互分析方法对样本进行了分组比较。结果发现:

观察三:同时符合"盗窃数额较大"、"累犯"、"三年以上有期徒刑"三个条件的样本中,有 14.5% 的样本同时还是案件中的主犯,而同时符合"盗窃数额较大"、"累犯"、"三年以下有期徒刑"三个条件的样本中,没有发现一个主犯的认定。这可能表明,当累犯同时又是主犯时,有更大的机会被升格解释进"其他严重情节"。反之,即使有累犯的认定,也很难在三年以上有期徒刑范围内决定刑罚。

观察四:同时符合"盗窃数额巨大"、"累犯"、"十年以上有期徒刑"三个条件的样本,与同时符合"盗窃数额巨大"、"累犯"、"三到十年有期徒刑"三个条件的样本相比,同时出现主犯认定的概率并无显著区别。这说明,累犯和主犯的同在,并不能说明盗窃数额巨大累犯的升格量刑。

观察五:同时符合"盗窃数额较大"、"累犯"、"三年以上有期徒刑"三个条件的样本中,有 23.9% 的样本有"入户盗窃"的情节,而同时符合"盗窃数额较大"、"累犯"、"三年以下有期徒刑"三个条件的样本中,只有 12.1% 的样本中有"入户盗窃"的认定。这表明,是否入户盗窃,也可能成为是否升格量刑的实际考虑因素。有入户情节的,比普通盗窃的更可能被升格量刑。

观察六:同时符合"盗窃数额巨大"、"累犯"、"十年以上有期徒刑"三个条件的样本中,有14.3%的概率同时还有"入户盗窃"的情节,而同时符合"盗窃数额巨大"、"累犯"、"三到十年有期徒刑"三个条件的样本中,倒有25.1%的机会有"入户盗窃"的情节。这说明,盗窃数额巨大被升格量刑的案例并不是因为其入户的情节。就是说,是否入户,只能说明盗窃数额较大累犯升格的情况,不能解释盗窃数额巨大累犯的升格。

归纳以上观察可见,第一,数额本身的大小,不能说明是否被升格的累犯之间的差异。我们不能肯定,升格的累犯一定在实际数额上显著大于未升格的累犯。第二,是否同时具有主犯以及入户盗窃的认定,只能说明盗窃数额较大累犯是否升格的不同,不能解释盗窃数额巨大累犯的升格与否。第三,在盗窃数额较大累犯是否升格的两类案件之间,同时出现主犯、入户认定的概率虽有不同,毕竟仍有相当数量被升格处理的累犯并非由于同时存在主犯或者入户的情节。对这些案件为什么要升格,尚无较好的解释。第四,也是最重要的,样本库中盗窃数额较大累犯升格的样本只有159个,而未升格的样本有3 584个。也就是说,升格处理的累犯只占全部盗窃数额较大累犯样本的4.2%,绝大多数法官对此类案件没有选择升格加重。而且,样本库中盗窃数额巨大累犯升格的样本也只有49个,而未升格的样本有1 131个。恰好,升格处理的累犯也只占全部盗窃数额巨大累犯样本的4.2%,绝大多数法官对此类案件同样没有选择升格加重。

根据上述观察及其归纳,我们不得不承认,试图找到升格与否样本之间的具有法律意义的实质区别,几乎不太可能。筛选出合理的"累犯加重"案例这种尝试基本上归于失败。这也许反过来证明,将累犯这一法定从重情节视为加重量刑情节的做法的确值得进一步研究。我们到底有没有必要冒险突破罪刑法定的原则,冒险突破立法权与司法权之间关系的基本原理,还有待深入探讨。至少,实证研究的结果是,建议司法机关慎用、少用累犯加重。如无特别的需要,可暂时将《最高人民法院关于审理盗窃案件具体应用法律若干问题的解释》第六条第三项中关于累犯的规定搁置不用,较为稳妥。

6.4 logistic 回归分析

在法律实证研究的不断尝试中我们发现,像比例分布、均值比较、交互分析这些方法的确简便易行,但是,难以应付更复杂法律现象的分析。尤其是当研究中涉及多种影响因素时,这些简单常用的分析工具就显得力不从心。这时,我们就需要某种能同时处理多种变量的分析工具。本节介绍的 logistic 回归分析就是一种能满足这个要求的常用研究方法。logistic 回归分析是一种对变量层次要求不高因而对社会科学研究来说很好用的回归分析方法之一,它可以同时展开多个、多种自变量对一个二分定类的因变量的统计分析。[①]

在法律现象的研究中,除了像涉案金额、人数、时间、刑期这样定距的连续变量以外,大量变量都是定类变量。这个事实往往成为那些否认法律现象定量研究可能性的主要理由之一。尽管如此,我们还是希望知道该怎样解释这些定类变量。比如,是否犯罪,有无再犯,是否适用缓刑假释,是否赞成废除死刑,是否满意社会治安状况,违约还是侵权,胜诉还是败诉,结婚还是同居,抢劫中是否有重伤死亡结果,选择白天作案还是夜晚作案,采取此种手段违法还是彼种手段违法,数罪还是一罪,是否自首,等等。作为实证分析的因变量,这些变量的解释如果采用多元线性回归等分析方法显然无法满足某些重要的统计假设而导致统计推断的严重误差。于是,我们自然想到选用交互分析来解决问题。但是,交互分析自身有几个天然的局限性,主要表现在:

● 交互分析通常是一个自变量与一个因变量之间的交叉分析,如是否吸烟与是否患肺癌的关系。这种分析实际上假定其他关系不存在,因变量只是交叉表中自变量影响的结果。而实际上,作为因变量,是否患肺癌可能与许多因素有关,如环境、体质、个性、心情、工作压力、营养,等等。尽管交互分析也提供了引入控制变量的过程,允许三个乃至更多变量的同时分析,但对个案的数量要求较高一般很难满足。所以,交互分析是在观念上假定不存在多种因素共同作用的干扰效应而作的双变量分析,其过程和结论都难免失真。

● 交互分析尽管提供了相关程度的分析,但是,由于每次交互分析只考察变量之间的两两相关,因此,以同一因变量为解释目标的多个交互分析结果之间无法拿来进行直接比较,不仅其相关程度之间不可比,概率之间的差别也不可比。这样,尽管我们可以从不同角度用多个列联表解释同一个问题,但我们还是没有底气说,其中哪对关系的解释力最大,哪对关系中的自变量的作用力如何,等等。可见,交互分析提供的结果所含信息量比较有限。

● 由于统计相关不等于事实相关,又由于交互分析只是双变量分析,因此,理论上存在虚假结果的可能性。我们只能报告说,在其他关系不存在的情况下,只要显著值小于 0.05 的分析结果即为真。这意味着,现实世界中即使一个分析结果的显著值小于 0.05,所揭示的关系也可能不为真。

基于这几点考虑,我们必须找到一种既有交互分析在解释定类因变量时显

[①] 这一节的内容和实例主要来自郭志刚教授的《社会统计分析方法——SPSS 软件应用》,中国人民大学出版社,1999 年 12 月版,第 6 章。

示出的优点,又比交互分析更接近客观世界的分析手段。幸运的是,我们遇到了 logistic 回归分析。在这种分析方法中,因变量还是二分的定类变量,如是否犯罪、胜诉与败诉、得逞与否、是否抗诉、无罪宣告还是有罪判决,等等。但其自变量既可以是多个,又可以有多种层次。如性别、年龄、地区、行业、文化程度、收入等等,有的是定类变量,有的是定序变量,还有的是定距变量,都可以同时进入分析过程,一次性地得到它们的共同作用结果,进一步的分析还能分出各自对因变量的作用力大小。

现在,我们用一个操作范例说明 logistic 回归分析方法的具体应用过程。

本范例为郭志刚教授虚构的一套数据,如表 6.4.1 所示。假设我们通过抽样调查得到来自城乡的 30 个家庭的数据,其中包括三个变量。第一个变量是虚拟编码的变量,描述每个家庭是否拥有彩色电视机,编码 1 表示拥有,编码 0 表示没有,变量名为 OWN。第二个变量是家庭的年收入,以千元为测量单位,变量名为 INCOME。第三个变量描述家庭居住地区类型的虚拟变量,分别以编码 1 和 0 代表城市和农村两种情况,变量名为 URBAN。研究目的是分析家庭收入水平和地区类型对于拥有彩色电视机的影响作用。于是,变量 OWN 是二分的定类因变量,变量 INCOME 和 URBAN 都是自变量,其中,INCOME 是定距的连续变量,URBAN 是定类变量。

表 6.4.1 logistic 范例数据

ID	OWN	INCOME	URBAN
1.00	.00	11.00	.00
2.00	1.00	13.00	.00
3.00	1.00	14.00	.00
4.00	.00	12.00	.00
5.00	1.00	18.00	1.00
6.00	1.00	20.00	1.00
7.00	.00	9.00	.00
8.00	1.00	13.00	1.00
9.00	.00	12.00	.00
10.00	1.00	16.00	.00
11.00	1.00	13.00	.00
12.00	.00	11.00	1.00
13.00	1.00	13.00	1.00

续表

ID	OWN	INCOME	URBAN
14.00	.00	10.00	1.00
15.00	.00	9.00	.00
16.00	1.00	13.00	1.00
17.00	1.00	11.00	.00
18.00	1.00	15.00	.00
19.00	1.00	15.00	1.00
20.00	.00	11.00	.00
21.00	1.00	17.00	1.00
22.00	.00	7.00	.00
23.00	.00	9.00	.00
24.00	1.00	12.00	1.00
25.00	1.00	13.00	.00
26.00	1.00	17.00	1.00
27.00	.00	14.00	.00
28.00	1.00	13.00	1.00
29.00	.00	15.00	.00
30.00	1.00	11.00	1.00

按照表 6.4.1 的内容建立一个 SPSS 数据库以后,便可以着手 logistic 分析。具体步骤是：

第一步：按照 Analyze→Regression→Binary logistic(分析→回归分析→二维 logistic 回归分析)的顺序单击,即可打开 logistic 分析对话框,将左边变量源中的 OWN 选入右上角的 Dependent(因变量)框中,将 INCOME 和 URBAN 选入右边中部的 Covariates(自变量)框中,从而完成了一个回归模型的定义,如图 6.4.1 所示。

应当说明,本节所说的 logistic 回归分析就是指二维 logistic 回归分析,即因变量仅为二值情况下的 logistic 回归分析。如果因变量为三维或者更多时,则应按照 Analyze→Regression→Multinomial logistic(分析→回归分析→多维 logistic 回归分析)的顺序单击调用对话框,并请参照各类 SPSS 教科书。

第二步：一般情况下,不需要改变 SPSS 中的其他默认选项,只要点击 OK 键,系统就开始执行分析了。应当说明,本例只是用 SPSS 提供的 7 种建立模型的方法之一,即 Enter(强迫引入法)进行分析。其他建模方法的使用请参见各

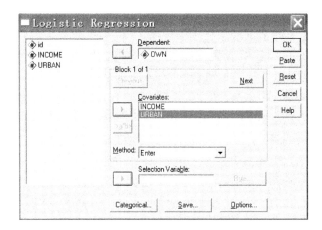

图 6.4.1　Logistic 回归分析对话框

类 SPSS 教材或软件说明。

在输出的结果中,需要特别关注的是"Block 1:Method=Enter"后面的两个表,一个是表 6.4.2 所示的 Classification Table(分类表)和表 6.4.3 所示的 Variables in the Equation(进入方程的变量)。

表 6.4.2　Classification Table[a]

Observed			Predicted		
			OWN		Percentage Correct
			无	有	
Step 1	OWN	无	9	3	75.0
		有	3	15	83.3
	Overall Percentage				80.0

a. The cut value is 0.500

表 6.4.2 中右下角的数据表明,此分析结果的预测准确率大约为 80%。

表 6.4.3　Variables in the Equation

	B	S.E.	Wald	df	Sig.	Exp(B)
Step 1[a]　INCOME	.857	.361	5.620	1	.018	2.355
URBAN	2.350	1.187	3.922	1	.048	10.487
Constant	−11.222	4.695	5.712	1	.017	.000

a. Variable(s) entered on step 1: INCOME, URBAN.

表 6.4.3 的解读方法是:

● 首先看显著值 Sig.,收入和地区两个变量的显著值都小于 0.05,因而不被删除。否则,如果显著值大于 0.05 的变量,应从自变量群中排除。

● 然后看 Exp(B),即发生比,意思是自变量每上升一个单位,因变量结果出现的机会将是原来的多少倍。在本例中就是,收入每上升 1 千元,购买彩电的机会将是原来的 2.355 倍,或者说提高了 1.355 倍。居住在城市的居民购买彩电的机会是农村居民购买彩电的机会的 10.487 倍。

● 按照图 6.4.1 中选择的"Enter"项,意味着自变量是在控制其他变量的情况下单独作用的,因此,10.487 意味着收入相同时城市人更可能购买彩电。可见,系统运行某个关系的分析时没有忽略其他自变量的存在。

● 由于 SPSS 的 logistic 回归分析没有提供标准化的回归系数,因此,不同自变量的发生比之间不可比,其相对作用的大小不能直接比较。我们不能说地区变量的发生比 10.487 比收入变量的发生比 2.355 高多少倍,不能直接认为地区因素比收入因素对是否购买彩电的影响更大。为此,郭志刚教授根据 SAS 统计软件的计算公式作了补救。其公式为:

$$标准化回归系数 \approx 某自变量的非标准化回归系数 \times 该自变量的标准差 \div 1.8138$$

● 其中,非标准化回归系数就是表 6.4.3 中的 B 值。某自变量的标准差可以按照 Analyze → Descriptive Statistic → Frequencies 的顺序单击,打开 Frequencies 的主对话框,将需要计算标准差的自变量如"INCOME"选入变量框,然后单击 Statistics 钮,打开对话框如图 6.4.2 所示。选择 Dispersion(离散趋势)中的 Std. deviation(标准差)后运行程序。

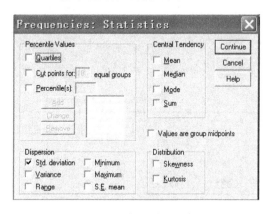

图 6.4.2 标准差对话框

● 按此法得到的自变量 INCOME 的标准差为 2.90,自变量 URBAN 的标准差为 0.51。分别代入公式便有:

INCOME 的标准化回归系数约为：

0.857 × 2.90/1.8138≈1.37

URBAN 的标准化回归系数约为：

2.350 × 0.51/1.8138≈0.66

据此得出结论：由于 1.37＞0.66，所以，对于是否拥有彩色电视机这个结果来说，家庭收入即自变量 INCOME 的作用比居住地区即 URBAN 的作用大得多——尽管表 6.4.3 中自变量居住地区的发生比即 Exp(B)大大高于家庭收入的发生比。

6.5 用 logistic 分析死刑适用的影响因素

死刑研究往往面对"判不判死刑"、"是否死缓"这样的不同结果。结果的不同到底取决于哪些因素的影响，一直以来都是人们十分关注的问题。我曾经在《中国社会科学》2006 年第 5 期以"死刑适用实证研究"为题发表论文，试图从法律解释学角度研究死刑适用问题，选用的分析工具就是 logistic 回归分析方法。结果，笔者发现了犯罪中是否构成死罪、死罪中是否适用死刑、死刑中是否立即执行的一些重要不同，并根据这些发现认为，法律解释既是规范判断又是自主判断，应尽可能提高法律本身的明确性以呼唤死刑适用更大程度上向规范层面的回归。

6.5.1 死罪圈、死刑圈与死缓圈

我国《刑法》第四十八条规定了两条关于死刑适用的重要界限：一是死与不死的界限，也即是否"罪行极其严重"；二是缓与不缓的界限，也即是否"必须立即执行"。至于何为"罪行极其严重"、"必须立即执行"，法律并未明确说明。于是，是否去死，是否立即去死，在决定此事的司法机关那里很可能是个不太确定的问题。对这种不确定性的考察也许会承载着对生命的人文关怀，对（立法意义上的）死刑大国也有着特殊意义。[①]更重要的是，这其中包含着某些最基本的法学问题，如法律解释的理论、方法。在这个领域里，研究者与其说教导法官们该如

---

① 我国刑法中有 68 个罪名规定有死刑，占全部 425 个罪名的 16％，为世界之最。

何理解"罪行极其严重"、"必须立即执行",不如换个角度,研究司法实践中法官群体实际上是如何理解并掌握这些界限的。

为此,本研究的表层问题可以表述为:在规定有死刑的犯罪中,实际判处死刑的案件与未被判处死刑的案件之间,到底有哪些实然的重要不同?为什么会有这些不同?此即何谓"罪行极其严重"的界限。以及,在实际被判处死刑的案件中,立即执行的案件与死缓的案件之间,到底有哪些实然的重要不同?为什么会有这些不同?此即何谓"必须立即执行"的界限。其实,除了这两条界限以外,一个行为一旦进入刑事司法的视野,是否属于规定有死刑的犯罪,也即是否属于"死罪",是一个更加前提性的判断。于是,一个个行为是如何先后进入"死罪圈"、"死刑圈"以及"死缓圈"的,就是本研究希望回答的问题。这种研究显然不是直接参与死刑存废之争,[1]也主要不是从程序法的角度讨论死刑的限制,[2]尽管这些问题都在死刑研究中极其重要。

本研究引入的理论资源主要是法律解释的相关学说。

在法律解释的视野中,上文提出的"罪行极其严重"以及"必须立即执行"的界限搜寻工作,就可以理解为法官们如何在死刑适用中发现并说明一定案件事实与刑法第四十八条规定之间逻辑联系的法律作业过程,而这个作业过程恰恰是个地地道道的法律解释过程。其中,法官不得不就法律文本的意思展示自己的理解,但又不能止于这种文义理解上的展示,更要说明当下的案件事实为什么符合或不符合这种理解。既然是法律解释问题,死刑适用的研究就必须找到死刑适用中的法律解释实践与法律解释的基本理论之间的联系。根据这个要求,我的问题就转换为另一种表述:法官为什么应将某些案件事实解释为"极其严重"的罪行,或者解释为"必须立即执行"死刑的情况?这个表述使死刑研究被赋予法律解释学的意义,也使法律解释研究与死刑问题联系起来。因为死刑规范不是绝对孤立的法律规范,法律解释也不是纯粹抽象的空洞思辨。

然而,从法律解释的角度研究死刑适用问题,首先想到的方法可能是应然性的规范学方法,而本研究选用实证分析方法研究死刑适用中的法律解释。这首先是因为,既然法律并未对"罪行极其严重"以及"必须立即执行"的构成条件做出明确规定,那么,不论谁对其应然的含义做出什么说明,也只是说出某种意见而已。这样,与其给法官们的案头堆放上各种抽象且无约束力的意见,还不如让

---

[1] 参见胡云腾:《存与废:死刑基本理论研究》,陈兴良:"中国死刑的当代命运",《中外法学》2005年第5期,张明楷:"死刑问题上学者与法官的距离",《中外法学》2005年第5期,谢望原:"死刑有限存在论",《中外法学》2005年第5期,贾宇:"死刑实证研究之死刑观的调查报告",《法学评论》2005年第3期,王世洲:"关于中国死刑制度的反思",《北京大学学报(哲学社会科学版)》2004年5月,等等。

[2] 邵新:"死刑复核权下放与回收的三维思考",《中外法学》2005年第5期。

他们了解自己——法官群体对相关法律问题的"平均"解释。而这种从宏观上反观自己的过程，就离不开实证分析的方法。其次，尽管理论上这两条界限两边的案件应该截然不同，而我们却有理由怀疑，这种"死亡分配"的大量实际操作是否真的使界限两边的案件之间具有法律上的显著区别。同理，同样被认定为"罪行极其严重"或者"必须立即执行"的案件内部，是否真的就一定不存在显著区别？如果这个怀疑未被证否，一连串关于法律的确定性、严肃性的追问将接踵而至。而这些问题的提出和解答，更需要实证分析方法的支持。再进一步说，即使是否适用了死刑的案件之间的确显著不同，我们还希望了解，为什么会有此不同，哪些因素在法官们做出判断时起着决定性作用？此类知识无疑有助于提高司法实践在整体上的可预测性，如果不借助实证分析方法，也很难达到目的。从这个意义上说，还应将我们的问题进一步转换为：为什么法官们实际上（而非应该）将某些案件事实解释为"极其严重"的罪行，或者"必须立即执行"死刑的情况？以及，什么力量实际影响着这些解释？

6.5.2 法律解释观

既然将死刑界限问题放在法律解释的理论视野中考察，那么，我们自然应该对法律解释领域中的基本理论问题有所把握。接下来的讨论中我们将看到，这种把握使死刑界限这个具体法律问题的解释过程获得了深刻内涵，也为进一步的实证研究确定了较高的理论起点。从学者们的各种理论回顾中可以看出，除了解释的主体、对象、目标以及方法等基本问题以外，法律解释的理论思考始终没有离开对"到底什么是法律解释"这个问题的不断追问以及各种角度的不同回答。其中，哈特所谓的形式主义认为法律是一个包罗万象、完整无缺的规则体系，每项规则便是一个一般性的命题，只需运用逻辑上的演绎法，把它适用至个别具体案件之中，便能得出正确的判决。法院的职责，就是找出有关的法律规则，予以宣示，并机械性地应用到案件。由于法律体系是完备的，所以就每个案件来说，法院都能找到一个唯一的正确解决方法。法院无须行使什么裁量权，法院的司法功能不包括创立新的法律规范，这属于立法功能，应留给立法机关来行使。与此相反，哈特所谓的规则怀疑主义认为，法院在做出司法裁决的过程中，其实并不真正受到所谓法律规则的制约。法官有高度的自由裁量权，可以随心所欲地进行判决。法律规则只是得到法官所喜欢的判决的借口、可供其利用和摆布的手段，并不对法官得出判决结果的思考过程发挥规范作用，因为法律规则具有高度的不确定性，法官可以随意解释有关规则、制造例外情况或在适用规则时做出变通,从而得到他希望做出的结论。①

这里,急于标定自己的学术立场或者论证法律解释的应然性思维模式并无太大意义,重要的是,上述哪种法律解释观更为接近、符合法实然世界中法官们的"平均"解释实践。

6.5.3 "示范性案例"与分析框架

本研究对样本的代表性、客观性以及可推论性提出了较高要求,而我又不希望将结论局限在某个地区的某个法院,也不想忍受人们对样本抽取过程随机性的质疑。于是,解决方案便是使用"示范性案例"为研究样本。我所谓的示范性案例就是指来自最高法院各业务厅、研究机构、出版单位、网站等权威机构公开发布、发表的真实判决。

所谓"示范性"体现在:

第一,由于这些案件来自全国各地,由各地各级法院选送,具有对全国总体的代表性;

第二,由于是最高法院各权威机构认可并公开的案件,因而具有对司法实践的指导性;

第三,由于其中绝大部分案件属于生效判决,因而具有一定的有效性;

第四,由于各地选送案件以及最高法院各单位选取案件时充分考虑到案件类型和性质的多样化,因而对学术研究而言具有一定的标志性;

第五,由于是公开发布的案件,因而对公民行为而言具有相当的规范性、模范性和可预测性;

最后,由于本研究提取了这个范围内的几乎全部死罪案例共 1643 个,②将抽样误差降低为零,因而具有研究依据上的准确性。

问题是,样本中的何种信息对研究而言更有意义?研究面临两个选择:一是记录案件中法官确认的所有法律事实,如是否从犯、累犯、未成年犯,等等,然后对样本进行这些信息的统计比较,以发现不同死罪案件之间的实然区别。二是观察案件中的焦点问题,以发现这些死罪案件是如何从一定焦点问题出发,最终走向不同法律后果的。本研究选择了后者。因为所谓焦点问题通常是对同一法律问题的不同理解,而正是这些不同理解之间的交锋当中才蕴藏着丰富的法律解释学资源,

---

① 陈弘毅:"当代西方法律解释学初探",梁治平编,《法律解释问题》,法律出版社,1998 年 6 月版,第 11—12 页。

② 考虑到共同犯罪案件中不同被告的法律问题、刑事责任都可能不同,因此,本研究的分析单位为被告人。

同时也在较大程度上影响着案件的不同处理结果。因此,对控辩双方争议问题做出回应,既是法官对法律意义理解的展示,也往往反映出案件与规范之间联系的关键所在,是我们探究法官释法的重要载体。其实,从无争议的法律事实出发,当然会通向无悬念的法律后果。而相比之下,从焦点问题到案件的审理结果之间,却有着较大的或然性、差异性和不确定性。因此,从法官对焦点问题的阐释中,我们可以触及案件之所以内外于死罪圈、死刑圈或者死缓圈的某些真实原因。

确定了样本的范围和对样本的观察重点以后,接下来的问题便是建构分析框架,也就是根据何种理论对样本及其焦点问题进行类型化处理,为进一步的实证分析创造条件。在研究的数据调查阶段,我们对1 643个样本中控辩双方的争议焦点逐一分析后提炼出2 348个核心法律问题,然后将其分别归入一个递进式的犯罪论分析框架。在这个框架中,案件的争议问题被分为动刑、除刑、量刑、用刑四类。

第一,动刑问题是指案件事实是否满足所指控罪名成立的证据充足性要求以及行为符合性要求。如果证据不足,或者被证实了的事实与刑法明文规定禁止的行为之间不一致,就没有将其入罪以发动刑事司法的最初理由。其中,除了证据充足性问题,多数动刑问题涉及通常我们所说的作为、不作为、持有、法定结果(含起刑点数额)、因果关系等犯罪的客观方面问题。

第二,除刑问题又称"黑天鹅事由",是指排除一定案件事实与相关刑事规范之间同一性联系的消极证否性问题,如果具备或不具备某个条件则不构成犯罪,是刑事责任认定过程中的一种保护性机制。其中,正当防卫、刑法效力、责任年龄、但书、刑罚消灭、特殊主体、单位犯罪、罪过等,都可以视为除刑问题。可见,通过了动刑阶段的审查,指控不一定能通过除刑机制。

第三,量刑问题是指已经成罪的行为是轻罪还是重罪的问题,如聋哑人犯罪、未完成罪、共同犯罪、累犯、自首、立功、数罪、量刑数额以及刑法分则规定的一些从重、加重、从轻、减轻等法定量刑情节。有没有某个量刑情节,当然对承担多重的刑事责任至关重要。

第四,用刑问题可以理解为酌定情节的有无,是法无明文规定但对法官量刑具有显著影响的情状的有无。如是否存在明显的被害过错,是否完全退赔、返还了犯罪所得,是否认罪态度较好,毒品犯罪中是否存在特情引诱,等等。

应当指出,对同一个法律事实而言,动刑、除刑、量刑、用刑的先后顺序是不能颠倒的,否则,就会导致责任认定的不公正。在接下来的研究中,我将全部样本中的2 348个法律问题逐一归入这四个类型,试图观察、比较这四类焦点问题与死刑适用结果之间的关系。现在,完成了样本和分析框架的交代,我们可以着手数据分析与讨论了。

6.5.4 死罪阶梯中的法官释法

死罪样本的内在分布为图 6.5.4.1 所示：

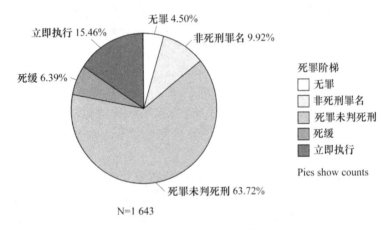

图 6.5.4.1 死罪阶梯

从图 6.5.4.1 中可见,研究中有 4 条清晰可见的界限将 1 643 个样本分割为 5 个类型,构成了层层递进的死罪阶梯。

第一层是 74 个无罪样本,占样本总体的 4.50%,是一审被按照死罪罪名指控而最终被判无罪的案件,一条罪与非罪的界线将其与有罪案件分割开来。

第二层是 163 个构成犯罪但最终未进入死罪圈的样本,占样本总体的 9.92%,占有罪样本总体的 10.4%,是一审被按照死罪罪名指控而最终通过罪名变更按照非死刑犯罪认定的案件,被一条此罪彼罪的界线隔在了死罪圈之外。

第三层是 1047 个虽为死罪但最终未适用死刑的样本,占样本总体的 63.72%,占死罪样本总体的 74.5%,是有可能被判死刑但最终被排除在死刑圈之外的案件。

第四层是 105 个死缓样本,占样本总体的 6.39%,占死刑样本总体的 29.2%,是虽适用了死刑但被留置在死缓圈之内的案件。

第五层是 254 个死刑立即执行的样本,占样本总体的 15.46%,占死刑样本总体的 70.8%,是被挤出死缓圈最终实际适用了死刑的案件。

应当说明,尚无任何证据证明这个比例关系是否可以被直接推论到现实世界中去。其实,本研究更关心的是,在反复面对上述各种界限的过程中,法官们是如何阐释法律的,是如何借助这些阐释将某些人留在了死刑阶梯的较低层次,而将另一些人推向了这个阶梯的较高层次。

6.5.4.1 案件是如何进入犯罪圈的？

死罪与否的前提是成罪与否。研究发现,在动刑问题上发生争议,可以解释大致三分之二的无罪案件,其余三分之一的无罪结果可以归因于除刑问题。其中,如果针对案件提出的焦点问题是动刑问题中的证据充足性问题,那么,案件最终导致无罪的机会为19.9%,而如果其焦点问题是其他问题的话,那么,案件导致无罪处理的机会仅为3.1%。就是说,动刑问题中的证据充足性问题导致无罪的概率是其他问题导致无罪的概率的6到7倍。换个角度看,有36.5%的无罪案件的焦点问题,都属于证据问题,相比而言,只有6.9%的有罪案件的焦点问题属于证据问题,前者是后者的5倍多。可见,案件是否进入犯罪圈,在很大程度上与证据问题有关;是否在证据问题上做出不利被告的判断,是最终能否入罪的主要区别所在。

6.5.4.2 案件是如何进入死罪圈的？

当一个案件被证实有罪以后,最直接的问题就是是否被归入死罪圈——68个有死刑的犯罪。为了考察死罪圈内外的区别和解释,我以动刑、除刑、量刑、用刑四类焦点问题的有无为自变量,以有罪案件中是否死罪的结果为因变量,对样本进行了logistic回归分析,以初步观察其中哪类问题的有无对案件是否进入死罪圈具有显著影响。结果请见表6.5.4.2.1:

表6.5.4.2.1 Variables in the Equation

		B	S. E.	Wald	df	Sig.	Exp(B)
Step 1[a]	动刑问题	−1.696	.291	34.001	1	.000	.183
	除刑问题	−1.199	.223	28.996	1	.000	.302
	量刑问题	1.693	.342	24.498	1	.000	5.435
	用刑问题	.226	.343	.436	1	.509	1.254
	Constant	3.347	.308	117.865	1	.000	28.418

a. Variable(s) entered on step 1: v0002, v0005, v0013, v0024.
b. 预测准确率为89.6%

从表6.5.4.2.1中可以发现:

第一,是否进入死罪圈与用刑问题的有无基本无关,Sig.=0.509。

第二,只要有动刑问题,案件进入死罪圈的机会则是没有动刑问题而进入死罪圈的机会的0.183倍——越是在动刑问题上发生争议,越可能留在死罪圈以外。例如,对"为追索债务绑架债务人的,是否构成绑架罪"这一动刑问题,法官们通常的回答是按非法拘禁罪认定。而绑架罪有死刑,非法拘禁罪无死刑,从而将被告留在了死罪圈之外。

第三,只要有除刑问题,案件进入死罪圈的机会为没有除刑问题而进入死罪圈的机会的 0.302 倍——越是在除刑问题上发生争议,越可能留在死罪圈以外。例如,对"国有银行的临时工在劳务活动中窃取库款的行为是否构成贪污罪"这一除刑问题,实践中一般因主体不符而对贪污罪除刑,转而以侵占罪认定。而贪污罪是死罪,侵占罪不是死罪,从而使被告未进入死罪圈。

第四,只要有量刑问题,案件进入死罪圈的机会就比没有量刑问题的案件进入死罪圈的机会高出 5.435 倍——如果争议问题为"如何量刑"就比其他案件更可能进入死罪圈。这是因为,最初被按照死罪指控的案件在本研究中占绝大多数,如果其焦点问题又集中在量刑问题上,说明案件没有因动刑或除刑问题的讨论而导致罪名变更,自然有较高的概率被留在死罪圈内。

上述分析说明,在立法上死刑罪名的数量不变的情况下,一个案件最终是否可能被判死刑,首先在于法官是否以及如何面对动刑以及除刑类的焦点问题。本研究中的动刑、除刑阶段,将一审按死罪指控的案件中的 12.3% 的案件留在了死罪圈以外。对有罪个案而言,正确提出并认定动刑、除刑问题,是从根本上排除死刑适用可能性的第一步。

6.5.4.3 案件是如何进入死刑圈的?

通过动刑、除刑等问题的考问,毕竟有不少案件进入了死罪圈。而进入死罪圈的案件,不一定最终进入死刑圈。在死罪圈内,为什么有的案件适用了死刑,而有的则没有?两者之间的法定界限应当是罪行是否"极其严重",而法官们到底是如何把握这个界限的?对此,法官们的解释中有三个特点:

第一个意义上的"罪行极其严重":

分析过程仍将动刑、除刑、量刑、用刑四类焦点问题的有无确定为自变量,而将死罪案件中是否适用死刑确定为因变量进行 logistic 回归分析,结果请见表 6.5.4.3.1:

表 6.5.4.3.1 Variables in the Equation

		B	S. E.	Wald	df	Sig.	Exp(B)
Step 1[a]	动刑问题	−.653	.168	15.076	1	.000	.520
	除刑问题	−1.182	.243	23.655	1	.000	.307
	量刑问题	.093	.168	.306	1	.580	1.097
	用刑问题	−.269	.208	1.681	1	.195	.764
	Constant	−.596	.186	10.234	1	.001	.551

a. Variable(s) entered on step 1: v0002, v0005, v0013, v0024.
b. 预测准确率为 74.5%。

表 6.5.4.3.1 说明：

首先，可能适用死刑的 1 406 个死罪案件中，最终是否进入死刑圈，与量刑问题的有无基本无关，Sig.＝0.580；与用刑问题的有无也基本无关，Sig.＝0.195。这说明，死罪案件是否构成"罪行极其严重"而导致适用死刑，主要不是个定量的问题，对量刑和用刑问题的判断，不是内外于死刑圈的主要解释。

其次，只要案件围绕是否动刑发生争议，案件最终进入死刑圈的机会则是围绕其他问题争议而进入死刑圈的机会的 0.52 倍——有相对较小的概率被判死刑。而且，只要案件围绕是否除刑发生争议，案件进入死刑圈的机会则是围绕其他问题争议而进入死刑圈的机会的 0.307 倍——相对较难进入死刑圈。这说明，在死罪案件中，如果围绕动刑或除刑这样的定性问题发生争议，就能明显降低进入死刑圈的概率，尽管我们不能直接反过来说，定量问题是提高进入死刑圈概率的主要解释。

作为佐证，法官们对上述四类问题做出的回答与是否进入死刑圈之间的不同关系，使我们可以进一步把握定性与定量两类问题的不同作用。logistic 回归分析结果表明：如果对动刑问题的回答是动刑而非弃刑，或者对除刑问题的回答是留刑而非除刑，那么，死罪案件进入死刑圈的机会便显著上升，Sig. 均为 0.000。相比之下，即使对量刑问题或者用刑问题的回答不利被告，也许总体上看进入死刑圈的机会略有上升，但显著性水平不符合统计规律要求，Sig. 分别为 0.926 和 0.088。这表明，是否"罪行极其严重"，主要取决于对动刑、除刑等定性问题的司法判断，也即，只要在动刑或者除刑问题上发生争议，就很难符合"罪行极其严重"的属性而进入死刑圈。

交互性统计分析的结果也表明，只要案件争议点集中在定性问题或者同一个案件既有定性问题又有定量问题，那么，判死刑的概率分别仅为 20.1% 和 19.9%，其余大部分都被留在了死刑圈以外。

总之，"罪行极其严重"的第一个实然特征是，在动刑和除刑等定性问题上基本上不存在较大的争议。例如，某行为是否构成正当防卫是个除刑问题，即使最终认定为不属于正当防卫而构成防卫过当的故意伤害致死，通常也很难适用死刑。

第二个意义上的"罪行极其严重"：

在定量问题中，自首、立功、未完成罪、累犯等量刑问题的数量大大高于被害过错、退赔损失、认罪态度等用刑问题的数量。而交互性统计分析的结果表明，在争议点集中在量刑问题的案件中，如果对争议问题的认定有利被告，则有 77.5% 的概率不适用死刑；而且，如果认定结论是双向的，既包括有利被告的量刑结论，又有不利被告的量刑结论，不判死刑的概率也高达 72.7%。只有当量刑问题的争议以不利被告的认定结论告终，才较有可能适用死刑，但即便如此，适用死刑的机会也不过是 42.2%,另有 57.8% 的案件虽然量刑结论不利被告,但也留在了死刑圈之外。换个角度看,在未判死刑的死罪案件中,有 60% 的量刑争议结果为有利被告或者双向于被告,而在判死刑的死罪案件中,有 62% 的量刑争议结果不利被告。

可见,"罪行极其严重"的第二个实然特征是,当案件争议点集中在量刑问题时,具体量刑结论一般不是有利被告的或者同时含有有利被告和不利被告的双向性量刑结论。就是说,只要对量刑问题的回答有利被告,就不太可能视为"罪行极其严重"。本研究的样本均为示范性案例,其中,没有一例属于只针对量刑问题发生争议而最终认定有从轻、减轻量刑情节却适用了死刑的情况。从理论上说,由于量刑情节中的某些问题如自首、立功等并非犯罪本身的严重性问题而是表明犯罪人的人身危险性、个别预防的必要性等指标,从这个意义上说,所谓"罪行极其严重"并不完全是个等害报应的概念,还在一定程度上体现了预防的功利性含义。

第三个意义上的"罪行极其严重":

即使在集中围绕量刑问题展开讨论并最终被判死刑的案件中,也可以观察到某种明显的价值取向。交互分析的统计结果表明,在此类死刑案件中,有 62.8% 的案件都属于"生命犯罪",只有其余 37.2% 的案件属于非生命犯罪。所谓生命犯罪就是刑法分则中对各种具体犯罪的罪状描述中有"死亡"字样出现的犯罪,也即可能造成被害人死亡的犯罪。而且,如果是生命犯罪,其争议点又只集中在量刑问题上,适用死刑的概率则为 10.5%,而如果是非生命犯罪,尽管争议点只集中在量刑问题上,适用死刑的概率仅为 5.4%,几乎只是前者的一半。可见,如果争议点只限于量刑问题的话,是否生命犯罪成为是否适用死刑的主要原因。

与此相关但有所不同的另一个角度是,我们还可以将犯罪依其严重性程度的不同分为最重的暴力犯罪、居中的偷窃犯罪以及最轻的欺诈犯罪。交互分析的统计结果表明,在所有争议点只限于量刑问题且最终进入死刑圈的案件中,有 62.8% 的案件是暴力犯罪,其余 37.2% 的案件是盗窃、贪污等偷窃类犯罪,没有一个欺诈类犯罪。

这也进一步证明,"罪行极其严重"的第三个实然特征是,与其他犯罪相比,暴力犯罪、人身犯罪更加贴近"罪行极其严重"的内涵,而对偷窃类犯罪、欺诈类犯罪来说,即使依法可以适用死刑,也绝非大概率事件。

综上,如果"罪行极其严重"往往表现出以上三个实然特征,那么,不符合这些特征的死刑适用就成为小概率事件,而作为小概率事件的死刑适用需要倍加慎重,否则,将可能远离多数示范性案例中多数法官的常规选择。

6.5.4.4 案件是如何留在死缓圈的？

即使进入死刑圈，仍有机会回归社会。是否"必须立即执行"将死刑案件分为死缓和死刑立即执行两类。对这两者的区别，已有学者做了大量研究。[①] 根据本研究的样本和分析框架，同时以动刑、除刑、量刑和用刑问题的有无作为自变量分析它们对是否立即执行的影响，表 6.5.4.4.1 显示的 logistic 回归分析给出了令人惊讶的结果：

表 6.5.4.4.1　Variables in the Equation

		B	S. E.	Wald	df	Sig.	Exp(B)
Step 1[a]	动刑问题	.232	.352	.432	1	.511	1.261
	除刑问题	−.082	.480	.029	1	.864	.921
	量刑问题	.301	.344	.766	1	.382	1.351
	用刑问题	−1.596	.387	17.038	1	.000	.203
	Constant	.865	.377	5.273	1	.022	2.375

a. Variable(s) entered on step 1: v0002, v0005, v0013, v0024.
b. 预测准确率为 74.4%

表 6.5.4.4.1 中的数据显示，在 359 个适用了死刑的案件中，动刑、除刑、量刑三类争议问题的有无对最终是否立即执行死刑的影响，均不符合统计上的显著性要求，唯一显著的关系是，用刑问题的有无与是否立即执行之间呈现出显著相关性——只要案件提出了至少一个用刑问题，立即执行死刑的可能性就是没有提出用刑问题而立即执行死刑的可能性的 0.203 倍，也即，随着用刑问题提出机会的上升，最终立即执行死刑的机会也随之下降，这个关系的显著性水平 Sig.＝0.000。

而且，如果以上述四个问题的认定结论为自变量观察它们对是否立即执行死刑的影响则会看到，唯一显著的关系仍是用刑问题的认定结论对死刑是否立即执行的影响：只要案件审理对用刑问题做出了不利被告的认定，立即执行死刑的概率就是对用刑问题做出有利被告认定而立即执行死刑的概率的 1.234 倍，其显著性水平 Sig.＝0.000——无论动刑、除刑、量刑问题的认定结论对被告是否有利，都对是否立即执行死刑无此显著关系。

这个结果自然将我们的注意力引导到是否立即执行在用刑问题上的区别。于是，我们以用刑问题的有无为自变量，以死缓还是立即执行为因变量，交互分析的结果如表 6.5.4.4.2 所示：

---

① 参见张文、黄伟明："死缓应当作为死刑执行的必经程序"，《现代法学》2004 年第 4 期。

表 6.5.4.4.2　用刑问题的有无对是否死缓的影响

			用刑问题		合计
			无	有	
死缓圈	死缓	计数	76	29	105
		用刑问题的百分比	24.2	64.4	29.2
	立即执行	计数	238	16	254
		用刑问题的百分比	75.8	35.6	70.8
合计		计数	314	45	359
		用刑问题的百分比	100.0	100.0	100.0

a. $p<0.005$

在表 6.5.4.4.2 中，有用刑问题的死刑案件被判死缓的概率为 64.4%，立即执行的概率为 35.6%；而如果没有在用刑问题上发生争议，案件被判死缓的机会就只有 24.2%，立即执行的概率高达 75.8%。就是说，围绕用刑问题展开辩论的死刑案件大部分都被留在了死缓圈里，而没有在用刑问题上发生争议的死刑案件大部分都被判立即执行。

我对这个结果的理解是，死刑案件中死缓与立即执行之间的选择，基本上不是个法律问题而是个政策问题，甚至只是个道德判断问题。实际上，法官面对的主要焦点问题可以分为三类，第一类是事实问题，即动刑问题中的证据充足性问题。第二类是法律问题，即动刑问题中的行为符合性问题、除刑问题以及量刑问题。第三类是政策问题，即基于法定要件、情节以外的其他事实以及一定的价值取向运用刑法的社会效果问题。这三类问题中，事实问题的位阶最高，法官对此几乎没有自由选择的余地。其后的法律问题对法官也有很大的约束力，一旦认定为某个犯罪或者某个法定情节，其法律后果将是必然的。而排在最后的用刑问题如何回答，对法官而言则有较大的灵活性。其中，用刑的社会效果、政策导向、伦理意义、价值判断、社情民意甚至法官的性别、个性、内心偏好，都可能对案件的处理构成隐性影响。从这个意义上说，是否留在死缓圈，在很大程度上取决于法官的自主判断而非规范解释。不幸的是，正是这个最自由的部分与被告人是否立即去死这个不可逆的法律后果之间形成对应，其令人担忧之处倒不仅仅是那些死刑圈里被告的个人命运，更在于这种决定生命去留的方式是一种缺乏明确性操作规则的方式，一种制度化程度较低的方式。

至于为什么法律将死刑是否立即执行这个终极决定的权力还给了道德、政策、民意，以及这种终极决定权的让渡意味着什么等问题还需要深入研究，不过，在这个界限的掌握从政策性自主判断回到规范性法律判断之前，作为一种现实的努力，我愿意将 359 个死刑样本中导致法官们较多适用死缓的用刑因素所做的观察和归纳报告如下：

- 纠纷激化中的被害过错。
- 损失返还、赔偿或退赃。
- 认罪态度好。
- 行为既遂但实际损失不大。
- 义愤犯罪。
- 常见于毒品犯罪的特情引诱。
- 抗诉或再审时被告已服刑超过两年,等等。

6.5.5 回到法律解释学

在法律解释学视野中,从上述发现中可以导出以下观点:在死罪阶梯的较低层次上,法律上的区别是多数罪与非罪、死罪与否的唯一解释,对这些界限的判断,法官基本上没有太大的自由空间。然而,在死罪阶梯的较高层次,法官的自主判断对死刑圈、死缓圈的把握具有较为显著的影响。这说明,至少在死罪问题上法律解释既有其确定性的一面,又有其不确定性的一面;法官们能动的自主性选择既受到一定限制,又不得不加以灵活运用。换句话说,以法律解释为中介,从被解释的法条到法律适用结果之间的关系既非唯一的一条直线,又非完全不可预测的随意判断,而是由大量自主判断表现出来的集中趋势,说到底是个概率问题。既如此,与其笼统地将确定性或不确定性的应然本质属性强行粘贴到法律解释上,不如着手于一个个具体重大法律解释问题的实证研究,以发现影响其确定性、可预测性的各类因素,为控制或者绕开这些因素的影响做些实在的尝试。

具体到死刑问题的法律解释,其确定性程度至少与两个因素有关:第一是法律规定本身的明确性程度。如果法律对何谓"罪行极其严重"、"必须立即执行"的判断标准没有明确规定,势必给法官的自主选择留下过大的空间,最终牺牲的自然是法律解释的确定性和国家追诉下的被告在法律上的安全性。因此,应尽可能提高法律本身的明确性以呼唤死刑适用更大程度上向规范层面的回归。第二,法律解释的确定性程度还与解释者所面对的具体案件中的具体焦点问题有关。由审判活动的被动性所决定,具体案件中控辩双方的博弈所产生的焦点问题质量越高,案件与规则之间的联系就越到位,法官的审判质量也就越高。因此,控、辩、审之间的最佳互动,便是最好的法律解释。

第 7 章

法律检验

>>>

7.1　应然与实然
7.2　罪刑法定：坚硬的理论，弹性的规则
7.3　妓女与修女：法的立场
7.4　几个盗窃等于一个杀人？
7.5　罪刑均衡实证研究

所谓法律检验,就是以大量法律文本为样本,采用概念、理论的操作化方法,检测应然性法学理论在实定法中的实现程度,回答规则本身在多大程度上符合一般原则、原理的问题。根据这个概念,法律检验有以下几个基本要素:

● 对象是大量立法活动、法律条文、法律法规文本。既不是某一两条法律规则,也不是大量司法案例。

● 问题是某个应然性理论假设能否在实然的法律文本中得到证实?

● 方法是把抽象的法学概念、理论转换成可检验的指标、命题、工作假设。

● 形式是关于法律文本的"问题—假设—检验逻辑—样本—检验过程—结果和讨论—理论阐释"的叙事结构。

7.1 应然与实然

法律世界中有两个意义上的应然与实然。一方面,法律中的应然与实然首先意味着规范与规范的实现(包括遵守与违反)。例如,法律禁止杀人、盗窃、抢劫,实际上就是说人人都应当尊重他人的生命健康、财产权利。这里,公民的生命健康权利、合法财产权利都是应然的价值,从而得到规范的保护。但应当尊重生命和他人财产并不等于实际上生命、财产等权利都得到了尊重。于是,保护生命、财产而禁止对这些权利的侵害就是法律中的应然,而杀人、盗窃、抢劫等行为就是实不然,是相对这种应然的实然。

而我们这里讨论的是另一种意义上的应然与实然,即法律原则、理念与这些原则和理念在实定法文本中的实际体现。比如,"公民在法律面前一律平等",既是一个基本法制原则,也是"平等"、"公平"等社会价值、思想理念在法律中的体现,意思是说,法律应当体现平等思想。而且,这里的平等既包括公民作为被告人时是平等的,也包括作为被害人时的平等地位。但另一方面,法律又规定,如果非法侵吞公有制被害单位的财产所有权,可能被判处死刑,如贪污罪;而如果利用职务便利非法侵害民营企业财产所有权,最多只需判处 15 年有期徒刑,如职务侵占罪。其中,为什么行为相同只是被害人的身份地位不同就会引发如此不同的刑事反应呢?除了法律文本以外,司法实践中与应然之间的距离更是常见。例如,有人贪污十几万元就要判处死刑立即执行,而有人贪污上百万元也只判处自由刑,同样偷窃一定数量的钱财,有人会被判处较重刑罚而有人则只被判处较轻的刑罚,此时此地与彼时彼地的同类案件就会有完全不同的处理,等等,都与平等原则之间存在距离。这个意义上的应然与实然之间的距离,就是法律实证分析的兴趣所在。

至此，人们一定以为法律实证分析的长处就在于发现立法、司法中与基本原则、理念不符的实然，因为应当如何似乎是不证自明的。其实，这正反映了以往法学研究的一种局限。法律实证分析的一个基本套路是，应当如何不等于实际上就如何，要着力发现应然与实然之间的差距。这当中就包含有两方面的工作：一方面当然是测量实然，而另一方面如果只知实然数据而无代表应然的数据，便无从比较，无法发现实然与应然有多大距离。因此，真正的实证分析并不只是观察实然而首先是用实证分析的语言表达应然，将应然转换为可感知的对应物。然后，在此基础上才谈得上实然与应然的距离。可遗憾的是，传统法学并没有留给我们多少有效的科学方法去测量"公平"、"公正"、"平等"、"正义"这样的概念。而如果这些价值无法具体化为可比的、可感知的经验事物，又何以发现实然世界与之有无距离、有多大距离呢？于是，法学只好变成模模糊糊的、雾里看花式的学问。

那么，实证分析会怎样表达应然呢？不难看出，所谓应然往往是一些抽象的理念、概念、范畴、原则或者思想。因此，用实证分析的语言表达应然就是设法使这些抽象的、无法直接感知的理念、原则变成可直接感知的、可比的事物。从这个意义上说，法律实证分析就是触摸、测量"公平"、"公正"、"平等"、"正义"这些无形理念的技术手段。

7.2 罪刑法定：坚硬的理论，弹性的规则

"罪刑法定"无疑是现代法治社会最具代表性的理念之一。然而，罪刑应当法定，并不等于罪刑法定原则百分百地得到了实现。因此，罪刑法定原则在现行刑法中的实然实现程度，成为一个很有意义的研究选题。[①]

7.2.1 罪刑法定的一个内在矛盾

形式性和明确性都是罪刑法定原则的应有之义，但在有些案件的审理中，无论是否定罪都符合形式性要求，但其规范根据本身都不明确。

可能让罪刑法定暴露其自身矛盾的至少有两类刑法规定：一类是纯正情节

---

① 参见白建军："坚硬的理论，弹性的规则——罪刑法定研究"，载《北京大学学报（哲学社会科学版）》2008年第6期。

犯,即刑法规定以情节严重或者情节恶劣作为犯罪构成要件的情形,①如《刑法》第246条规定,以暴力或者其他方法公然侮辱他人或者捏造事实诽谤他人,情节严重的,构成侮辱罪、诽谤罪。另一类暂且称其为纯正兜底犯,即刑法规定以刑法列举的犯罪行为以外的"其他行为、方式、方法、手段"构成犯罪的情形,②如《刑法》第225条规定,构成非法经营罪的行为,除了(一)未经许可经营法律、行政法规规定的专营、专卖物品或者其他限制买卖的物品的;(二)买卖进出口许可证、进出口原产地证明以及其他法律、行政法规规定的经营许可证或者批准文件的;(三)未经国家有关主管部门批准,非法经营证券、期货或者保险业务的这三种行为以外,还有"其他严重扰乱市场秩序的非法经营行为"。这两类规定的共性在于满足刑法规范在形式上的体系周延性,但不具备内容上的明确性。在其适用的场合下,如果司法人员基于某种原因或影响不认为应当或者不希望将某个行为定罪,则可以法无明文规定为据——法律并没有明文规定"情节严重"或"其他行为方式"包括该行为,因此将其定罪就违法。同理,如果司法人员认为应当或希望将某个行为定罪,则可以法有明文规定为据——法律并没有明文规定某某行为不属于"情节严重"或"其他行为方式"的范围,因此不将其定罪也违法。③ 于是,定罪或不定罪,形式上都合法也都违法,本文将这种刑法规定称为弹性刑法。④

对司法实践的影响到底是怎样的:导致过量入罪的可能性更大还是不当出罪的概率更大?弹性刑法更多地分布在哪些法益保护的情形中?弹性刑法更常见于较重的犯罪还是较轻的犯罪?由于弹性刑法的存在,法官滥刑的风险到底有多大?

7.2.2 弹性刑法的界定

如果说纯正情节犯意味着犯罪实行行为在定量或程度上的不明确的话,那

---

① 而如果刑法规定以一定条件(如造成严重后果)作为犯罪构成要件的情形,则为不纯正情节犯。参见陈兴良:《规范刑法学》,中国政法大学出版社,2003年8月版,第100页。

② 与此相对,不纯正的兜底犯是指刑法规定以刑法列举的犯罪对象以外的其他对象构成犯罪的情形,如法律明文列举的毒品、发票、银行结算凭证以外的其他毒品、发票、银行结算凭证。由于这种情况下其他犯罪对象的含义毕竟由列举的犯罪对象的性质加以规定和说明,其含义相对比较清楚,所以本研究仅关注纯正兜底犯问题。

③ 按照《刑法》第3条的规定:"法律明文规定为犯罪行为的,依照法律定罪处刑;法律没有明文规定为犯罪行为的,不得定罪处刑"。

④ 正如有学者所说:"纯粹一般式的规范或包含模糊因素的规范对法律规范明确性的消极影响,则表现为法律规范没有具体或确定的内容,因而可能被适用于性质不同的行为。"参见〔意〕杜里奥·帕多瓦尼,陈忠林译:《意大利刑法学原理》,法律出版社,1998年9月版,第26页。

么,纯正兜底犯则意味着犯罪实行行为在定性或范围上的不明确。

弹性刑法的特点可以概括为:第一,弹性刑法所规定的犯罪行为,是犯罪实行行为的不典型。例如,以其他方法抢劫公私财物的抢劫行为实际上就是以暴力、胁迫方法抢劫的不典型。第二,弹性刑法是构成要件该当性判断的不完整,而非违法性判断的不完整。因为"作为犯罪成立条件之一的违法性是指实质的违法性。……实质违法,是进行实质判断,判断根据并非法律规范本身,而是法律规范之外的内容,诸如共同生活目的、法律保护的利益等是否受到侵害"。[①] 换句话说,不可能存在违法性判断的不完整。第三,弹性刑法意味着罪与非罪界限的不确定。例如,从情节不严重到情节严重,从法律未写明的其他非法经营行为到明文禁止的非法经营行为,刑事评价到底始于何处,没有明示的形式根据。照理说,如此"不典型"、"不完整"、"不确定"的弹性刑法,已经足以让习惯于干预司法活动的行政官员或者干脆自己滥刑的法官如获至宝,因而也足以让每个可能遭遇刑事调查的公民心惊肉跳。不过,这时与其单单告诉人们弹性刑法如何有悖于罪刑法定精神,不如进入问题内部,看看弹性刑法到底有多大规模和怎样的实际影响。因为比"我认为"更重要的是倾听事实自己怎么说。

7.2.3　中外刑法中的弹性规则

为使研究样本的边界清晰,现将截止到修正案(六)我国《刑法》分则中弹性规定的动态和结构性观察结果报告如下:1979刑法中的弹性规定有36个罪名,占当时罪名总数的28.3%。其中,纯正情节犯24个,约占当时弹性刑法总数的67%,占当时罪名总数的18.9%。纯正兜底犯15个,[②] 约占当时弹性刑法总数的42%,占当时罪名总数的11.8%。而现行刑法中的弹性规定有68个,占罪名总数的15.6%。其中,纯正情节犯27个,[③] 占罪名总数的6.2%,约占弹性刑法总数的40%;纯正兜底犯44个,[④] 占罪名总数的10.1%,约占弹性刑法总数的65%。[⑤] 从这些数据中可以推出三个结论:

---

① 陈兴良:"违法性理论:一个反思性检讨",载《中国法学》2007年第3期,第159页。
② 1979年刑法中有三个罪名既是纯正情节犯又是纯正兜底犯,即侮辱罪、诽谤罪和流氓罪,所以两个绝对数相加大于36。
③ 如强迫交易罪,倒卖车票、船票罪,诽谤罪,煽动民族仇恨、民族歧视罪,侵犯通信自由罪,破坏选举罪,虐待罪,寻衅滋事罪,等等。
④ 如非法经营罪,强奸罪,强制猥亵、侮辱妇女罪,非法拘禁罪,侮辱罪,抢劫罪,聚众哄抢罪,故意毁坏财物罪,破坏生产经营罪,等等。
⑤ 现行刑法也有三个罪名既是纯正情节犯又是纯正兜底犯,即走私废物罪,操纵证券、期货市场罪,遗失武器装备罪,所以两个比数相加大于100%。

1. 弹性刑法的实际规模始终不大,且现行刑法比 1979 年刑法的弹性刑法总规模从 28.3% 下降到 15.6%,尽管绝对数从 36 个上升到 68 个。

2. 与 1979 年刑法相比,现行刑法主要的变化是严格控制了纯正情节犯(仅比原先增加了 3 个罪名),但未能严格控制纯正兜底犯(比原先增加了 29 个罪名)。

3. 在 1979 年刑法的弹性规定中,纯正情节犯(67%)多于纯正兜底犯(42%),而在现行刑法的弹性规定中,纯正兜底犯(65%)多于纯正情节犯(40%)。

从纵向角度观察弹性刑法的历史性变化,只是一种动态比较。而弹性刑法的减少,到底是不是一种国际性的发展趋势,还需要对各国现行刑法作一番横向比较。为此,我们以 19 个国家的刑法典为样本,[1]对各国刑法典中的弹性刑法进行了考察,结果如下表所示:

表 7.2.3.1　各国刑法典中弹性规定比较

国家	罪名总数	纯正情节犯个数	纯正兜底犯个数	弹性刑法占罪名总数%
法国刑法典	115	0	0	0
美国量刑指南	140	0	0	0
荷兰刑法典	402	0	3	0.8
西班牙刑法典	445	0	4	0.9
巴西刑法典	382	0	4	1
德国刑法典	324	0	6	1.9
加拿大刑法典	392	0	10	2.6
澳大利亚刑法典	294	0	8	2.7

---

[1] 其中,外国刑法典文本请参见:罗结珍译:《法国新刑法典》,中国法制出版社,2003 年 12 月版。逄锦温等译:《美国量刑指南》,法律出版社,2006 年 7 月版。于志刚等译:《荷兰刑法典》,中国方正出版社,2007 年 6 月版。潘灯译:《西班牙刑法典》,中国政法大学出版社,2004 年 6 月版。《巴西联邦共和国刑法典》,法律出版社,1965 年 6 月版。冯军译:《德国刑法典》,中国政法大学出版社,2000 年 3 月版。卞建林等译:《加拿大刑事法典》,中国政法大学出版社,1999 年 1 月版。张旭等译:《澳大利亚联邦刑法典》,北京大学出版社,2006 年 12 月版。张明楷译:《日本刑法典》,法律出版社,2006 年 3 月版。杨家庆译:《菲律宾刑法典》,北京大学出版社,2006 年 12 月版。黄风译:《意大利刑法典》,中国政法大学出版社,1998 年 10 月版。徐久生等译:《瑞士联邦刑法典》,中国方正出版社,2004 年 1 月版。黄道秀译:《俄罗斯联邦刑法典》,中国法制出版社,2004 年 9 月版。吴光侠译:《泰国刑法典》,中国人民公安大学出版社,2004 年 3 月版。谢望原译:《丹麦刑法典与丹麦刑事执行法》,北京大学出版社,2005 年 1 月版。徐久生译:《奥地利联邦共和国刑法典》,中国方正出版社,2004 年 1 月版。米良译:《越南刑法典》,中国人民公安大学出版社,2005 年 2 月版。陈琴译:《瑞典刑法典》,北京大学出版社,2005 年 3 月版。

续表

国家	罪名总数	纯正情节犯个数	纯正兜底犯个数	弹性刑法占罪名总数％
日本刑法典	168	0	6	3.6
菲律宾刑法典	251	0	9	3.6
意大利刑法典	419	0	19	4.5
瑞士刑法典	212	0	11	5.2
俄罗斯刑法典	278	0	15	5.4
泰国刑法典	311	0	17	5.5
丹麦刑法典	208	0	14	6.7
奥地利刑法典	238	0	23	9.7
越南刑法典	262	0	26	9.9
瑞典刑法典	196	0	26	13.3
中国刑法典	435	27	44	15.6

从上表数据中可见：

1. 除中国刑法外，其他18部刑法典中无一部刑法中有纯正情节犯的规定，纯正情节犯为中国刑法所独有。

2. 除法国、美国以外，纯正兜底犯为世界各国普遍存在的刑法现象，但在刑法典中的比重一般都得到严格控制，①而中国刑法中的纯正兜底犯最多。

3. 以弹性刑法与该国刑法罪名总数的比例关系来看，中国刑法为世界之最。与中国刑法最为接近的5部刑法依次为瑞典刑法、越南刑法、奥地利刑法、丹麦刑法和泰国刑法。与中国刑法相距最远的5部刑法依次为法国刑法、美国刑法、荷兰刑法、西班牙刑法和巴西刑法。

可见，各国都在尽量限制弹性刑法。否则，中国刑法就不会呈现弹性刑法总量规模相对下降的趋势，外国刑法也不会那么整齐地拒斥纯正情节犯并严格控制兜底犯。但如此一说，倒把中国刑法的特殊凸显了出来：中国刑法中的弹性规定最多。为什么会这样？可能的解释有两个。其一，由于中国的刑事犯罪本

---

① 例如，《德国刑法典》中仅有6个纯正兜底犯：第109条规定，行为人根据其承诺通过残废或者其他方式将自己或者他人弄得或者使自己或者他人被弄得不适合履行兵役义务的，构成通过残废逃脱兵役义务罪。第127条规定，行为人无权地建立或者率领使用凶器或者其他危险工具的群体或者加入这种群体之一、供给凶器或者金钱或者以其他方式援助这种群体的，构成建立武装群体罪。此外，还有第184条规定的散发色情文书罪、第239条规定的剥夺自由罪、第306条f规定的火灾危险引起罪、第324条a规定的土壤污染罪。参见冯军译：《德国刑法典》，中国政法大学出版社2000年3月版，第83页、91页、121页、143页、183页、196页。

身比其他国家的都复杂、多变,所以中国刑法的弹性也相应地最大。如果不加比较,这一说法是可以理解的。因为自改革开放30余年以来,中国的社会、经济、政治关系比以往许多时候都更加复杂多样,相应地,违法犯罪的形式也自然多了些不确定性。但是,得出这个判断,我们并未将19个国家30年来的社会、经济、文化、政治以及犯罪现象等方面的事实数据加以全面比较。尚无证据证明,其他18个国家的刑事犯罪本身都没有中国的复杂。所以,不能急于将中国刑法的弹性较大归因于中国刑事犯罪本身。其二,能否从立法程序、价值取向、立法技术或法律文化传统等方面发现各国在立法上的不同?沿着这个思路走,我们至少可以看到中外刑法在立法模式上的一个显著差异:中国通过1997年大规模刑法修订,将分散在行政法、经济法中的大量附属刑法统一收入刑法典,而在许多外国刑法中,刑事犯罪不仅被规定在刑法典里,还大量出现在其他行政、经济、商事法律法规中。这就意味着,在外国,到底有多少弹性刑法出现在刑法典以外的附属刑法中尚不得而知。因此,中国刑法到底是不是弹性之最,其实也不能定论。我们只能说,以刑法典为比较的文本来源时,中国刑法的弹性最大。总之,企图通过中外犯罪本身或刑法渊源的比较探求弹性刑法的解释,都缺乏足够的事实和数据。于是,深入到我们自己的刑法内部进行考察,应该是研究弹性刑法的一条必经之路。

7.2.4 弹性刑法的内在分析

据此我们可以假设,既然两种弹性刑法在横纵方向以及规范功能上都有所不同,那么,纯正情节犯就应该更多出现在轻微危害行为的评价中,也因此其平均刑量应该低于其他犯罪。[1] 与此不同,我们尚无任何根据期待纯正兜底犯更多或更少分布在哪些类型的罪刑关系中,因此,暂且假定它与其他犯罪在罪行轻重以及刑量大小上没有显著差异,均匀分布在各种法益保护以及各类危害行为的相关罪名中。不难想见,如果这一工作假设被证实,至少意味着弹性刑法的设置有其理解上的合理性。但是,如果假设被证否,则需要重新解释其存在的理由。于是,本研究以我国《刑法》现有435个罪名的全样本数据库为检验对象,借助SPSS相关统计过程的运行所得检验结果是:

结果一:纯正情节犯的平均刑量值为4.4,约为上限5年有期徒刑的刑罚,

---

[1] 法定刑的量化方法请参见白建军:《罪刑均衡实证研究》,法律出版社2004年版第239页的刑量模型及相关说明。其计算模型为:抽象刑量=有期徒刑类型+无期徒刑 * 30+死刑 * 60—拘役 * 0.25—管制 * 0.5。

而其他犯罪的平均刑量值为29.2,约为上限15年有期徒刑的刑罚,该统计过程的T检验结果p=0.000,说明差异显著。另一方面,纯正兜底犯的平均刑量值为47.9,约为上限无期徒刑的刑罚,而其他犯罪的平均刑量值为25.4,约为上限14年有期徒刑的刑罚,该统计过程的T检验结果p=0.003,说明差异显著。可见,纯正情节犯的确多为轻刑犯,与上述假设相符,但纯正兜底犯一般为重刑犯,与上述假设不符。

结果二:以纯正情节犯的出现与否为行变量,以其他法益、行为类型为列变量的交互分析(Crosstabs)结果表明,纯正情节犯的出现机会大小,与几乎任何变量之间均无显著相关性联系。换句话说,无论重要法益的保护还是次要法益的保护,也无论严重犯罪行为还是一般犯罪行为,都有大体相近的机会表现为罪与非罪在程度上的纵向衔接,都可能存在纯正情节犯,这与纯正情节犯应该更多出现在轻微危害行为评价中的假设明显不符。如果与结果一结合起来看,至少对那些严重犯罪而又有纯正情节犯安排的罪名来说,这个结果意味着重罪轻刑的可能性。例如,作为一种纯正情节犯,虐待罪在行为方式上是暴力人身犯罪,在被害关系上是被迫被害犯罪,从加害人来看是滥用身份优势的犯罪,怎么看都应该是较严重的犯罪。但其法定刑仅为半年到七年有期徒刑,明显偏轻。而且,如果将纯正情节犯视为规范的不明确或者不严密的话,这类纯正情节犯的相应罪刑关系实际上是"不严不厉"。①

结果三:以纯正兜底犯的出现与否为行变量,以其他法益、行为类型为列变量的交互分析结果表明,财产经济犯罪中出现纯正兜底犯的概率高达16.6%,而危害人身及公共安全以及违背有关文化价值的犯罪中出现纯正兜底犯的概率仅为7.2%和5.9%,连前者的一半都不到。这一分析的统计显著值p=0.005,说明关系非常显著。而且,如果将犯罪按其加害被害关系的不同分为最严重的被迫被害犯罪(如杀人、伤害、强奸、抢劫等)、次严重的被害缺席的犯罪(如盗窃、贪污、知识产权犯罪等)以及相对最轻的交易被害的犯罪(如各类诈骗)的话,其中,交易被害的犯罪中出现纯正兜底犯的机会最大,为17.4%,而相比之下,被迫被害的犯罪以及被害缺席的犯罪中出现纯正兜底犯的机会仅为8.8%和8.7%。尽管这个结果的统计显著值p=0.092,略高于0.05的要求,但依然可以有条件地认为,关系比较显著。合起来看,财产经济犯罪和交易被害的犯罪都不是最严重的犯罪,但都有相对最大机会出现纯正兜底犯的安排。而根据结果一,纯正兜

---

① 按照储槐植先生的理论,罪刑之间有"不严不厉"、"又严又厉"、"严而不厉"、"厉而不严"四种组合。其中,只有"严而不厉"是更科学适切的罪刑关系。参见储槐植:《刑事一体化论要》,北京大学出版社,2007年10月版,第45—67页。

底犯的平均刑量又显著高于其他犯罪。所以有理由认为,至少对某些纯正兜底犯而言,这个结果意味着轻罪重刑的风险,与上述假设明显不符。例如,作为一种纯正兜底犯,走私文物罪既非暴力人身犯罪,又非破坏公共安全的犯罪,相对于被迫被害而言,只是一种被害缺席的犯罪,但被规定了死刑①,明显偏重。而且,如果将纯正兜底犯同样视为规范的不明确或者不严密的话,这类纯正兜底犯的相应罪刑关系实际上具有"厉而不严"的特点。

至此,如果将几个检验结果综合起来便可推知,既然弹性刑法既有重罪轻刑的可能性又有轻罪重刑的风险,那么,弹性刑法在罪刑关系上便存在罪的严重性与刑的严厉性之间不对称或不均衡的现象。这样,对被害人或社会而言,重罪轻刑意味着不公;而对被告人而言,轻罪重刑同样意味着灾难。如果说"不典型"、"不完整"、"不确定"是从定性的角度说明弹性刑法与罪刑法定原则相悖的话,那么,罪刑之间的不均衡则是从定量的角度暴露出弹性刑法与罪刑法定原则的要求之间的差距。实际上,除了成文法主义以及明确性原则以外,禁止罪刑之间的不均衡也是罪刑法定原则的应有之义。② 然而,弹性刑法又具有法的形式外观,所以,不论中国刑法是不是弹性之最,我们仍有理由担心,弹性刑法会不会成为中国法官"依法滥刑"——重罪轻判乃至出罪或者轻罪重判或者不当入罪——的法律根据?

7.2.5 弹性刑法的风险分析

经典罪刑法定原则本身暗含着一个假定,认为明文规定的刑法不仅是禁止公民实施某种作为或不作为的行为规范,更是禁止法官法外用刑的裁判规范。这意味着,如果没有法条文本的限制,法官滥刑在所难免。现在,基于上述中国刑法文本中弹性刑法的实证分析我们发现,成文刑法的制定和颁布本身并不当然地阻断司法不公的可能性。但是,如果基于这种可能性就断定审判活动中一定充斥着不当的入罪出罪,不是浅尝辄止,起码也是证据不足。为此,本研究着手实施了一项调查,其目的就是了解弹性刑法对司法实践到底有多大影响?法官到底会不会滥用弹性刑法造成司法不公?遭遇弹性刑法的公民到底在何种意

---

① 《刑法修正案(八)》已废除了该罪的死刑。
② 有学者认为,不均衡的刑罚意味着相同情况异样处理,违背最起码的形式公正,当然更谈不上实质合理。不均衡的刑罚使刑罚失去了法的性质而成为一种任性,无论这种任性是以何种形式实施的,都不能成为公正的表现。因此罪刑法定作为刑法的基本理念当然必须对之予以否定,或者说将禁止残酷的、不均衡的刑罚作为罪刑法定基础之一具有必然性。参见李洁:《论罪刑法定的实现》,清华大学出版社,2006年7月版,第80页。

义上以及多大程度上可能成为刑法不明确的牺牲品？

调查对象的分析单位是刑事司法案例,其范围是 1997 年以来各地各级法院生效刑事判决共 20833 个。① 调查方法是,先对这两万多个案例样本进行逐一排查,提取其中所有弹性刑法罪名下的相关案例并计算这些案例与样本总体之间的比例关系。② 然后,由于这个范围内的案例并不一定都涉及弹性刑法规定的适用,因此需要对提取出来的弹性刑法相关罪名的全部案例样本再次进行逐一排查,提取其中所有适用了弹性刑法的案例,并计算其比例规模。这一步的具体方法是,对控、辩、审三方中任何一方的法律理由进行仔细观察,只要发现提及"情节严重"、"情节恶劣"或者"其他……行为"等字样,便认为是否构成纯正情节犯或兜底犯可能是该案的焦点法律问题之一。如果控、辩、审三方中无一方提及相关法律依据,便有理由认为,该案基本不存在弹性刑法给案件相关主体带来的法律风险。例如,某信用证诈骗案的争议焦点是被控行为是否属于《刑法》第195 条所列的"使用伪造、变造的信用证或者附随的单据、文件的"行为,或者"使用作废的信用证的"行为,或者"骗取信用证的"行为,而不涉及是否属于"以其他方法进行信用证诈骗活动的"的行为,那么,该案就不涉及弹性刑法的适用。最后,适用了弹性刑法也不一定都是失去实质正义的判决,因此还需要再次逐一研读被筛选出来的案件判决书,对弹性刑法的适用风险做出最终评估。现将这个过程的结果报告如下：

调查发现,有 601 个案件的性质与纯正情节犯的罪名有关,占 20 833 个案例样本总数的 2.9%。而根据上文数据,在立法上,纯正情节犯的罪名占罪名总数的 6.2%。进一步看,其中有 35 个案例的争议焦点与情节是否严重或恶劣有关,占 601 个纯正情节犯罪名下案例的 5.8%,占 20 833 个样本总数的 0.17%。调查还发现,有 308 个案例的性质与纯正兜底犯的罪名有关,占 20 833 个案例样本总数的 1.5%。而根据上文数据,在立法上,纯正兜底犯的罪名占罪名总数的 10.1%。进一步看,其中只有 7 个案件的争议焦点与兜底性规定的适用有关,占 308 个纯正兜底犯罪名下案例的 2.3%,占 20 833 个案例样本总数的 0.033%。

基于这些观察所形成的初步印象是,尽管弹性刑法在理论上隐含着司法不公的风险,但在司法实践中,其实际规模范围和适用的可能性都极为有限。然而,总体上的 1%,对当事人而言也意味着 100%。所以,有必要对弹性刑法适用个案进行深入观察。结果是,在 35 个以纯正情节犯为焦点法律问题的案例中,

---

① 案例来源为"法意实证案例法规数据库",参见 www.lawyee.net。
② 即以第 205 页注③和④中所列所有罪名为关键词,对两万多生效判决进行逐一检索。

有 28 例被控寻衅滋事罪。其中,有 22 例都以指控罪名定罪并说明理由,5 例变更罪名为敲诈勒索罪、故意伤害罪或强迫交易罪,仅有一例宣告无罪。另外 7 例的罪名分别是招收公务员、学生徇私舞弊罪,强迫交易罪,破坏选举罪,虐待罪,诽谤罪,帮助毁灭、伪造证据罪,其中 3 例宣告无罪。另外,7 例纯正兜底犯案例,均为以麻醉方法抢劫并以抢劫罪定罪的案例。

具体来说,关于有罪判决是否过量入罪的担心,案件中被认定为"情节严重"或者"情节恶劣"的情形,往往是"携带气枪、刀、棍等作案工具,驾驶摩托车窜至被害人住处,强行闯入室内,对其实施殴打,致其面部及右下肢受伤,该损伤已构成轻微伤"的行为,[1]或者"乘坐被害人的人力三轮车拒不交费,并对车主辱骂并殴打、追撵后连捅四刀,致其心脏损伤,急性大出血而死亡"的行为,[2]或者"纠集其他四被告人等预备互殴,后在得知对方到其家中寻衅即赶回参与打斗,先后致多人受伤"的行为,[3]等等。关于无罪判决是否不当出罪的担心,案件中被认定不属于"情节严重"或者"情节恶劣"而宣告无罪的情形,往往是"以车被堵为由扬言要砍人,但在客观上被他人劝止并未实施伤害他人而属于情节显著轻微危害不大"的行为,[4]或者"共同生活的家庭成员因生活琐事发生口角,一方动手打了对方并致轻微伤。但因情节显著轻微而不构成虐待罪"的行为,[5]等等。总之,本次调查并未发现法官普遍滥用弹性刑法而造成过量用刑以及不当出罪的明显迹象。

行文至此,问题的自身逻辑已经把我们带到了一个路口:向左拐,可能来到"弹性刑法适用率较低说明司法擅断的风险不大,如果保留弹性刑法并无大碍"的结论。向右拐,则可能走向"恰好说明弹性刑法无存在之必要"的判断。深究起来,前者的理由可能建立在犯罪的功利性预防理论基础之上,认为刑法规范设置的主要根据就是一般预防。即使实践中尚无大量需要弹性刑法加以规范的行为,立法上保留相关规定也能起到预防这类行为钻法律空子的目的。至少,由于控、辩、审之间程序性制约机制的存在,无论辩方以"情节不够严重"为由为被告人辩护,或者控方以"某行为属于法定的'其他行为'"为由对被告行为提出指控,都意味着某种额外的风险。所以,立法上保留弹性规范并不必然导致司法实践中的滥刑。

而笔者不仅相信报应为主预防为辅的刑罚根据理论,而且认为弹性刑法适

---

[1] 参见江苏省宿迁市中级人民法院刑事裁定书(2005)宿中刑终字第 63 号。
[2] 参见河南省信阳市浉河区人民法院刑事判决书(1999)信浉刑初字第 37 号。
[3] 参见浙江省金华市中级人民法院刑事判决书(2003)金中刑一终字第 113 号。
[4] 参见湖南省龙山县人民法院刑事判决书(2001)龙刑初字第 99 号。
[5] 参见河北省沧州市中级人民法院刑事附带民事判决书(2000)沧刑二终字第 4 号。

用率极低意味着,相关法条明文禁止的行为已经可以涵盖现实生活中绝大部分犯罪现象,许多弹性刑法所反映的并非犯罪的客观现实而很可能只是立法者的主观想象。而如果法律向一个将来可能出现的所谓犯罪行为透支其否定评价,和溯及既往的法律一样缺乏法律报应的对象。而且,既然弹性刑法的适用率极低,我国《刑法》又有但书规定,防止轻微危害行为入罪已有法律根据,再用大量分则规范规定纯正情节犯实在没有必要。况且,如果保留弹性规定,理论上仍给罪刑擅断预留下不小的空间。所以,我们的问题不知不觉地已经从是否需要严格限制弹性刑法的规模和影响,变为既然没有实用价值,那立法上为何要创设弹性规定?或者说,即使立法者当初经过大规模立法调查发现,弹性刑法的适用仅有极低的概率,就一定会放弃弹性刑法规范的设置吗?如果不会,那又是为什么?

7.3 妓女与修女:法的立场

作为社会冲突的调整规范,法律无法回避自身的立场问题——有时,法律被视为被告人的大宪章,有时,法律被理解为被害人利益的反映;有时,我们强调法律是限制法官适用法律的裁判规范,有时,我们却强调法律是打击犯罪保护社会的有力武器。法的立场是法的价值倾向的重要内容之一,也是所谓法中之法的一个研究领域。这里我们以刑罚的立场研究为例,[1]讨论相关的方法论问题。

7.3.1 怎样观测法的价值倾向

规范文本的研究往往会遇到这样一类问题:怎样发现隐含在大量法律条文背后的价值倾向?这个问题的成立意味着,法律自己有时不会说话,至少,法律文本言明的未必就是真正要说的。法律的实质理性有时埋藏在复杂的法言法语之中,法的形式有时会使法的实际倾向变得暧昧、模糊,如果不借助特别的分析工具,法律解释便很难摆脱主观臆断,应然的、想象的可能被当成实然的。

在各种可供选择的研究方法中,实证分析方法在法律研究中不太常见。其实,利用实证分析的"假设—检验"分析模式,可以比较有效地帮我们观测规范形式背后的价值实质。所谓"假设—检验"分析模式,就是以观测到的事实

---

[1] 该成果以"从犯罪互动看刑罚立场"为题发表在《北大法律评论》2004年4月第5卷第2辑。

来证实、证否或者部分地证实、证否变量之间可能存在某种关系的推测的研究过程，简单说，就是证明某个理论推测的过程。其中，假设和检验是这个过程的两个基本元素。例如，"犯罪是遗传的结果"，就是一个假设。而观察比较养子女是否犯罪与生父母、养父母是否犯罪的一致率，就是这个假设的检验过程。如果养子女是否犯罪与生父母是否犯罪的一致率较高，说明养父母的影响小于生父母的影响，犯罪与遗传之间的因果关系得到证实。如果养子女是否犯罪与养父母是否犯罪的一致率较高，说明生父母的影响较小，犯罪与遗传之间的关系则被证否。

法的价值倾向研究就可以视为一个假设—检验的过程：首先，基于对法律文本的反复观察、体悟以及一定的法学理论，形成规范文本中是否具有某种价值倾向的理论假设。这一步的关键在于，所形成的理论假设在理论上要具有足够的穿透力，而不能过于感性。比如，"犯罪都有相应的刑罚"就是一个很直观的假设，即使被证实，对法的理解也无太大的启发性。而"刑罚的根据在于报应而非预防"就是一个具有深厚理论内涵的理论假设，经过一定概念操作化处理以后，便可以着手具体的检验过程。建立假设还要注意其可检验性。接下来的研究实例中我们将讨论，如何将理论假设转换为统计假设或者工作假设。一个无法检验的陈述，如美与丑、善与恶、好与坏，都是因人而异的非事实性判断，不是我们所说的科学假设。假设形成以后，第二步就是对规范文本进行测量，用所获数据证实或者证否理论假设。这一步的关键在于观测的标准化、规格化和分析工具的正确选择，其具体做法也将在接下来的部分中详细介绍。

7.3.2 假设的理论含量

一个好的理论假设应当在理论上具有足够的启发性，同时，假设又不能过于突兀，要从一个合理的问题开始。笔者的刑罚立场研究就是从这样一个问题开始的：强奸修女和强奸妓女是一样的犯罪吗？一说认为，这两个行为之间"同"大于"异"，它们都是强行与女性发生性行为，都是暴力的滥用，尽管在这两个强奸中，一个对象是纯洁的修女，另一个对象是低俗的妓女。既然行为是一样的，那么，就不能因为强奸了妓女便免除处罚，而强奸了修女就罪加一等，更不能认为强奸修女才是犯罪而强奸妓女不属于犯罪。因此，两个强奸都应划入犯罪圈内，并认为是严重程度大体相同的犯罪。与此不同，另一说认为，这两个强奸之间"异"大于"同"。尽管都是强暴女性的行为，但两个强奸者的主观心态显然不同。强奸妓女的行为虽然也是强奸，但似乎情有可原，而修女是上帝派来的，怎么可以强奸呢？于是，强奸修女的人实际上具有更大的主观恶性和人身危险性。

因此,强奸修女的行为才是至恶,是更严重的犯罪,而强奸妓女的行为即使属于犯罪,也是严重程度明显较轻的犯罪。

这个争论中的分歧,首先在于各自所理解的犯罪形态不同。所谓犯罪形态,就是指相对于科学研究、控制实践以及评价规范而言,犯罪的存在方式,是指一个犯罪行为,还是实施了这个行为的人,还是一个人在某个时间某个地点针对某个被害人进行侵害这个事件,还是一个人心目中意图实施犯罪的某个意念,还是某种危险的态度、行为方式或者倾向。不难想象,对这些问题的不同回答,可能导致完全不同的价值导向及相应的刑事政策。在两种强奸的争论中,按照前一种观点,犯罪的基本形态是指犯罪行为,行为既不是某种思想,也不是某种身份,更不是某种解剖特征。只有犯罪行为才应当是法律规范的评价对象,只有犯罪行为才是罪恶的客观载体,因而,犯罪行为才应当成为犯罪学理论研究的主要分析单位,才是导致社会利益、他人权益遭受侵害的最后环节。正是由于着眼于行为,两个强奸的相似点才应当大于相异点。相反,在后一种观点看来,犯罪的基本形态是指犯罪人,即已经或可能实施犯罪行为的所有个体。犯罪人既可以是作为法律关系主体的法律人,也可以是作为文化、价值观的主体的伦理人,还可以是作为一定经济地位拥有者的理性人,还可以是作为某种心理属性拥有者的心理人,还可以是作为某种生物属性拥有者的生物人、自然人。犯罪形态之所以被定位在行为人,是因为只有犯罪人的主观之恶才真正表达着罪恶意义,只有犯罪人的人身危险性才实际上构成针对社会的危险,因而才是社会必须加以排斥的实际对象。没有犯罪人的主观恶性,便没有犯罪人的犯罪行为,也便没有犯罪行为所导致的实际危害。也正因为此,法律所惩罚的,其实是犯罪人而非他们实施的行为。正是着眼于实施行为的人,两个强奸的相异点才实际上大于相似点。

现在回过头来重新审视修女与妓女的命题我们便会发现,这两个强奸实际上既不仅仅是两个行为,也不仅仅是两个行为人,严格地说,是两个互动关系。在互动关系中观察这两个强奸,我们不仅可以看到强暴女性的行为,看到人身危险性不同的恶人,还可以看到被害人对两个加害人发出的不同信息,以及被害人对加害人而言完全不同的感受与意义。甚至,我们还可以从中体会到两个互动关系对社会而言的不同意义,以及社会为什么分别对这两个互动关系给予不同评价。而这些,都是无法从行为中心论或者行为人中心论中独立推论出来的。互动理论并不排斥行为中心论和行为人中心论,而是强调应当在互动关系中丰富关于犯罪的理解,补充关于犯罪的认识。

首先,在互动理论看来,犯罪不仅意味着恶害,更意味着恶害所处其中的关系,意味着不同的互动关系对所处其中的加害、被害双方的不同影响。第二,按照互动理论,被害并不等于被动,犯罪也是来自被害人方面某种影响的产物。第三,在互动关系中,被害人自身的某种属性、状态、行为,也反过来说明着犯罪的意义,是犯罪的某种解释,同样的犯罪行为也许会因不同的被害而获得不同的意义。同样的偷窃行为,作为穷人被富人偷与作为富人被穷人偷,其法律评价往往不同。最后,即使是在贿赂、脱逃、嫖宿幼女等所谓无被害犯罪中,犯罪也不是绝对的孤立存在。没有被害,并不等于没有互动。总之,罪行和罪人都无法单独说明犯罪,罪行、罪人、互动,是理解犯罪的三个基本维度。

至此,我们已经导出了一个关于犯罪形态的新理论——犯罪即互动。基于这个理论,我们建立起一个关于刑法的价值倾向的假设:刑法既非站在被害人一边打击犯罪惩治犯罪人,也不仅仅站在被告人一边禁止法官滥刑,而是站在中立立场上调整加害—被害关系。按照中立性要求,刑法在使加害受到惩罚的同时,也使被害感受到某种评价——被害的责任越大,加害应受的惩戒就越轻;反之,被害的责任越小,加害应受的惩戒就越重——对加害反应的轻与重,其实也反过来意味着对被害的某种评价。不过,在着手检验程序之前,还是先来对"犯罪互动"的存在与否进行一些必要的经验观察。

7.3.3 假设的建立与检验

既然犯罪意味着互动,那么,规定犯罪与刑罚的刑法该是一部什么样的法呢?如何根据关于犯罪的这种重新理解去分析解读刑法文本规范呢?

在这个问题上,我们可以从刑罚史中抽象出两大范式,被害本位的刑罚立场和被告本位的刑罚立场。前者是指,将立法者司法者的立足点完全设定在被害人的地位上,由此决定其态度和对犯罪的评价、反应。后者是指,为了限制刑罚权的滥用,从被告人合法权益的保护出发,决定立法者、司法者对犯罪所做出的评价和反应。这两种理论上的刑罚立场要么侧重于被害人的保护,要么侧重于被告人的保护,其实是犯罪中心主义的两翼,其各自的偏颇之处都可能在强调某种保护的同时把刑罚变成某种新的伤害。刑罚权的滥用可以在一定程度上从被害本位的刑罚立场中找到解释,同样,从被告本位的刑罚立场本身也无法直接推论出被害人应对自己的被害所负担的法律后果。犯罪中心主义的另一个逻辑结果是,刑罚及其制定者和适用者都无法从被害人总代理的角色中游离出来,无法获得真正属于自己的领地,无法获得并彰显自己的独立品格。

现在,基于上述关于犯罪形态的研究,我们需要的是一种中立的刑罚立场,即同时兼顾被害人保护和被告人保护的刑罚立场。其基本原理是,既然犯罪互动和犯罪行为、犯罪人一起共同全面表达了犯罪形态的意义,既然犯罪不仅仅意味着有害的行为或危险的个体,而且意味着加害被害之间的相互作用和冲突过程,既然从集体战争走向个体冲突的趋势可以概括犯罪互动的历史规律,既然法定犯罪还可以从被害关系等各种互动形态的角度进行分析,既然法律既不由犯罪被害人所独占,又不专用于犯罪人权利的保障,那么,现代社会中作为针对犯罪的国家反应,刑罚就不应被简单地理解为被害一方意志的延伸,或者仅仅概括为犯罪人的大宪章。按照互动分析的逻辑,奠基于犯罪互动的刑罚应当站在加害与被害之间的中立立场上,将客观、公正地调整和控制犯罪互动关系确立为刑罚自身的主要任务。刑罚的这种中立立场不应过多地表现为某种"集体的愤怒",而应出于仲裁者的利益无涉而表现出客观冷静和公允立场。基于这种客观中立态度的刑罚,不仅应对加害人的加害行为给予否定评价,而且应将被害人自身在互动关系中的责任、控制被害局面的可能性、遭受侵害的权益的重要性程度等因素同时考虑进针对犯罪的否定评价。由于利益无涉,中立型刑罚的一个重要理念就是,不仅加害人因自己的加害行为而承受一定的惩罚,被害人也需要因自己的被害而负担一定的法律后果,加害被害双方都从对方的负担中确证自己,补偿自己,最终使可能的潜在的犯罪互动关系从这种平衡中得到调控。从这个意义上说,把刑罚仅仅理解为打击犯罪、保护社会、为被害人找回正义,等等,都是片面的。刑罚不仅要打击犯罪、保护被害,而且应成为犯罪互动关系的平衡器。对现代犯罪互动关系而言,犯罪控制的本质在于每个人主要由于自己而非所属的群体、阶级而加害于人或者受害于人,因此,也只由于自己而受到惩罚或得到保护。

至此,我们从犯罪形态出发导出了"犯罪互动"的犯罪观,又从"犯罪互动"来到了"刑罚的中立立场"。但我们很清楚,这个逻辑只是理论上的应然性假设,而刑法文本中实际上的立场如何,在多大程度上接近或远离这种理论假设,还需一个严格的"假设—检验"程序运作。为此,我们首先需要将刑罚的中立性作为一个总的假设,将其操作化为几个具体的可检验的工作假设,然后才能着手这些工作假设的检验过程。

工作假设 1:刑法对被迫被害犯罪的配刑最为严厉,对缺席被害的犯罪配刑严厉程度居中,对交易被害的犯罪配刑严厉程度最轻。

该假设的设计原理是,根据犯罪形态的概念,犯罪互动也是罪恶性的一种载体,因此,犯罪加害被害关系不同,犯罪本身的恶性程度就不同。在被迫被害、缺席被害、交易被害这三种互动关系中,越接近被迫被害犯罪,加害一方对被害一方的强制力就越具有弱肉强食的性质,其中的加害与被害就越体现出赤裸裸的不平等，被害人对加害的服从的自愿程度也越低，对被害局面的控制能力越差。因此在这三者之中，被迫被害犯罪最为严重，缺席被害的犯罪次之，交易被害的犯罪最轻。[①] 据此，三类犯罪则应当根据各自严重性程度的不同导致严厉性程度的不同刑罚，这样既体现了对最严重犯罪的严厉惩罚，又体现了交易被害中被害人因自己的行为理应承受的法律后果。

工作假设 2：刑法对暴力犯罪的配刑最为严厉，对偷窃犯罪配刑严厉程度居中，对欺诈犯罪配刑严厉程度最轻。

该假设的设计原理是，从犯罪严重性程度比较的角度看，加害行为的不同，对被害人往往意味着被害权利的属性以及重要性程度也随之不同。对强暴力犯罪而言，被害人丧失的往往是最重要、最基本的权利。对偷窃犯罪而言，被害人失去的则是比较重要的基本权利。而对欺诈犯罪而言，被害人损失的是相对较次要的权利。对被害人的权利排序而言，马斯洛的需要层次学说是很有启发意义的。[②] 从这个意义上说，生命、健康的价值对个人而言是第一位的，其次才谈得上有形的财产安全，接下来，只有基本的衣食住行得到了起码的满足，才谈得上使多余财产的利润最大化，才谈得上知情交易。最后，所有这些得到了保障以后，才谈得上其他权利的实现。因此，强暴力犯罪应当是罪量最大的犯罪，偷窃犯罪的罪量次之，欺诈犯罪的罪量相对最小。第三，专家们的意见也不是明显的一边倒，只是微弱多数的专家认为偷窃犯罪的罪量应当小于欺诈犯罪。这说明，如果对偷窃犯罪赋予较高的权数，仍会得到相当数量专家的赞

---

① 为了慎重起见，也为了使犯罪严重性程度的判断更加合理，我以北京大学法学院随机到场的 105 名博士生、硕士生为调查对象，对其进行了专家集体问卷访谈，要求他们在不讨论、不受刑法规定影响的情况下对问卷中每种划分出的不同犯罪类型的罪量轻重进行比较后给出分数，结果将作为比较每类犯罪严重性程度的重要根据。也就是说，各类犯罪之间孰轻孰重的判断并不完全是笔者个人的意见，而是获得一定专家认同的轻重排列。在被害关系这个维度上，专家问卷统计结果表明，给迫被害的犯罪赋值众数（众数是表示研究对象集中趋势的一个重要统计量，是指数分配中，在测量量表上次数发现最多的一个分点。当数据尚未分组时，众数就是发现最频繁的一个测量。这里用众数代表专家的集体倾向，表示较多的专家对各种犯罪轻重顺序的排序意见。众数的百分比数值越大，说明专家意见越集中。反之，专家意见越分歧。笔者在这里如实报告这个数据，给读者提供一个做出判断的依据——每种罪量排序都不是绝对的，而是可以讨论的。）为最重（有 90.5% 的专家选择此项），给缺席被害的犯罪赋值众数为次重（有 55.2% 的专家选择此项），给交易被害的犯罪赋值众数为最轻（有 52.4% 的专家选择此项）。这说明，专家意见与上述分析基本吻合。

② 美国心理学家马斯洛（A. H. Maslow）将人的需要分为若干层次。处在最低层的需要是生理需要，然后是安全的需要，然后是归属的需要，然后是尊敬的需要，最后是自我实现的需要。马斯洛认为，这几个层次的需要之间的关系是顺序的，不可逆的。前一个层次的需要得到了满足，才谈得上下一个需要的满足。所以，相对下一个层次的需要而言，前一个层次的需要就是更重要的需要。参见林秉贤：《社会心理学》，群众出版社，1985 年 12 月版，第 165—181 页。

同。基于此,我仍坚持上述分析,强暴力犯罪的罪量最大,偷窃犯罪次之,欺诈犯罪的罪量最小。

工作假设3:刑法对优势犯罪的配刑较为严厉,对一般犯罪配刑严厉程度较轻。

该假设的设计原理是,站在被害人立场上看,优势犯罪对被害人而言意味着某种"天然"的危险性,加害被害之间的关系中就潜在着某种冲突的客观必然性。而且,从冲突的结果来看,优势犯罪的被害人比其他意义上的被害人更加无助、无奈。最后,优势犯罪的被害人的被害预防难度也相对较大。当然,在伦理道德上,优势犯罪也应当比其他犯罪具有更大的当谴责性。因为一般而言,优势犯罪往往不是出于被迫而是贪婪,这些犯罪的行为人不是由于资源的匮乏而犯罪,相反,恰恰是由于拥有的资源相对较多才陷于犯罪。而且,由于利用了某种优势条件,优势犯罪往往致使不特定的个体遭受被害,具有更大的危害性。所以,优势犯罪的罪量显然应当大于一般犯罪,针对优势犯罪的控制应当比针对一般犯罪的控制更加严厉,配置较重的法律责任。

工作假设4:刑法对针对国家的犯罪的配刑最为严厉,对误用国家权力的犯罪配刑严厉程度居中,对违反国家其他规范的犯罪配刑严厉程度最轻。

该假设的设计原理是,针对国家权力、误用国家权力以及违反国家权力这三种犯罪对国家权力和公共管理的影响和意义是不同的。作为犯罪直接对象,针对国家的犯罪中国家权力和公共管理活动自身的存在以及合法性受到挑战,而作为犯罪载体或工具,误用国家权力的犯罪中国家权力和公共管理活动虽然也受到侵害,但毕竟不是针对国家的挑战,最后,在违反国家权力的犯罪中,国家权力本身既不遭遇直接挑战,又不导致国家权力的腐蚀软化。从这个意义上说,针对国家权力的犯罪应当是罪量最大的犯罪,而误用国家权力的犯罪应当罪量次之,违反国家权力的犯罪应当罪量相对最小。所以,社会控制也应根据这个轻重顺序配置不同严厉程度的惩罚。

总之,基于中立立场,刑罚轻重的配置应当体现出这些原则。然而,应当如何并不等于实际上一定如何,刑罚的中立立场只是一个应然的理念,而实际上,我们又有理由怀疑这个理念在多大程度上得到了贯彻。为此,我们以刑罚的中立性为基本假设,通过实证研究的方法对上述工作假设加以检验。其检验逻辑是,如果现行刑法中上述4种犯罪划分的法定刑轻重排序符合其应然的理论轻重排序,则说明刑罚根本没有考虑自身中立立场的虚无假设可能无法成立。否则,便有理由相信,刑罚对自身的中立立场缺乏应有的自觉。着手这个检验之前,必须对"刑量"的概念有所了解。所谓刑量,就是刑罚严厉性程度的数量表现。① 只有当此类犯罪的理论罪量重于彼类犯罪的理论罪量,而此类犯罪的平均刑量也重于彼类犯罪的平均刑量,才能说明实然的配刑符合应然的配刑要求。

具体检验过程是：

首先,根据工作假设1,被迫被害犯罪应当最重,缺席被害的犯罪次之,交易被害的犯罪最轻。根据前注所述算法模型计算的结果,截止到当时的刑法条文(下同),被迫被害犯罪在刑法分则中有153个,平均刑量为34.86。缺席被害犯罪在刑法分则中有204个,平均刑量为25.51。交易被害犯罪在刑法分则中有65个,平均刑量为21.18。说明这三类犯罪的刑量排序基本符合理论顺序。② 还应说明,即使平均刑量符合理论顺序,也不等于说各类犯罪内所有具体犯罪都符合应然的理论顺序。例如,虽然被迫被害犯罪的刑量总体上最重,但仍有少量被迫被害犯罪(如刑讯逼供罪)的法定刑过轻。

然后,根据工作假设2,强暴力犯罪的理论罪量应当大于偷窃犯罪,偷窃犯罪的理论罪量应当大于欺诈犯罪。根据上面提到的算法模型计算的结果,强暴力犯罪在刑法分则中有119个,平均刑量为34.1。偷窃犯罪在刑法分则中有128个,平均刑量为29.52。欺诈犯罪在刑法分则中有175个,平均刑量为23.31。初步看,三类犯罪的刑量排序的确符合理论顺序。但T检验结果表明,只有欺诈犯罪与强暴力犯罪之间平均刑量有显著差异,$p<0.05$,可以认定两类犯罪刑量差异显著。另外,也存在一些强暴力犯罪配刑偏轻,或者欺诈犯罪配刑偏重的情况。例如,非法吸收公众存款罪、票据诈骗罪、金融凭证诈骗罪、信用证诈骗罪、非法经营罪等欺诈犯罪,配刑都显得偏重,所以才将这两类犯罪的平均刑量拉高。

第三,根据工作假设3,凭借身份优势地位对处于劣势地位的被害人发动加害,显然给被害人控制被害局面带来了更大的难度,因而只有对优势犯罪配置较大刑量,才可以合理体现互动双方之间的平衡。但实际情况是,优势犯罪在刑法分则中有139个,平均刑量为20.12。一般犯罪在刑法分则中有283个,平均刑量为32.22。就是说,优势犯罪的刑量反而小于一般犯罪,与理论顺序不符。T

---

① 其概念、原理和算法模型请参见本书第四部分或拙文《刑罚轻重的量化分析》,《中国社会科学》,2001年第6期。

② 所谓"基本"符合理论顺序,是因为三类犯罪平均刑量差异显著性程度的独立样本T检验(独立样本T检验(Independent Samples T Test)是用于检验对于两组来自独立样本空间的样本,其独立样本空间的平均数或中心位置是否一样的一种统计分析方法)结果显示,交易犯罪与缺席犯罪之间平均刑量虽然不同,但差异显著值$p>0.05$,所以不能认为二者之间存在显著差异。缺席犯罪与被迫犯罪之间平均刑量有显著差异,$p<0.05$,可以认定二类犯罪平均刑量确有不同。交易犯罪与被迫犯罪之间平均刑量有显著差异,$p<0.05$,可以认定两类犯罪刑量差异显著。

检验的结果也证明,p<0.005,说明优势犯罪的刑量的确显著小于一般犯罪,不符合理论期望。统计结果表明,近20%(27个)的优势犯罪都配刑偏轻或过轻。这些偏轻的优势犯罪中,有的发生在司法人员与被告人之间,如暴力取证罪;有的发生在证券发行人与投资公众之间,如欺诈发行股票、债券罪;有的发生在国家工作人员与社会公众之间,如放纵制售伪劣商品犯罪行为罪;有的发生在工矿企业主管人员与作业工人之间,如重大劳动安全事故罪,等等。

最后,根据工作假设4,针对国家权力的犯罪应当刑量最大,误用国家权力的犯罪次之,违反国家权力的犯罪最轻。实证检验的结果是,针对国家权力的犯罪在刑法分则中有68个,平均刑量为37.02。误用国家权力的犯罪在刑法分则中有97个,平均刑量为24.48。违反国家权力的犯罪在刑法分则中有257个,平均刑量为27.32。可见,只有针对国家权力的犯罪的刑量符合理论顺序,但误用国家权力的犯罪的平均刑量反倒低于违反国家权力的犯罪。T检验的结果也基本支持这一判断。可见,国家作为犯罪被害人的地位模糊,对自身不同情境下的被害缺乏应有的自觉。

综合实证检验的各项结果更加证实了我们的怀疑是有理由的。在刑罚立场的中立性方面,中国刑法还有很长的路要走。

7.4 几个盗窃等于一个杀人?

实证分析方法开始引入法学研究时,常被质疑说,法律现象能量化吗?比如,几个盗窃等于一个杀人,盗窃所得一万元等于贪污所得的一万元吗,一个死刑折合多少年的有期徒刑,等等。坦率地说,这些质疑在一定程度上反映了传统法学研究在知识结构上的不完整。其实,从科学方法论的意义上说,人文社科研究到底要不要量化分析,与怎样理解研究者与研究对象的关系有关。如果认为,研究对象就是那些看得见摸得着的现象,那么,现象本身当然是量纲不同,分析单位不同的事物。萝卜就是萝卜,白菜就是白菜,大象就是大象,石头就是石头。由于这些事物都是独立于研究者的客观存在,所以,研究者只能被动地——自称是客观地——去感知对象、接受对象、理解对象,而不应能动地塑造对象。这个视野下的研究对象性质各异,是不可比的,因而也是不可直接换算的。可是,如果认为,研究者虽然独立于研究对象,却可以根据各种科学手段发现对象的内在联系。那么,性质不同的事物之间就可能获得某种可比性,进而进行测量和换算。比如,萝卜和白菜可以根据各自的纤维素或蛋白质的含量进行比对,大象和石头可以根据各自的重量进行换算,盗窃和杀人可以根据各自的危害程度进行测量,等等。事实上,法律不是已经把有的犯罪标定为3年有期徒刑的罪而另一种性质的犯罪标定为10年有期徒刑的罪吗?这样的操作所以可能,就是因为我们相信,作为认识者,我们不可能改变对象,但可以能动地整合、处理对象,间接地比较对象。

从某种意义上说,人文社会科学研究的过程就是学者能动地塑造其对象的过程。这其中包括两方面的含义:

其一,用你自己的一套概念系统积极能动地解释经验世界,营造理论世界与生活世界的往返通道,在经验现象之间建立起别人没有发现的联系。在这个意义上,学者所塑造的对象是指研究对象,塑造你的对象意味着研究从来都不是简单被动地接收来自客观世界的信息,而是一种能动的整合事实信息的过程。在这个过程中,学者的全部心思就在于,怎样让数据自己开口说话。会说话的数据是真正的实证分析的语言,是严肃学者诉说真理的可靠载体。成功自如地运用这些数据,也是一种意义上的读写能力。布迪厄认为:"要建构一个科学对象,还要求你对'事实'采取一种积极而系统的态度。要与经验主义的被动性决裂(后者只知道接受常识中未经科学建构的'事实'),而又不堕入宏大'理论化'的空洞话语,这些并不要求你提出宏大、空洞的理论建构,而是要求你抱着建立一模型(这一模型并不需要用数学或抽象的形式来证明它的严格性)的宗旨来处理非常具体的经验个案。你要用特定的方式将相关的材料联系起来,使这些材料能够作为一种自我推进的研究方案来发挥作用,这一研究方案可以产生易于给出系统性答案的系统性问题。总之,要产生一个连贯统一的关系系统,这个系统可以被作为系统来加以检验。我们所面临的挑战就在于以系统的方式来探寻特定的个案,而方法就像巴什拉所说的,把它建构为'所有可能情况的一个特例',从而从中抽取一般性或恒定性的特征,而这些特征只能通过这种探寻方式才有可能被揭示出来"。① 与此相对,就是枚举一两个极端事例,或者引用几个百分比,对现象进行简单的描述。换句话说,学者首先要拥有自己特有的概念系统和理论体系,据此保持对现实世界的距离和敏感,而不能靠综述前人的研究成果或者归纳日常经验事实过日子。

其二,另一个意义上的塑造对象,是指积极调用读者、听众头脑中的预存知识,在研究者与读者、听众之间建立起某种可重复、可检验的知识交换方式。在这个意义上,学者所塑造的对象是指研究成果的受众,研究意味着请读者、听众透过学者的表达来重新理解自己周围的日常生活,重新整理自己原有的预存知

---

① 〔法〕皮埃尔·布迪厄、〔美〕华康德:《实践与反思——反思社会学导引》,李猛、李康译,中央编译出版社,1998年2月版,第356—357页。

识,进而观赏到一个不同的世界。在这方面,正确的方法应当是"让作品与读者对话,让数据自己开口说话。"而不是用自己爱吃的奶油冰棍做鱼饵来吸引受众,更不能靠盗用读者、听众的道德情感或者迎合大众的好恶来从事所谓的知识传播。这个意义上的塑造对象,要求学者能够将抽象无比的玄妙概念、理念一步步地转换为尽可能直观到的事物。否则,便是排斥读者,拒绝讨论。

7.4.1 转换原理

在法学研究中引进实证分析方法遭遇的批评之一是抽象的法学概念和复杂的法律现象能否被进行量化处理。比如,"一个杀人等于几个盗窃""入室盗窃比普通盗窃重多少""在引起犯罪的各种因素中,某个因素的作用比另一个因素的作用大多少""贪污一万元和盗窃一万元是否相等"这些疑问暗示着,性质各异的不同事物之间不具有可比性,而不可比的对象之间的数量关系是无法计算的。这里提出的问题,在方法论上叫做"量纲"问题。就是说,当测量对象的类别不同,其单位制式也不同,有的事物用长度单位计量,有的用重量单位计量,而有的则用温度、压力、时间单位计量。在犯罪研究中,有的犯罪对象是生命,有的则是健康,有的是财产,还有的是声誉等,各自的计量单位也不一样。所谓量纲就是计量单位。[①] 显然,如果不考虑单位的差异,把3米长的事物、4公斤重的事物与摄氏36度的事物直接相加,或者把一个被杀害的被害人、三台被盗的电视机与12万贪污受贿的赃款直接相加,结果当然荒唐。对此,转换原理可以回答人们的疑虑。

所谓转换原理,实际上是根据事物之间的系统关联和逻辑联系,把某种测量对象转换到相关的事物上去,然后通过测量相关事物,间接地测量目标事物。[②] 其实,这就是个映射的过程:当无法找到某个对象时,若能将其等价地对应到另一个新的对象,而且该新对象容易被度量出来,这就是一个共轭映射。[③] 这个思想,在人们的日常生活中比比皆是。例如,秤杆就是一个典型的转换。它是通过将称量对象的重量与对象到秤杆支点之间的距离转换到秤砣的重量与秤砣到支点之间的距离而实现的。再如温度计,也利用了转换原理,将被测量物体的温度映射到温度计的某种属性(如体积变化)上去,以实现映射温度的功效。在古代,人们没有现代测量技术和条件,于是,人们根据盐业的状况,通过盐的消耗量推

[①] 高隆昌:《社会度量学原理》,西南交通大学出版社,2000年6月版,第79页。
[②] 高隆昌:《社会度量学原理》,西南交通大学出版社,2000年6月版,第101—102页。
[③] 高隆昌:《社会度量学原理》,西南交通大学出版社,2000年6月版,第184页。

算出总人口数。这也是一种转换。还有,"减灶计"的故事也很说明问题:古代追兵常从逃军遗弃的灶台数量来估算逃军数量。这是将逃军数量对应到了灶台的数量上,也是巧妙的转换。于是,诸葛亮利用人们通用的这种转换,成功地用减灶计迷惑敌军。最著名的转换实践当数曹冲称象了。当曹冲发现无法用秤杆直接测量大象时,他成功地利用船的吃水线可以对任何对象做出等重转换这一特性,将大象和石头做出等重转换,从而解决了大象的称重问题。

这些例子中,秤砣和被称量的物质,温度计和被测量的物质,食盐和人口,炉灶和士兵,石头和大象,都是量纲完全不同的事物。但是,它们之间之所以能够通过某种关系互相推论,其实都是利用转换和映射,这又叫做去量纲化的过程。只是人们对这些去量纲化的过程已经习以为常,没有意识到其中的科学原理。事实上,事物之间的这种相关性和可转换性具有相当的普适性,而且正是由于万事万物之间存在这种相关性和可转换性,因此,没有什么事物是不可量化的。此即古人云:"天有万象,物有万象,万象皆数,得数而忘象",伽利略所云:"自然之书以数学特征写成",①现代西方学界所云:"有理无数,莫谈学术"。将转换原理用得最彻底的,是电子计算机技术。在计算机技术看来,世间任何事物都可以被转换为0、1数字,再从不同的0、1组合转换到相关事物。

既然根据转换原理,世间万物皆可量化,那么,包括法律现象在内的社会现象是否例外呢?应当承认,和自然事物相比,社会现象的量化并不普遍,也不够精确。但是,如果我们的问题变为:"社会现象是不是无法实现相关事物之间的转换和映射?"回答显然要慎重一些。因为无论从事实证明还是从逻辑证明的角度,社会现象之间或者社会现象与自然现象之间的转换,都是可能的。首先,社会现象之间虽然量纲不同,但也不是孤立存在的,而是相互联系而存在的。既然社会现象之间也有相关性,共轭映射就有可能。例如,交通肇事案件与机动车的多少有关,虽然"案件"和"辆"是两个不同的量纲,但人们可以基于两者之间的相关,推算出某城市每增加多少辆机动车,便会带来交通肇事案件发案率多少个点的上升。第二,社会现象虽然比自然事物抽象,但再抽象的事物都可以通过操作化的过程,从抽象层下降到经验层,为转换提供了可能。例如,人的心理能力或其他属性可以对应到各类考试、测验的分数,企业经营效绩可以表现为各种指标的完成情况,公共安全情况可以通过犯罪率、犯罪暗数、公众安全感测试结果等体现出来,等等。第三,社会现象虽然具有更大的不确定性和人为性,这使社会现象的抽象量纲化很难实现,但是,社会现象的相对量纲化仍然可行并大量存在。按照量纲的不同,可将事物分为三类:一类是带有具体量纲的事物,如一斤

---

① 转引自高隆昌:《社会度量学原理》,西南交通大学出版社,2000年6月版,第67页。

米、三起案件等。一类是用数学的抽象量纲表示的事物,即无量纲化的事物,去量纲化处理过的事物,或者说是不带量纲的事物。一类是用相对数表示其量纲的事物,即以倍数、百分比数、比例数、权重数、级数、概率值等几种形式表示的量纲。① 而且,相对量纲都可以化为 0 到 1 之间的任何相对数值,这就为不同量纲事物之间的换算提供了可能。由于相对量纲既非具体量纲那样直观,又非纯数学量纲那样抽象,所以非常适合于对社会现象的量化分析。第四,社会现象与人的大量社会实践有关,因此,人们可能凭借经验建立不同量纲事物之间的数字化中介。其实,罪与刑的关系就是一例。经过长期的犯罪控制实践,人们大体上可以确信,犯某罪当判 15 年有期徒刑,犯另一罪则当判 10 年有期徒刑,并用法律的形式在刑法分则中将这种特殊的去量纲化固定下来。如果说,对事物赋予一定的权重是一种相对量纲的话,那么,刑罚就是犯罪的一种相对量纲。而这种特殊的相对量纲,显然不是凭空而来的,而是以大量实践经验为根据的。

总之,万物皆可量化的依据在于,事物之间的联系是普遍的,相关性是普遍的,因此,不同量纲的事物之间可以通过转换过程,将某对象的属性对应到或映射到另一相关事物上去,从而实现对原对象的观察和测量。目前,尚无从证明犯罪现象之间以及犯罪现象与其他社会现象、自然事物之间不存在普遍联系而是孤立地存在,因此,转换原理对犯罪现象的研究也应该是适用的,法律现象的量化分析也是可能的。

7.4.2 误差原理

就算可以量化,法学研究中本来就为数不多的量化分析仍然难觅知音。为什么?因为有这样一种说法,认为可量化并不等于可精确地量化,而不精确的量化还不如精确的逻辑推导,最后,还是不要量化。这种严谨、严肃和严格的确反映出一个不争的事实:社会现象的量化比自然现象的量化要粗糙得多,换句话说,社会现象的测量结果往往具有较大的误差。犯罪研究是社会研究的一部分,因而犯罪现象量化分析的精确性也不敢恭维。在自然界中,人们可以准确地测出并预见微电子的数量、运动。而在社会生活中,一个国家的人口总数、犯罪的实际发案总数到底是多少往往测不准,更何况在何种因素的作用下,某个特定个体在特定时间、特定地点,是否针对特定对象、采用特定手段、实施特定侵犯,这样的推测,就更是不可能了。这说明,即使可以,对犯罪现象进行量化分析也只是在低水平上进行。难怪不少学者都对诸如每执行一个死刑便会导致多少起刑

---

① 高隆昌:《社会度量学原理》,西南交通大学出版社,2000 年 6 月版,第 83—86 页。

事案件的减少这类量化研究结果的信度和效度持怀疑态度。

然而,笔者在这里要提出一个问题:从犯罪研究量化分析误差较大这一事实中,或者说从社会测量的精度低于物理测量的精度这一事实中,能否导出犯罪的量化分析没有价值的结论?这个问题的意思不是说高精度的量化分析是否比低精度的量化分析更有价值,而是说,低精度的量化分析本身有无价值?价值何在?现代物理学、微积分学和科学哲学为这个问题的回答提供了逻辑起点:微观物质世界具有无穷小的可分性,只要可能,对物质不论做多少次分割,都会得到一个非0的量。无法想像分割的尽头还存在着真的0。既然物质可以分割为无穷小的量,那么,就导出一个逻辑问题:运用人们现有的,或者说力所能及的测量手段和工具,能否绝对精确地达到无穷小的量?或者说,人为的测量手段和工具能否完全一一对应地表达客观世界中无穷小的量?如果回答是肯定的,则意味着物质世界是有尽头的,事物是可穷尽的(因为人的能力总是相对的,有限的,可持续的),于是就不存在所谓无穷小的量,这就和我们的逻辑起点相互矛盾了。如果回答是否定的,则意味着再精确的测量工具和手段都无法完全如实地测量并表达客观真实,只能相对更好地做到这一点。显然,无论在哲学上还是在经验上,后者是可接受的回答。

如果接受后者,则必然对物质的量进行如下区分:物质有两个量,一个是测量的量,另一个是客观的量。测量的量是随着测量技术和测量活动的目的不同而不同,因而是个不确定的量,是个相对的量,是个主观的量。相比之下,所谓客观的量,是测量对象理论上的、抽象的、无法最终实际测量得到的量。① 事实上,迄今为止人所能及和人所见到的物质的量,都是测量的量。没有人也不会有人最终实测到误差为0的纯客观的量。尽管测量的量在不断地趋于精确,不断地接近客观的量,但它永远不可能与客观的量相重合。

如果承认这一区分的话,那么,就必然接着认同另一个判断:既然人永远不可能得到客观的量,永远看不见客观的量——不论是在无穷小世界还是在无穷大世界,那么,一切测量的量都永远不可能是真正精确的。只存在相对意义上的精确,不存在绝对意义上的精确。这就是所谓"量不准原理"。② 我理解,这里所谓"量不准",有两个意义:其一,测量物质的尺度是人制作的,不可能与客观量完

---

① 有学者指出,"物体的长有两个意思。一指度量长,这是个不确定的数,随度量技术和度量动机不同,往往有所差异,但它总是个有理数;另一种叫做客观长,据度量猜测这个数学概念,表示与该物长度对应的理论精确值,对于该物来说它是个定长,且既可能是有理数也可能是无理数。不过它只是抽象的、理论上的数,原则上无法用实测得到。"参见高隆昌:《社会度量学原理》,西南交通大学出版社,2000年6月版,第133页。我所说的"测量的量"和"客观的量"的区分,即来自于此说。

② 高隆昌:《社会度量学原理》,西南交通大学出版社,2000年6月版,第136—140页。

全吻合,因而量不准。其二,测量活动是人的有计划的活动,与人的测量目的有关。因此,人可以有意识地选择在什么层次上进行测量。例如,对人的测量,可以将量纲定位在阶级、人群、集团、组织、家庭、个体、肌肉、细胞、分子、原子……到底如何确定,由研究目的所决定。所以,前者是希望量准但由于能力所限而量不准,后者是人为定位测量层次而不需要量得更准。换句话说,所谓准不准,是相对的,是主观的,是以测量者的需要为转移的。

至此,我们都是在自然科学的意义上讨论测量的精确性问题。于是我们意识到,既然大自然物质世界的测量都如此无绝对精确可言,那么,有没有理由要求社会现象的测量达到绝对精确呢? 或者说,在对社会现象的测量中,到底何谓精确而何谓不精确呢? 能不能以自然科学意义上的测量精确性水平直接作为比照对象,制定对包括犯罪在内的社会现象测量的精确性要求呢? 能不能说,没有达到自然物质测量的精确程度就是不精确呢? 对社会现象测量所确定的量纲层次不同于对自然现象测量的量纲层次,就一定意味着社会测量无精确性可言,一定意味着社会测量误差率高于自然科学吗? 当然,笔者如此发问,并不是说,当下的社会现象测量已经十分精确,满足要求了。而是说,连对自然物质的测量都不存在绝对的精确,何况对社会现象的测量,要求所谓绝对精确本身就是不科学的。更不能以自然测量为标准,判定社会测量是否精确。其根本原因就在于,所谓测量的精确与否,最终的标准就是满足公度性要求。就是说,当人们普遍认为某一测量达到了相对精确性要求,那么该测量就是精确的。实际上,公度性的本质就是人为的满意度,就是精确性标准或误差标准的主观性、主体性。这就是所谓误差原理。

现在回到前面提出的问题:"从社会测量的精度低于物理测量的精度这一事实中,能否导出犯罪的量化分析没有价值的结论?"显然不能。道理就在于,测量对象的性质不同,测量目的不同,允许的误差水平也就相应地不同。犯罪现象不同于纯自然现象,犯罪测量的目的主要在于调整刑事政策,提高刑事立法和司法质量,进行犯罪预测。因此,犯罪现象的量化分析应当有自己的误差标准。所谓尽可能提高犯罪测量的精度,是指满足犯罪测量特有的误差标准,而不是与其他所有测量分享所谓误差标准。从这个意义上说,按照自然物质测量的精度水平要求犯罪量化分析,或者全盘否定、放弃犯罪量化分析,都是不科学的。

7.5 罪刑均衡实证研究

然而,罪刑之间应当均衡,并不等于实际上实现了均衡。这就提出一个问题：罪刑均衡到底是指什么？理论上的罪刑均衡与实际上的罪刑关系之间到底有没有距离？有多大距离？

7.5.1 应然之罪

测量罪刑之间的实然关系，首先要设定犯罪应当是什么。因此，我们需要一个应然之罪的理论建构，作为实然之罪以及二者距离的比对对象。

7.5.1.1 犯罪观的定性阐释

应然之罪的理论形式就是犯罪观，即关于犯罪本质属性的基本看法。这里所谓犯罪观的定性阐释就是《罪刑均衡实证研究》中的"罪论"部分，是应然之罪的理论建构。说到这里自然想到，人们对实证分析有一种误解，认为实证分析就是经验、案例、数字的罗列，无需高深的理论分析。其实，在实证分析中，即使是经验观察、案例信息以及统计数字，也都是抽象理论的另一种存在方式，学者只是借助数量语言使抽象概念和理论的讨论变得更加确定，获得可检验性。没有实证分析照样可以称作理论研究，但没有理论的所谓研究，却不成其为实证分析。基于这个信念，笔者的犯罪观体现在以下三个重大理论问题的回答：

（1）报应之罪还是功利之罪

从刑罚的根据角度来看，罪的本质可以有两种理解：一是认为犯罪本质上是一种引起刑罚报应的基础和原因，这个意义上的犯罪称之为报应之罪；另一种理解是认为犯罪本质上是用来适用刑罚以预防犯罪的理由和根据，这个意义上的犯罪称之为功利之罪。

报应主义和功利主义各有利弊，所以，之间的融合已成定势。于是，便有了所谓"一体论"。一体论有两个最重要的假定：第一，报应与功利之间具有统一的基础，不是截然分立的。第二，报应是一体论的基点，一体论是报应主义主导下的报应主义与功利主义并存。一体论的经典表述是"因为有犯罪并为了没有犯罪而科处刑罚。"[①] 可以说，一体论就是刑罚根据层面上报应刑向功利刑的有限让步，功利刑向报应刑的非根本性扩张。作为刑罚根据的一体之罪与刑罚之间的关系是一种"按劳分配"为主，辅以"按需分配"的关系，这个关系中的犯罪以报应之罪为主角，兼容功利之罪，是为一体之罪。从这个意义上说，罪刑均衡的公式又可以由"罪刑相均衡"改写为"以罪为纲的罪、需、刑相均衡"，或者，由"等量等罚"改写为"罪量为主导的罪量、需量等量等罚。"

---

① 张明楷：《刑法的基本立场》，中国法制出版社，2002年3月版，第333页。

(2) 罪行之罪还是罪人之罪

换个角度看,犯罪的本质还可以有另外两种理解:一是行为中心论,认为犯罪就是罪行之罪,刑罚应当以罪行之罪为对象。另一种理解是行为人中心论,认为犯罪就是罪人之罪,刑罚应当以罪人之罪为对象。和报应之罪与功利之罪的关系一样,罪行之罪与罪人之罪也不是两类犯罪,而是从两个意义上所界说的犯罪。如前文所述,犯罪不是单向的过程,不是一方积极加害于对方而被害人完全消极被侵害的过程,犯罪离不开互动而存在。刑法乃至其他社会控制所面对的,是已然的加害—被害互动关系,通过已然加害—被害关系的正确反应,使可能的未然的加害—被害关系得到适当调整。从这个意义上说,与刑相均衡的,应当是互动之罪。

(3) 抽象之罪还是具体之罪

再换个角度,关于犯罪的本质还有两种理论把握:一是认为刑罚的逻辑起点应当是抽象之罪,另一种理论认为刑罚的逻辑起点应当是具体之罪。

作为刑罚逻辑起点的犯罪应当是理性具体之罪,这个意义上的犯罪在逻辑形式上便应当具备这样几个特征:第一,构成它的理论维度应当基本上全面反映犯罪客观实际,不应存在抽象维度上的重大缺失。第二,从各个理论维度的抽象上升到理论具体的过程,应当是一个从简单到复杂、从低级到高级的渐进过程。在此基础上,人们关于犯罪的认识,才可能达到科学的真实。

7.5.1.2 犯罪观的定量表达

尽管从理论上建构了应然意义上的犯罪概念,但是,我们怎样才能知道现实中的犯罪定义是或不是、在多大程度上是一体之罪、互动之罪、具体之罪呢?这就需要将理论上的应然之罪和实际上的实然之罪分别进行量化处理,然后才可能观察它们之间的均衡性程度。这里,犯罪观的定量表达就是建构一个充分体现一体论、互动论思想的罪量评价体系,把报应之罪与功利之罪之间、罪行之罪与罪人之罪之间的"并存"及"限制"关系用算法模型的形式固定下来,使每个犯罪都能通过这个评价体系和算法模型的运行而获得一个指示其犯罪严重性程度的量值。很显然,只有做到这一点,罪刑之间的均衡性量化分析才有可能。为此,《罪刑均衡实证分析》的第二部分中,建构了"罪量"的概念。

(1) 罪量的概念:罪量不是法定刑的刑量。

罪量是关于犯罪严重性程度理论上的综合评价。

首先,罪量的内容是犯罪的严重性程度。罪量的轻重意味着犯罪的社会危害性大小。以往,犯罪与刑法的研究中,罪与非罪的界限、犯罪圈与刑罚圈的对应、此罪彼罪的区别等问题,得到了研究者应有的重视。其实,罪与非罪、此罪彼罪、轻罪重罪的正确把握都是公正、公平、正义的具体体现。在任何界限上的错划,都是错案。否则,立法上刑罚的轻重区别便等于虚置。

第二,罪量是一种评价。就是说,罪量是评价者根据犯罪本身的客观属性以及评价者所认同的某些价值标准,赋予犯罪以各种意义。罪量的大小离不开犯罪危害的感受者对犯罪的评价。这种评价既非犯罪纯客观的属性本身的复写,又非评价者纯粹主观性的投射。如果把这种评价仅仅还原为犯罪先在的客观属性,等于说抽掉了犯罪对社会的危害性这层属性;如果把这种评价仅仅还原为评价者自身的主观取向,又无异于一种没有对象的评价、一种空洞的价值宣示,还是无视犯罪危害性这一属性。

第三,作为评价,罪量具有综合性。综合性有三个并列的含义:其一,罪量既是针对犯罪已然危害程度的评价,又是围绕犯罪可能危害程度的估价——罪量是关于已然危害与未然危害的综合评价。或者说,罪量应当是报应之罪的罪量与功利之罪的罪量的综合,同时,也是罪行之罪的罪量与罪人之罪的罪量的综合。其二,尽管事物质的规定性与量的规定性并存,但定性研究可以离开定量分析单独进行,定量分析却离不开定性研究而独立展开,不存在单纯的定量研究。因此,罪量既然是关于犯罪严重程度的定量评价,那么,它同时也是犯罪定性评价与定量评价的综合。其三,不同单位的犯罪可以通过去量纲化的过程,综合为之间可比的危害量大小不同的犯罪。总之,罪量是已然危害与未然危害的综合,是犯罪质量两类规定性的综合,是犯罪不同单位量纲之间的综合。

如此界定罪量,可能引发的一个置疑是,如果罪量是一种评价,那么,法定刑、宣告刑是什么?可以说,这些刑罚就是立法者、司法者对犯罪轻重的一种评价,重罪便给予较重的评价——重罚,轻罪则给以较轻的评价——轻罚。而且,立法者、司法者也是在综合换算了各种性质的因素、属性的基础上,才为各种性质不同的犯罪配置了程度不同的刑罚。从这个意义上说,轻重不同的刑罚即刑量,也是一种关于犯罪轻重分量的评价。这就等于说,刑量就是罪量的法律刻度——刑量就是罪量;反过来说,如果用法律评价的不同区分出罪量的大小,这种区分其实就是刑量——罪量就是刑量。既然罪量即刑量,刑量即罪量,那么,我们关于罪量与刑量之间关系的研究,岂不成了毫无实际意义的研究?因为如果罪量即刑量,刑量即罪量的话,那么,同一事物的两种指称之间是否相关的问题则只是个假问题,因为它们之间当然相关,是一种自我相关。这样的话,结论便已经包含在过程中了。如果在这个问题上缺乏正确把握,则很可能从方法论意义上颠覆罪刑均衡的实证研究。

摆脱这种困境的出路,在于对罪量意义的认真反思。其实,对罪量的概念应当做出一个重要的区分:实然罪量与应然罪量。实然(What is)意指现存的、事实上的、已然的、现实的、人为的。应然(What ought to be)是指理想的、理性的、应当的、应有的。所谓实然罪量,就是指实存的、人定的关于犯罪严重程度的综合评价。实然罪量的基本形式就是法定刑以及宣告刑。法定刑、宣告刑就是立法者、司法者根据一定评价标准对犯罪严重程度给出的综合性的量化标定,是已然的、人为的罪量。所以,实然的罪量与法定刑、宣告刑之间不发生均衡与否的问题,它们本来就是同一事物。而应然的罪量是抽象的罪量,是理性活动中的罪量,是理想化的罪量。应然的罪量可以超越于现实世界中的人定法,是理想的、合乎理性的关于犯罪严重程度的综合评价。应然的罪量不是立法、司法活动的评价结果,而是影响犯罪严重程度的各个范畴之间在纯粹观念世界中的逻辑联系,是指示犯罪严重程度大小的形而上的概念体系。

  理论上,实然的罪量与应然的罪量之间可能存在三种关系:完全重合、完全不重合、部分重合。如果实然的罪量与应然的罪量之间完全重合,意味着法定刑和宣告刑的刑量与理想中的罪量相一致,意味着实际中人定的刑量都十分理想,十分合理。这时,应然罪量与实然罪量之间呈现完全或百分之百的正相关关系。这种完全重合的关系显然十分理想化,在大多数情况下是不可能的。相反,如果实然的罪量与应然的罪量之间完全不重合,说明法定刑、宣告刑与应然的犯罪严重程度之间完全分离,意味着人定的罪量很不理想,很不合理,很不应当。这时,应然罪量与实然罪量之间则呈现出百分之百的负相关关系——凡是按照应然的尺度衡量为最严重的犯罪,在立法和司法中都被标以最轻微的罪量,凡是按照应然的尺度衡量为最轻微的犯罪,在立法司法中都被贴上最严重犯罪的标签。完全不重合还可能表现为,应然罪量与实然罪量之间呈现出零相关关系——两者之间看不出任何有规律的相伴随而变化的关系。显然,作为纯粹理想化罪刑关系的倒置,这些完全不重合的情况也不可能存在。事实上,使应然罪量与实然罪量之间达到完全重合,是一个永远的目标。人们不断地追求重合、接近重合,但由于各种因素的影响,又不可能最终实现完全重合。所以,排除掉两种极端的组合关系,剩下的第三种可能便是应然罪量与实然罪量之间的部分重合。可以说,在任何一个时空条件下,在任何一个罪刑关系问题点上,应然罪量与实然罪量之间的重合,都处在完全重合与完全不重合之间的无限多个相对位置上。在这些相对位置上,有时实然罪量接近应然罪量多一点,有时接近得少一点,有时二者之间重合的部分大一点,有时重合的部分小一点。重合的部分越多,意味着实然罪量与应然罪量相一致的程度越高,意味着刑罚轻重的配置越符合应然罪量的大小——实际上是罪刑均衡的程度越高。相反,重合的部分越少,则意味着实然罪量偏离应然罪量的程度越大,意味着刑罚轻重的配置越远离应然罪量的大小——实际上说明罪刑均衡的程度越低。从这个意义上说,罪刑均衡的本质就在于实然罪量与应然罪量之间的一致性程度,就在于人定的刑罚与应然罪量之间的相符合程度,就在于法定刑、宣告刑接近应然罪量的程度。如果这样理解罪刑均衡的本质,那么,罪刑均衡研究的首要任务就是测定依应然的评价标准每个犯罪的罪量到底有多大,即找出应然罪量,或者说,找出罪量的理论值,然后,再测量应然罪量与实然罪量即人定刑罚之间的相重合或相关程度,便可发现罪刑关系在两种极端理想情况之间的实际相对位置所在。

在这种区分之后,"罪量即刑量,刑量即罪量"的混乱便不再存在。因为我们并非一般笼统地说罪量与刑量的关系,而是说研究应然的罪量(罪量的理论值)与刑量(实然罪量)之间的关系。尽管这个意义上的罪量和刑量仍然都属于评价的范畴,但一个是理想的、应然的评价,另一个是现实的、实然的评价;一个是超越于现行立法司法的评价,另一个是具体立法者、司法者给出的人为的评价;一个评价的存在形式是纯粹观念世界中的形而上的概念体系,另一个评价的存在形式是法定刑和宣告刑。总之,我们所说的罪量就是指应然罪量,因此,罪量的概念应表述为,表明犯罪严重性程度的综合评价的理论值。基于这个限定,罪刑关系均衡性的实证研究才有意义。

(2) 罪量模型:SCO 罪量综合指数。

既然罪量是关于犯罪严重性程度理论上的综合评价,我们就应当可以对每一个犯罪实现这种评价。这个过程的实现工具就是罪量评价模型,其运行结果就是各个犯罪的 SCO 值。

● 罪量评价模型为:

$$
\begin{aligned}
\text{罪量综合指数 SCO} &= 评价关系 + 评价标准 + 评价对象 \\
&= (被害人评价罪量 \times 0.7 + 国家评价罪量 \times 0.3) \\
&\quad + (利益罪量 \times 0.7 + 道德罪量 \times 0.3) \\
&\quad + (结果罪量 \times 0.7 + 行为罪量 \times 0.3)
\end{aligned}
$$

● 可见,SCO 值即为:

由评价主体(subject)、评价标准(criterion)、评价对象(object)三个维度的变量所构成的罪量评价模型运用于具体犯罪后所得的综合罪量值。刑法分则规定的 400 多个犯罪都可以通过该算法模型的运行获得自己的罪量综合指数值,于是便有 400 多个 SCO 值。

● 400 多个原始 SCO 值的简化:

按照原始罪量值的大小排序,将 400 多个罪名归纳为十级罪量各异的定序分组,罪级越高的犯罪越重,罪级越低的犯罪越轻。

7.5.1.3 罪量评价的方法论说明

为了节省篇幅,这里不再重复《罪刑均衡实证研究》中复杂的罪量模型建构过程,相关内容可参阅该书"罪量"部分的第5章和第6章。这里,笔者只就一些方法论问题说明如下:

(1)关于样本的范围。

该研究的样本为截止到2002年底刑法修正案(四)颁布后刑法分则规定的全部犯罪共422个,为当时的全样本研究。此后,刑法又有两次修订,使罪名总数上升为430多个,给罪刑关系带来怎样的变化尚未专门研究。

(2)罪量评价模型是怎么来的?

前文介绍的概念操作化方法,是构建罪量评价模型的基本方法。具体来说就是,将"罪量"的概念按照犯罪观的基本理论假定进行层层分解、下降,最终形成可观测的量值。这个过程应当符合三个基本要求:第一,它必须全面周延。就是说,在这个评价体系中,应当包括了说明罪量大小的全部理论视角,不应发生理论维度的重大缺失。第二,它必须结构合理。组成评价体系的各个元素之间,应当大体上符合罪量大小的客观逻辑,符合人们现有的关于罪量评价的认识成果。第三,它必须具有可操作性。评价体系既是一个理论体系,又是一个变量体系。作为变量体系,罪量的大小可以通过一个个可量化的经验现象加以辨别,否则,我们无法最终说出,此罪的罪量比彼罪的罪量大多少,小多少。

根据这些方法上的要求,罪量概念的第一次下降是将其分解为评价关系、评价标准、评价对象三个维度。[①]

● 评价关系是指围绕犯罪严重程度的评价活动发生在谁与谁之间。这个关系的实质,是谁对犯罪的严重程度做出评价,即评价主体是谁的问题。当我们说某某犯罪有多重时,其实是在说,某某评价主体认为该犯罪有多重。

● 评价标准是评价主体从事评价活动所依据的基本原则和取向。作为评价对象,某个行为之所以获得了犯罪的属性,之所以被标识为较轻或较重的犯罪,首先意味着它与某种原则或价值取向相悖。相悖的程度越大,犯罪行为就越严重;相悖的程度越小,犯罪行为就越轻。当我们说某某犯罪有多重时,其实是在说,该犯罪所违背的某某评价标准有多重要。

[①] 有学者提出,对犯罪社会危害性进行价值评价,应当从三方面进行:第一,确定一定价值客体,即存在着人们认识和实践的特定对象;第二,确定一定的价值主体,即对价值客体进行认识和实践的人;第三,确定进行价值判断的价值标准,即价值主体根据理性和既往生活经验而形成的需要和利益。参见冯亚东:《理性主义与刑法模式》,中国政法大学出版社,1999年1月版,第22页。应当说,这个思路是很有启发意义的。

- 评价对象就是评价活动的客体,是引起评价活动的犯罪行为。不论怎样被诠释,评价对象的自然属性都是客观、独立的。它与罪量大小的关系主要在于它对评价主体的利益、评价标准的重要性程度所构成负面影响的现实可能性。只有说明犯罪轻重的这个角度,才是通常我们说某某犯罪有多重时所由出发的角度。

罪量概念的第二次下降是将评价关系、评价标准、评价对象进一步分解。其中:

- 评价关系被具体化为拒斥关系和需要关系,进而再具体化为被害人评价和国家评价;
- 评价标准被直接具体化为利益标准和道德标准;
- 评价对象首先被具体化为效果之罪与动机之罪,进而再分解为结果之罪与行为之罪。

罪量概念的第三次下降是将被害人评价和国家评价、利益标准和道德标准、结果之罪与行为之罪进一步分解。其中:

- 被害人评价被分解为被害关系、行为类型、加害地位;
- 国家评价被分解为国家被害和犯罪暗数;
- 利益标准被分解为法定结果、个人风险、利益类型;
- 道德标准具体化为伦理内容;
- 结果之罪分解为要件数量、结果趋势、超饱和性、罪过形式;
- 行为之罪具体化为犯罪态度。

罪量概念的第四次下降是以第三次下降的结果为起点进行进一步分解:

- 将被害关系分解为被迫被害犯罪、缺席被害的犯罪、交易被害的犯罪;
- 将行为类型分解为强暴力犯罪、偷窃犯罪、欺诈犯罪;
- 将加害地位分解为优势犯罪与一般犯罪;
- 将国家被害分解为针对国家权力的犯罪、误用国家权力的犯罪、违反国家权力的犯罪;[1]
- 将犯罪暗数分解为高暗数犯罪与低暗数犯罪;[2]

---

[1] 参见本书第1.3.2节。

[2] 按照国家司法机关发现、证实犯罪案件的及时性程度的不同,可以把犯罪分为高暗数犯罪和低暗数犯罪两类。所谓低暗数犯罪,就是指一经发生便不可避免地纳入司法机关视野中的犯罪。比如,公共安全类犯罪,事故类犯罪,凶恶类犯罪,暴力犯罪,街头犯罪往往属于低暗数犯罪。犯罪暗数的大小与许多社会、文化因素有关,但比较直接相关的是犯罪类型的属性。通常,凶杀、伤害、抢劫等暴力犯罪,人身犯罪,盗窃、诈骗等为财产犯罪的暗数比较低。而经济犯罪,职务犯罪,白领犯罪的犯罪暗数比较高。如果完全按照罪量大小配置刑罚,那么,将会有更多的人发现,实施高暗数犯罪比实施低暗数犯罪更有利。因此站在国家评价的立场上,高暗数犯罪的罪量应当考虑给予相对更严厉的反应。

- 将法定结果分解为复合结果犯、实害犯、危险犯;①
- 将个人风险分解为个人利益犯罪、共有利益犯罪、派生条件犯罪;②
- 将利益类型分解为危害安全价值的犯罪、破坏经济秩序的犯罪、违背文化规范的犯罪;③
- 将伦理内容分解为生命否定型犯罪、功利型犯罪、遵从型犯罪;
- 将要件数量分解为复杂构成之罪与简单构成之罪;
- 将结果趋势分解为结果离散型犯罪与结果集中型犯罪;
- 将超饱和性分解为关联型犯罪与孤立型犯罪;
- 将罪过形式分解为故意犯罪、复合罪过犯罪、过失犯罪;

---

① 按照犯罪结果的法律形式的不同,可以把犯罪分为三类:危险犯、实害犯、复合结果犯。所谓危险犯,就是指法律规定以行为造成的危险作为构成要件的犯罪。所谓实害犯,就是指法律规定以行为造成损害后果作为构成要件的犯罪。在刑法分则中,除了危险犯和实害犯这两种犯罪以外,还有第三种形式的犯罪,即同一罪名下,既规定了危险犯又规定了实害犯两种犯罪结果的犯罪。比如,放火罪在刑法第114条和115条共同规定。其中,第114条为放火行为的危险犯,第115条为放火行为的实害犯。危险犯表述为"尚未造成严重后果的",实害犯表述为"致人重伤、死亡或者致使公私财产遭受重大损失的"。因此,从犯罪结果的角度看放火罪的法律形式,既非完全的危险犯又非完全的实害犯。由这种法律形式表现犯罪结果的犯罪,就可以称为复合结果犯。如果不设定这种犯罪类型,仅仅用传统的危险犯与实害犯,无法满足对刑法分则所有犯罪进行分类的周延性要求。实害犯的罪量大于危险犯,复合结果犯的罪量大于实害犯。

② 按照犯罪对个人利益构成的不同影响,可以把犯罪分为三类:个人利益犯罪、共有利益犯罪、派生条件犯罪。所谓个人利益犯罪,是指直接侵害个人的人身、自由、名誉、财产等专属权利的犯罪。比如,杀人、伤害、抢劫、强奸、侮辱、诽谤、诈骗等犯罪都属于个人利益犯罪。共有利益犯罪就是对人们的个人利益赖以存续的共同基本条件构成危害的犯罪。例如,如果失去了公共安全、消费安全、环境安全、医疗卫生安全、居住安全,个人利益便失去了基本保障。因此,危害这些安全利益的犯罪,就是共有利益犯罪。派生条件犯罪是指,以公共利益派生出来的各种组织形式、规范秩序、精神文化象征、基础设施为侵害对象的犯罪。例如,危害国家安全、破坏社会管理秩序、扰乱经济秩序等方面的犯罪,都可以归入派生条件犯罪。三类犯罪的罪量排序应当是,个人利益犯罪最重,共有利益犯罪其次,派生条件犯罪最轻。

③ 按照犯罪所侵害利益的价值内容的不同,可以把犯罪分为三种:危害安全价值的犯罪、破坏经济秩序的犯罪、违背文化规范的犯罪。所谓危害安全价值的犯罪是危害个人安全、群体安全、国家安全的犯罪。破坏经济秩序的犯罪是指危害经济秩序、分配秩序、财产关系的犯罪。违背文化规范的犯罪是指针对社会精神文化、主流规范所实施的犯罪。例如,危害国家安全、危害公共安全、侵犯公民人身权利、危害国防利益、军人违反职责等方面的犯罪,都属于危害安全价值的犯罪;破坏市场秩序的犯罪、侵犯财产权方面的犯罪,便属于破坏经济秩序的犯罪;而侵犯公民民主权利、妨害社会秩序等方面的有些犯罪则属于违背文化规范的犯罪。可以说,安全、经济、文化对社会生活而言是最基本的价值领域,因而也是对利益类型的主要划分。与其相对应,便有三个价值领域中的犯罪。从这个角度看,安全价值是最具前提意义的价值,没有了安全,一切都失去了意义。没有疆土、公民生存安全,便谈不上分配秩序、市场秩序以及精神文化的健康发展。进一步看,经济秩序与精神文化相比,经济秩序属于物质性社会关系因而处于比较前提性的地位,而精神文化属于思想性社会关系,属于上层建筑的范畴,因而处于被决定的地位。从这个关系顺序来看,相应的三类犯罪的罪量大小也应当依次为,危害安全价值的犯罪的罪量最大,破坏经济秩序的犯罪的罪量次之,违背文化规范的犯罪的罪量最小。

- 将犯罪态度分解为积极犯罪与附随犯罪。

经过这 4 次下降分解,抽象的罪量概念变得多维且具体了。① 但是,模型的建立还要面对赋权问题,即根据一定理论标准决定不同变量之间的分量大小。变量之间的关系既有质的规定性又有量的规定性。质的规定性体现在何种变量参与到罪量的评价体系中,以及各个变量之间的内在逻辑联系。量的规定性则体现在评价体系内每个变量各自的分量大小,在形成综合罪量过程中的贡献率的高低。就是说,罪量模型不仅应当全面、合理,而且应当准确、量化;不仅应当论证此因素限制彼因素,此变量决定着、主导着彼变量,而且应当用量化语言指明所谓"限制"、"决定性"、"主导"到底如何操作、如何运算。否则,便不成其为模型。模型中的权重,就是为了满足这个要求而设计的。具体来说:

- 由于尚无任何理论令人信服地说明,评价主体、评价标准和评价对象三个变量中谁比谁更重要,因此模型中假定,评价主体、评价标准、评价对象三个变量之间的分量是相等的,因此每个变量的总量都设定为 1。

- 被害人评价罪量的权重为 0.7,国家评价罪量的权重为 0.3,是一体论的数量表达。因为按照一体论,犯罪的负价值是决定性的基础价值,而使用价值是非决定性的派生价值,因此应当坚持拒斥关系对需要关系的限制。按照这一原理,国家的评价就应当受制于被害人的评价,被害人的评价才是基础性的评价,国家的评价只能是派生的评价。这意味着,决定罪量大小的首要因素应当是被害人的立场,其次才是国家的立场。国家应当在与被害人相一致的前提上,追求自身的价值目标。② 或者说,国家的评价应当受被害人的评价的限制与制约。

- 利益罪量的权重为 0.7,道德罪量的权重为 0.3,是互动论的数量表达。因为按照互动理论,在犯罪的加害被害互动关系中,罪行之罪是被害人利益损失的直接解释,而罪人之罪则是犯罪的可谴责性的直接解释。根据互动论,罪行之罪在罪量大小的说明中作用大于罪人之罪,是决定性的因素。换句话说,因为有危害,才应受谴责。所以,利益标准应当优于道德标准。而且,如果过分夸大道德标准在罪量评价中的作用,可能直接冲击刑罚根据上报应对功利的限制作用。与罪量大小取决于犯罪的负价值以及被害人标准相一致,罪量的大小又取决于评价的利益标准,其次才是道德标准。利益罪量应当重于道德罪量。

- 结果罪量的权重为 0.7,行为罪量的权重为 0.3,是与极端动机论相对的效果论、与行为无价值理论相对的结果无价值理论以及一体论、互动论的综合性

---

① 参见拙著《罪刑均衡实证研究》,法律出版社,2004 年 1 月版,第 198—199 页之间的图 2-1:抽象个罪理论罪量(SCO)评价体系。

② 所以储槐植教授认为,犯罪的破坏功能是其主要功能,犯罪的促进功能是其次要功能。参见储槐植:《刑事一体化与关系刑法论》,北京大学出版社,1997 年 1 月版,第 91 页。

数量表达。因为刑法规范为主导,伦理规范做补充,是一种比较合理的罪量评价原则。因此,在结果之恶与行为之恶的权衡上,应当以结果之恶为主,兼容一定分量的行为(伦理)之恶,最终对犯罪的罪量做出合理评价。这样,还可以体现结果罪量与行为罪量、效果与动机、罪行与罪人,乃至拒斥关系与需要关系、犯罪的负价值与使用价值、被害人评价与国家评价等范畴之间在基本理路上的呼应与协调。

经过上述定性与定量的综合作业,最终形成一个多维度、多层次的综合性变量体系。这个体系实际上就是"罪论"部分中全部犯罪理论的具体化,是犯罪学思想的延伸。或者说,这个体系就是一体之罪、互动之罪、具体之罪的模型化表达,它在数量关系、结构框架中模拟、再现了应然之罪。

(3) 如何根据模型计算每个罪的罪量值?

对 422 个抽象个罪逐一进行 14 次观察,做出 $422 \times 14 = 5\,908$ 次判断,无一遗漏地进行归类。最终,生成了 5 908 个数值,作为构成每个犯罪理论罪量的基础数据。通过这个过程,每一种犯罪的 14 个侧面被逐个贴上了理论标签,并使其意义在比较中得以显现。例如,刑法第一百四十一条规定的生产、销售假药罪,在被害关系上是被迫被害犯罪,而非缺席或交易被害犯罪;在行为类型上,是欺诈犯罪,而非强暴力犯罪或者偷窃犯罪;在加害地位上是利用生产经营者相对于消费者的优势地位所实施的优势犯罪;在国家被害上,是违反国家禁止性规定的犯罪,而非针对或者利用国家权力的犯罪;在犯罪暗数上,是低暗数犯罪;在法定结果上,是复合结果犯,既非单纯的危险犯又非简单的实害犯;在个人风险上,是侵害共有利益的犯罪,而非个人利益犯罪或者个人利益派生条件的犯罪;在利益类型上,是危害安全价值的犯罪,而非经济或者文化犯罪;在伦理内容上,是功利型犯罪,而非生命否定型犯罪或者遵从型犯罪;在要件数量上,是复杂构成之罪,而非简单构成之罪;在结果趋势上,是结果离散型犯罪,而非结果集中型犯罪;在罪过形式上,是故意犯罪;在犯罪态度上,是积极犯罪而非附随犯罪。为了最终得到其理论罪量值,每个抽象个罪都必须逐一重复这样的分析过程。

根据上述确定权重的原理分别确定评价模型最后一层中 36 种犯罪的权重,然后,每种犯罪都能据此获得其罪量值。但是,如果靠手动的方法进行这个运算,既耗时又有较大的误差概率。如果由计算机来运行这个过程,效率将大大提高。于是,根据 SCO 体系中的逻辑关系以及 36 种犯罪各自的权重,运行 SPSS 的 compute 过程,或者用程序语言写入 syntax 文件,形成计算机程序命令,并由计算机来执行这个运算,于是,迅速生成了 422 个大小不等的理论罪量值:

命令：
compute 罪量＝(被害关系＋行为类型＋加害地位) * 0.7＋
　　　　(国家被害＋犯罪暗数) * 0.3＋(法定结果＋
　　　　个人风险＋利益类型) * 0.7＋伦理内容 * 0.3＋
　　　　(要件数量＋结果趋势＋超饱和性＋罪过形式) * 0.7＋
　　　　犯罪态度 * 0.3.

execute.

这时，计算机给出的422个理论罪量值可以视为一种原始罪量值。在此基础上，根据罪量研究的目的意义对精确度的要求，又考虑到具有基础刑法知识的读者的思维习惯，对422个原始罪量值进行了简约化处理。按照原始罪量值的大小排序，将其归纳为十级罪量各异的定序分组。为了节省篇幅并且不与后面的均衡性分析发生重复，这里只在表7.5.1.3.1中举例简要报告这个"价目表"中的罪量值和归纳结果。表中所谓原始罪量，就是计算机根据SCO评价体系中的逻辑关系整合了每个抽象个罪的14个方面的属性，运行上述计算机命令所得的结果。这422个原始SCO值就是中国刑法分则中规定的每个犯罪的理论罪量值。罪级排序的第一组为最轻，第十组为最重，形成所有抽象个罪严重性程度的十级阶梯。

表7.5.1.3.1　抽象个罪理论罪量排序简表

罪名	原始罪量	罪级排序
过失损毁文物罪	2.655	1
重婚罪	2.920	1
非法狩猎罪	3.005	1
侵犯通信自由罪	3.060	1
破坏永久性测量标志罪	3.095	1
……		
传播性病罪	3.130	2
走私淫秽物品罪	3.145	2
赌博罪	3.145	2
侵占罪	3.160	2
过失致人重伤罪	3.200	2
……		
行贿罪	3.215	3

续表

罪名	原始罪量	罪级排序
骗购外汇罪	3.215	3
骗取出口退税罪	3.260	3
非法剥夺公民宗教信仰自由罪	3.265	3
侵犯商业秘密罪	3.265	3
……		
提供虚假证明文件罪	3.285	4
非法行医罪	3.285	4
协助组织卖淫罪	3.285	4
侵犯著作权罪	3.300	4
非法经营罪	3.335	4
……		
走私普通货物、物品罪	3.355	5
诈骗罪	3.355	5
假冒专利罪	3.370	5
民事、行政枉法裁判罪	3.385	5
组织卖淫罪	3.390	5
……		
偷税罪	3.400	6
贷款诈骗罪	3.425	6
侮辱罪	3.430	6
敲诈勒索罪	3.440	6
交通肇事罪	3.445	6
……		
重大环境污染事故罪	3.455	7
抢夺罪	3.475	7
盗窃罪	3.495	7
职务侵占罪	3.495	7
失火罪	3.515	7
……		
贪污罪	3.525	8

续表

罪名	原始罪量	罪级排序
挪用公款罪	3.525	8
受贿罪	3.525	8
故意伤害罪	3.535	8
组织越狱罪	3.560	8
……		
伪造货币罪	3.645	9
刑讯逼供罪	3.670	9
强奸罪	3.675	9
抢劫罪	3.675	9
工程重大安全事故罪	3.725	9
……		
故意杀人罪	3.745	10
劫持航空器罪	3.850	10
战时残害居民、掠夺居民财物罪	4.020	10
放火罪	4.060	10
投放危险物质罪	4.060	10

严格地讲,这十级犯罪之间当然具有定序的轻重关系,然而,是否具有定距的意义,则需要进一步分析。所谓定距的意义就是指,所测量的犯罪不仅包含序位上的信息,可以测量出不同犯罪之间大于小于的关系,而且还包括间距上的信息,可以测量出不同犯罪之间大多少小多少的关系。这里提出的问题是,十级犯罪与九级犯罪之差,是否等于二级犯罪与一级犯罪之差?首先应当承认,虽然我们已经从14个侧面对36种犯罪分别赋予了不同轻重的权数,但孤立地看,这些权数基本上都只有定序的意义。比如,我们给故意犯罪赋权0.5,给复合罪过犯罪赋权0.3,给过失犯罪赋权0.2。这时,我们显然不能简单地说一个故意犯罪减去一个过失犯罪等于一个复合罪过犯罪。我们只能说故意犯罪重于复合罪过犯罪,复合罪过犯罪重于过失犯罪。当然,我们相信,这个权重关系大体上反映了经验世界中的犯罪现实情况。从这个意义上说,最终的SCO罪量是由多个定序变量构成的。既然源自于定序变量,那么作为结果,十级犯罪之间显然不可能获得绝对精确的定距意义。

但是另一方面也应看到,根据"具体之罪"的理念,罪量是由多个片面的抽象所整合而成的整体。因此,正如我们不能仅仅根据某个故意犯罪比某个过失犯罪还轻便说所有故意犯罪都轻于过失犯罪一样,我们完全可以根据14个理论维度之间的互补、平衡,将多个定序角度综合而成的结果近似地认为具有一定的定距属性。比如,有一组学生参加物理、数学、化学、语文、英语等五门课程的考试。结果,每个学生的成绩总分被排序,于是人们根据其总分得出某个学生知识能力的总体判断。这时,人们不会认为两个学生在化学考试中相差的15分,完全等于他们在语文考试中相差的15分。但是,人们还是大体上相信,一个总分450分的考生的成绩比一个总分400分的考生的成绩高出50分。其实,这里的总分比较,就已经近似地将不可比的成绩视为可比的成绩了,其中的原理就是多个观察维度之间的互补、平衡与整合,实现了定序信息向相对比较模糊的定距信息的提升。况且,这里的整合还仅仅是各门分数简单相加的结果,而我们的SCO罪量值则已经是多层次且加权运算的综合结果。从这个意义上说,笔者对罪量的十级分类也可以认为具有模糊的近似的定距属性。我们基本上可以说,十级犯罪比九级犯罪重一级,比八级犯罪重两级,二级犯罪比五级犯罪轻三级,等等。

(4) 罪量排序的意义。

其一,抽象个罪的罪量排序结果,不可避免地存在各种有待进一步完善之处,但是,这个结果的获得过程,却集中体现出罪量评价活动的过程理性化特征。事实上,没有这套SCO评价体系,人们从来没有放弃过对各种犯罪的轻重进行比较权衡。而且,也从来不存在纯粹意义上的非理性配刑,任何看上去近乎荒唐的配刑本身也许就是某种理性的表达。但是,以往所缺乏的,是罪量评价过程的透明性、可操作性、系统性。而如果没有这三个属性的同在,或者在不同程度上缺乏对这些属性的追求,罪量评价过程便不可避免地受到任意性、随意性、片面性的影响。可以说,罪量的大小是刑量轻重的最直接理由,如果这个理由没有理由,或者,理由的理由无从观察、无法进行理性调控、缺乏稳定的结构性控制,或者,表现为一团模糊的经验、直觉、体悟,那么,理由的结果便很难摆脱非理性的影响。过程的不规范性必然导致结果的不确定性,过程的理性化是罪刑关系协调性的保证。

其二,除了方法论意义以外,罪量研究毕竟也是一种认识成果。与个别或部分犯罪轻重程度的研究不同,SCO评价体系不是抽样研究,也不是典型犯罪研究,而是覆盖了刑法分则中全部犯罪。由于样本等于总体,这种研究不存在抽样误差,其结论不存在是否可以推论到总体的问题。这就使得每个抽象个罪都得到了一个刻度,而且,每个犯罪都是按照完全同等的操作程序、判别标准所获得的刻度。这就意味着,各种犯罪之间获得了标准化意义上的可比性,而可比性又是深化犯罪研究、进一步量化分析的前提。首先,有了可比性,原来认为完全不同的犯罪之间,在罪量上的共性才得以显现出来。比如,通过这种罪量的比较我们才看到,伪造货币罪、刑讯逼供罪、强奸罪、抢劫罪、工程重大安全事故罪属于同一罪级的犯罪。其次,有了可比性,原来没有意识到有何区别的犯罪之间,也许显现出在罪量上的差异。没有量化分析,便不存在真正意义上犯罪严重程度的比较。

(5) 变量选择的主观性问题

本研究可能面临的一个质疑是,尽管尚未发现较为明显的分析维度上的重大缺失,但罪量概念的操作化过程中,下降的层次过多,选择的某些变量维度之间可能交叉重合。其结果可能是,罪量评价结果难免带有一定的主观色彩和人为性,这就使其客观性有所折扣。换句话说,不同的研究者可以构造出不同的罪量评价体系从而给出不同的罪量评价结果。

应该承认,这的确是一个罪量研究在方法论上值得讨论的问题。的确,概念操作化过程中下降的层次越多,中途损失的信息就越多,选择的变量越复杂抽象,不同测量结果之间的可比性就越小。之所以如此,可能与我的一个研究立意有关。我认为,与其说这个研究的价值在于所报告的结果本身,不如说是所采用的得到结果的方法。本研究设计的一个潜在目的就在于,希望有更多的人参与到犯罪严重性程度的科学度量中来,摸索出更科学的标准化、规格化、系统化罪量评价方法。从这个意义上说,本研究所展示的 SCO 系统,就其准确性而言,远远比不上天气、水温、赛跑速度、地震震级等自然对象的测量,只是希望不断接近相对比较科学的测量方法,以拒斥过于随意的评价方法。从某种意义上说,评价的人为性、主观性恰恰从某个侧面反映出我的方法论要义:用系统化的数量语言说出你对理论的理解。可以说,在罪量评价各种可能的方法中,SCO 系统只是较早的,但非最好的。比评价结果的可比性更有意义的,是评价过程的可比性、评价方法的可比性。我们期待着更好、更精准的罪量评价体系的出现。

(6) 权重的主观性

为什么模型中的权重为三七开的关系而非别的什么关系?应当说,怎样描述不同变量对说明罪量大小的贡献水平,是完全可以讨论的。比如,是否可以为 0.66 与 0.33 的关系?是否可以为 0.8 与 0.2 的关系?或者是否可以为 0.76 与 0.24 的关系?其实,确定权重的意义在于,个别罪量的确定,取决于整个评价系统质的规定性和量的规定性。你要改变某个罪的轻重吗?可以,但唯一的办法是改变系统的变量取舍和权重分配。否则,任何人为的变动都可能破坏罪量评价过程的统一性。而且,作为主要变量与次要变量之间数量关系的体现,只要不给经过理论分析应占主导地位的主要变量分配低于 0.5

即 50% 的权数,而给次要变量分配高于 0.5 即 50% 的权数,原则上都无本质不同。况且,根据前文提及的量不准原理,用自然科学的精度要求衡量罪量的测量,是没有道理的。

(7) 个案归结的主观性

还应说明,422 个抽象个罪中的有些犯罪比较容易进行归类,它们的属性、意义显而易见,理解上基本不存在大的分歧。但是,相当一部分犯罪是很难进行这种类型学分析的。

大量刑法不典型现象的存在,使得有些犯罪在有些划分中到底如何归类并非那么简单。比如,长期以来的刑法学研究,故意过失的区别是人人皆知的。但是,时至今日,有些犯罪的罪过形式到底应该是故意还是过失,仍有不同说法。[①] 从某种意义上说,不典型才是常态,典型并不多见。任何一种类型内部的各个分子之间,都可能不同程度地存在这样或者那样的差异。因此,许多罪名难以归类是正常现象。对此,如果尽可能按照典型之义对不典型现象进行归类尚不能解决的问题,便可以考虑界定新的类型以吸纳某些类型的例外——前提当然是新类型的确存在自身独有的内涵外延。既非故意又非过失的复合罪过犯罪、既非典型危险犯又非典型实害犯的复合结果犯等,都是这种考量安排的产物。

总之,作为本研究的数据基础,不少具体犯罪的具体方面到底该被赋予何种属性,以及罪量评价的对象到底该简约到类罪,还是精细到抽象个罪甚至是罪名下的各个行为,其实都是可以不断讨论的。这种讨论的过程,其实也是从多个理论视角对抽象个罪的各个侧面不断深化认识的过程,当然也是不断调整罪量评价结果的过程。

7.5.2 实然之罪

完成了应然之罪的理论建构及其量化,接下来的任务便是对实然之罪加以测量,然后才谈得上两者的比对以检验两者之间是否均衡。问题是,与应然之罪相对的实然之罪在哪里?什么是实然之罪?

7.5.2.1 实然之罪即人定之罪

与理论上的应然之罪相对,实然之罪就是立法、司法实践中人为确定之罪,其数量形式就是法定刑或者宣告刑。或者说,与 SCO 值相对应的量值,就是刑

[①] 例如,《刑法》第一百八十六、一百八十七、一百八十八、一百八十九条规定的违法向关系人发放贷款罪,违法发放贷款罪,用账外客户资金非法拆借、发放贷款罪,非法出具金融票证罪,对违法票据承兑、付款、保证罪,主观方面到底是故意还是过失?学界并无一致通说。类似这种情况在刑法中还有不少,其中包括大部分在本研究中被归入"复合罪过形式"的犯罪。

量值。从其实质内容上看,如果说罪量是理论上犯罪严重程度的应然性量化表现的话,那么,刑量就是实际上刑罚严厉性程度的实然性量化表现,而严重性与严厉性的高度吻合、应然与实然的一致,正是罪刑均衡的要义所在。

作为一种人为的实然性评价,①刑量之所以可能与罪量之间不相一致或不均衡,首先是因为罪量的大小从来都不是决定刑量轻重的唯一因素。罪刑关系因而也都是历史的,有条件的。

其次,刑量之所以可能不等于罪量,还因为犯罪并非纯客观的对象,而是主体化的客体。什么行为被称为犯罪,什么行为被定义为严重犯罪,在很大程度上取决于社会与犯罪之间的冲突关系,取决于立法者怎样看待各种危害行为。因此,与其说刑量的大小反映了犯罪的轻重,倒不如说,刑量的大小是犯罪与社会之间冲突关系激烈程度的表现。既然刑量除了反映犯罪的轻重以外,还包含来自社会控制方面的某种主观因素,那么,当我们把握刑量的内容时,这些主观因素当然也应进入我们的视野。

总之,刑量从来就不是罪量的直接投影,不是罪量的副本,所以才存在与罪量是否一致的问题,所以才需要与罪量相均衡。

7.5.2.2 刑罚严厉性测量的方法论说明

在立法层面上,刑罚严厉性程度的测量就是把刑法分则规定的所有抽象个罪的法定刑逐一进行量化处理,以显示出每个抽象个罪法定刑的数量规定性。尽管这个过程比罪量测量要简单一些,但也不能回避以下几个方法论问题:

(1) 刑量的大小由哪些指标来说明?

我国刑法中的刑罚分为主刑和附加刑。其中附加刑的有无,不仅与犯罪的严重程度有关,而且在很大程度上与犯罪的性质有关。例如,对许多非贪利性犯罪,刑法就没有规定罚金刑。因此,我们不能说有罚金刑的犯罪重于没规定罚金刑的犯罪。再如,剥夺政治权利也是附加刑,许多犯罪由其性质决定,就不宜规定剥夺政治权利,但我们也不能说没有剥夺政治权利的犯罪就比较轻。而且,在法定刑中规定了附加没收财产的个罪只有 75 个,②而没有规定附加没收财产的

---

① 从理论上看,对罪量进行应然与实然的划分,与自然法与人定法的区分有关。简言之,"自然法并不是一套完整而现成的法规,而是一种诠释的手段。"(〔意〕登特列夫:《自然法——法律哲学导论》李日章译,台湾联经出版事业公司 1984 年版,第 25 页)在自然法学派的杰出代表格老秀斯(Hugo Grotius,1583—1645)看来,自然法乃是人类可以运用他的理性去发现的规则(《西方法律思想史资料选编》,北京大学出版社 1983 年版,第 143 页)。从这个意义上说,应然罪量反映了犯罪严重性评价领域中自然法所追求的人类理性,因而是应然法的一种体现,而实然罪量反映了人定法(以及司法实践中围绕具体案件犯罪严重性的人为判断)的特征,因而是实然法在刑法领域中的一种体现。

② 其中规定"得并处"的有 16 个罪,只占所有犯罪的 3.8%;规定"选并处"的有 39 个罪,只占所有犯罪的 9.3%;规定"必并处"的有 20 个罪,只占所有犯罪的 4.8%。

抽象个罪却有 343 个,占所有抽象个罪的 82.1%。在刑法中规定了附加剥夺政治权利的个罪只有 133 个,[①]而没有规定附加剥夺政治权利的个罪却有 285 个,占所有抽象个罪的 68.2%。在刑法中规定了附加罚金刑的个罪只有 172 个,而没有规定附加罚金刑的个罪却有 246 个,占所有抽象个罪的 58.9%。可见,大部分法定刑中都没有同时规定附加刑。如果选择附加刑参加刑量大小的说明,就会在 422 个法定刑之间形成某种不可比的因素,最终影响刑量的准确测量。因此,附加刑不宜充当指示刑罚严厉性程度的具体指标,只有刑法规定的 5 种主刑,即管制、拘役、有期徒刑、无期徒刑、死刑,理论上可以出现在任何法定刑的组合中——附加刑虽然可以独立适用,但不能独立作为法定刑规定在个罪的刑事责任中。因此,只有用主刑指示刑罚严厉性程度才能使测量结果之间具有可比性。

(2) 刑量排序的根据

指标虽已选定,但每个指标各自的分量不同,因而对刑量这个抽象概念的贡献也各不相同。因此,必须根据其贡献的大小,对不同的指标赋予不同的系数,以确定不同指标的不同权重。在这个过程中,我们需要一些合理的赋权原则,否则,一个具体的法定刑,就无法被定位在合理的序位上。首先,5 个主刑的轻重顺序应当是:管制＜拘役＜有期徒刑＜无期徒刑＜死刑。在此基础上,我们还需要进一步赋予各个指标以近似的定距属性:首先,拘役的严厉程度仅次于有期徒刑,因此,如果将最轻的有期徒刑幅度假定为量值 1 的话,那么,拘役则可以赋值为 $1-0.25=0.75$。然后,管制的严厉程度轻于拘役,因此,管制应赋值为 $0.75-0.25=0.5$。接下来,无期徒刑比有期徒刑严厉,大体上可以认为相当于两个最严厉的有期徒刑,按照刑法规定,有期徒刑最高为 15 年,因此,无期徒刑应赋值为 $15×2=30$。最后,死刑是最为严厉的刑罚,大体上可以认为相当于两个无期徒刑,因此,死刑应赋值为 $30×2=60$。

除了死刑、无期徒刑、拘役和管制以外,刑法中的有期徒刑都以一定幅度的形式存在,而各种类型有期徒刑幅度的刑量大小显然不同。这就需要确定某些排序原则,以决定何种类型的幅度比较重,何种类型的幅度比较轻。这些排序原则起码应当包括:

在有期徒刑内部,下限相同的,上限越高越重;上限相同的,下限越高越重。
在有期徒刑内部,上限下限均相等,而子刑度[②]数量不相等者,则子刑度越

---

① 其中规定"单处"的有 35 个罪,只占所有犯罪的 8.4%;规定"并处"的有 98 个罪,只占 23.4%。
② 在刑法学上,将法定刑的上限与下限之间的幅度称为刑度,而有的刑度由两段甚至三段等更小的刑度组成。这时,便可将组成完整刑度的各段刑度,称为子刑度。

少,划分越粗的越重。①

在有期徒刑内部,上限下限均相等,而且子刑度数量也相等者,较高刑度的下限越高越重。②

根据这些原则,将我国《刑法》中 28 种类型的刑度按其轻重排序如表 7.5.2.2.1 所示:

表 7.5.2.2.1　中国刑法刑度类型轻重排序

轻重序位	刑度类型
1	一年以下有期徒刑
2	两年以下有期徒刑
3	三年以下有期徒刑
4	两年以下、两年以上五年以下有期徒刑
5	五年以下有期徒刑
6	两年以下、两年以上七年以下有期徒刑
7	三年以下、三年以上七年以下有期徒刑
8	三年以下、五年以下、三年以上七年以下、五年以上十年以下有期徒刑
9	三年以下、三年以上十年以下有期徒刑
10	五年以下、五年以上十年以下有期徒刑
11	三年以上十年以下有期徒刑
12	五年以上十年以下有期徒刑
13	两年以下、一年以上七年以下、七年以上十年以下、五年以上、十年以上有期徒刑
14	两年以下、两年以上七年以下、七年以上、十五年有期徒刑
15	三年以下、三年以上七年以下、五年以上有期徒刑
16	三年以下、三年以上七年以下、七年以上有期徒刑
17	三年以下、三年以上七年以下、七年以上、十五年有期徒刑
18	三年以下、三年以上十年以下、十年以上有期徒刑

---

① 例如,《刑法》第三百八十九条规定的行贿罪和第一百九十条规定的逃汇罪,两者的幅度都是十五年以下有期徒刑,不同的是,前者有三个子刑度,而后者只有两个子刑度。相比而言,后者被判处十年以上有期徒刑的机会大于前者,因而较重。

② 例如,《刑法》第二百六十条规定的虐待罪和第二百零二条规定的抗税罪,其量刑幅度都是七年以下有期徒刑,子刑度都是两个。不同的是,虐待罪的子刑度是两年以下有期徒刑和两年以上七年以下有期徒刑,而抗税罪的子刑度是三年以下有期徒刑和三年以上七年以下有期徒刑。显然,抗税罪的行为人被判处三年有期徒刑的机会大于虐待罪的行为人。

续表

轻重序位	刑度类型
19	五年以下、五年以上十年以下、七年以上有期徒刑
20	五年以下、五年以上十年以下、十年以上有期徒刑
21	五年以下、五年以上、十年以上有期徒刑
22	五年以下、五年以上有期徒刑
23	两年以上七年以下、七年以上有期徒刑
24	三年以上七年以下、七年以上有期徒刑
25	三年以上十年以下、十年以上有期徒刑
26	五年以上十年以下、十年以上有期徒刑
27	五年以上有期徒刑
28	十年以上有期徒刑

为了编制算法模型,可以按照以上28种轻重有序的有期徒刑类型的序位对其赋权,即第一种(一年以下有期徒刑)赋值为1,第二种(两年以下有期徒刑)赋值为2,照此顺序,第28种(十年以上有期徒刑)赋值为28。再将以上死刑、无期徒刑、拘役、管制等综合起来,便形成以下模型,并按照SPSS的syntax文件命令形式写为:

命令:
compute 抽象刑量＝有期徒刑类型＋无期徒刑 ＊ 30＋死刑 ＊ 60
　　　　　－拘役 ＊ 0.25－管制 ＊ 0.5.
execute.

运行该程序后便得到每个抽象个罪的刑量了。应当说明,这个公式中的所有数量关系的合理性都是可讨论的。比如,一个管制是不是等于半个最轻的有期徒刑?有期徒刑的28种组合形式之间的轻重差距是不是1?然而,我们的目的是将每个法定刑按其严厉程度定位在一个相对位置上,因此只要每个法定刑的轻重都按照同一个标准进行综合,各个法定刑的定序关系不错,就可以使具体的法定刑之间具有可比性。还应当指出,任何模型都是客观现实的反映,都是为了尽可能接近、符合客观现实而设计的。因此,现实中不存在的刑法现象便无法用这个模型加以描述。比如,中国刑法中并不存在死刑作为唯一法定刑的犯罪。① 因此,我们不能要求上述模型来解释这种不存在的情况。反过来说,如果刑法中真的存在这种情况,那么,我们的模型自然会作相应的调整,以使这种真实的情况得到反映。

7.5.3 均衡性检验的发现

至此,每个罪的罪量和刑量已不再是秘密,422个罪量值和刑量值分别用数量语言清楚地说出,哪个罪的理论罪量有多大——应当多重,实然刑量有多高——实际上多重。以这个数据为基础所展开的均衡性检验,发现了中国刑法罪刑关系中的一些有趣现象:

7.5.3.1 罪对刑的解释力

罪刑均衡语境中的"均衡",应当有三层意义:其一,罪刑之间的均衡性只能在罪与刑互为参照物的意义上,罪的某种属性与刑的某种属性被同时放在一定的关系中才能得到确切把握。因此,所谓均衡首先应当是某种关系。强调均衡是关系,意味着对罪刑之间是否均衡所做出的判断都是一种相对的判断,不存在孤立的所谓刑之偏轻或偏重。其二,罪刑之间的关系应当是个因果关系,即以罪为因以刑为果的决定被决定、引起被引起的关系。这意味着,刑非因罪轻而轻,或者,刑非因罪重而重,都意味着不均衡。只有刑随罪动,才谈得上均衡。其三,罪刑之间的因果关系应当是罪与刑两个量化系统之间的因果关系。这意味着,罪量系统中任意一点或者任意一组的相对位置,决定着刑量系统中相应一点或者一组的相对位置。或者说,罪刑均衡意味着罪刑之间的整体协调性。基于这三点把握,我们可以将罪刑均衡界说为:罪量系统与刑量系统之间以罪量系统为主导的因果关系。这意味着,刑的轻重只能由罪的轻重给出解释,罪的变化决定着刑的变化。根据这个理解,如果刑量系统的某种属性或者变化无法由罪量系统的属性或变化加以解释,便意味着罪刑失衡。就是说,罪刑之间是否均衡的判断标准应当是,犯罪的刑量配置应当与其理论罪量的大小相一致,只要不一致,则一般应解释为刑偏离于罪,或者是刑量偏轻,或者是刑量偏重。

---

① 对此,一种可能的疑问是,按照《刑法》第二百三十九条的规定,绑架致使被绑架人死亡或者杀害被绑架人的,处死刑,并处没收财产。这样,死刑便成为此种情况的唯一法定刑。应当说,这的确是死刑作为唯一法定刑的情况,但是,却不能说是死刑作为唯一法定刑的犯罪。因为根据量化分析对研究对象的统一性要求,本研究规定,所谓"犯罪"的分析单位是罪名,即《刑法》分则中的422个抽象个罪。按照此规定,绑架致人死亡或者杀害被绑架人的情况,只是绑架罪名下的一种情况,仍以绑架罪定罪量刑,而不能单独构成一个与本罪名并列的独立分析单位。从这个意义上说,即使《刑法》中仍有类似于第二百三十九条的情况,我国现行《刑法》中不存在死刑作为唯一法定刑的犯罪的说法还是可以成立的。

然而,根据这个理解,尚不能直接检验罪刑之间的均衡与否以及程度如何。因此,我们需要某种工作假设,既体现出上述理解,又便于检验过程的操作。我认为,所谓罪量系统对刑量系统的决定被决定关系,可以用工作假设的形式表述为:

如果对以罪量系统为自变量,刑量系统为因变量的关系进行回归分析,其分析结果的回归决定系数 R^2 应当近似于1。

其中,所谓回归决定系数 R^2,表示通过回归方程,刑量的变化(Y)被罪量的变化(X)解释的部分。R^2 的取值在[0,1]之间,R^2 越大,越接近于1,表示刑量(Y)被罪量(X)解释的部分越多。R^2 越小,越接近于0,则表明罪量对刑量的解释力越低。[①] 这个工作假设在学理内容上同时表达了上述"均衡"的三层意义,同时,在分析形式上又提供了明确的检验标准。以往,仅仅凭借定性分析的手段和认识成果,要想操作这样的检验的确没有可能。而现在,我们得到了立法上的422对数据,而且,这些数据都基本满足进行回归分析的要求,对其进行均衡性检验的条件已经具备。于是,运行 SPSS 的有关命令,对上述数据进行回归分析,便得出如下结果:

《刑法》分则中的422对罪刑关系的回归决定系数 R^2 等于0.28。就是说,在立法上,罪量的轻重变化对刑量的轻重变化只有大约28%的解释力,或者说,罪量的大小只能解释大约28%的刑量轻重。这意味着,在我国《刑法》中,的确是罪量越大,刑量则越重。但是,罪量的大小尚不能在较大程度上解释刑量的高低,影响或左右立法上刑量变化的,应当另有原因。

按照罪刑均衡的工作假设,只有当罪刑之间的回归决定系数近似于1,才能证实罪刑之间存在理想的均衡关系。而上述检验过程所获得的数据却证明,实际上的罪刑关系与均衡假设之间存在较大的距离——问题是,怎么会这样?就是说,实际上的罪刑均衡程度与理想的罪刑均衡水平之间,怎么会有如此之大的鸿沟?在着手回答这个问题之前,需要首先排除两个可能性:

---

① 例如,我们随机抽取15名大学生作为样本,对他们每周用于数学课的课外学习时间与期末考试成绩之间的关系进行回归分析。其中,课外学习时间为自变量X,考试成绩为因变量Y。回归分析的结果,R^2 系数为0.569。于是,我们便可以得出结论说,大约57%的学生成绩的变化可以由课外学习时间这个自变量的影响加以解释。因为自变量在方程中具有显著意义,即,其回归系数显著大于零。所以,学习成绩的高低与课外学习时间有关,课外学习时间越长,越有可能取得好成绩。但是,因为课外学习时间尚不能完全解释考试成绩的变化,这说明还另有其他因素对考试成绩起作用。(参见袁方主编:《社会统计学》,中国统计出版社,1998年9月版,第481—486页。)

其一,"罪量与刑量之间的回归决定系数 R^2 应当近似于 1"这个理想均衡性水平的设定是否合理?换句话说,罪量大小到底应当不应当成为刑量大小的唯一解释?作为因变量,罪量到底是否应该成为刑量的唯一自变量?是不是从理论上说,刑量轻重的变化理应另有解释与根据?如果除了罪量以外真的应有其他因素影响刑量的轻重,假设中应然的 R^2 值设定为 1 则显然是个不恰当的过高要求。对本研究而言,这个问题本身的分量非同小可。这几乎是在问:"罪刑之间到底应该均衡吗?"对此,笔者在前文已经讨论,而且,本研究是以罪刑之间应当均衡为假设的实证研究,这里不打算对这个前提性命题展开讨论。因此,我们尚无更有力的理由不将罪量与刑量之间的回归决定系数 R^2 设定为近似 1。

其二,即使罪量与刑量之间理想的回归决定系数 R^2 设定为 1 具有充分的理论根据,但问题是,构成自变量的罪量以及因变量的刑量本身是笔者根据对有关理论的理解,经过复杂的逻辑推导和一定的数学运算从现实的犯罪与刑罚中抽象出来的两套数据。如果这个抽象过程本身出了问题,其结果自然会偏离犯罪与刑罚的实际。这意味着,表示罪量和刑量的这两套数据本身,有可能不是犯罪严重程度与刑罚严厉程度的绝对客观真实的反映。如果真是这样,那么,前文报告的 0.28 与 1 之间的差距,还是事实吗?如果不是事实,接下来的解释工作将全都是多余的。遗憾的是,我在这里不得不公开承认,我所报告的 0.28 与 1 之间的差距肯定不是事实。因为我的视野中所能看到的,仅仅是 SCO 评价体系以及刑罚严厉程度评价体系所能描述的犯罪与刑罚。在这之外,我没有更加确凿的证据和随之而产生的勇气使我相信,说明罪量大小和刑量高低的,还另有更重要的变量而被我忽视。如果我知道这些变量的存在,那我为什么要将其拒之门外,排除在我的变量体系之外呢?从这个意义上说,0.28 与 1 之间的差距只是我所能看到的事实,此后的全部理论解释,都是基于这个意义上的事实展开的。我坚信,在这些事实之外,肯定还有我所未见的事实,因此,我的变量体系应当会随着某些新的理论、视角以及变量的出现而得到完善,从而让我看到更丰富的事实。但同时我也坚信,没有什么人能看到事实的全貌,也没有什么理论敢于宣称自己建构的变量体系是事实的唯一、全部、真实、客观反映。真与不真之间,其实是相对的,事实与否,也不存在绝对界限。所以,当我无法探及、穷尽犯罪与刑罚的全部事实时,我的理论的确是不准确的;但是,我只能根据我所探及、看到的事实去营造概念和命题体系,而当我根据我所看到的全部事实去理解犯罪与刑罚时,我的理论至少是诚实的、开放的。从这个意义上说,所谓事实其实就是研究者头脑中的知识预设、既有的认识能力以及研究方法的产物。既然如此,如果尚无更充分的理由颠覆前文所述的变量体系和逻辑过程,那么,0.28与1之间的差距也只能是接下来讨论的事实基础。

进一步看,如果我的工作发现了一定的事实,那么,这个事实就应当不仅表现为0.28这个数值,还应当符合我们的经验感受。因此,让我们反过来观察一下这些导致罪刑失衡的罪刑关系。在我国现行《刑法》中:

- 故意杀人罪的刑量还不如组织卖淫罪的刑量重;
- 引诱幼女卖淫罪的刑量比煽动分裂国家罪的刑量还重;
- 聚众淫乱罪的刑量等于聚众扰乱公共场所秩序、交通秩序罪,非法集会、游行、示威罪,破坏集会、游行、示威罪的刑量;
- 故意泄露军事秘密罪的刑量等于过失泄露军事秘密罪的刑量;
- 贷款诈骗罪的刑量等于骗购外汇罪的刑量;
- 颠覆国家政权罪、组织、领导、参加恐怖组织罪的刑量等于为他人提供书号出版淫秽书刊罪的刑量;
- 暴力危及飞行安全罪、组织越狱罪的刑量等于非法经营罪的刑量;
- 组织、领导、参加黑社会性质组织罪的刑量等于聚众哄抢罪的刑量;
- 敲诈勒索罪的刑量等于招摇撞骗罪的刑量;
- 战时造谣扰乱军心罪的刑量等于组织淫秽表演罪的刑量;
- 刑讯逼供罪、暴力取证罪的刑量等于强迫交易罪、过失致人重伤罪的刑量;
- 侮辱罪的刑量等于盗窃、侮辱尸体罪的刑量;
- 侮辱罪的刑量等于诽谤罪的刑量;
- ……

这些都是明显不均衡的罪刑关系,此外,其实还有不少不够均衡的罪刑关系,所有这些,都是对上述回归决定系数不高的解释。正是由于这些罪刑关系的存在,才大大拉低了上述回归决定系数。这样的罪刑关系越多,中国刑法中罪刑关系的整体均衡性就越低。

7.5.3.2 罪刑关系的三个断层

理想的罪刑关系应当呈现出刑随罪动的样态,罪量的变化势必导致刑量的变化。用散点图表示的话,罪与刑之间的多个焦点,应当均匀分布在坐标系当中。但是,当我们用SPSS的绘图功能实现罪刑关系时,却出现了意想不到的现象,请见图7.5.3.2.1:

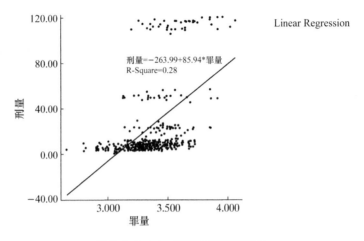

图 7.5.3.2.1　罪刑关系的连续性

仔细观察图 7.5.3.2.1 可以看出,图中的圆点是罪量与刑量之间的焦点,构成一个个罪刑关系。其分布呈现出两大特点:

第一,其回归模型的截距(当 X 值为零时 Y 值与零点之间的距离)为负值,说明从总体趋势来看,当罪量增大到一定程度以后,才开始引发刑量的相应提高。这一方面可能解释为总体上的轻刑趋向,又可以解释为一些本不必犯罪化的行为被规定为犯罪,实际上是过严的刑事反应。因为刑法不仅是罪刑关系法,首先是犯罪定义法,所以两种可能都无法简单排除。可见,轻刑还是重刑的讨论离不开犯罪圈大小的前提,犯罪圈大小的判断也不应与罪刑关系的测量割裂开来。但仅从罪刑关系的意义上说,这种截距为负值的分布至少不是一种刑随罪动的分布,因而与罪刑均衡的理想状态有所不符。

第二,罪刑关系的焦点的分布并没有呈现出均匀的连续状态,而是分属上、中、下三大群组,每个群组之间存在明显的空白地带。这种不连续的分布至少说明,罪对刑的带动并不是均匀地体现在每对罪刑关系中,而是出现了相互独立的三个断层。三个群组的共性是,它们都呈扁平状,就是说,尽管总体趋势上的确是罪越重则刑越重,但群组内刑量对罪量的变化反应并不敏感。在各个群组内,相当一部分犯罪的刑量没有随着罪量的增大而增大,而是大体相同的刑量同样地分配给了罪量不等的一些犯罪。三个群组之间的区别是,第一群组即位于最底端的个案群组,基本上集中在刑量较低的位置,而且多数个案分布在回归直线的右方,罪量较大但刑量较低,罪量对刑量的影响低于平均水平。第二群组即居中的群组,基本上集中在刑量序列的中部,多数个案分布在回归直线的左方,罪刑关系基本适中。第三群组即位于顶端的个案群组,也即集中在刑量较高的位置,而且全部分布在回归直线的左方,罪量的上升急剧带动着刑量的上升,其影响力度高于平均水平。总之,不连续是中国刑法罪刑关系的又一个重要特征,与罪刑均衡的理想状态形成又一差距。

7.5.3.3 "犯罪报价单"

完成了这些交代以后,我们便可以着手罪刑关系均衡性的具体分析了。在《罪刑均衡实证研究》中,我从8个方面讨论了均衡性问题,即罪刑之间的属性均衡、等级均衡、定基均衡、价值均衡、科学均衡、事实均衡、规范均衡、量刑均衡。其中,较有意义的贡献是生成了"中国刑法罪刑等级关系表",即"犯罪报价单"。

按照等级均衡的基本理念,罪量与刑量之间应当在相对位次上实现对等一致。具体来说,在刑法中,等级均衡的理想水平应当是:第一,在总体上,罪刑之间的斯皮尔曼等级相关系数近似于1;第二,在个别上,每对罪刑关系中罪量与刑量的等级之差为0。也就是说,每对罪刑关系中的犯罪严重程度在罪量体系中排序第几,其刑罚严厉性程度在刑量体系中也一定相应地排序第几。那么,我国《刑法》422对罪刑关系中的等级均衡性程度到底如何呢?现在,为了测量《刑法》中实然的等级均衡程度与应然的理想水平之间到底有无出入,有多大的出入,我们终于可以把前文准备的罪量和刑量部分中的研究成果粘合起来,进行这两种检验了。

首先,我们计算了422个抽象个罪的原始刑量与原始罪量(SCO指数)之间的等级相关,结果是,两者的斯皮尔曼等级相关系数为0.528。这首先说明,在我国刑法中,犯罪的严重程度与刑罚的严厉程度之间的确存在着正相关关系,即犯罪越严重,则刑罚就越严厉,犯罪越轻微,则刑罚越轻缓。而且,这种正向关系的程度,已经达到了比较显著的水平。因为在社会科学研究中,在0到1之间能够发现0.5以上的相关关系,已经不十分常见。况且,我们的立法者基本上是凭借着多年来与犯罪作斗争的丰富经验和定性的理论研究成果,在没有系统控制工具的情况下从事422对罪刑关系配置的。从这个意义上说,这个0.528实在是难能可贵的等级均衡水平。这说明,罪刑之间完全不存在等级均衡的虚无假设,以及罪刑之间完全是一对一的等级均衡,这两种极端的情况都不存在。正因为此,在承认刑法典中客观存在比较显著的等级均衡水平的同时也应看到,这个0.528毕竟与等级均衡的理想水平之间存在一定距离。因为如果实现了理想中的等级均衡,应当是每一个处在一定序位上的犯罪,一定配置了完全相等序位上的刑罚,不多也不少,不高也不低,这时斯皮尔曼相关系数应近似于1。于是,接下来的工作便应当是,找出到底哪些罪刑关系是实然的0.528与应然的1之间的真正解释,然后对其是否客观、有何意义和认识价值做出评估。为此,我决定将每一对罪刑关系的等级均衡分析结果予以公布,以接受学界评议。这就是《罪

刑均衡实证研究》中表4.6或本书表7.5.3.3.1(简化后)中所列数据,即"犯罪报价单",其中:

1. "罪名"是指我国《刑法》分则中所有犯罪。

2. "刑量"是指相应犯罪法定刑严厉程度的数量表现。

3. "罪量"即SCO综合指数,是犯罪严重性程度的数量表现。

4. "刑级"和"罪级"分别是刑量和罪量原始分数的合并分组。由于罪量刑量都是原始分数而非等级数,而且,即使转换为等级数,两边的组数也不相等,无法直接观察它们之间的对应关系。所以,有必要分别对两列原始分数进行归纳分级,于是便有了刑级、罪级的概念。刑级就是把66组原始刑量按照其原始分数的高低归纳为十组,形成十个等级,即现在看到的十个刑级。罪级就是把一百多个原始罪量得分按照其分数的高低也归纳为十组,形成十个等级,即现在看到的十个罪级。刑级和罪级都是从一到十分量越来越重,这样,刑法中的每个罪名都被标识出属于几级刑量之罪、几级罪量之罪。尽管这样处理具有一定程度上的人为性——分为十组还是十二组或是九组都是人定的——但这样合并分组以后,每个犯罪之间不仅在纵向上的可比性更加清晰简约,而且更重要的是,罪与刑之间在横向上获得了位次上的可比性。于是便有了级差的概念。

5. "级差"就是刑级减去罪级之差。罪与刑之间的横向比较无非有三种情况:一是刑级与罪级相等,两者之差等于0。二是刑级大于罪级,比如某罪的刑级为十级而罪级为八级,说明该罪在法定刑排序上已经是最重之罪,而实际上的严重程度要比立法者的排序低两级。三是罪级大于刑级,比如某罪的罪级为十级而刑级仅为八级,说明该罪实际上是最严重之罪,而立法上的轻重评价要低于理论上的排序。有了级差的概念,我们便可以直接观察到实然的等级均衡水平(0.528)与应然的等级均衡水平(1)之间的距离,到底发生在哪些具体的罪刑配置当中。首先,当级差等于0时,说明实然的罪级与应然的罪级相等,即罪刑之间等级相关的虚无假设完全被推翻,是罪刑序位上的完全一致,即理想的等级均衡水平。只要这种情况没有出现,就可以观察非0的级差是负数还是正数,如果是负数,意味着刑级小于罪级,即法律上的评价轻于应然的评价。如果是正数,意味着刑级大于罪级,即法律上的评价重于应然的评价。然后,便应当看级差的绝对值,显然,绝对值越大,说明实然偏离应然的程度越大。不过,到底该如何接受级差的分析结果,仍需要进一步进行人为归类,否则,还是无法最终实现定量基础上向更高层次的定性评价的回归。于是,便有了"报价单"中最后一栏,即等级均衡评价的概念。

6. "报价单"中最后一栏所谓的"等级均衡",全称应为"抽象个罪等级均衡性程度评价五级分类结果"。理论上,罪刑之间均衡性最差的情况,是级差等于

−9或9。在这之间,起码有19个可能的级差,显然不便于人们把握某个罪的等级均衡性程度。因此,需要对级差进行再一次的简约。具体操作原则是,第一,当级差为−3到3之间时,由于罪级与刑级之间的一致性程度比较高,所以定义为罪刑一致,用"一致"表示。第二,当级差为−4到−6之间时,因为明显表现出刑级低于罪级,说明法律的评价明显轻于理论评价,所以用"偏轻"表示。第三,当级差为−7到−9之间时,说明是刑级低于罪级的最极端情况,说明法定刑过分低于应然评价,所以用"过轻"表示。第四,当级差为4到6之间时,由于是刑级明显大于罪级,说明法律的评价重于理论评价,所以用"偏重"表示。第五,当级差为7到9之间时,说明法定刑超过理论评价的程度过大,用"过重"表示。至此,中国刑法中的422个抽象个罪,被无一遗漏地分别归入过轻、偏轻、一致、偏重、过重这五个等级的评价结果之中。通过这个排序表,人们可以清楚地检索到,某个犯罪是否符合等级均衡的要求。如果等级失衡,是偏轻了还是偏重了,偏轻了多少,偏重了多少。

完成了这个关系表的必要说明,我们可以着手相关理论问题的讨论了。

表 7.5.3.3.1　中国刑法罪刑等级关系简表[1]

罪　名	刑量	罪量	刑级	罪级	级差	等级均衡
爆炸罪	115.00	4.060	10	10	0	一致
失火罪	6.75	3.515	5	7	−2	一致
重大飞行事故罪	6.75	3.725	5	9	−4	偏轻
交通肇事罪	15.75	3.445	7	6	1	一致
重大责任事故罪	6.75	3.725	5	9	−4	偏轻
重大劳动安全事故罪	6.75	3.725	5	9	−4	偏轻
工程重大安全事故罪	9.75	3.725	6	9	−3	一致
教育设施重大安全事故罪	6.75	3.725	5	9	−4	偏轻
消防责任事故罪	6.75	3.725	5	9	−4	偏轻
生产、销售有毒、有害食品罪	109.75	3.490	10	7	3	一致
生产、销售不符合标准的医用器材罪	47.75	3.385	9	5	4	偏重
生产、销售不符合安全标准的产品罪	22.00	3.455	8	7	1	一致
生产、销售不符合卫生标准的化妆品罪	2.75	3.455	2	7	−5	偏轻
走私假币罪	114.00	3.610	10	9	1	一致
走私核材料罪	114.00	3.705	10	9	1	一致

---

[1] 原表请见拙著《罪刑均衡实证研究》,法律出版社,2004年1月版,第280—295页。

续表

罪　　名	刑量	罪量	刑级	罪级	级差	等级均衡
走私武器、弹药罪	114.00	3.705	10	9	1	一致
走私文物罪	112.00	3.285	10	4	6	偏重
走私贵重金属罪	112.00	3.355	10	5	5	偏重
走私珍稀植物、珍稀植物制品罪	22.00	3.355	8	5	3	一致
走私淫秽物品罪	47.25	3.145	9	2	7	过重
走私废物罪	22	3.565	8	8	0	一致
走私普通货物、物品罪	107.75	3.355	10	5	5	偏重
虚报注册资本罪	2.75	3.075	2	1	1	一致
欺诈发行股票、债券罪	4.75	3.475	3	7	−4	偏轻
公司、企业人员受贿罪	21.75	3.385	8	5	3	一致
对公司、企业人员行贿罪	8.75	3.005	6	1	5	偏重
非法经营同类营业罪	6.75	3.525	5	8	−3	一致
伪造货币罪	115.00	3.645	10	9	1	一致
高利转贷罪	6.75	3.215	5	3	2	一致
非法吸收公众存款罪	8.75	3.180	6	2	4	偏重
伪造、变造国家有价证券罪	47.75	3.335	9	4	5	偏重
诱骗投资者买卖证券、期货合约罪	9.75	3.475	6	7	−1	一致
操纵证券、期货交易价格罪	4.75	3.475	3	7	−4	偏轻
骗购外汇罪	49.75	3.215	9	3	6	偏重
违法向关系人发放贷款罪	21.75	3.405	8	6	2	一致
违法发放贷款罪	21.75	3.405	8	6	2	一致
集资诈骗罪	109.75	3.425	10	6	4	偏重
贷款诈骗罪	49.75	3.425	9	6	3	一致
票据诈骗罪	109.75	3.425	10	6	4	偏重
金融凭证诈骗罪	109.75	3.425	10	6	4	偏重
信用证诈骗罪	109.75	3.425	10	6	4	偏重
信用卡诈骗罪	49.75	3.425	9	6	3	一致
偷税罪	6.75	3.400	5	6	−1	一致
抗税罪	6.75	3.590	5	8	−3	一致
逃避追缴欠税罪	6.75	3.260	5	3	2	一致
骗取出口退税罪	49.75	3.260	9	3	6	偏重
伪造、出售伪造的增值税专用发票罪	107.25	3.645	10	9	1	一致
非法制造、出售非法制造的发票罪	5.25	3.565	3	8	−5	偏轻
非法出售用于骗取出口退税、抵扣税款发票罪	16.00	3.470	7	7	0	一致
合同诈骗罪	47.75	3.425	9	6	3	一致
非法经营罪	21.75	3.335	8	4	4	偏重

续表

罪　　名	刑量	罪量	刑级	罪级	级差	等级均衡
强迫交易罪	2.75	3.125	2	2	0	一致
故意杀人罪	115.00	3.745	10	10	0	一致
过失致人死亡罪	7.00	3.200	5	2	3	一致
故意伤害罪	107.25	3.535	10	8	2	一致
过失致人重伤罪	2.75	3.200	2	2	0	一致
强奸罪	115.00	3.675	10	9	1	一致
强制猥亵、侮辱妇女罪	21.75	3.520	8	7	1	一致
非法拘禁罪	17.25	3.640	7	9	-2	一致
绑架罪	118.00	3.850	10	10	0	一致
拐卖妇女、儿童罪	116.00	3.850	10	10	0	一致
聚众阻碍解救被收买的妇女、儿童罪	4.75	3.685	3	9	-6	偏轻
诬告陷害罪	8.25	3.265	6	3	3	一致
强迫职工劳动罪	2.75	3.530	2	8	-6	偏轻
诽谤罪	2.25	3.060	1	1	0	一致
侮辱罪	2.25	3.430	1	6	-5	偏轻
刑讯逼供罪	2.75	3.670	2	9	-7	过轻
虐待罪	5.25	3.675	3	9	-6	偏轻
遗弃罪	4.25	3.550	3	8	-5	偏轻
拐骗儿童罪	4.75	3.570	3	8	-5	偏轻
抢劫罪	115.00	3.675	10	9	1	一致
盗窃罪	107.25	3.495	10	7	3	一致
诈骗罪	47.25	3.355	9	5	4	偏重
抢夺罪	47.25	3.475	9	7	2	一致
聚众哄抢罪	8.25	3.195	6	2	4	偏重
侵占罪	3.75	3.160	3	2	1	一致
职务侵占罪	21.75	3.495	8	7	1	一致
敲诈勒索罪	8.25	3.440	6	6	0	一致
故意毁坏财物罪	6.75	3.270	5	3	2	一致
非法侵入计算机信息系统罪	2.75	3.395	2	6	-4	偏轻
破坏计算机信息系统罪	21.75	3.515	8	7	1	一致
寻衅滋事罪	4.25	3.305	3	4	-1	一致
医疗事故罪	2.75	3.460	2	7	-5	偏轻
非法行医罪	17.25	3.285	7	4	3	一致
滥伐林木罪	6.25	3.565	4	8	-4	偏轻
引诱、教唆、欺骗他人吸毒罪	6.25	3.145	4	2	2	一致
非法提供麻醉药品、精神药品罪	6.75	3.525	5	8	-3	一致

续表

罪　　名	刑量	罪量	刑级	罪级	级差	等级均衡
组织卖淫罪	116.00	3.390	10	5	5	偏重
强迫卖淫罪	116.00	3.705	10	9	1	一致
引诱、容留、介绍卖淫罪	21.25	3.145	7	2	5	偏重
引诱幼女卖淫罪	27.00	3.250	8	3	5	偏重
传播性病罪	4.25	3.130	3	2	1	一致
为他人提供书号出版淫秽书刊罪	47.25	3.125	9	2	7	过重
传播淫秽物品罪	1.25	3.005	1	1	0	一致
组织播放淫秽音像制品罪	8.25	3.215	6	3	3	一致
组织淫秽表演罪	8.25	2.795	6	1	5	偏重
贪污罪	102.75	3.525	10	8	2	一致
挪用公款罪	50.75	3.525	9	8	1	一致
受贿罪	102.75	3.525	10	8	2	一致

表 7.5.3.3.1 所示的"犯罪报价单"不仅实现了犯罪严重程度与刑罚严厉程度之间的量化预期，而且，它把这种"成本"与"收益"的预期做了进一步的简约化处理，使人们通过"刑级"、"罪级"、"级差"和"五级评价结果"一眼便看出实施哪个犯罪比较合算（偏轻或过轻），哪个无利可图（罪刑一致），哪个比较吃亏（偏重或过重）。或者说，人们可以根据这个"报价单"，计算出如果"购买"多大数量的犯罪收益，将"支付"或"投入"多大数量的受罚成本。从微观上看，这个"报价单"使得任何一对罪刑关系都能在罪量排序和刑量排序中找到自己应然和实然的相对位置。

"犯罪报价单"的意义至少有：

首先，有助于刑事立法科学化、理性化程度的提高，尽可能避免主观立法、情绪立法。在这个犯罪"报价单"中，任何一个罪刑关系之所以偏轻或偏重的原因都可以具体回溯到 SCO 体系中某个变量的归类，从而找到确切的解释。同理，如果要改变任何一个罪刑配置，都要从该配置的理论归属改起；如果要改变任何一类罪刑配置，都要从犯罪理论、犯罪化的价值导向改起。比如，系统认为，重大飞行事故罪、铁路运营安全事故罪、重大责任事故罪、重大劳动安全事故罪、危险物品肇事罪、教育设施重大安全事故罪、消防责任事故罪这几个罪的配刑偏轻。将它们放在 SCO 体系中与其他犯罪一比，其原因便一目了然：它们都是使被害人处于被迫被害的关系中而非缺席被害或者交易被害关系中被害的；都属于强暴力犯罪而非偷窃或者欺诈犯罪；都是危害安全价值而非经济秩序或者文化规范的犯罪；都表现出对生命价值的否定或者轻慢；都是结果离散性犯罪；最后，它们都是复合罪过犯罪,而不是只可能由过失构成的犯罪。除非改变这几个变量中的任何一个归属,比如认为重大飞行事故罪不是被迫被害犯罪而是缺席被害犯罪——这显然不可能;或者,改变其中某种犯罪分类中各类犯罪的轻重顺序,比如认为强暴力犯罪轻于偷窃犯罪——这也不可能;那么,这几个罪的综合罪量值都无法人为变动。具体到这几个罪而言,配刑偏轻的原因之一便很可能是立法者认为它们属于过失犯罪,而没有将其归入复合罪过犯罪。由此可见,刑事立法的理性化、科学化,说到底是犯罪理论和价值导向的科学化、系统化和可操作化,还有对每种犯罪属性的准确把握。

其次,有助于立法本身未作修订的情况下,通过对法官量刑活动的指引,在一定程度上弥补立法上的配刑失衡。在量刑活动中,法官可以根据犯罪"报价单"中对某个犯罪的法定刑配置是否符合等级均衡的要求所做出的评估适当调整具体案件的量刑。比如,法官经过检索知道,"报价单"认为组织卖淫罪已经配刑偏重,并且根据 SCO 的分析确信其理由成立,那么,法官在处理此类案件时,便有理由认为,既然立法上已经偏重,量刑时可以不必继续偏重。这样,便可在立法与司法之间、配刑与量刑之间起到某种"依法微调"的作用。

第 8 章

违法检验

>>>

8.1 P 值:"有数"未必可信
8.2 相关与回归
8.3 作为结果:犯罪率的归因
8.4 作为原因:罪对刑的影响
8.5 归纳法:检验逻辑的精髓

所谓违法检验,就是以大量违法案件、行为、违法者为违法现象的样本,采用概念、理论的操作化方法,证实或证否违法现象因果关系或相关关系的理论,为违法现象的控制预防提供决策基础。根据这个概念,违法检验有以下几个基本要素:

● 对象是大量违法案件、行为、现象。既不是某一两个焦点案件,也不是大量法律文本或司法活动。

● 问题是某个关于违法现象的因果或相关理论能否在实然的违法案件样本中得到证实?

● 方法是把抽象的违法理论转换成可检验的指标、命题、工作假设。

● 形式是关于违法现象的"问题—假设—检验逻辑—样本—检验过程—结果和讨论—理论阐释"的叙事结构。

8.1 P值:"有数"未必可信

在本书提到的研究实例中,多次出现"P值"的字样。我们常说,"由于P值小于0.05,所以,结果显著",等等。这里的P值到底是什么意思?为什么公布某个统计结果时,都要报告该结果的P值?为什么P值一定要小于0.05,统计结果才可信?现在,让我们通过一个案例来回答这个问题。[①]

在瑞典的某些街区,超时停车是违法的。一位警官注意到,一辆汽车的两个轮胎上的气门芯处于"一点钟"位置和"十二点钟"位置。在经过了允许停车的时间以后,这位警官再次来到这个地方,他发现那些气门芯还在原来的位置上。于是,指控车主超时停车。但被告辩称他曾驾车离开又返回此地,恰好又停在原来的位置。上诉法院认为一个气门芯有相同机会出现在十二个位置中的任何一个上,所以回到一个给定位置的机会是1/12。该法院认为两个不同轮胎的转动是像扔两枚骰子那样的独立事件,所以两个气门芯都回到最初位置的概率是$1/12 \times 1/12 = 1/144$。这个数字表明被告所描述的事件的发生概率很低,所以法院认为不用定罪了,尤其要考虑到,那位警官本来可以给四个轮胎都做上标记,从而获得更有力的对被告不利的证据。

这里我们看到了两个理论假设。被告的理论假设是,在允许停车的时段内离开了停车场,重新开回来后恰好停在原来的位置上,因而并不违反超时停车的

[①] 参见汉斯·采泽尔(Hans Zeisel)、戴维·凯(David Kaye)著,黄向阳译:《用数字证明:法律和诉讼中的实证方法》,中国人民大学出版社,2008年6月版,第111—116页。

禁止性规定。我们可以把被告的这种说法称为零假设。如果零假设成立，控方的指控就失败。而控方的理论假设是，被告根本没有挪过车，被告挪车后又回到原来位置的说法是在说谎。我们可以把控方的假设称为备择假设。要想证明这个备择假设的成立，就必须证否零假设。

不幸的是，那个停车区域大概没有安装摄像头。所以，事实到底如何无法彻底还原，责任的确定只能求助于统计学家。为了将两个轮胎的气门芯位置恰好置于原来样子，被告需要重复的次数越多，意味着做到的可能性就越小，因而意味着他在说谎的可能性越大，同时还意味着控方指控成立的可能性就越大，冤枉被告的可能性越小。反之，如果两个气门芯恰好回到原来位置的可能性很大，只需重复试几次就可以做到，那么，控方指控就越可能造成被告冤屈。那么，本例中的 1/12×1/12＝1/144 就意味着，被告离开后重回原位且前后气门芯的位置不变的概率是 1/144，即 P 值为 0.007。就是说，控方指控失实的概率不会超过 0.7%。可见，所谓 P 值小于 0.05 的惯例，就是要求得出某个结论所冒的犯错误的风险不应超过 5%，而且，这个概率越小越好。

再如，一个学生参加了考试。结果，考试中心发现，他的答题卡和另一位考生的答题卡惊人地相似，所以取消了他的考试成绩。于是，该考生提起诉讼。统计学家研究了该次考试，根据参加考试的人数、考题数、答题卡中错误的模式等因素，得出结论说，他的答案和邻座考生的答案如此相似的概率约为 $1/10^{23}$，就是说，分母中 1 后面跟上 23 个 0。得知这一结果后，该考生撤回了指控。

这两例中有两个有责判断，其失误的概率都很低。我们做研究也要得出某个结论，对现实世界中是否存在某个关系做出判断。这些判断也有可能失误，只是失误的概率越低越好。所以，按照统计学规范，研究者报告某个统计结果时，都要同时报告该结果的 P 值，即失误的概率不会超过多少。习惯上的等于或低于 0.05，就是指失误的概率不超过 5%。

但是，这里一定要知道，P 值小于 0.05 的说法只是个约定俗成，并不是科学与否的绝对界限。有时，P 值大于 0.05，实体关系未必就不存在，反之，小于 0.05 时，也不能据此确信，所声称的关系就一定是事实。P 值本身并不直接说明差异的显著性程度或者关系的强度。这里，有两个因素与之有关。

首先，P 值的大小会受样本量的影响。例如，我们想研究糖精与膀胱癌之间的关系，便找来两组小白鼠作为样本进行标准化实验。实验共进行了三次，每次的样本规模都不同，P 值也不同，而组间差异却不变。结果分别见表 8.1.1、表 8.1.2、表 8.1.3。

表 8.1.1　实验组和对照组样本各为 1 000 时的 P＝0.54

结果	糖精	无糖精
患上膀胱癌	100(10%)	92(9.2%)
没有患膀胱癌	900(90%)	908(90.8%)
样本数	1 000	1 000

表 8.1.2　实验组和对照组样本各为 10 000 时的 P＝0.05

结果	糖精	无糖精
患上膀胱癌	1 000(10%)	920(9.2%)
没有患膀胱癌	9 000(90%)	9 080(90.8%)
样本数	10 000	10 000

表 8.1.3　实验组和对照组样本各为 40 000 时的 P＝0.0001

结果	糖精	无糖精
患上膀胱癌	4 000(10%)	3 680(9.2%)
没有患膀胱癌	36 000(90%)	36 320(90.8%)
样本数	40 000	40 000

可见,三个 P 值的差异并不反映组间的差异,只与样本规模有关。这个比较结果也说明,P 值的高低本身并不是目的。如果大样本和小样本的组间差异不变,说明研究结果可以相互印证。反之,如果没有大样本的观察,仅仅因为小样本中的 P 值不符合显著性要求而轻率放弃某个结论,也是一种失真。

第二,一个研究结论是否能被接受,除了要看 P 值的高低,还要看研究的问题本身,P 值绝对不能直接代替专业判断。极而言之,如果吃不吃某种毒物是否立即死亡的实验组间差异仅为 0.8%,P 值即使大于 0.05,也不会有人勇于以身试毒。这再一次证明,只有纯定性研究,没有纯定量分析。尤其是在人文社科领域,定性与定量相结合才是正途。

8.2　相关与回归

为了检验现象之间是否存在某种关系,实证研究还常常用到相关分析和回归分析等分析工具。

相关是事物的两个特征之间相伴随的变化。相关的概念有几个要点：
- 相关的意义：因果一定相关，而相关不一定因果。因为两个相伴随而变化的现象可能是第三个现象的共同结果。
- 相关的方向：相关分为正相关和负相关。一个变量的值越大则另一个变量的值也随之越大，即为正相关，一个变量的值越大而另一个变量的值则越小，即为负相关。
- 相关的程度：相关的强度有强有弱。在散点图中的点越是靠近贯穿其中的直线，其相关程度越高，反之，各个点与贯穿其中的直线间的距离越大，其相关程度越低。
- 相关系数：相关系数的取值在－1到＋1之间。负值表示负相关，正值表示正相关。绝对值越是接近1，表示相关的程度越大，越是接近零，表示相关的程度越小。
- 相关的性质：这里所谓的相关是指线性相关，即一条直线描述变量间关系的相关。与此不同还有曲线相关，即一条曲线描述变量间关系的相关。如果两个变量之间的相关系数为零，只说明它们之间不存在线性相关，而不能排除是否存在甚至是高度的曲线相关。
- 第一种线性相关是皮尔逊（pearson）相关：测量两列定距变量之间线性相关方向和程度的方法。
- 第二种线性相关是斯皮尔曼（spearman）等级相关：测量两列定序变量之间线性相关方向和程度的方法。
- 此外还有各种多元相关分析方法。

我们以SPSS自带的数据库"1991年全美社会调查"中的数据为例进行相关分析的步骤演示：
- 研究的问题：子女数与何种因素有关？
- 假设：子女数的多少可能与年龄以及本人、配偶甚至父母的文化程度有关，年龄越大的夫妇可能子女数越多，文化程度越高的人可能子女数越少。
- 打开SPSS自带的数据库"1991年全美社会调查"数据文件，按照Analyze→Correlate→Bivariate的顺序点击，打开Bivariate Correlations对话框。
- 从左边的变量源中将变量"childs"（Number of Children）、变量"age"（Age of Respondent）、变量"educ"（Highest Year of School Completed）、变量"paeduc"（Highest Year School Completed，Father）、变量"maeduc"（Highest Year School Completed，Mother）、变量"speduc"（Highest Year School Completed，Spouse）一并选入右边的变量框里。

- 在系统默认的基础上增加 spearman 选项，如图 8.2.1 所示：

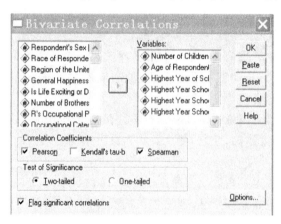

图 8.2.1　相关分析对话框

- 点击 OK 后得到结果如表 8.2.1 所示：

表 8.2.1　Correlations

		Number of Children	Age of Respondent	Highest Year of School Completed	Highest Year School Completed, Father	Highest Year School Completed, Mother	Highest Year School Completed, Spouse
Number of Children	Pearson Correlation Sig. (2-tailed) N	1 1509	.365** .000 1507	−.270** .000 1507	−.290** .000 1064	−.265** .000 1231	−.220** .000 787
Age of Respondent	Pearson Correlation Sig. (2-tailed) N	.365** .000 1507	1 1514	−.254** .000 1508	−.426** .000 1067	−.418** .000 1231	−.234** .000 789
Highest Year of School Completed	Pearson Correlation Sig. (2-tailed) N	−.270** .000 1507	−.254** .000 1508	1 1510	.463** .000 1065	.419** .000 1232	.619** .000 789
Highest Year School Completed, Father	Pearson Correlation Sig. (2-tailed) N	−.290** .000 1064	−.426** .000 1067	.463** .000 1065	1 1069	.672** .000 974	.400** .000 581
Highest Year School Completed, Mother	Pearson Correlation Sig. (2-tailed) N	−.265** .000 1231	−.418** .000 1231	.419** .000 1232	.672** .000 974	1 1233	.427** .000 661
Highest Year School Completed, Spouse	Pearson Correlation Sig. (2-tailed) N	−.220** .000 787	−.234** .000 789	.619** .000 789	.400** .000 581	.427** .000 661	1 790

**. Correlation is significant at the 0.01 level(2-tailed).

- 结果一：子女数的多少首先与被调查者的年龄有关，年龄越大的被调查者的子女数越多，二者呈正相关关系，但相关程度并不太高，相关系数为0.365，显著值小于0.05，说明结论可靠。
- 结果二：子女数的多少与被调查者的受教育年限有关，被调查者的受教育年限越长其子女数越少，二者呈负相关关系，相关系数为－0.27，显著值小于0.05，说明结论可靠。
- 结果三：子女数的多少还与被调查者的父亲的受教育年限有关，被调查者父亲的受教育年限越长则被调查者的子女数越少，二者呈负相关关系，相关系数为－0.29，显著值小于0.05，说明结论可靠。
- 结果四：子女数的多少还与被调查者的母亲的受教育年限有关，被调查者母亲的受教育年限越长则被调查者的子女数越少，二者呈负相关关系，相关系数为－0.265，显著值小于0.05，说明结论可靠。
- 结果五：子女数的多少还与被调查者配偶的受教育年限有关，被调查者的配偶的受教育年限越长则被调查者的子女数越少，二者呈负相关关系，相关系数为－0.22，显著值小于0.05，说明结论可靠。
- 分析输出的spearman等级相关系数也大体上证实了上述结论。

"回归"一词最早来源于生物学。英国生物统计学家高尔顿根据1 078对父子身高的散布图发现，虽然身材高的父母比身材矮的父母倾向于有高的孩子，但平均而言，身材高大的，其子要矮一些，而身材矮小的，其子要高些。这种遗传上的身高趋于一般、"退化到平庸"的现象，高尔顿称作回归。后来，这个词被广泛用于非确定性相互依赖关系——统计相关关系。[①]

问题是，怎样理解回归与相关之间的关系呢？

两者的共性在于，它们都与确定的函数关系相对，是研究非确定性关系的统计方法，而且，都是研究非确定性关系中的线性关系的研究方法。但相关不等于因果，在相关分析中无所谓自变量与因变量之别。而这里的回归分析正是研究相关关系中的因果关系的一种统计方法。而且，二者对两变量之间关系的描述，其角度也有所不同。试比较图8.2.2中的6个散点图：[②]

图8.2.2中的上面三个图是回归系数即回归直线的陡度或者斜率相同而相关系数不同时的情形——说明相关系数反映了真实数据靠近回归直线的程度，越是靠近回归直线，两变量间的相关程度就越高，反之，相关程度则越低。而图中下面的三个图则是相关系数相同而回归系数不同的情形——说明回归系数反映的是

---

① 卢淑华：《社会统计学》，北京大学出版社，1989年8月版，第401页。
② 卢淑华：《社会统计学》，北京大学出版社，1989年8月版，第432页。

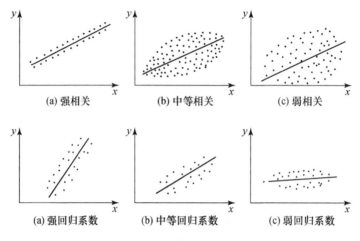

图 8.2.2 相关与回归

自变量 X 每变化一个单位,对因变量 Y 的变化有多大程度的影响。可见,在回归分析中,通过回归直线,自变量可以预测因变量的平均变化,但无法区分出斜率相同的两变量间相关程度的大小,即无法区分上面三张图之间的不同。另一方面,在相关分析中,相关系数的确反映了预测效果的好坏,但又无法区分下面三张图之间的不同,无法区分相关程度相同的关系之间自变量对因变量的解释力大小有何不同。所以说,实证分析中应交替使用相关分析和回归分析两种方法。

我们以 SPSS 自带的数据库"雇员数据库"中的数据为例进行回归分析的步骤演示:

● 研究的问题:雇员的文化程度在多大程度上影响着雇员工资的高低?

● 假设:雇员文化程度越高,则收入水平越高。

● 打开 SPSS 自带数据库"雇员数据库"数据文件,按照 Analyze → Regression → Linear 的顺序点击,打开 Linear Regression 对话框。

● 从左边的变量源中将"Current Salary"选入右边的 Dependent(因变量)框中,将"Educational Level"选入右边的 Independent(自变量)框中。如图 8.2.3 所示。一般而言,不必进行其他操作即可确定。

● 点击 OK 后得到结果输出如表 8.2.2 所示:

表 8.2.2 Model Summary

Model	R	R Square	Adjusted R Square	Std. Error of the Estimate
1	.661[a]	.436	.435	$12,833.540

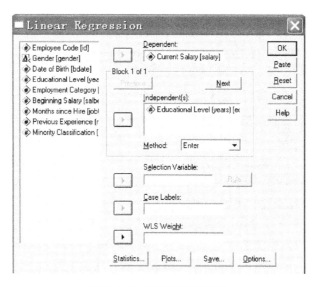

图 8.2.3 回归分析对话框

- 表中可见,R Square 为 0.436,这意味着用文化程度作为原因,可以解释大约 44% 的雇员收入上的差异。
- 双击该输出结果后打开 Chart Editor 对话框,轻点画面上的圆点后,按照 Chart→Add Chart Element→Fit Line at Total 的顺序单击,关掉 Properties 窗口以及 Chart Editor 对话框后,先前输出的结果中多出一条回归直线,形象地表现了员工文化程度与收入两个变量之间的因果关系,如图 8.2.4 所示:

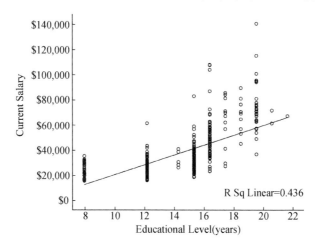

图 8.2.4 回归直线

8.3　作为结果：犯罪率的归因

许多人文社科研究都是在寻求某个社会现象的原因,对其进行因果解释。犯罪现象也是一种典型的社会现象,无论从理论还是实践的角度看,也需要进行这种归因研究。事实上,现代犯罪学的产生,就是这种学术取向的结果。人们希望知道,社会上为什么总会有犯罪,人为什么要犯罪,为什么此时此地的犯罪不同于彼时彼地的犯罪,等等。以往,在没有现代统计学理论和计算机技术的情况下,人们更多地是从理论思辨和定性分析的角度研究犯罪问题的原因。现在,既然我们有了相关分析、回归分析这些分析工具,又有众多科学实用的统计软件,完全可以用于犯罪现象的因果分析,为预防犯罪提供支持。这部分中,将以我们曾经尝试过的一项犯罪率研究为例,展示实证研究方法如何应用于违法现象的因果研究和相应的假设检验过程。[①]

该项研究从罪因、罪行与刑罚适用三者之间的关系入手,对中国 1988—2007 年 20 年间纵向,1998、2003、2007 三年内地 31 个省市(区)横向的犯罪率数据,同期同地十几项社会经济发展数据以及 641 个最高人民法院示范性案例数据进行了交叉印证性考察。结果证实,这一时期的社会经济因素对纵向和横向犯罪率的变化均构成显著影响,这种影响又影响着刑事司法——当犯罪数量的增长在较大程度上是社会因素作用的结果时,刑罚资源将适度投入,而非机械地相应增长。研究认为,法官定罪量刑活动所面临的这种间接影响,在法制社会中具有不寻常的意义。对这个法制现象的深入思考,可能把我们的思考从法律规则、原则的层面带到原理的层面。

8.3.1　问题与假设

一般认为,犯罪率持续上升,说明犯罪趋于严重,国家自然应该增加刑罚资源的投入,加大打击力度。[②] 20 年来,中国犯罪率也呈上升趋势,平均每年增长

[①] 本节内容曾以"从中国犯罪率数据看罪因、罪行与刑罚的关系"为题,发表在《中国社会科学》2010年第 2 期。

[②] 根据意大利犯罪学家菲利的"犯罪饱和法则"(恩里科·菲利:《犯罪社会学》,郭建安译,北京:中国人民公安大学出版社,1990 年,第 56—57 页),认为如果实际犯罪率远离理想犯罪率而逼近最低或最高犯罪率水平时,就引发相应的社会反应(参见汪明亮:《"严打"的理性评价》,北京大学出版社,2004 年,第 86—89 页)。

10%以上,超过了不少时期全国 GDP 的增长。① 与之相应,也应该引发或将引发刑罚力度的提升。

然而,一些案件(如众所周知的"许霆案")由于存在明显特殊的犯罪原因,法院的最终量刑往往比较适度。② 于是,人们会问:现实世界中,这种"罪出有因"而得到宽宥的案件到底有多普遍?如果十分普遍,到底该怎样理解犯罪本身和法律规定对刑罚宽严的决定性作用?到底如何从理论上解释"罪因—罪行—刑罚适用"三者之间的关系?

基于有限的经验观察和对罪与罚之间关系水涨船高式常识性理解的怀疑,本研究的理论假设是,动员刑罚而对犯罪做出反应的力度,与犯罪案件的多少之间不完全均衡、对应。国家刑罚资源的投入不完全取决于犯罪数量的消长,而与犯罪率的内在结构以及宏观犯罪原因有关。如果犯罪数量的增长在较大程度上是社会因素影响的结果,刑罚资源的投入不仅不会机械地相应增长,反而会受到严格控制。这种不均衡背后,应该蕴含着更加深刻的均衡。

这个刑与罪的"非均衡性假设"意味着以下几点。第一,犯罪的多少和犯罪的轻重是两个有关但不同的概念:犯罪总数的上升不一定等于严重犯罪的上升,犯罪的数量和质量都是反映犯罪问题的重要指标。第二,犯罪是悖德性的结果,也可能是宏观社会环境作用的结果。然而,微观上犯罪的恶害显而易见,宏观上社会环境对犯罪的影响却时强时弱,人们不一定总能直接感觉到犯罪与社会环境之间的相关。③ 第三,罪为因,刑为果,刑因罪而动,天经地义,法有明文。可刑罚适用者是否因"罪出有因"而对违法者从轻发落,刑法本身并无硬性规定。只要不超出法定刑幅度,刑罚资源的增减都无可厚非。总之,在本假设中,犯罪的数量质量如何、与宏观社会环境到底有无显著相关、刑法到底作何反应,都是不确定的。在大跨度时间空间范围内,对大样本经验现象进行观测,也许能证实这一假设,也许只能部分证实这一假设,也许什么也证实不了。

为此,本研究以中国犯罪率的宏观数据代表犯罪本身的消长变化,用中国各

---

① 本书所用公开的原始犯罪统计数据,除书中另有注明外,均来源于中国法律年鉴社历年公开出版的《中国法律年鉴》。

② 参见(2008)穗中法刑二重字第 2 号刑事判决书。

③ 近年来,西方犯罪学中出现了一种关于犯罪率的历史或然性理论,认为犯罪率的变动是非线性的、不确定的、不可预测的。对此,有学者对美国犯罪率进行了统计分析,结果证实,该理论缺乏足够的证据支持,而关于犯罪率的传统理论,即认为犯罪率是有规律可循、可预测的,依然得到足够的证据支持。参见 David McDowall, Colin Loftin,"Are U. S. Crime Rate Trends Historically Contingent?" *Journal of Research in Crime and Delinquency*. vol. 42, no. 4, pp. 359—383 (2005).

种宏观经济数据代表社会经济条件,①用官方司法数据推算出的重刑率以及最高人民法院案例样本数据代表刑罚适用状况。研究的检验逻辑是,如果能够观察到犯罪率的明显增长,又能够测量到犯罪率与各项社会经济数据之间的高度统计相关,而且同时观测到重刑率和样本数据中刑罚量的平均趋势得到适度控制,才意味着非均衡性假设可能成立。而这个假设如果得到证实,可能丰富甚至改变关于犯罪与刑法本身的某些常规理解。

为检验罪因、罪行与刑罚适用之间的关系,首先要在准确把握犯罪率的内部构造和指标意义的基础上,对1988年到2007年这20年来中国犯罪率进行科学观察。结果发现,20年来全国犯罪率总体上升趋势明显。② 进一步看,有两个问题值得深究:其一,从总量上看,面对犯罪率的高速增长,人们一定想知道20年来的中国社会中哪些因素导致了犯罪率的增长?接下来,我们将把犯罪率放在宏观社会经济背景中考察,试图发现某些客观解释。其二,从内部构造来看,犯罪率真的意味着轻微犯罪的上涨和严重犯罪的持平甚至相对下降吗?因此我们还会把刑事司法放在社会背景中进行考察,试图回答重罪率的持平现象到底应归因于严重犯罪本身得到了控制还是刑罚资源投入的适度控制。

8.3.2 检验逻辑与测算过程

在影响犯罪率变化的各种外部因素中,学界关注最多、争议最大的是犯罪与经济的关系。

经济状况到底能否解释犯罪的消长?人们到底因物质财富匮乏而犯罪,还是因物质财富丰富而犯罪?如果认为经济发展使得人们仓廪衣食等基本生存需要得到满足而放弃犯罪的意念,而穷困潦倒必生盗贼,那么,犯罪与经济发展之间就应当呈反比关系:经济发展程度越高,犯罪率应该越低,反之,经济越不发达,犯罪率则越高。与此相反,如果认为经济发展使得人们不得不面对越来越大的物质诱惑,于是富可生贪,而贫却不能移志,那么,犯罪与经济发展之间就应当呈正比关系:经济发展程度越高,犯罪率应该相应越高,反之,经济越不发达,犯罪率则相应越低。

对这一争论,最好的参与不是"我认为如何如何",而是让科学规范的检验

---

① 本书所用公开的原始社会、经济、人口、自然地理等统计数据,除书中另有注明外,均来源于中华人民共和国国家统计局编、中国统计出版社出版的《中国统计年鉴》历年版本。
② 详见本书"2.4 绝对数与相对数:法律现象的简单描述"部分。

逻辑和客观真实的数据自己说话。① 为此,本研究坚持两个研究策略:其一,时间序列数据与空间分布数据相互印证。有些研究试图将结论建立在某一个片面观察基础之上。较常见的做法是,以连续若干年份的犯罪率与相应年份的 GDP 数据为基础进行相关分析或回归分析,用其统计显著值和相关系数来证实或证否犯罪与经济之间的联系。而科学的基本特征之一就是可重复性,如果某一组样本的观察结果无法重复出现在其他样本中,就很难说现象之间存在规律性联系。

其二,多元分析。仅有横纵数据的相互印证,还无法最终确信犯罪率变化的某些解释。有的研究以犯罪率为因变量,以 GDP、人口密度、基尼系数中的某个变量为自变量,进行两两之间的相关分析。当见到相关系数较高的统计结果时,便认定犯罪可以被某某因素的变动解释。应该承认,作为复杂社会现象,犯罪肯定不是某一个原因单独作用的结果,用单一因素解释犯罪问题不论在方法论上还是在实体理论上早已陈旧。即使犯罪与某现象两两之间存在高度的统计相关性,实际上也可能并无关联。某个统计结论是否虚假相关,需要引入控制变量,才能发现事物之间的真实联系。因此,本研究将采用多元分析的理论和方法对犯罪率以及各项社会经济数据进行综合处理,观察多个因素的共同作用对犯罪率有何影响。

1. 自变量:影响犯罪率的社会现象

为了检测犯罪与外部事物之间的相关性,初步列入自变量的因素有:(1)人均 GDP,即人均国内生产总值,指按市场价格计算的一个国家(或地区)所有常住单位在一定时期内生产活动的最终成果,常被用于代表经济发展的主要指标。人均 GDP 与犯罪率之间的关系是犯罪现象经济学解释的最常见指标。(2)城镇人口率,即城镇人口占总人口的比率。城镇人口率越高,说明城市化程度越高。有理论认为,城市化是现代化的必然结果,而高犯罪率又是城市化的必然结果。如果研究证实,犯罪率与城市化率之间呈高度相关关系,这种理论才可能被证实。(3)人口密度,即单位面积土地上居住的人口数。如果犯罪是人们之间利益冲突的结果,那么,人口密度的大小就应该与冲突机会的大小呈正相关关系,进而与犯罪率的高低呈正相关关系。(4)职工平均工资。(5)城镇居民年人均收入。(6)农村居民年人均收入。观察这些年均收入水平的目的是,从微观角度检验犯罪与经济的关系。如果犯罪为贫困所致,犯罪率与这些

---

① 例如,有学者对美国 1960 年到 2005 年间的犯罪率与通胀率之间的关系进行了统计分析,证实了两者之间的高度相关性,参见 Tang Chor Foon, Lean Hooi Hooi, "Will Inflation Increase Crime Rate? New Evidence from Bounds and Modified Wald Tests", in *Global Crime*. vol. 8, no. 4, pp. 311—323. Nov. 2007.

指标之间的关系就应该呈现高度负相关关系,即收入水平越低,则犯罪率越高。反之,如果犯罪是高度物质文明和社会富裕的结果,犯罪率与这些指标之间的关系就应该呈高度正相关关系,即收入水平越高,则犯罪率越高。应该知道,社会经济总量的消长,并不必然带来城乡居民收入水平的同步消长。所以,应该对城市居民与农村居民收入水平与犯罪率之间的关系进行分别检验。(7) 农村家庭恩格尔系数。"恩格尔系数"是指食物支出金额在消费性总支出金额中所占的比例。(8) 城镇家庭恩格尔系数。一般认为,恩格尔系数的高低指示着人们最基本生存需要满足的基础上有多大的支付能力用于各种物质、精神需要的满足。因此,如果犯罪率与恩格尔系数呈正比,可能意味着犯罪是这些基本生存需要以外的其他需要无法得到满足的结果。(9) 人口自然增长率,是指在一定时期内(通常为一年)人口自然增加数(出生人数减死亡人数)与该时期内平均人数(或期中人数)之比。引入这一变量的理论假设是,由于人口自然增长率与社会资源的人均占有量有关,而犯罪又可能与资源分配与争夺有关,所以,在控制社会经济总量(如人均 GDP)的情况下,人口自然增长率应该与犯罪率呈显著正相关关系。(10) 城乡消费水平比,是指以农村居民消费支出为1计算的城镇居民消费支出对农村居民消费支出的倍数。(11) 城乡收入比,是指以农村居民收入为1计算的城镇居民收入对农村居民收入的倍数。一直以来,社会不平等分配都是犯罪的一种理论解释。而城乡差别又是社会分配的重要侧面,所以,如果犯罪率与城乡差别之间呈现显著关系,则在一定程度上证实了犯罪是不平等分配的结果这一假设。(12) 卫生机构数,即医院、卫生院(所、站)以及检疫机构的数量。这个指标间接反映了社会保障的范围、规模。如果研究发现犯罪率与卫生机构数量之间呈显著相关,也从一个侧面证实了犯罪现象与社会保障之间的关联性。(13) 离婚数。离婚率的高低既是家庭作为社会细胞的稳定程度的指标,也在一定程度上反映了一个社会的自由、开放程度。不论怎样理解,犯罪率到底与离婚率之间有无统计上的显著相关性,是进一步理论阐释的事实基础。(14) 刑法修订,反映 1997 年大规模刑法修订前后犯罪定义体系的不同对犯罪率的影响。在犯罪定义学看来,犯罪从某种意义上说是犯罪定义的结果。因此,除了上述社会经济、人口因素以外,本研究也试图检验这一假设能否成立,即观察刑法修订与否对犯罪率消长有无统计意义上的显著影响。

上述关系的初步检验逻辑是,尽管相关不一定存在因果关系,但无相关一定不存在因果关系。因此,犯罪率作为因变量与这些自变量之间简单的两两相关分析是接下来多元分析的必要准备。这个探索性观察的结果请见表 8.3.2.1:

表 8.3.2.1　横向与纵向犯罪率简单相关分析之间的相互印证

与犯罪率相关的因素	1988—2007年 全国	1998年 各地区	2003年 各地区	2007年 各地区	归纳
人均 GDP	0.825	0.839	0.708	0.764	＋
城镇人口率	0.436	0.721	0.448	0.713	＋
人口密度	0.794	0.653	0.476	0.626	＋
职工平均工资	0.853	0.763	0.540	0.551	＋
城镇居民年人均收入	0.831	0.726	0.767	0.842	＋
农村居民年人均收入	0.790	0.804	0.758	0.834	＋
农村家庭恩格尔系数	－0.928	－0.554	－0.441	－0.363	＋
城乡收入比	0.807	－0.352**	－0.448	－0.521	？
城乡消费水平比	0.501	－0.346**	－0.432	－0.506	？
人口自然增长率	－0.823	－0.630	……	……	—
城镇家庭恩格尔系数	－0.867	……	……	……	—
卫生机构数	0.596	……	……	……	—
离婚数	0.772	……	……	……	—

说明：

1. 考虑到犯罪暗数的因素，此处"犯罪率"即毛被害率，即以潜在被害人总数为基数，以公安机关立案数为犯罪数计算的犯罪率。

2. 本表数据根据《中国统计年鉴》各年版本、地方各省市统计年鉴各年版本以及《中国法律年鉴》各年版本原始数据计算而来。

3. 表中数字代表各种现象与犯罪率之间的相关程度（皮尔逊相关系数），越接近于1说明关系越强，"－"代表呈反比关系。如果未加特别说明，其显著性水平均符合统计学要求（$p<0.05$），"……"代表与犯罪率无关。

4. ＊代表 $p=0.055$；＊＊代表 $p=0.057$。

5. 最后一栏"归纳"中的符号代表纵向各年份数据与横向各地区数据的统计结果之间是否能通过相互印证性检验。"＋"代表横纵各组数据统计结果均证实某个关系的显著存在；"－"代表横纵各组数据统计结果部分不够显著，无法确信某个关系的存在；"？"代表横纵各组数据统计结果之间虽然关系显著但方向不一致。

从表 8.3.2.1 数据可见，横向三个时点的地方数据与纵向 20 年间的全国数据都一致证实与犯罪率显著相关的变量有：(1) 人均 GDP。(2) 城市化程度。(3) 人口密度。(4) 职工平均工资收入。(5) 城镇居民年人均收入水平。(6) 农村居民年人均收入水平。(7) 农村家庭恩格尔系数。例如，人均 GDP 水平、城市化程度越高，则每十万潜在被害人暴露在犯罪侵害之下的概率就越大。特别重要的是，不仅这些指标越高的年份犯罪率就越高，而且，这些指标越高的省市，犯罪率也相应越高，反之，犯罪率就越低。农村家庭恩格尔系数与犯罪率之间呈高度负相关关系，即农村家庭食物支出在总费用支出中所占比例越高，则犯罪率越低,每十万潜在被害人暴露在犯罪侵害之下的概率就越小。这个关系也同样通过了横向与纵向观察的交互检验。

有趣的是,某些纵向上看显著的关系,由于横向地区因素的引入,有的消失了,有的改变了相关的方向。消失的关系有:虽然全国纵向数据相关分析结果表明,人口自然增长率以及城镇家庭恩格尔系数与犯罪率呈反比关系,卫生机构数量以及离婚夫妇数量与犯罪率呈正比,但横向各省市数据相关分析结果却未见显著关系。改变了方向的关系有:尽管全国纵向数据相关分析的结果表明,城乡收入比以及城乡消费水平比与犯罪率之间呈高度正相关关系,即城乡差别越大的年份,犯罪率越高,但引入横向地区因素以后所呈现的显著关系是,城乡差别越大的省市,犯罪率越低。其原因尚待进一步分析,但我们无法确信城乡差别与犯罪率变化之间的关系。

在进入多元分析之前还应注意到,被简单相关分析证实有关的变量之间可能存在"多重共线性"的可能性,即多个自变量之间高度线性相关的情况。[①]经检验,人均 GDP 与职工平均工资之间的相关系数高达 0.996,与城乡居民年均收入的相关系数分别高达 0.998 和 0.985。职工平均工资与城乡居民平均收入之间的相关系数分别高达 0.992 和 0.968。城乡居民平均收入之间的相关系数高达 0.990。这几个检验结果的经验意义是,宏观上 GDP 水平越高,微观上"职工平均工资"、"城镇居民年人均收入"、"农村居民年人均收入"等几个指标也相应地越高。因此,在接下来的多元分析中,不必重复使用这几个不相独立的多余变量。这样,有理由进入下一步多元分析的自变量有:"人均 GDP"、"城市化程度"、"人口密度"、"城乡家庭恩格尔系数",以及仅用来比较纵向各年份数据的"刑法修订"。完成了上述若干关系的初步观察,我们可以着手以下多元分析了。

2. 毛犯罪率的多元回归分析

根据多元线性回归分析的思想,在多个自变量相互控制的情况下,原先简单相关分析结果显示有关的影响,既可能仍然存在也可能消失。因此,多元分析方法与其说是用多个因素解释某现象,不如说是从多个同时作用的因素中筛选沉淀出真正有效影响因变量变化的因素。换个角度看,作为因变量,毛犯罪率由毛被害率与毛加害率构成。在多元分析中,有效影响毛被害率变化的自变量,不一定也能有效影响毛加害率的高低;在以纵向各年份毛犯罪率为因变量的多元分析中显著存在的关系,不一定同样出现在以横向各地区毛犯罪率为因变量的多

[①] 郭志刚主编:《社会统计方法——SPSS 软件应用》,中国人民大学出版社,1999 年 12 月版,第 49—50 页。

元分析中。表 8.3.2.2 展示的是根据这一检验思想所进行的 8 次多元线性回归分析的结果:

表 8.3.2.2 毛犯罪率的多元回归分析及其结果

因变量	R^2	R^2_{adj}	最终有效变量
1988—2007 年全国毛被害率	0.862	0.853	农村家庭恩格尔系数(Beta=-0.928)
1988—2007 年全国毛加害率	0.820	0.809	农村家庭恩格尔系数(Beta=-0.906)
1998 年各地区毛被害率	0.705	0.694	人均 GDP(Beta=0.839)
1998 年各地区毛加害率	0.683	0.672	人均 GDP(Beta=0.827)
2003 年各地区毛被害率	0.566	0.535	人均 GDP(Beta=1.093)、城市人口率(Beta=-0.462)
2003 年各地区毛加害率	0.502	0.466	人均 GDP(Beta=1.092)、城市人口率(Beta=-0.540)
2007 年各地区毛被害率	0.584	0.570	人均 GDP(Beta=0.764)
2007 年各地区毛加害率	0.509	0.492	人均 GDP(Beta=0.713)

说明:
1. "R^2"即多元线性回归确定系数,这个值越接近于 1,说明模型对犯罪率的高低解释力越强。
2. "R^2_{adj}"即调整的确定系数,反映了模型的拟合优度。进入模型的变量不一定都有统计意义,当无统计意义的变量过多进入模型时,调整的确定系数会"惩罚性"地减小。
3. "Beta"是标准化回归系数,反映变量之间相对作用的大小。
4. "最终有效变量"即 p 值小于 0.05 的变量,是模型中多个变量里真正显著影响犯罪率消长的因素。
5. 考虑到"刑法修订"只对纵向不同年份的比较有意义,"人口密度"只对横向各地区的比较有意义,所以,四个模型的构成略有不同。

表 8.3.2.2 数据显示的第一个经验含义是,在以纵向各年份全国毛被害率和毛加害率为因变量的两次多元线性回归分析中(表中第一、第二行),"人均 GDP"、"城市化程度"、"刑法修订"三个变量的作用都消失了,不具有统计意义。只有"农村家庭恩格尔系数"对毛被害率和毛加害率都表现出显著影响,呈高度负相关关系。就是说,农村家庭恩格尔系数越高的年份,则毛犯罪率越低。反之,农村居民的食物支出比重越低的年份,则毛犯罪率越高。而这个系数所反映的恰好是一国的经济发展水平——恩格尔系数越高,说明居民不得不为食物支出可支配金额中相对较大的部分,从而间接说明经济发展水平相对较低。反之,只有当居民有更多的资金用于食物以外的支出时,才标志着国家经济水平的相对提高。因此,恩格尔系数与毛犯罪率呈反比这个事实可以转换成"经济发展水平与毛犯罪率呈正比"。这意味着,经济发展水平越高,则恩格尔系数越低,则犯罪率随之越高;反之,经济越落后,则恩格尔系数越高,则犯罪率越低。

表 8.3.2.2 数据显示的第二个经验含义是,在横向三个时点全国各地区毛犯罪率的六次多元线性回归分析中,"城市化程度"、"人口密度"、"农村家庭恩格尔系数"三个变量的影响都因不具有统计意义而不见了。尽管强度系数不同,始终显示出最强的关系就是毛犯罪率与人均 GDP 之间的高度正相关关系。就是说,人均 GDP 越高的地区,不论是毛被害率还是毛加害率都相应地越高;反之,人均 GDP 越低的地区,毛犯罪率也就相应地越低。这个结果恰好与上述时间序列的观察形成呼应——无论从纵向数据来看还是从横向数据来说,经济发展总量水平"横竖"都是毛犯罪率的最强解释。①

3. 犯罪与经济

上述多元分析结果证实,经济发展与毛犯罪率之间呈高度正相关关系。回应上文提出的问题,这一结果显然不支持犯罪与经济发展之间关系的负相关说和无关说。但问题是,即使引入了多元分析,但统计上相关的现象之间,不一定都具有因果联系。在此基础上还要进一步回答,为什么经济发展伴随着犯罪率的上升? 否则,刑事政策的制定将面临某种两难境地:一方面,如果为了减少犯罪而放弃发展经济,显然是荒唐的;另一方面,如果承认犯罪是经济发展的必然代价,又似乎意味着,不应由犯罪人对犯罪承担全部的道德责任。

其实,从某种意义上说,中国正在经历着有些发达国家曾经经历过的某些发展阶段。因此,回顾一下这些国家学者所做过的观察,可以透过国家间的某些异同,看到一些肉眼看不到的规律。美国学者帕克等人提出,道德规范对人的控制随着非正式社会关系的不断解体而逐渐消失,这个过程就叫做社会解组。② 社会解组理论所描述的,正是经济高速发展的社会中,道德规范的强大作用是怎样悄悄减弱的过程。③ 美国学者默顿认为社会为人们规定了通行的价值目标的同时却没有给人们提供足够的实现价值目标的手段。于是,用非法手段去实现社

---

① 有研究证实,长江三角洲、珠江三角洲、环渤海三大经济圈地区是当前中国经济最发达、人口最稠密、城市化程度最高的地区,同时也是中国犯罪高发、万人犯罪率最高的地区。2002—2004 年,三大经济圈地区的刑事案件数量分别为 1 746 389 起、1 921 146 起、2 224 555 起,占全国刑事案件的比例分别为 40.2%、43.7%、47.1%。就刑事案件万人发案率而言,2004 年全国平均为 36.3,三大经济圈地区为 49.5。其中,长三角地区为 73.4,珠三角地区(广东省)为 62.0,北京、天津、辽宁分别为 58.4、43.0、42.0。参见夏德才:《中国三大经济圈地域环境与犯罪》,《犯罪研究》2006 年第 2 期。

② 杰克·D.道格拉斯、弗兰西斯·C.瓦克斯勒:《越轨社会学概论》,张宁、朱欣民译,河北人民出版社,1987 年,第 77—83 页。

③ 有学者对 584 个美国城市 1960、1970、1980 年的犯罪率数据进行了经验研究。结果证实,社会解组理论比犯罪机会理论更具解释力。参见 Terance D. Miethe, Michael Hughes, David McDowall: *Social Change and Crime Rates: An Evaluation of Alternative Theoretical Approaches*, on "Social forces 70∶1, September 1991"。

会价值目标便成为他们的必然选择。① 1982年,美国学者布劳夫妇在《不平等的代价:都市结构与暴力犯罪》一书中提出,贫富悬殊造成的相对剥夺感和社会不公感会导致愤怒情绪和犯罪行为。受到相对剥夺的人们,会自然而然地被激怒,并通过实施犯罪行为来发泄他们的敌意。② 按照相对剥夺理论,即使经济总量发展,如果分配结构不合理,由相对剥夺感导致的不满同样会引发犯罪率的上升。相比而言,犯罪率与经济发展之间也不是在每一个国家都高度相关。③ 1983年,美国学者阿德勒对1970年到1975年间瑞士、日本等10个国家进行了比较研究,结果发现这10个国家有几个共同点:家庭和亲属关系都比较牢固,社会成员在家庭里普遍感到安全和支持;集体和集体意识得到强化;警察、法院、监狱等正式监督体系与非正式监督体系相适应。而这10个国家都是低犯罪率国家,于是,阿德勒得出结论,低犯罪率这一结果可以从这些属性的存在得到解释。④ 可见,犯罪率上升并不是经济发展的直接结果,经济发展并不必然导致犯罪增多。只有在经济发展与"社会解组"、"社会异常"、"相对剥夺"并存的情况下,才可能导致犯罪率的上升。

由此反观中国国情,本研究数据观察所涉及的20年间,中国的经济发展仍属劳动密集型,导致大量农村人口涌向城市,并伴随其他人口流动。加之收入差距的拉大,使越来越多的人感受到收入的绝对上升和同时的相对下降。结果,非正式社会控制的减弱和不满、不公感的强化二者相交织,其相乘效应才是犯罪率上升的内在原因。中国学者张小虎基于基尼系数、变异全距、分位法等贫富差距的测量结果分析中国犯罪率上升的原因时也指出,中国目前的社会并非一个菱形结构的社会(中产社会),而是一个近似金字塔形的社会,贫富差距正在急剧拉大,已趋近于两极化。⑤ 因此,中国犯罪与经济之间的高度相关性是有条件的,关键不在于人均GDP的高低,而在于伴随着经济增长的非正式社会控制的减弱和资源分配结构的失衡。从这个意义上说,犯罪不能完全归因于犯罪人的恶害,社会本身也负有一定意义上的责任。

---

① Stuart H. Traub and Craig B. Little: *Theories of Deviance*, F. E. Peacock Publishers, Inc. 1985, pp 107—138.

② 吴宗宪:《西方犯罪学》,法律出版社,1999年,第470—471页。

③ 例如,同属发达国家的美、英、法、德、日五国1996年、1998年、2000年及2002年的犯罪率相比,美、英、法、德均为日本的数倍之多。参见孙峰华、史爱均、李世泰:"世界犯罪的现状及其地理特征",载《世界地理研究》,2006年3月,第51页。

④ 汉斯·约阿希姆·施奈德:《犯罪学》,吴鑫涛、马君玉译,中国人民公安大学出版社,1990年,第33页。

⑤ 张小虎:《转型期犯罪率明显增长的社会分层探析》,《社会学研究》2002年第1期。

8.3.3 结果讨论

既然犯罪在一定意义上也应归因于社会,那么,社会是如何对此"负责"的呢?按照本文假设,这时社会将以适度的刑事反应,调整罪因、犯罪与社会之间的关系。换句话说,刑罚资源投入的大小不一定与犯罪率的高低成正比。如果真的如此,除了证明社会经济因素对纵向和横向犯罪率的变化构成重要影响以外,还需要证明重刑率是否有明显下降的趋势。根据中国司法机关犯罪统计的统一口径,5年以上有期徒刑、无期徒刑及死刑为重刑。因此,重刑率就是以法院一审审结刑事案件数为基数,以法院判决5年以上有期徒刑、无期徒刑、死刑的人数为犯罪数计算的犯罪率,反映已审结刑事案件中罪犯被适用重刑的概率。① 如果一方面犯罪率持续上升在很大程度上是社会经济因素作用的结果,另一方面社会又仅仅根据犯罪率的上升而强化刑事惩戒力度,非均衡性假设将被证否。所幸,数据分析得到的第一个结果是,20年来中国重刑率的年平均增长率为-2.1%,毛被害率与重刑率之间的相关系数为-0.836(p=0.000);毛加害率与重刑率之间的相关系数为-0.810(p=0.000)。这说明,犯罪率与重刑率之间的发展趋势相反——犯罪率上升,重刑率下降。问题是,重刑率的下降是怎么发生的呢?图8.3.3.1数据显示了中国20年间重刑率的变化过程:

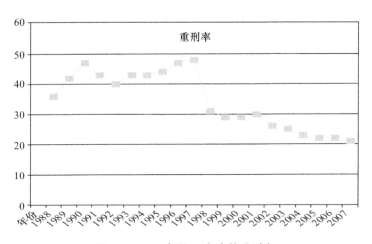

图8.3.3.1 中国20年来的重刑率

---

① 严格地讲,案件数和人数是分析单位不同的两个概念,但限于现有官方司法统计数据的统计口径,只能近似地据此计算重刑率。

由图 8.3.3.1 可见,中国重刑率开始下降趋势的拐点是 1997 到 1998 年。而当时中国刑事法制进程中最重大的事件是新刑法的颁布施行,那么,一部法律的颁布施行能否导致犯罪统计的显著变化呢?芝加哥大学教授、《政治经济学评论》主编莱维特的一项研究表明,真正导致美国 20 世纪 90 年代青少年犯罪率降低的主要原因是,1973 年《罗伊威德法案》出台后美国堕胎合法化对新生人口成长环境和平均人口素质的改善,从而间接导致了潜在罪犯数量的急剧减少。①此前的通说有:经济的发展和生活水平的提高,警力投入的加强,教育的普及等。作者驳斥了这些解释,并用不同州、不同时期的数据,检验了新假说的多个意蕴,该文产生了很大的影响。现在,尽管我们无法断定,新刑法的施行就是重刑率开始下降的唯一原因,尽管在一个较长的统计周期中刑事法制的变化是个过程,但重刑率下降始于这个时点也是不争的事实。一方面,以 1997 年刑法修订为界的前十年中,全国公安机关年平均刑事案件立案数为 1 714 722 件,而后十年年均立案数为 3 988 818 件,后者是前者的 2.3 倍;前十年的法院刑事案件一审年均收案数为 445 401 件,而后十年年均收案数为 623 454 件,后者是前者的 1.4 倍;前十年的每十万人口年均发案数 146.2 件,而后十年每十万人口年均发案数为 308.8 件,后者是前者的 2.1 倍。②而另一方面,1997 年新刑法颁布以前的十年中,平均每年被判重刑的人数为 194 881 人,而后十年中平均每年被判重刑的人数为 157 973 人,两个均值的独立样本 T 检验结果为 $p<0.05$,说明差异显著。这表明,尽管社会因素推动了犯罪率的上升,刑罚投入却没有因犯罪的增多而加大,新刑法实施以后重刑率的确明显下降。不过,何以见得新刑法的颁布施行与重刑率下降之间的相关性显著有效呢?为此,我们以 20 年来全国纵向重刑率为因变量,以"刑法修订"、"人均 GDP"、"城市人口率"、"农村家庭恩格尔系数"、"城市家庭恩格尔系数"等几个变量为自变量进行多元回归分析。③ 结果是:最终符合统计有效性要求的变量分别是"城市人口率"(Beta=-0.906)、"刑法修订"(Beta=-0.768)、"城市家庭恩格尔系数"(Beta=-0.664),模型的回归决定系数 $R^2=0.961$,即三个变量共同解释了 96.1% 的重刑率的变化。其中,在与其他两个经济因素共同作用下,"刑法修订"与重刑率的变化之间相关性显著。

然而,上述数据分析结果还要面对一个可能的追问:重刑率降低的真正原因到底是刑法本身变得适度轻缓了,还是严重犯罪本身减少了?如果是后者,就

---

① John J. Donohue, Steven D. Levitt, The Impact of Legalized Abortion on Crime, in The Quarterly Journal of Economics, vol. 116, no. 2 (May 2001).
② 公安机关立案数和法院一审收案数原始数据来源为《中国法律年鉴》各年版本。
③ 由于公开出版物中只公布了部分省市的重罪数,所以,无法进行横向重罪率分析。

不能认为刑罚资源的投入得到了控制。也即,到底是犯罪变了,还是犯罪定义变了,这本身就是个问题。应该承认,严重犯罪本身的真实变化无法通过重罪率的升降得到说明,因为正式犯罪统计根据宣告刑计算而来,其中的轻重划分已经嵌入了来自犯罪定义的影响。基于不同的刑事政策,同样的罪行可能被判5年以上刑罚,也可能被判5年以下刑罚。而在刑法方面,通过量化比较发现,1979年刑法的平均刑量为176.10,约为15年有期徒刑到无期徒刑之间的刑罚,方差为38 512.23。[①] 而截止到修正案六的1997年刑法的平均刑量为157.79,同样约为15年有期徒刑到无期徒刑之间的刑罚,但平均值略低于1979年刑法,方差为30 455.99,刑量的离散程度也小于1979年刑法。这样看来,似乎是由于新刑法轻于1979年刑法,使得样本中的后十年无论重罪率还是重刑率都走低。但进一步的观察又发现,新刑法中有几个常见犯罪的法定刑高于1979年刑法:故意伤害罪法定刑上限由原来的无期徒刑变为死刑,盗窃罪法定刑上限由原来的5年有期徒刑变为死刑,交通肇事罪法定刑上限由原来的7年有期徒刑变为15年有期徒刑。而这几个常见犯罪的发案率很高,因此,用刑法的轻重变化解释重刑率的下降证据不足。于是,既无法测量严重犯罪本身的实际变化,又不能用刑法本身的变化解释重刑率的下降,研究进入了死胡同。

不过,观察法官群体的司法实践使陷入困境的研究看到了希望。我们对641个最高人民法院示范性案例的宣告刑刑量进行了实证分析,[②]结果发现,第一,对222个抢劫罪案例进行的刑量测量结果显示,其中加重构成案件的平均刑量为223.72,大约相当于20年有期徒刑与无期徒刑之间的刑罚,略低于该罪法定刑(10年有期徒刑到死刑)中线。第二,对148个盗窃罪示范性案例进行的刑量测量结果显示,其中加重构成案例的平均刑量为101.14,大约相当于114个月有期徒刑,明显低于该罪加重构成法定刑(3年有期徒刑到死刑)中线。第三,对138个故意伤害罪示范性案例进行的刑量测量结果显示,其中加重构成组的平均刑量为112.03,大约相当于126个月有期徒刑,明显低于该罪加重构成法定刑(3年有期徒刑到死刑)中线。第四,对133个贪污受贿示范性案例进行的刑量测量结果显示,其中犯罪数额在10万元以上案例的刑量均值为182.62,大约相当于18年有期徒刑,明显低于10年有期徒刑到死刑的法定刑中线;数额在5万元以上不满10万元案例的刑量均值51.38,大约相当于60个月有期徒刑,恰好位于5

---

① 用SPSS程序语言表达的法定刑刑量计算公式为:COMPUTE 加权刑量=SQRT(刑罚上限*((刑罚上限一有期下限)/2+有期下限)).EXECUTE. 可见,法定刑上限和中值是比较法定刑刑量的核心指标。

② "示范性案例"、宣告刑刑量模型及几个常见犯罪的平均刑量请参见白建军:《量刑基准实证研究》,《法学研究》2008年第1期。

年有期徒刑到无期徒刑的法定刑底线;数额在 5 千元以上不满 5 万元案例的刑量均值为 22.10,大约相当于 24 个月有期徒刑,大大低于 1 年到 10 年有期徒刑的法定刑中线。尽管上述示范性案例均为 1997 年刑法以后的案例,尚无证据表明新刑法前十年的法官量刑实践是否低于法定刑中线,但新刑法后的十年间,常见犯罪加重构成的宣告刑平均刑量普遍低于法定刑中线已是不争的事实。这至少说明,法官群体的确不约而同地在司法实践中积极主动地控制刑罚资源的过量投入。

8.3.4 方法看点:检验的可重复性

这项研究在研究方法上的一个特色是,将数据的纵向动态趋势与横向的静态趋势两种观察结果相互印证,体现了假设检验的可重复性。如果一个关系不只是偶然地、局部地、暂时地存在于少数人为挑选的个案中,那么,在过程、方法的标准化、规格化前提下,关于这个关系的理论假设及其检验过程就应该可以在多个样本组的多个研究中不断重复并反复得到证实。假设检验的这种可重复性,实际上是科学认识活动客观规律的反映,也是知识积累过程的基本形式之一。只有当更多的检验过程得出大体相近的结论时,才能认为理论本身是科学可靠的。如果一个理论仅仅建立在某时某地的个别经验事实基础之上,人们至少有理由问,凭什么要人们相信这个个别事件代表着整个客观世界,以至于在此基础上足以建立起一整套理论?这理论的真理性止于何处?普适于多大范围的经验世界?

用事实证实或证否某个理论,到底是否需要对不同的样本重复多次进行同样的检验过程,这一直以来都是将学者区分为只认同社会科学的定性研究方法与既认同定性方法又接受量化分析方法的一个明显标志。例如,意大利犯罪学家龙勃罗梭根据对 3 000 多名意大利士兵的大脑、颅骨、骨骼等解剖学特征的调查数据、5 907 名犯罪人的人体测量数据、383 名死刑犯的头盖骨的测量数据的分析,提出了著名的"天生犯罪人论",认为犯罪是天生的,是隔代遗传的结果。[1] 然而,1913 年英国学者格林(Charles Buckman Goring,1870—1919)在《英国犯罪人:统计学研究》中公布了研究成果,通过对 4 000 名累犯数据的统计分析,提出与龙布罗梭的天生犯罪人论相反的结论,认为犯罪与生物学因素基本无关。[2] 这项研究的数据也有大量案例支持,研究者先后测量了 4 000 名犯罪人,对照组是未犯罪的英国男性,包括牛津大学、剑桥大学以及苏格兰的大学生,英格兰、苏

---

[1] 吴宗宪:《西方犯罪学史》,警官教育出版社,1997 年 7 月版,第 190 页。
[2] 同上书,第 280—293 页。

格兰的中小学男生,伦敦大学教授,苏格兰的精神病人,德国陆军新兵,英国皇家工兵。对每个样本的测量包括37种生理特征,6种心理特征。该研究的测量阶段持续了8年之久。像这样的不同研究者从不同经验数据中导出不同结论的例子,在犯罪实证研究中还有许多,如母爱剥夺对犯罪的影响、养子女与生父母在犯罪与否问题上的一致性、死刑的威慑效应,等等。

对于学术史中的类似事件,一种意见认为,由于不同研究数据支持完全不同的结论,所以,这种量化分析的实证方法本身到底是否适合于社会现象的研究,就很值得怀疑。与此不同,另一种意见认为,问题不是量化分析方法本身是否科学,而是支持结论的经验材料是否充分到足以从中归纳出真理。基于不同的样本材料得出不同的结论,这恰恰说明,需要更大的样本、更多的数据、更具代表性的案例、更频繁的观测、更加不厌其烦的重复性检验。如果一个理论只得到了一个案例的支持,其科学性就不如得到两个案例的支持。只有两个案例支持的理论,就不如有更多案例支持的更加可靠。基于一次观测所得出的结论,就不如多次观测也得出同样结论更加有效、可信。相反,仅仅用一两个例证来支撑某个理论观点的传统研究模式,其科学性、可靠性倒是需要重新评估。因此,理论假设是否科学,需要经过多次重复检验。这也是本研究所持立场。

理论检验过程之所以要具有可重复性,其原理之一就是概率论:理论之所以需要反复检验,是因为观测、研究并做出某个科学判断本身就是一种概率现象。换句话说,作为一个概率事件,每一次观察或每一个研究得出科学结论的可能性都是不确定的,往往介于0—1之间的任何位置上。只有当经验观察和实证检验的次数多到一定程度,范围大到一定程度,其结论的科学性才能相对接近百分之百。观测误差问题受制于概率论中的大数定律:大量观测值的平均趋势才更加接近科学可靠的判断。所谓大数定律通常是指大量随机现象平均结果的稳定性,每种随机现象大量重复出现所产生的平均结果,几乎不受随机性影响,实际上是非随机的。例如,一次掷硬币的结果可能是正面也可能是反面,但多次重复之后,结果便趋于正反的概率各百分之五十。各家庭的男女比例会有差异,是随机的,而在较大范围内(省市)男女比例则是均衡稳定的。

8.4 作为原因:罪对刑的影响

我们常听人说,某某案件判得不公,或者量刑过轻,或者过重,反正都是人情案、关系案,等等。转译此类判断的意思,其实就是认为,影响、决定最终法律后果的,不是犯罪事实、行为本身,而是案件基本法律事实以外的其他因素。于是,法律适用的主要根据到底是法律事实还是非法律事实？刑罚的轻重到底取决于是否杀了人，还是取决于黑人杀了白人、白人杀了黑人、黑人杀了黑人、白人杀了白人的不同组合？对此，我们已经见过海量的理论探讨，都很有意义。在此基础上，我们还想知道，能不能有某种方法检验一下不同的假设，法律事实到底在多大程度上影响着法律后果？或者说，我们到底能在多大程度上根据法律事实本身预测法律后果？显然，这种预测的确定性越大，说明我们的法治化程度越高，人们越可能根据行为预见法律后果。反之，这种预测的确定性越小，说明一个行为的法律后果在更大程度上受非法律因素的影响。

下面这个研究实例就是在这方面的一个尝试。[①]

8.4.1 罪与刑：自变量与因变量

这项研究的样本是最高法院各出版单位公开的全部刑事判决。截止到研究时为止，该案例库中的全部有罪判决共 3 341 个。作为一个全样本研究，这些案例的代表性在一定程度上与各权威机构遴选案例的方法、标准有关。样本的分析单位是犯罪人，因为最终承担刑事责任的只能是"人"而不是"案"。

这项研究的理论假设是，罪为因，刑为果，而且，决定刑罚轻重的全部原因应该就是罪行本身，而不应该受其他社会因素、当事人身份、社会情势等非法律因素的左右。这个理论假设转换为工作假设就是：以案件中依照刑法规范认定的各项法律事实、情节为自变量，以宣告刑的轻重变化为因变量的多元线性回归确定系数（R^2）应接近于 1。[②]

假设中的自变量由总则类法定情节、罪名、其他法律事实三类经法庭认定的法律事实构成。其中，总则情节和罪名都是定类变量，[③]而其他法律事实包含定序或定距变量。

总则情节有认罪悔罪（《关于适用简易程序审理公诉案件的若干意见》第九条）、外国受罚（《刑法》第十条）、未成年犯（第十七条）、精神病犯（第十八条）、聋

[①] 参见白建军：《公正底线：刑事司法公正性实证研究》，北京大学出版社 2008 年七月版，第七章。

[②] 所谓多元线性回归（multiple linear regression）是分析一个随机变量与多个变量之间线性关系的最常用统计方法。……多元线性回归用变量的观察数据拟合所关注的变量和影响它变化的变量之间的线性关系式，检验影响变量的显著程度和比较它们的作用大小，进而用两个或多个变量的变化解释和预测另一个变量的变化。……R^2 称为方程的确定系数（coefficient of determination），它取值在 $[0,1]$ 之间。R^2 越接近 1，表明方程中的变量对 y 的解释能力越强。通常将 R^2 乘以 100% 表示回归方程解释 y 变化的百分比。参见郭志刚：《社会统计分析方法——SPSS 软件应用》，中国人民大学出版社 1999 年 12 月版，第 17—85 页。

[③] 进入分析前已将其转换为虚拟变量，以满足多元线性回归分析的要求。

哑盲犯（第十九条）、防卫过当（第二十条）、避险过当（第二十一条）、预备犯（第二十二条）、未遂犯（第二十三条）、中止无损（第二十四条）、中止有损（第二十四条）、从犯（第二十七条）、胁迫犯（第二十八条）、教唆犯（第二十九条）、教唆未遂（第二十九条）、犯罪轻微（第三十七条）、罚金困难（第五十三条）、累犯（第六十五条）、自首（第六十七条）、立功（第六十八条）、重大立功（第六十八条）、自首大功（第六十八条）。

作为自变量的罪名既有法定罪名如：故意杀人罪、故意伤害罪、抢劫罪、盗窃罪、贪污罪、绑架罪、敲诈勒索罪、聚众斗殴罪、寻衅滋事、受贿罪、非法经营罪、强奸罪、非法拘禁罪、交通肇事罪，又有类罪如诈骗类犯罪、毒品犯罪、走私犯罪、挪用型犯罪、涉税犯罪、安全事故犯罪、知识产权犯罪、徇私舞弊类犯罪、色情业犯罪、人口犯罪、伪劣产品犯罪、假币犯罪。另外，案件审理中的指控罪名是否被法院变更处理，也是一种意义上的罪名因素。

其他法律事实有：罪数、致死人数、重伤人数、致害金额。以上自变量的总数为 53 个，符合变量数与样本数之间 1∶10 的一般要求。① 实际上，任何一个案件都存在这些事实的有或无、多或少，多元分析过程也就是测量大量样本中所有这些法律事实共同作用下刑罚的轻重有何变化。

由于任何法律理由的认定最终都要落实到刑罚轻重的不同，所以，假设中的因变量为宣告刑的轻重变化，也就是需要用自变量解释、预测的法律结果。按照多元回归分析的要求，这个变量应该是一个连续变量。因此，为了对上述假设进行量化检验，就必须设法将死刑、死缓、无期徒刑、有期徒刑、有期徒刑缓刑、拘役、拘役缓刑、管制、没收财产、剥夺政治权利、罚金等这些量纲不同（分析单位不同）的事物转换成具有可比性的连续量值。

这个目标的实现需要满足两个条件：其一是要有一个比较全面的指标体系，以反映宣告刑的轻重变化；其二是将反映刑量大小的指标加权处理后纳入一个算法模型，以便运行 SPSS 后得到每个样本的具体刑量值。

关于指标体系，反复观察样本中的宣告刑后，本研究将死刑、死缓、无期徒刑、有期徒刑、有期徒刑缓刑、拘役、拘役缓刑、管制、没收财产、剥夺政治权利、罚金共 11 个指标选定为刑量指标。考虑到这些指标对说明刑量的分量各不相同，有没有死刑和有没有管制，对一个案件的宣告刑轻重而言显然不能等值，所以，每个指标还要被赋予一个权重系数。这个权重系数不仅能表明某个指标比另一个指标大或小，还要同时说明两者之间相差多少。比如，我们不仅要知道死刑比

---

① 郭志刚：《社会统计分析方法——SPSS 软件应用》，中国人民大学出版社，1999 年 12 月版，第 36 页。

无期徒刑重,还要知道一个死刑大体相当于几个无期徒刑。这样折算也许不十分精确,但比较不同个案的宣告刑时,至少是按照同一个标准进行的。经过反复试错,本研究确定的刑量模型为:

```
COMPUTE 刑量=(死刑*600+死缓*400+无期徒刑*300+
    ((1-ANY(有期缓月,0))*(有期月数*.1+
    有期缓月*.09)+(ANY(有期缓月,0)*有期月数))+
    ((1-ANY(拘役缓月,0))*(拘役月数*.04+
    拘役缓月*.08)+(ANY(拘役缓月,0)*
    拘役月数))*.9+管制月数*.07)*.9+
    (全部没收*12+部分没收*6+剥权终身*10+
    剥权月数*.1+罚金组*2)*.1.EXECUTE.
```

上述刑量模型是以 SPSS 统计软件的程序格式表达的 11 个刑量指标之间的权重大小和数量关系。其中,有三点需要特别说明:首先,有期徒刑的月数是整个模型的基数,因此,模型中的一个死刑立即执行相当于 600 个月的有期徒刑,一个死缓相当于 400 个月的有期徒刑,一个无期徒刑相当于 300 个月的有期徒刑。其次,主刑与附加刑的数量关系被确定为 9:1 的关系,即主刑的权重系数为 0.9,而附加刑的权重系数为 0.1。再次,宣告刑量化处理的难点在于缓刑的存在。按照我国《刑法》第七十二条、第七十三条规定,对于被判处拘役、三年以下有期徒刑的犯罪分子,根据犯罪分子的犯罪情节和悔罪表现,适用缓刑确实不致再危害社会的,可以宣告缓刑。拘役的缓刑考验期限为原判刑期以上一年以下,但是不能少于二个月。有期徒刑的缓刑考验期限为原判刑期以上五年以下,但是不能少于一年。根据这一规定,同等有期徒刑或拘役刑期情况下,有缓刑的判决应该轻于没有缓刑的情况。但是,如果我们用有期徒刑或拘役的月数减去缓刑月数,势必形成有缓刑的判决之间,缓刑越长刑量越小的结果,显然与实际不符。因此,我们只能分别对有期徒刑(拘役)和缓刑进行加权后再相加,以其和反映刑量大小。这样,即使在判处有期徒刑 6 个月缓刑 5 年这种最极端的情况下,其刑量值也仅等于单处有期徒刑 6 个月的情况。而只要缓刑小于 5 年,其刑量值都将小于单处有期徒刑 6 个月的情况。结果,将有期徒刑和其他刑种进行同量纲化处理中,利用该模型就能在犯罪人被判处有期徒刑时有缓刑和无缓刑两种情况下都能够实现具体的一个结果值。同理,拘役和拘役缓刑的权重也是根据极端值获得的。

为了检验模型的合理性,我们运行 SPSS 后得到三千多个示范性案例的刑量值排序结果,并将其交多位专家进行经验观察和直观比较,经过多次调整、校正后形成了该模型。这个模型的运行,不仅能迅速计算出样本库内所有示范性案例的刑量值,而且,对今后进入该样本库的新案例,只要判决书中宣告刑信息完全,仍然可以通过模型的运行迅速计算其刑量值,并加入到样本的刑量值排序,找到其相对位置。这样,不同案件的不同宣告刑之间获得了综合的可比性,实现了同罪不同案之间、不同罪不同案之间、同罪不同组案件之间、不同罪不同组案件之间刑量投入的量化比较。

本假设的检验逻辑是,一方面在整体上看,将所有自变量同时放入回归模型分析它们对刑量大小的影响后,回归确定系数(R^2)越高,说明这些法律事实对案件法律结果的影响力和解释力就越大,说明通过它们对案件结果的预测越准确。反之,回归确定系数(R^2)越低,则只能说明规范性事实与刑量轻重之间的关系越弱,法庭认定了什么法律事实,无助于对刑罚轻重的预测。这时,只好认为法律后果在更大程度上是其他法律以外的社会、心理、个人以及政策性因素影响的结果。另一方面在局部上看,由于多元回归分析不仅可以给出一组自变量共同作用的综合结果,还能分别描述不同自变量的相对重要性,所以,我们还将从分析结果中筛选出其影响力的有无和大小符合统计规律要求(显著性水平 $p \leqslant 0.05$,标准化回归系数 Beta 值相对较大)的自变量,同时看看哪些自变量将从分析中排除。

8.4.2 结果与讨论:法律并非全部

初步观察发现,外国受罚、避险过当、教唆未遂、罚金困难 4 个变量在样本库中无一例出现,教唆犯、胁迫犯各出现一个案例,这 6 个变量显然应从自变量体系中排除。在此基础上的回归确定系数 $R^2 = 0.488$,这证明,排除上述 6 个无个案变量的 47 个自变量的共同作用下,共解释了刑量大小的 48.8% 的变化。就是说,样本中刑罚的轻重能在大约一半的程度上归因于法庭认定的规范性事实,或者说,用法庭认定的规范性事实可以预测大约 50% 的量刑结果。同时发现,因显著性水平 p 值不符合统计学要求或偏相关系数过低而被排除的自变量有:精神病犯、聋哑盲犯、预备犯、立功、重大立功、故意伤害罪、聚众斗殴罪、寻衅滋事罪、非法拘禁罪、非法经营罪、徇私舞弊犯罪、知识产权犯罪、伪劣产品犯罪共 13 个变量,说明不论这些罪名或者法定情节是否成立,对最终的刑罚轻重都不具有规律性影响。

在接受这个结论之前,也许我们该想到一个可能的质疑:法定刑一般是一个较宽的幅度(区间估计),法官有权在这个幅度内自由裁量刑罚的轻重。而上述刑量模型运算的结果,是一个连续、确定的点(点估计)构成的刑罚结果,共有438组刑量相等的组别。于是,能否用法律理由与这个连续点组成的法律结果之间的关系直接替代法律理由与若干量刑幅度组成的法律结果之间的关系呢?换句话说,如果将因变量即刑罚量简化为少数几个组别的区间估计,多元回归分析的结果会有什么不同吗?为回答这个问题,我们尝试将量刑结果按决定执行的最高刑分为三年以下有期徒刑组、十年以下有期徒刑组、无期徒刑以下组、无期徒刑组、死缓组和死刑组共六个组别,①并分别赋值为1、2、3、4、5、6,以这个近似的连续变量即刑级为因变量重新进行多元回归分析。结果,回归确定系数$R^2=0.495$,原来被排除的自变量中,有故意伤害罪、非法经营罪和知识产权犯罪由于显著水平提高而进入模型,原来显著的自首大功被排除,其余自变量与因变量的关系不变。这一过程证明,无论将刑罚投入量视为一个较细的点估计还是较粗的区间估计,法律理由与刑罚结果之间在统计上的关系都没有明显的差异,可以接受法律理由能够预测法律结果的大约50%的变化这个结论。

至此,尽管我们竭力避免用"基本上"、"较大程度上"、"本质上"这样的定语修饰48.8%这个数字的意义,我们还是不得不承认,法律理由的确不是用来预测法律结果的全部根据,甚至不是大部分根据。② 这就出现了两个继续探索的方向:一是找到那些影响法律结果的非法律因素,从法律以外反观法律本身,回答裁判活动如何、为什么受到哪些社会经济、文化、心理等非法律因素的影响。另一个是深入到已有的法律理由内部,进一步挖掘它们与法律结果之间的内在联系。考虑到现有研究条件,我选择了后者。沿着这条路径重新审视回归分析中的变量间关系,结果又有新的发现——尽管某个具体的法律理由与法律结果之间的关系可能是不确定的,但按照一定理论或规范标准进行归纳的某类法律理由与法律结果之间的关系却可能是确定的:

首先,交互分析的结果是,如果案件中的法律理由是实害性事实,如死亡人数、重伤人数、犯罪金额、从犯、未遂等,就有60%的机会对刑罚的轻重构成重要影响。而如果影响法律结果的法律理由是犯罪人人身危险性事实,如认罪悔罪、自首等,就只有20%的机会对刑罚的轻重构成重要影响。③ 这个关系的显著性

---

① 这几个组别的比例分别是:43.7%、26.8%、12.7%、4.8%、4.1%、8.0%。

② 但应该承认,为了满足可比性要求,这一分析中作为自变量的法律事实除了总则情节外,分则事实只细化到罪名,而没有将"入户抢劫"、"盗窃金融机构"、"故意伤害致死"这种某个罪名特有的法定情节列为自变量。从这个意义上说,法律事实对量刑结果的解释力应该比现有的0.488这个估计值更高一些。

③ 由于多元回归分析过程输出的每个自变量的标准回归系数(Beta值)表示当其他变量不变时某个自变量对因变量的作用大小即相对重要性的大小,所以,研究将多元回归分析给出的每个自变量的Beta值按大小排序后中位数以上者定义为对刑罚轻重具有相对重要影响的自变量。下同。

水平 p<0.10。这说明,客观实害性法律理由主导着量刑结果的轻重,而主观的人身危险性法律理由只在影响量刑轻重中起辅助作用。

第二,如果案件中作为法律理由的规范是刑法总则性规范,如犯罪中止、立功等,只有 25% 的概率对刑罚的轻重构成重要影响。如果是刑法分则规定的罪名规范,如挪用公款罪、毒品犯罪等,就有 53.6% 的概率对刑罚轻重构成重要影响。而如果是表明致死、重伤人数、金额、罪数这种罪量大小的法律理由,就有 100% 的机会对刑罚轻重构成重要影响。这个关系的显著性水平 p<0.05。这或许说明,总则类规范在法律论证中具有相对较大的不确定性。

第三,如果案件中法庭认定的法律事实与刑罚轻重间呈正相关关系的话,如某个罪名成立与否、损害结果的数量,等等,就有 66.7% 的可能性对刑罚轻重构成重要影响。而如果认定的法律事实与刑罚轻重间呈负相关关系的话,就只有 23.8% 的可能性对刑罚轻重构成重要影响。这其中除了自首立功、聋哑盲犯等情节外,有趣的是,变更罪名、知识产权类犯罪等事实的认定,都与刑量大小间呈现出负相关关系,而只要呈负相关关系,对刑罚构成重要影响的机会就相对较小。① 这个关系的显著性水平 p<0.005。这就说明,刑罚资源投入的增量比减量更具可预测性。

第四,像金额、死伤人数、累犯这样比较直观的事实信息,有 75% 的机会对刑罚轻重构成重要影响,而像是否构成某个罪,正当防卫过当没有,某人责任能力的精神病学鉴定这类需要主观综合才能判定的事实,就只有 42.5% 的机会对刑罚轻重构成重要影响。这个关系的显著性水平 p<0.10。这至少说明,法的可预测性与立法上规则本身的可操作性有关——抽象程度过高的立法尽管使更多的司法判决在合法性上无懈可击,却让人们不得不在相应程度上放弃对法律可预测性的合理期待。

总之,进行一定的理论概括或经验归纳以后再来观察法律理由与结果之间的关系便可发现,法的确定性是一种概率现象,不同的法律事实对刑罚轻重有程度不同的解释力,法律理由与结果不应该被简单还原为纯抽象思辨中绝对确定或完全不确定的关系。对具体个案而言,作为一定程序运作的结果,法律理由和结果的关系往往看上去是确定的。但上述 $R^2=0.488$ 这个冷冰冰的数字又在提醒我们说,竞合的法律情节以及总和的大量案件中,存在着大量的不确定性。而当我们在规范以外、统计方法上以及立法本身的模糊性中苦苦寻找这种不确定

---

① 研究中发现的与刑量大小呈负相关关系的法律事实有:从犯、未遂犯、未成年犯、认罪悔罪、中止有损、防卫过当、中止无损、犯罪轻微、自首、立功、自首大功、重大立功、预备犯、罪名变更、安全事故犯罪、交通肇事罪、知识产权犯罪、聚众斗殴罪、非法拘禁罪、寻衅滋事罪、徇私舞弊犯罪。

性的解释时却又发现,大量裁判实践中又的确隐藏着某种不约而同的确定性。这种确定性以某种信心十足的方式表达着自己,让我们重新相信,正如自然界中的法则一样,真正确定的法是法官群体内心集体信奉的法,也是能够有效预测适用后果的法。

8.5 归纳法:检验逻辑的精髓

在实证研究中,一个理论假设的证实与证否,除了要有足够的事实、数据、证据以外,还要有一套严谨的检验逻辑,把事实、数据和证据组织起来。在各种方法中,归纳方法体现了检验逻辑的精髓。无论是统计分析工具的应用,还是各种统计结果的推论,实际上都可以最终还原为归纳逻辑的运用。这部分中,我们将用一个研究实例说明,法律实证研究中是如何将各种统计分析和结果按照归纳逻辑组织起来并推导出结论的。[①]

8.5.1 量刑情节只是量刑的"辅料"

这项研究源自于一个怀疑。刑法学上,案件情节可以分为定罪情节与量刑情节。定罪情节通常是指构成犯罪必须具备的情节,而量刑情节只是定罪事实以外的,体现犯罪危害大小和被告人身危险性强弱的情节。定罪情节决定罪与非罪、此罪彼罪,而量刑情节决定犯罪的程度和刑罚的轻重。定罪情节是定性情节,而量刑情节是定量情节。从司法工序来看,先定罪,后量刑,两者在顺序上不得颠倒。总之,如果没有某个情节,犯罪就不能成立,一般来说,这种情节就是定罪情节。如果没有某个情节,犯罪照样成立,只是轻重有所不同。通常,这种情节就是量刑情节。

这种划分中隐含着一个假定,定罪情节用于定罪,量刑情节用于量刑。这个假定又可以拆分为两个方向。一方面,量刑情节不得用于定罪。否则,就可能导致所谓反制问题,即,为了判处多重的刑罚而寻找相应的定罪根据。比如,某甲用头疼粉欺骗某乙说是毒品,约某乙与自己一起贩毒。某乙"贩毒"未遂。其中,某甲以诈骗罪定罪,并在犯罪中起主要作用,是主犯。某乙是贩毒手段不能犯未遂,但在犯罪中起次要作用,是从犯。本案中,就不能由于二犯之间存在主从关系,所以一并以诈骗或者贩毒定罪。否则,就颠倒了定罪与量刑的先后顺序。可

[①] 参见白建军:《刑法规律与量刑实践》,北京大学出版社,2011年11月版,第二章第二节。

见,量刑情节不能用于定罪,这无可置疑。

但有趣的是另一个方向,即定罪情节能否用于量刑?按照上述划分,既然量刑情节不得用于定罪,那么,定罪情节也不得用于量刑。否则,就可能导致案件情节的重复使用,给被告人带来不公正的法律结果。也可能正是因此,有学者便指出,作为定罪情节的事实不能再作为量刑情节使用。①

不过,定罪情节不得用于量刑,是不是等于说,定罪情节不在任何意义上对量刑构成影响呢?不一定。实际上,我一直对此心存疑惑。一个合理猜想是,影响量刑的,很可能主要不是量刑情节。或者说,量刑情节对量刑的影响可能还不如定罪情节。真正对刑罚裁量起决定性作用的,或者说贡献最大的,并不是量刑情节而是定罪情节。如果这个猜想被证实,很可能意味着,刑罚的轻重早在定罪时就已经基本确定了。这样的话,所谓量刑只不过是在已经大体确定了刑罚轻重的基础上进行适当的微调,量刑情节只是量刑活动过程中的"辅料"。因此,除了罪与非罪的界限以外,更具决定意义的司法判断可能就是罪名选择或变更处理。这种处理比某种情况到底是不是自首、未遂还是既遂等判断来得更加直接。

根据这一猜想,研究的理论假设确定为,量刑情节对刑罚轻重裁量的影响小于定罪情节的影响。假设中用来指示"量刑情节"这个概念的具体指标主要有,未成年犯(刑法第十七条)、聋哑盲犯(刑法第十九条)、正当防卫过当(刑法第二十条)、紧急避险过当(刑法第二十一条)、预备犯(刑法第二十二条)、未遂犯(刑法第二十三条)、中止犯(刑法第二十四条)、主犯(刑法第二十六条)、从犯(刑法第二十七条)、胁从犯(刑法第二十八条)、教唆未成年人犯罪(刑法第二十九条)、审判时怀孕的妇女(刑法第四十九条)、累犯(刑法第六十五条)、自首(刑法第六十七条)、立功(刑法第六十八条)、重大立功(刑法第六十八条)、自首和重大立功(刑法第六十八条)。应当说明,除了这些法定量刑情节以外,量刑情节还应该包括被害过错、被害谅解、行政违法前科、针对弱势人群犯罪、认罪悔罪等。但由于检验手段的限制,本研究主要将上述法定量刑情节确定为表示量刑情节的指标。

假设中用来指示"定罪情节"这个概念的具体指标,随着罪名样本的不同而不同。比如,故意杀人罪的定罪情节与盗窃罪的定罪情节就不具有可比性,分属两种完全不同的犯罪实害行为。因此,定罪情节的具体指标将在下面的具体检验过程中加以介绍。

假设中用来指示"刑罚轻重"的具体指标,包括案件审理后实际判处死刑立

---

① 陈兴良主编,周光权副主编:《刑法总论精释》,人民法院出版社,2010年4月版,第798页。

即执行、死刑缓期执行、无期徒刑、有期徒刑的月数、有期徒刑缓刑月数、拘役月数、拘役缓刑月数、管制月数,等等。

这个假设的检验结果可能有三个:其一,如果量刑情节与刑罚轻重之间只具有较弱的相关性,而定罪情节与刑罚轻重之间却有较强的相关,则假设被证实,量刑情节的影响真的小于定罪情节。其二,如果相反,量刑情节与刑罚轻重之间具有较强的相关性,而定罪情节与刑罚轻重之间只有较弱的相关性,说明量刑情节的影响还是大于定罪情节,则假设被证否。其三,如果两类情节与刑罚轻重之间具有同等的相关性,说明两种影响之间没有显著差异,它们共同作用于刑罚轻重的裁量,则假设也被证否。

可见,这个研究其实就是对两类情节对刑罚轻重的影响力进行比较。在实证研究中,这种比较的一个方案是逐一测量每个情节与刑罚轻重的关系,看哪个关系比较强,哪个关系比较弱。然而,根据因果关系一定高度相关,高度相关却不一定具有因果关系,不相关的事物一定没有因果关系的逻辑,这种逐一观察和比较法的局限性在于,它只能排除两个无关或低相关现象之间的因果联系,但无法确认单独看上去有关的因素与其他诸因素放在一起后是否仍然高度相关。这种逐一观察是在假定其他关系不存在的情况下,研究某个情节对刑罚轻重的影响。而事实上,无论是定罪情节还是量刑情节,对刑罚轻重的影响都是综合的,同时的。人为地将某个关系抽离出来进行观察,所获结果难免失真。因此,我们应当把多个量刑情节、定罪情节以及刑罚轻重这三类指标及其观察结果纳入一个统一的归纳过程,观察在它们共同作用和相互影响下的综合结果。这样,才能发现刑罚轻重的真正解释。

在接下来的检验过程中,量刑情节和定罪情节都属于影响因变量变化的自变量。而作为自变量,这两类情节的方法论性质有以下几个特点:第一,多元性。即,可能是多个量刑情节同时影响量刑结果。第二,多层次性。即,量刑情节既包括未遂与否、主犯与否这种二分的定类变量,也包括数额较大、巨大、特别巨大这种定序变量,还可能包括原始涉案金额、被害人数、行为次数这种定距的连续变量。与此不同,刑罚轻重是量刑情节及定罪情节的结果,因而属于因变量。作为因变量,刑罚轻重的方法论属性是,有的刑罚轻重表现为死刑与否、死缓与否、无期徒刑与否这样的二分定类变量,有的则表现为有期徒刑、拘役、管制、缓刑的月数,属于连续的定距变量。

根据自变量与因变量的这些特点,我们决定分别采用 logistic 回归分析和多元线性回归分析对量刑情节与定罪情节的影响力进行比较。如果 logistic 回归分析结果显示,对死刑适用、无期徒刑的适用这些二分的结果有更大影响力的情节是定罪情节而非量刑情节,且,多元线性回归结果也显示,对有期徒刑月数有更大的解释力的情节是定罪情节而非量刑情节,则假设被证实。反之,如果这些测量没有得到统计显著性的支持,则,假设被证否。之所以选择这两种分析工具,一个显而易见的考虑是自变量的多元性和多层次性。在这两种分析过程中,各个情节同时作用于量刑结果的影响力可以得到比较。之所以分别采用logistic回归分析和多元线性回归分析两种分析工具分别检验各种情节对死刑、无期徒刑、有期徒刑的影响,是因为尚无更好的方法将作为因变量的刑罚轻重进行去量纲化处理。在《公正底线》一书中,我曾尝试将死刑、无期徒刑进行赋权,然后对不同刑种进行去量纲化处理,形成"刑量"的概念。尽管这种处理为多元线性回归分析创造了条件,可以一次性观察比较多个且多层次的情节对刑量的影响力,但其意义难以被人理解,其科学性和精准性也有待提高。因此,本研究决定采用logistic回归分析检验多个情节对死刑、无期徒刑的影响,然后,再采用多元线性回归分析检验多个情节对有期徒刑月数的影响。如果假设合理,相信两种检验过程之间的一致性值得期待。这种希望看到一致性结果的期待,其实就反映了归纳逻辑的强大力量。

8.5.2 故意杀人案件的量刑

参与检验的样本是随机收集的故意杀人罪生效判决样本436个。其基本分布特征如下:

样本的情节分布为:31个未成年犯,0个聋哑盲犯,5个正当防卫过当,0个紧急避险过当,1个预备犯,5个中止犯,14个主犯,32个从犯,0个胁从犯,1个教唆未成年人犯罪,0个审判时怀孕的妇女,19个累犯,103个自首,4个立功,1个重大立功,0个自首和重大立功,294个被告造成有被害死亡结果,30个被告造成有被害重伤结果。

样本的处刑结果分布为:有67个被告被判数罪并罚,206个罪行被判处死刑(其中,107个罪行为死刑立即执行,99个罪行为死缓),83个罪行判处无期徒刑,146个罪行判处有期徒刑,另有一个样本空缺。

按照刑法第二百三十二条的规定,故意杀人的,处死刑、无期徒刑或者十年以上有期徒刑;情节较轻的,处三年以上十年以下有期徒刑。就是说,跨刑种量刑,法官要依次回答"是否适用死刑""适用死刑的是否立即执行""是否适用死缓""适用多重的有期徒刑"以及"是否适用有期徒刑缓刑"等多个问题。那么,法官是如何回答这些问题的呢?

8.5.2.1 故意杀人罪适用死刑的影响因素

在考虑将何种可能影响刑罚轻重的自变量放入解释模型时,首先需要剔除的情节是未成年犯。因为依照法律规定，未成年犯不得适用死刑。此外，还不得不将出现频次过少甚至为零的情节从自变量名单中剔除。因此，进入首次探索性分析的自变量初步确定为：正当防卫过当、中止犯、主犯、从犯、累犯、自首、立功、被害死亡结果和被害重伤结果。模型中的因变量为死刑，既包括死刑立即执行，也包括死缓。由于是否适用死刑是一个二分的结果，因此考虑运用运行 SPSS 中的 logistic 回归分析过程进行分析。在故意杀人罪样本数据库中运行该程序后得到的初步结果是，正当防卫过当、中止、立功、重伤等四个变量的 P 值均大于 0.05，分别是 0.435、0.254、0.313、0.702，因而不满足统计显著性要求而必须从模型中剔除。这意味着，至少在这四百多个样本中，这四个情节对死刑适用与否不起显著作用。剩下五个情节作为影响刑罚裁量的自变量进入模型，它们是被害人死亡结果、累犯、从犯、主犯、自首。运行 logistic 回归分析程序后，得到以下几个结果：

表 8.5.2.1.1　故意杀人罪死刑 logistic 分析结果之 Variables not in the Equation

			Score	df	Sig.
Step 0	Variables	人_人身伤害类型_死亡	30.754	1	0
		人_情节_累犯	8.009	1	0.005
		人_情节_主犯	3.393	1	0.065
		人_情节_从犯	8.92	1	0.003
		人_情节_自首	6.94	1	0.008
		Overall Statistics	63.244	5	0

表 8.5.2.1.1 显示的是单变量分析结果。将每个变量放入模型进行综合分析之前，系统首先检验各个自变量与因变量之间有无联系。从结果中可见，除主犯的统计显著值在 0.05 的边缘以外，单独来看，其余几个情节对死刑与否都有显著意义。而且，该模型的全局性检验 P 值为 0.000，具有统计学意义。

表 8.5.2.1.2　故意杀人罪死刑 logistic 分析结果之 Hosmer and Lemeshow Test

Step	Chi-square	df	Sig.
1	5.052	5	.410

表 8.5.2.1.2 显示，模型拟合优度的检验 P 值为 0.41，说明由预测概率获得的期望频数与观察频数之间的差异不存在统计学意义，这就意味着模型拟合得较好。

表 8.5.2.1.3　故意杀人罪死刑 logistic 分析结果之 Classification Tablea

			Predicted		
		Observed	死刑		Percentage Correct
			0	1	
Step 1	死刑	0	153	77	66.5
		1	61	145	70.4
	Overall Percentage				68.3

从表 8.5.2.1.3 中可见,由上述五个变量组成的模型预测、解释刑罚的轻重,得到正确预测百分率为 68.3%。

表 8.5.2.1.4　故意杀人罪死刑 logistic 分析结果之 Variables in the Equation

		B	S.E.	Wald	df	Sig.	Exp(B)	95.0% C.I. for EXP(B)	
								Lower	Upper
Step 1a	人_人身伤害类型_死亡	1.443	.242	35.521	1	.000	4.232	2.633	6.800
	人_情节_累犯	1.956	.636	9.444	1	.002	7.071	2.031	24.619
	人_情节_主犯	1.564	.654	5.716	1	.017	4.777	1.326	17.216
	人_情节_从犯	-1.216	.464	6.879	1	.009	.296	.119	.735
	人_情节_自首	-.849	.253	11.288	1	.001	.428	.261	.702
	Constant	-.958	.211	20.557	1	.000	.384		

表 8.5.2.1.4 中显示出的信息最为重要。表中首先说,每个自变量的 P 值都小于 0.05,即它们对刑罚轻重的影响都具有统计意义。然后看 Exp(B),即发生比,意思是自变量每上升一个单位,因变量结果出现的机会将是原来的多少倍。具体来说,死亡结果的发生比 Exp(B) 为 4.232,意思是说,在其他自变量值固定的情况下,发生死亡结果导致死刑的机会是不发生死亡结果而判处死刑的机会的 4.232 倍,也就是随着死亡结果的出现,死刑结果的机会也随之上升。累犯的发生比 Exp(B) 为 7.071,说明累犯被判处死刑的机会是非累犯被判处死刑的机会的 7.071 倍。主犯的发生比 Exp(B) 为 4.777,说明主犯被判处死刑的机会是非主犯被判处死刑的机会的 4.777 倍。[①] 注意,从犯的发生比 Exp(B) 为 0.296,

---

① 这里的"非主犯"并不等于从犯。因为并不是所有样本都是共同犯罪,对单独犯罪而言,不存在主犯、从犯之分,而在样本库中显示为非主犯。

说明从犯被判处死刑的机会是非从犯被判处死刑的机会的 0.296 倍,也即,从犯比非从犯判处死刑的机会呈下降趋势。自首的发生比 Exp(B) 为 0.428,说明自首被判处死刑的机会是非自首被判处死刑的机会的 0.428 倍,也意味着自首被判死刑的机会呈下降趋势。

至此,似乎大局已定,各个自变量对量刑结果的影响力度已有说法。其实不然。由于 SPSS 的 logistic 回归分析没有提供标准化的回归系数,因此,不同自变量的发生比之间不可比,其相对作用的大小不能直接比较。我们不能因为累犯的发生比最大,便得出结论说,累犯比其他情节对死刑适用具有更大的解释力。而本研究更感兴趣的恰恰是不同自变量对量刑结果的不同影响。为此,还需计算模型中各个自变量的标准化回归系数,然后才可以对其绝对值加以比较。

我们手动计算了模型中五个自变量的标准化回归系数,它们由高到低分别是:

- 死亡结果的标准化回归系数=$1.443 \times 0.46917 \div 1.8138 = 0.371$
- 累犯的标准化回归系数=$1.956 \times 0.204 \div 1.8138 = 0.219$
- 自首的标准化回归系数=$-0.849 \times 0.425 \div 1.8138 = -0.199$
- 从犯的标准化回归系数=$-1.216 \times 0.261 \div 1.8138 = -0.175$
- 主犯的标准化回归系数=$1.564 \times 0.176 \div 1.8138 = 0.152$

至此,故意杀人罪中,影响是否适用死刑的情节,第一位的是造成被害死亡的结果与否,第二位的情节是累犯与否,第三位的情节是自首与否,第四位的情节是从犯与否,最后一位的是主犯与否。其影响的方向均有数学符号标出,且符合实际经验。即,自首和从犯减少死刑机会,而其他三个情节均增加死刑的适用概率。

8.5.2.2 故意杀人罪适用死刑立即执行的影响因素

判处死刑不一定立即执行,还可能判处死缓。问题是,缓与不缓这道界限由何种因素决定呢?就是说,哪些情节的有无决定着判处死刑后是否立即执行呢?为回答这个问题,我们尝试着将样本限定在判处死刑的 206 个样本范围内,然后,试图用上述模型进行解释。结果,模型中每个变量的影响力都没有通过统计显著性检验。就是说,上述五个情节的共同影响,无法解释为什么有的被告判处死刑后立即执行,而有的则缓期二年执行。

于是,我们将死亡结果替换为死亡个数,即被告的故意杀人行为造成了几个被害人的死亡。然后,将其他四个情节从模型中逐一抽出,依次运行 logistic

回归分析过程。结果，每次都显示，模型中只有死亡数量的统计显著值符合统计学要求，具有统计意义。五次分析中，死亡数量的发生比 Exp(B) 分别是 1.647、1.618、1.554、1.656、1.607。就是说，案件中每增加一个死亡的被害人，被告人被判处死刑立即执行的机会，就是增加以前被判死刑立即执行的一倍半左右，说明死亡个数的增加，导致死刑立即执行的机会也随之上升。可见，在死刑立即执行这种最极端的情况下，一个显著影响因素是被害人的死亡个数。

有趣的是，立即执行与死缓之间的判断，似乎只取决于杀死了几个被害人，而其他因素的影响都消失了。这显然与死缓制度设计的初衷有所出入。也许，缓与不缓到底看什么，甚至，到底为什么要有死缓制度，都将重新引发我们的思考。

8.5.2.3 故意杀人罪适用无期徒刑的影响因素

将所有已判处死刑的样本排除以后，对余下的样本而言，首要的问题便是是否适用无期徒刑。那么，对可能适用无期徒刑的样本来说，最终是否适用无期徒刑又取决于哪些因素的影响？为回答这个问题，我们首先对余下 230 个样本进行初步观察，结果发现，许多情节都没有出现，或者出现的频数太少，因而无法进入分析模型。可供分析的自变量有从犯、自首、未成年、死亡结果这四个情节。于是，我们以这四个情节为自变量，以无期徒刑的适用与否为因变量，运行 logistic 回归分析过程。主要结果为：

表 8.5.2.3.1 故意杀人罪无期徒刑 logistic 分析结果之 Variables not in the Equation

			Score	df	Sig.
Step 0	Variables	人_人身伤害类型_死亡	21.580	1	.000
		人_情节_从犯	3.147	1	.076
		人_情节_自首	.304	1	.581
		人_情节_未成年	.554	1	.457
	Overall Statistics		28.003	4	.000

表 8.5.2.3.1 中可见，除死亡结果一个情节的统计显著值符合统计学要求以外，从犯的统计显著性水平实际上并不符合要求，只是在统计显著性要求 0.05 水平的附近。自首、未成年两个情节单独来看都对无期徒刑的适用没有显著影响。该模型的全局性检验 P 值为 0.000，具有统计学意义。

表 8.5.2.3.2　故意杀人罪无期徒刑 logistic 分析结果之 Hosmer and Lemeshow Test

Step	Chi-square	df	Sig.
1	5.305	5	.380

根据表 8.5.2.3.2 中的数据,模型拟合优度的检验 P 值为 0.38,说明由预测概率获得的期望频数与观察频数之间的差异不存在统计学意义,意味着模型拟合得较好。

表 8.5.2.3.3　故意杀人罪无期徒刑 logistic 分析结果之 Classification Table a

			Predicted		
	Observed		无期徒刑		Percentage Correct
			0	1	
Step 1	无期徒刑	0	124	23	84.4
		1	47	36	43.4
	Overall Percentage			69.6	

a. The cut value is .500

表 8.5.2.3.3 中的信息显示,由上述四个变量组成的模型预测、解释故意杀人罪无期徒刑的适用,得到正确预测百分率为 69.6%。

表 8.5.2.3.4 中的数据首先说,只有死亡结果和从犯这两个情节对无期徒刑的适用具有统计显著性。从 Exp(B) 即发生比来看,死亡结果的发生比 Exp(B) 为 4.591,就是说,在其他自变量值固定的情况下,发生死亡结果导致无期徒刑的机会是不发生死亡结果而判处无期徒刑的机会的 4.591 倍,也就是随着死亡结果的出现,无期徒刑结果的机会也随之上升。从犯的发生比 Exp(B) 为 0.333,说明从犯被判处无期徒刑的机会是非从犯被判处无期徒刑的机会的 0.333 倍。也就是说,从犯比包括单独犯罪在内的非从犯判处无期徒刑的机会呈下降趋势。

表 8.5.2.3.4　故意杀人罪无期徒刑 logistic 分析结果之 Variables in the Equation

		B	S.E.	Wald	df	Sig.	Exp(B)	95.0% C.I. for EXP(B)	
								Lower	Upper
Step 1a	人_人身伤害类型_死亡	1.524	.320	22.677	1	.000	4.591	2.452	8.598
	人_情节_从犯	−1.099	.547	4.039	1	.044	.333	.114	.973
	人_情节_自首	−.572	.336	2.909	1	.088	.564	.292	1.089
	人_情节_未成年	−.447	.456	.961	1	.327	.640	.262	1.563
	Constant	−1.177	.263	19.983	1	.000	.308		

为比较死亡结果与从犯的解释力,我们手动计算了这两个自变量的标准化回归系数,它们由高到低分别是:

- 死亡结果的标准化回归系数 $= 1.524 \times 0.49788 \div 1.8138 = 0.418$
- 从犯的标准化回归系数 $= -1.099 \times 0.312 \div 1.8138 = -0.189$

可见,在故意杀人罪中,对只有无期徒刑与除死刑外的其他刑罚适用两个选择的案例而言,无期徒刑的适用与否,首先取决于罪行是否造成了被害人死亡的结果。造成死亡结果的罪行,更可能被适用无期徒刑。其次,取决于从犯情节的有无。只要是从犯,就比其他情节更可能导致有期徒刑等刑罚的适用,而不是无期徒刑的适用。

8.5.2.4 故意杀人罪适用有期徒刑的影响因素

完成死刑、无期徒刑的观察以后,余下的样本均为适用有期徒刑的样本。对这些样本而言,需要考察的问题不同于死刑、无期徒刑的分析。因为有期徒刑不是二分的结果,而是连续变量。不过,影响有期徒刑长短的因素,仍可能涉及多个情节因素的影响。所以,我们选用多元线性回归方法来解释有期徒刑的影响因素。在余下的 146 个适用有期徒刑的样本中,我们将未成年、自首、从犯、死亡结果四个情节作为自变量,将有期徒刑月数作为因变量引入模型进行分析。运行多元线性回归程序以后,得到的结果是,未成年、自首、从犯这三个变量都因统计不显著而被甩出模型。因此可以说,在没有死刑与否、无期徒刑与否的选择时,当样本的问题只限于判处多重的有期徒刑时,决定有期徒刑刑期长短的关键因素就是是否具有死亡结果。不过,应当说明,从犯情节的统计显著值为 0.057,实际上非常接近 0.05 的要求。从这个细节看,我们实际上可以近似地认为,在一些情况下,从犯的有无也对有期徒刑刑期的长短具有一定影响,方向是,从犯比非从犯得到较轻判决的机会相对大一些。

基于上述观察,我们可以着手以下推论了。

归纳一:

- 影响故意杀人罪死刑适用的首要因素是行为是否造成了被害人死亡结果。
- 影响故意杀人罪无期徒刑适用的首要因素也是行为是否造成了被害人死亡结果。
- 影响故意杀人罪有期徒刑适用的唯一显著因素还是行为是否造成了被害人死亡结果。
- 故意杀人罪的死刑适用、无期徒刑适用、有期徒刑适用都是该罪的刑罚适用。

- 所以,影响故意杀人罪刑罚适用的最主要因素就是行为是否造成了被害人的死亡结果。造成被害人死亡结果的,比没有这一事实情节的,有更大的概率被适用死刑、无期徒刑以及较重的有期徒刑。

归纳二:

- 影响故意杀人罪死刑立即执行适用的显著因素是被害人死亡个数,造成死亡个数越多的罪行,越可能被判处死刑立即执行。

归纳三:

- 影响故意杀人罪死刑适用的次要但显著的因素依次为累犯、自首、从犯和主犯。
- 影响故意杀人罪无期徒刑使用的次要但显著的因素是从犯。
- 影响故意杀人罪有期徒刑适用的次要因素也是从犯。
- 故意杀人罪的死刑适用、无期徒刑适用、有期徒刑适用都是该罪的刑罚适用。
- 所以,影响故意杀人罪刑罚适用次要但显著的因素主要有从犯、累犯、自首、主犯。

归纳四:

- 影响故意杀人罪刑罚适用的主要因素是行为造成被害人死亡结果及死亡个数,次要但显著因素是从犯、累犯、自首、和主犯。
- 其中,被害人死亡结果既是表明行为既遂的量刑情节,更重要的还是表明犯罪实害行为及其结果这一基本犯罪事实的定罪情节。
- 从犯和主犯的共性是行为人在犯罪中所起实际作用的大小,侧重于对犯罪实害性的说明的量刑情节,而同样是量刑情节的累犯、自首,则侧重于犯罪人的人身危险性大小的说明。
- 总之,影响故意杀人罪刑罚适用的主要情节因素是表明犯罪实害性大小的定罪事实情节以及量刑情节,重要但影响力弱于实害性情节的是表现罪犯人身危险性大小的量刑情节。

还应说明,我们不能满足于只在某一个罪的量刑样本中看到这些统计显著性。我们不能说,故意杀人罪中,定罪情节对量刑的影响优于量刑情节,所以,所有犯罪中都存在这种关系。这种简单推论往往是令人担心的,危险的。只有在更多的犯罪类型中,都看到该假设被证实,我们才能比较放心地接受假设。因此,连同故意杀人案一起,我们的研究还以抢劫案、交通肇事案共 10 406 个裁判为样本,进行上述假设的检验。尽管这三类犯罪性质不同跨度较大,有暴力犯罪也有财产犯罪,有故意犯罪也有过失犯罪,但既然它们都是刑事犯罪,就应该符合刑事犯罪定罪量刑的一般规律。而且,故意杀人罪和抢劫罪在立法上的刑罚轻重基本一样,所以,它们是否适用死刑、无期徒刑,具有可比性。这三个犯罪的有期徒刑长短也具有可比性。因此,希望这三个检验的结果能够相互印证。这个印证过程,也是一个归纳的过程。

事实上,三个检验过程和结果也的确实现了相互印证。这意味着,法定量刑情节的有无,对一个案件最终的量刑结果来说,其影响力远没有想象的那么大。在有罪的前提下,案件最终的量刑轻重,主要看定罪情节,其次才是量刑情节。

第 9 章

司法检验

>>>

9.1 操作化：复杂假设检验方法
9.2 计算变量
9.3 大词也量化：公正的可检验性
9.4 证券执法实效和制度成本
9.5 怎样获得可比性：量刑情节的幅度
9.6 无罪研究：简单的往往是有力的

所谓司法检验,就是以大量司法活动的过程和结果为对象,采用概念、理论的操作化方法,检测某个法律适用原则、原理、理论在司法实践中的实现程度。根据这个概念,司法检验有以下几个基本要素:

● 对象是大量判决文书、公诉文件、律师文件、司法人员访谈记录等法律适用活动的记录和载体。既不是某一两个判例,也不是大量立法文本或违法行为本身。

● 问题是大规模司法实践的过程和结果在多大程度上实现了某个法律原则、理念？司法的实际效果如何？

● 方法是把抽象的法律适用理论、原则转换成可检验的指标、命题、工作假设。

● 形式是关于司法实践的"问题—假设—检验逻辑—样本—检验过程—结果和讨论—理论阐释"的叙事结构。

9.1 操作化:复杂假设检验方法

有些假设检验比较简单,比如,"A罪的实际刑期重于B罪"。为了检验这个假设,只需对随机抽样的大样本测量一下两种犯罪的平均刑期即可。然而,有些假设检验就不那么简单。比如,"A类犯罪的社会危害性大于B类犯罪",这个假设的检验就比较复杂。因为"社会危害性"是个抽象层次较高的复杂概念,如何将其转换成可检验的指标,就需要一系列转换过程。这个过程就是实证研究中的操作化处理。

9.1.1 概念操作化

在法律实证研究中,一个抽象概念的操作化是经过两个基本步骤完成的:建立指标体系和赋权。

建立指标体系,实际上是利用转换原理将抽象事物的某种属性对应到直观现象上去,或者说是从概念的抽象层逐步下降到经验层的过程。具体做法是先分解再下降。所谓先分解,就是将抽象概念剖分为若干具体含义。[1] 比如我们有"科层制"这样一个抽象概念,它是指社会组织管理的一种基本形式。对于这个概念,可以先将其剖分为四个子概念:有正式规章、人际关系非个人化、权力

---

[1] 参见袁方:《社会研究方法教程》,北京大学出版社,1997年2月版,第173、298页。

分层和终身职业。显然,这样做的结果,使人们对"社会组织管理的一种基本形式"有了比较具体的理解。但是,这仍无法满足量化的需要。于是,便需要"再下降"。所谓再下降,就是用更直观的经验事实指称分解后的各个子概念,或者说,将分解后的各个子概念的属性对应到某些直观的可量化的经验现象上去。比如,我们可以用有明文规定的组织活动在所有活动中的百分比、组织中互称职务的百分比、级别的数目、服务 25 年以上人员的百分比,这样四个更具体的指标分别指称有正式规章、人际关系非个人化、权力分层、终身职业这四个第一次分解的四个指标。于是"科层制"便被转换为四个可量化的具体指标了。在此基础上,便可以利用有关统计工具将量纲不同的四个指标综合起来,便得到了某企业或组织的科层化程度的评价结论。综合值越高,说明科层化的程度越高。① 见图 9.1.1.1:

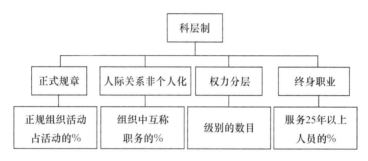

图 9.1.1.1 "科层制"的操作化

再举一个应用实例。截止到刑法修正案(五),我国《刑法》第一百八十六条到一百八十九条规定了五个金融机构工作人员特有的职务犯罪,即违法发放贷款罪、违法向关系人发放贷款罪,用账外客户资金非法拆借、发放贷款罪等五个罪名。对于这些罪的构成,法律都要求必须满足一个条件:造成了损失。所谓损失,包括较大损失、重大损失、特别重大的损失三种。就是说,虽然有损失,但如果没有达到"较大损失"或者"重大损失",就不构成犯罪。② 问题是,何谓较大损失或者重大损失?如果没有明确的指标表征其界限,不同情况下的轻重程度就无从比较,这将给司法实践带来困难。而解决这类问题的基本思路,也是先分解再下降的指标法。首先,我们可以将"损失"剖分为绝对规模、确定性、持续性、对企业的致命影响等四个方面的含义。这样,何谓损失,在定性上得到了比较确切的把握。然后,为了量化,再从绝对规模下降到损失金额,从确定性下降到损

---

① 郑杭生、李强、李路路:《社会指标理论研究》,中国人民大学出版社,1989 年 9 月版,第 24 页。
② 按照《刑法》第一百八十六条规定,违法向关系人发放贷款罪,须由"较大损失"构成。而违法(向关系人以外的其他人)发放贷款罪,则须由"重大损失"才能构成。

失概率,①从持续性下降到信贷资金逾期时间,从对企业的致命影响下降到损失金额占信贷资金额度的比例。至此,通过该评价指标体系的建立,所谓金融机构工作人员职务犯罪损失程度的量化分析成为可能。见图9.1.1.2:

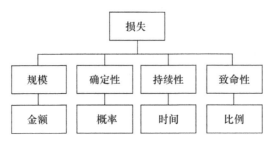

图 9.1.1.2 "损失"的操作化

可见,建立指标体系在评价过程中的作用十分重要。通过指标体系的建立,概念的真正含义才能得到澄清,重复研究和比较研究才有依据和可能,不同量纲、不同抽象程度的信息才可能得到标准化处理。当然,要实现指标体系的这些功能,指标的设计必须符合科学性、完整性、准确性、简明性、可能性等要求。

有了指标体系以后,接下来的工作便是赋权。所谓赋权就是赋予比较对象不同的系数,以体现各自的不同分量,从而做出换算,使比较对象成为可比数。赋权的需要来自两类问题:其一,量纲一样,但对象性质不同。例如,两个地区犯罪状况分别为:甲区40起凶杀案件,30起纵火案件,30起治安案件。乙区40起治安案件,30起盗窃案件,30起滥伐林木案件。虽然量纲一致,但这两个100起案件仍然不能直接相比,需要赋权处理后才具可比性。其二,量纲各异,因而对象的性质也不同。例如,某地区某年的治安状况为400起刑事案件,600万元犯罪导致的经济损失,500个各类被害人,1 000万元新增警力、狱政设施的投入。显然,各个指标的量纲不同,也不能直接进行综合评价,也需要进行赋权处理。赋权的具体方法至少有:AHP(层次分析)法、专家赋权法、反馈调整赋权法等。②应当承认,赋权说到底不是个数学问题,而是通过实践经验,对测量对象本身的准确把握。因此,生活中的赋权实践比比皆是。如体操竞赛的打分,智力测验打分,民意调查中的打分,寻求各个子系统在大系统中的作用大小、贡献份额,等等,都是在赋权。但是,赋权是否准确,毕竟受一些因素的影响:第一,评

---

① 按照贷款质量评价的五级分类法,商业银行的信贷资金按风险程度分为五类:正常贷款、关注贷款、次级贷款、可疑贷款、损失贷款。其中,后三类通称为不良贷款。其差异在于损失概率不同:次级贷款的损失概率在30%到50%之间,可疑贷款的损失概率在50%到75%之间,损失贷款的损失概率在95%到100%之间。参见《贷款风险分类原理与实务》,中国金融出版社,1998年4月版,第2页。

② 高隆昌:《社会度量学原理》,西南交通大学出版社,2000年6月版,第209页。

价者对各个指标的重视程度不同,在赋权过程中就有不同的结果;第二,各个指标间的客观差异不同,在评价中的作用也就不同;第三,各个指标所提供的信息的可靠性程度也不同。①

至此,我们相信,在抽象事物或定性属性与量化的事物或定量的属性之间,有一座实在的桥梁,这就是评价学方法,具体说就是指标体系和赋权。通过这座桥梁,法学研究完全可以实现定性研究与定量分析的统一。②

9.1.2 理论操作化

除了概念以外,理论也需要进行操作化处理,理论的操作化形式就是假设及其检验。

假设是关于变量之间未知关系的可检验命题,或者说是对变量之间关系的试探性说明。其中的"未知"意味着事物之间的关系需要猜测,假设就是对答案的猜测。③ 正确理解假设的含义,首先应当了解,假设不同于价值假设,即对价值优先地位的暗中维护。④ 而且,假设也不是指潜在的假定。例如,"天生犯罪人论"的潜在假定是,犯罪本质上是自然现象。

假设的形式通常是"如 A,则 B"。假设分为理论假设和工作假设两种。理论假设如"犯罪越严重,社会反应就越严厉。"但这个假设无法直接进行检验,因而需要将其转换为工作假设,如"犯罪率越高,则死刑的适用和严打的次数就越多"或者,"犯罪行为的得分越高,刑罚就越重"等等。再如,某理论假设为"受罚预期不同,则守法与否的选择也不同。"转换为工作假设则是:"对执法效率的估计越低,且犯罪暗数的估计越高,则触犯刑法的概率就越高。"可见,假设的建立,需要将可能相关的两个概念分别进行操作化处理,然后对它们之间的关系进行试探性说明。

假设的建立,与经验和想象力有关,但说到底,假设的原型还是理论,是对事物之间关系的理解和把握。与纯定性研究不同的是,实证分析中的任何理论陈述,最终都要变为可检验的工作假设。建立假设、检验假设,就是往返于理论与

---

① 张于心、智明光文,"综合评价指标体系和评价方法",载《北方交通大学学报》,1995 年 9 月,第 19 卷第 3 期,第 396 页。
② 参见〔美〕M. 尼尔·布朗、斯图尔特·M. 基利著:《走出思维的误区》,张晓辉等译,中央编译出版社,1994 年 3 月版,第 40 页。〔美〕波斯纳著:《法理学问题》,苏力译,中国政法大学出版社,1994 年 7 月版,第 461 页。
③ 〔德〕阿·迈纳著:《方法论导论》,王路译,三联书店,1991 年 5 月版,第 189 页。
④ 〔美〕M. 尼尔·布朗、斯图尔特·M. 基利著:《走出思维的误区》,张晓辉等译,中央编译出版社,1994 年 3 月版,第 58 页。

实践、抽象与具体之间的过程,也是实证分析发现真理的基本作业流程。

9.2 计算变量

由于一个抽象概念的操作化往往涉及多个变量或指标,我们不仅需要将抽象概念"拆分"成多个指标,还可能需要将多个指标"整合"成一个新的层次更高的范畴。这就需要用到 SPSS 中的一个功能:计算变量(Compute Variable)。现在我们以"大学生幸福度"的研究为例,介绍这个分析过程及其应用。

假设,我们到大学食堂多次观察后发现,大学生情侣在进餐时的表现各有不同,与其热恋的程度有一定的相关。于是,我们最终确定了两个变量来测量某学校学生情侣的幸福程度。变量一是"吃或不吃",即热恋中的情侣在食堂是否积极进食。变量二是"说与不说",即情侣们用餐时是否频频交谈。按照这两个角度,便应当有四种组合:

- 光说不吃:表明正在追求对方的男女尽可能侃侃而谈以放大自己的优点而不愿暴露"吃相"。
- 又说又吃:表明已经处于热恋当中的男女已经相当放松。
- 光吃不说:表明已经成家或者越过热恋期的男女到食堂这地方来的主要任务只是用餐了,有话可以别处说。
- 不吃不说:表明准备分手或离婚的男女既无话可谈又不愿在对方面前大吃特嚼(或者谁也不想付账)。

问题是,这四种组合几多欢喜几多愁? 即,四种组合之间的比例关系如何? 很显然,前三种组合的比例越大,该校青年学生的幸福度就越高,第四种组合的比例如果过大,或许是校园生活中某种应关注的因素吧。为回答这个问题,我们收集到 26 对情侣在饭厅用餐时的数据,建立了一个有 26 个个案,两个变量(吃与不吃、说与不说)的微型虚拟数据库。打开数据库后调用计算变量过程的具体步骤是:①

- 在变量设计窗口,将吃与不吃的取值设定为 1 与 0,将说与不说的取值设

---

① 这个方法较适合于在变量数值取值设计初期就考虑到后续的多个变量之间计算出新的变量的需求;还有一种更加基础性但操作稍微复杂一些的计算变量的方法,即利用 Compute Variable 中的"if"(计算变量条件设置功能)。

定为 2 与 0,以便 Compute 过程的合理解释。
- 按照 Transform→Compute 的顺序单击,弹出 Compute Variable 对话框。(图 9.2.1)

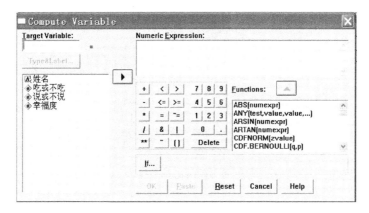

图 9.2.1 Compute Variable 对话框

- 在对话框左上角 Target Variable(目标变量)中填入所要生成的新变量的名字,本例中暂且称为"幸福度"。
- 在对话框右上角的 Numeric Expression 中填写目标变量的关系式。方法是从左下角的变量源中选择适当的变量,按一定逻辑关系选择对话框中右部软件盘里的逻辑按钮,最终引入右上角的空白处,交由 Compute 过程去运算。其中,除了容易理解的四则运算符和大于、小于符号以外,"&"为逻辑符号 AND,"|"为逻辑符号 OR。本例中,两个变量之间是相加的关系,因此用加号表示两个变量之间的关系(图 9.2.2)。也可在右下角的 Functions 中选择表达式

图 9.2.2 填写关系式

SUM(吃或不吃,说或不说)后点击 OK 执行(图 9.2.3),数据录入界面的最右边一列便多出一个新变量"幸福度"。

图 9.2.3 利用 Functions 填写关系式

● 最后运行 Frequencies(频数分析)过程,观察新变量"幸福度"的分布情况,并从 Charts 中选择带百分比的饼图,运行并编辑饼图后结果如图 9.2.4 所示:

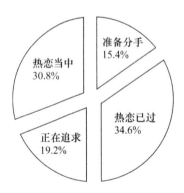

图 9.2.4 幸福度

由于这种方法已经不是从单一的某个角度而是同时从两个甚至更多的变量来观察、描述研究对象,所以,它不仅在接下来的法律文本的结构性分析中十分有用,而且,在其他许多法律实证分析过程中都会使研究者大开眼界。

9.3 大词也量化：公正的可检验性

在一项关于司法公正的实证研究中，①我们曾假设，公正就在于等利（害）交换，②就在于人们之间的平等。③

从理论上说，等利（害）交换的平等公正观源自于人类原始的报复情感，"正义思想的人的起源是报复的渴望和平等的感情。"④所以，等利（害）交换与一般意义上的商品买卖关系中的等价交换有着本质不同。正因为此，作为一种正当性原则，公正并不在最高处，比公正的境界还高的至少还有仁爱、宽恕、助人等。⑤ 所以，使人得其应得的利益，不使其受其不应受的损害，比施恩于那些需要得到帮助的人更具前提意义，是更基本的正当性。

不过，如果公正在于平等，那贫富差异是否意味着不公正？显然，利益资源的均等毕竟不同于权利平等。⑥ 所谓权利平等是指在同种类的法定请求能力上，不同公民享有同等的法律保障。利益均等的着眼点是人们实际获得了多少资源的结果，而权利平等的着眼点是人们之间同类权利的内容、行使与保障的形式和过程。前者比较的是利益分配关系中人们占有的资源总量，而后者比较的则是法律为不同社会关系中的抽象人设定的请求能力。一个富翁按市场价格向一摊贩购买一盒香烟，我们不能因为富翁与小贩在财富占有上的巨大差异就否认这个交易关系中双方权利的平等性质。实际上，有形资源绝对平均分配的这种要求本身，就忽视了社会成员之间在各项具体权利中的同等地位，恰恰是对平等的悖反。

如果平等是最基本的公正，那么在刑事司法领域中，司法平等就应该是司法公正的起码要求。刑事司法领域中的司法平等，就是指实现诉讼当事人权利平

---

① 参见白建军：《公正底线：刑事司法公正性实证研究》，北京大学出版社，2008年7月版。
② 王海明：《新伦理学》，商务印书馆，2001年2月版，第303页。
③ 实际上，正义的重心在于平等，这也正是罗尔斯正义学说的基本点。罗尔斯对《正义论》中提出的两个正义原则作了修改，将其表述为："(1)每一个人对于一种平等的基本自由之完全适当体制（scheme）都拥有相同的不可剥夺的权利，而这种体制与适于所有人的同样自由体制是相容的；(2)社会和经济的不平等应该满足两个条件：第一，它们所从属的公职和职位应该在公平的机会平等条件下对所有人开放；第二，它们应该有利于社会之最不利成员的最大利益（差别原则）。"参见〔美〕约翰·罗尔斯：《作为公平的正义——正义新论》，姚大志译，上海三联书店，2002年4月版，第70页。
④ 拉法格：《思想起源论》，三联书店，1963年版，第67页。
⑤ 王海明：《新伦理学》，商务印书馆，2001年2月版，第307页。
⑥ 法国《人权宣言》中说："平等就是人人能够享有相同的权利。"转引自王海明：《新伦理学》，商务印书馆，2001年2月版，第349页。

等的刑法适用过程和结果。具体来说，刑事司法的当事人之间有三种基本关系：被害人之间的关系、被告人之间的关系、原被告之间的关系。这三个关系中的平等，就可以具体操作化为以下可检验的理论假设，如图9.3.1所示：

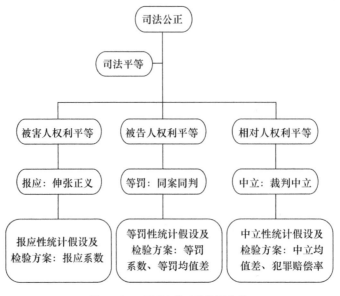

图9.3.1 "司法公正"的操作化

9.3.1 被害人平等：报应重于预防

司法平等首先意味着被害人之间的权利平等，这可以说是刑法向所有潜在被害人的起码承诺。如果被害人之间是平等的，那么，这种平等首先应表现为同等被害同等报应。就是说，有被害则有（针对加害人的）报应，有多重的被害就有多重的报应；报应的有无大小不依被害人身份高低、宽恕与否、是否获得民事赔偿等因素为转移。一方面，如果将刑法视为潜在的被害人与国家之间的某种保险协议的话，那么，当且仅当犯罪被害成为现实时，被害人便当然地有权依据"刑法协议"向国家请求给付一定的补偿，而国家则以加害人的刑罚之苦象征性地实现这种补偿。这时，刑事被害不仅是被害人向国家要求补偿的依据也是其限制，国家无权单方面取消或者给付这种补偿。如果对同样的犯罪有的有罚而有的无罚，有的重罚而有的轻罚，看似是对受罚者的不公，其实首先意味着对被害人的不公。从这个意义上说，被害人之间平等的刑法权利是刑法中罪刑关系的社会基础之一。另一方面，刑法还可以被视为潜在的犯罪人与国家之间的某种约定，因此，当且仅当犯罪行为成为现实时，犯罪人才当然地有责任依据这种约定向国家支付一定的"违约金"——自由、财产、资格乃至生命。然而,如果没有前一个约定,即潜在被害人与国家之间的约定,后一个约定则失去了根据和理由。至少,国家制定刑法时必须声称,为了保护社会和广大可能的被害人而设定某些罪刑关系。因此,罪犯依其犯罪行为作为承担刑事责任的缘由和界限,是因为被害人向国家请求象征性补偿的依据和限制在于其刑事被害。刑事被害是分配刑罚之苦以及承受这种痛苦的首要社会根据,如果我们严惩或者宽宥犯罪人时却忘记了这种权力的最初的根据,便是一种本末倒置。

如果报应主导着刑罚适用,预防只是其中的辅助因素,那么,直接造成被害损失的罪行就应该是刑量变化的主要解释;只有造成被害损失的罪行是刑量变化的主要解释,那么,才说明因刑事被害而获得共性的犯罪被害人之间通过刑事司法实现了刑法权利的平等对待;只有被害人之间实现了刑法权利的平等对待,那么,才从被害人这个视角上证实了刑事司法的公正性。反之,如果在影响刑罚分配的多种因素中,预防因素大于报应因素,则说明罪人的人身危险性因素在更大程度上左右着法官的裁量,也就没有理由说明同等被害同等报应的存在,这个意义上的司法公正则被证否。总之,接下来的研究就是要检验罪行本身是否构成刑量变化的主要解释,或者说,法官的刑罚裁量过程是否首选罪行因素次选罪人因素。

我曾以最高法院的示范性案例中的所有抢劫罪个案为样本,检验过这一假设。① 按照上述假设的检验逻辑,如果本研究的 354 个抢劫案件的审理实现了被害人刑法权利的平等保护,那么,在多元线性回归分析的显著性水平低于或等于 0.05(符合要求)的影响刑量值的多个犯罪情节中,表现报应价值的罪行实害情节就应该多于,且标准化回归系数(Beta 值)大于表现预防价值的罪人人身危险情节及其标准化回归系数。实际检验结果如表 9.3.1.1 所示:

从表 9.3.1.1 可见:

首先,从数量上看,最终进入回归模型的 7 个变量中,有 5 个都是表明罪行实害的报应性情节,只有"未成年犯"和"累犯"两个情节是从主体方面表明人身危险性大小的预防性情节。由此可以证实,对刑量大小具有实际影响的因素中,大多数都是报应性情节,说明法官更多地用报应性情节支持其抢劫罪的刑量分配。

---

① 实际上,该检验涉及罪名包括故意杀人、故意伤害、抢劫、盗窃、诈骗、贪污、毒品犯罪等多种常见犯罪,参见白建军:《公正底线——刑事司法公正性实证研究》,北京大学出版社,2008 年版。

表 9.3.1.1　抢劫罪样本的报应性检验结果

变量名	标准化回归系数（Beta 值）	变量属性
死伤数组	0.356	报应性情节
抢劫次数	0.289	报应性情节
抢劫金组	0.230	报应性情节
罪数	0.228	报应性情节
从犯	−0.205	报应性情节
未成年犯	−0.149	预防性情节
累犯	0.082	预防性情节

$R^2 = 0.647$

其次，从作用的程度来看，7 个变量按其 Beta 值的大小排序，依次为"死伤数组"最大，"累犯"最小。由于作为标准化回归系数，Beta 值的大小代表了同时考虑到其他自变量存在的情况下各自变量对因变量作用的大小，因此这个顺序说明，如果没有模型外其他因素的影响，回归模型内 7 个因素的同时共同作用下，各自对刑量影响的相对重要性分别是，死伤数组的作用力最大，抢劫次数次之，以下依次为抢劫金组、罪数、从犯、未成年犯，而累犯的相对影响力最小。其中，前 5 位的因素均为罪行实害的报应性情节，这意味着在抢劫案件中，报应性情节对刑量的解释力大于预防性情节。

再次，从作用的方向来看，Beta 值的正负符号表明，只要有从犯、未成年犯等情节的影响，就更可能减少刑量分配。相反，被害人死伤人数越多，或者抢劫次数越多，或者罪数越多，或者抢劫金额越大，或者是累犯，就更可能增加刑量分配。

再再次，从模型的总体解释力来看，由于回归决定系数 R^2（coefficient of determination）越接近 1，说明模型内的各个自变量对刑量大小的解释力越强，回归决定系数越接近 0，说明模型内各个自变量的解释力就越弱，所以，表 9.3.1.1 中的 $R^2 = 0.647$ 证明，用进入模型的 7 个情节共同的综合作用说明样本中抢劫罪的刑量大小，尽管没能找出决定刑量大小的全部因素，但仍具有较强的解释力，共解释了 64.7% 的刑量变化。

以上，就是 354 个案件的报应性检验过程及结果。至少，这个水平就代表了示范性案例中抢劫案件里被害平等的实然程度。

9.3.2　受刑人平等：同案同判

司法平等除了意味着对被害人的同等刑法保护，还应当意味着同案同判，等罪等罚。如果同案异判,就很难说受刑人刑法权利的平等实现。问题是,何谓同案?同案首先可以分为刑法总则意义上的同案与刑法分则意义上的同案。还可以从法律事实对刑事责任的影响程度的不同,将同案分为基本法律事实上的同案与重要法律事实上的同案。从治罪根据的理论来看,所谓同案还可分为实害情节上的同案和人身危险性情节上的同案。应该说,这些划分都对同案与否的理解有意义。但是,这些意义上的同案同罚"是不完全的",在得到补充以前,"它不能确定地指引行为"。因为,任何一群人都在某些方面相似而在其他方面相异,这时,如何确定哪些异同才是有意义的,①对何谓同案的理解至关重要。换句话说,天下没有两片完全一样的树叶,也没有两个在所有方面都完全一样的案件。对法律原则和规则而言,任何一个案件作为一定时间地点中的事件都是唯一的,不可重复的,在所有细节上都绝对相同的"同等情况"几乎不可能存在。比如,同样构成累犯的两个抢劫犯,某甲具有未遂、致人重伤、未成年人犯罪等情节,某乙则构成既遂,且具有自首、多次抢劫等情节。这时,何以见得"累犯"＋"未遂"＋"致人重伤"＋"未成年人犯罪"是否等于"累犯"＋"既遂"＋"自首"＋"多次抢劫"?何以见得两者是否属于"同等情况"而决定处以同样或不同的刑罚呢?因此,不论总则同案还是分则同案,基本法律事实上的同案还是重要法律事实上的同案,实害情节上的同案还是人身危险性情节上的同案,都是片面的同案。由于是从某一个角度进行比较,案件的片面相似性往往可以用任何其他角度的相反事实加以证否。而且,片面性往往与不确定性同在,这便给法律适用中的差别对待提供了余地和理由。当某些案件以外的原因需要起作用时,同等情况随时会被人以情况不同为由另行配置法律责任。或者相反,人们以情况大体相同为由对实际上的不同情况设计法律后果。

为解决这一问题,我们选用综合同案的概念以取代片面的同案。所谓综合的同案就是指,将多种质的规定性转换为数量规定性后获得了综合可比性的案件。比如,高等学校的入学考试就是将学生的数学能力、语文能力、外语能力等不同性质的知识掌握程度通过考试题目和分数综合成各科的得分,然后依总分高低对考生的成绩进行排序,这就是将不可比的质的规定性转换为可比的数量规定性的过程。还有,国民经济总产值,有来自农业的贡献,有来自工业的贡献,有来自服务业的贡献,最终都转换成国家的总体经济实力指标。还有体育竞赛中评委给参赛运动员的表现打分、智力测验中的智商分数、民意调查中的打分、寻求各个子系统在大系统中的作用大小贡献份额等,都是在进行从定性到定量的转换。这里,所谓转换就是个赋权的过程,也即去量纲化的过程。

---

① 〔英〕哈特:《法律的概念》,张文显译,中国大百科全书出版社,1996年1月版,第157页。

那么,如何检验刑事案件的处理结果是否实现了等罪等罚呢?为此,我们将等罚假设转换为一个可检验的工作假设,也即:等罪等罚的程度越高,样本中罪量与刑量之间的等级相关系数就应该越高。或者说,如果等罪受到了等罚,样本中罪量与刑量之间的等级相关系数就应该等于或接近于1。而且,等罪等罚的程度越高,刑罚不同的样本之间罪量的均值就应该差异越显著。或者说,如果刑罚不同的样本之间罪量的均值未发现显著差异,说明大体相似的罪案受到了不同的处罚。

仍以示范性案例库中的全部抢劫罪个案为样本进行检验,在对抢劫犯罪的"罪量"和"刑量"做了量化处理的基础上,计算两者的等级相关系数。结果是,抢劫案件的等罚系数,即罪量与刑量的等级相关系数(Spearman 系数)为 0.788。($P=0.000<0.05$)。这说明,一方面样本内的总体趋势是轻罪轻判、重罪重判、等罪等罚,可以说显著地体现了等罪等罚的要求。但也不能否认,这个结果与理想值,也即1之间毕竟存有一定距离,说明肯定有部分个案中的罪量大小与刑量轻重之间不相称。

除了等级相关系数之外,我们还将抢劫罪的样本分为死刑立即执行组和其他组,检验两组的平均罪量之间是否差异显著,结果是死刑立即执行组共有 86 个案例,平均罪量值为 389,其他组共有 268 个案例,平均罪量值为 215.01,等罚均值差为 174,T 检验结果符合显著性要求($P=0.000<0.05$),说明死刑立即执行组样本的犯罪严重性程度的确显著大于包括死缓在内的其他样本,检验结果符合理论预期。然后,我们又将死刑立即执行和死缓的样本合为一组,检验该组的平均罪量是否的确大于其他样本。结果是,合并后的死刑组共有样本 108 例,平均罪量值为 372.90,而其他组共有样本 246 例,平均罪量值为 206.50,等罚均值差为 166.40,T 检验结果也符合显著性要求($P=0.000<0.05$),说明合并后的死刑组的案例的犯罪严重性程度的确显著大于其他样本,检验结果符合理论预期。这至少证实,是否适用了死刑,是否适用了死刑立即执行,的确与犯罪的严重性程度有明显相关,罪量显著较大者,才更可能适用死刑或者死刑立即执行。如果这一点未被证实,对被告人而言不仅意味着不公,而且是一种无法补救的不公。

9.3.3 原被告平等:裁判中立

裁判中立的理念可以从三个假定的证否中推导出来:

第一个假定是,如果同等被害同等报应即为司法平等也即司法公正的话,那么,当所有被害人同样地因犯罪而损失一分钱时,即使同等地判处所有加害人死刑,也应该符合同等被害同等报应的理念,因而被认为是公正的。这个假定的荒唐之处显而易见：因为同等报复不等于合理地惩戒犯罪。实际上,同等被害同等报应只是司法平等的应有之义之一而非全部,此即报应性的自身局限。正因为这个道理,从起点来看,只有当针对被害人的侵害严重到一定程度时,才发生刑事犯罪以及刑事司法问题；从罪刑关系内部来看,不同严重程度的犯罪需要被分配不同严厉程度的刑罚。由此可见,被害人的立场绝对不能成为法和法的适用的立场,法必须拥有独立于被害人的立场。从这个意义上说,如果认为法律只是替被害人说话的法律,那么,这样的社会将是一个可怕的社会,还有何公正可言？

第二个假定是,如果同等犯罪同罪同罚即为司法公正的话,那么,当且仅当所有犯罪人故意非法剥夺一个被害人的生命时,即使同等地判处一元钱罚金,也应该符合等罪等罚的说法,因而被认为是公正的。这个假定当然也无法成立：因为等罪等罚本身也不应该是孤立的、无条件的。事实上,和同等被害同等报应一样,等罪等罚也只是司法平等的内涵之一,而非全部,等罪等罚也有其自身的局限性。等罪等罚只有被放在一定社会历史条件下观察,才具有其合理性。由此可见,被告人的立场也不能成为法和法的适用的立场,法必须拥有独立于被告人的立场。从这个意义上说,如果认为法律只是被告人的大宪章,那么,这样的社会同样十分可怕,公正、平等同样荡然无存。

第三个假定是,如果法和法的适用必须拥有独立于被害人和加害人的立场,那么,这个立场就应该是国家的立场,立法者和司法者都是站在国家的立场上制定并适用刑法的。其实,这个假定也难以成立。因为实际上国家也是一种十分特殊的被害人,有些犯罪是针对国家权力的犯罪,另有些犯罪是误用(包括滥用和不恰当地使用)国家权力的犯罪。据笔者统计,这两项加起来大约占中国刑法所有罪名中的将近40%。像分裂国家罪、伪造货币罪、抗税罪、煽动暴力抗拒法律实施罪等,就是针对国家权力的犯罪。与此不同,像贪污罪、挪用公款罪、受贿罪等,就是误用国家权力的犯罪。正如第一个假定中我们看到的那样,既然同等被害同等报应不一定意味着公正,那么,作为一种特殊的被害人,同等国家被害的同等报应也不等于公正。更何况,如果法律的立场不独立于国家被害的立场,无异于由被害人担任裁判者,其裁判的公正性显然值得怀疑。可见,法的立场也不应等同于国家的立场,而应具有独立于国家权力的立场。

既独立于被害人的立场,又独立于被告人的立场,还独立于国家权力的立场,法的立场必然具有某种中立的性质。法定这种中立立场中蕴含着某种"沙滩效应"的理念。假设沙滩上均匀散布着日光浴者,有A和B两个小贩,以同样的价格、同样的质量、同样的品牌,向日光浴者出售矿泉水或者啤酒。如果日光浴者都就近购买饮料的话,那么,两个小贩的合理站位应该分别处在沙滩的25%和75%的位置上。这样,他们将各自分享50%的市场,是最佳的互惠双赢。但实际上,基于利益最大化的理性选择,不可能出现这种站位模式。一方面,小贩A很可能离开25%的位置,向小贩B的方向移动,直至大约35%的位置上。这样,不仅从0到35%这一段的客户归了自己,而且,由于这个移动,自己与小贩B之间的中点也从原来的50%处推进到超过50%的位置上。于是,原来在小贩B一段的一部分客户也可能成为小贩A的客户。这对小贩A而言,无疑是个好主意。同理,小贩B的智商也不低于小贩A,所以小贩B也会做出同样的选择,从自己原来的75%的位置向中心移动,试图获得更多的客户(或者夺回被小贩A抢走的客户)。结果,他们一定会集中到整个沙滩的中心位置,实现对市场的最佳占有。① 在这当中,两个小贩似乎都有点自利甚至损人利己的倾向,在伦理道德的意义上说似乎是一种非理性。但在经济学中,这恰恰是一种将自己的利益最大化的理性人行为方式。

  回到犯罪这种最不道德的现象中来,不仅不能指望犯罪人在犯罪时考虑被害人的那一段沙滩市场,也不能指望被害人在被害后还替加害人那段沙滩上的利益着想。其实,正如沙滩博弈一样,犯罪也是发生在加害与被害之间的一场博弈。其中,他们争夺的利益就是对各自有利的所有法律资源。对被告而言,像罪刑法定、犯罪构成要件、从轻减轻条件、刑罚消灭事由、法律漏洞等,都是被告人希望充分利用的法律资源。为了使这些法律资源最大限度地有利于自己,被告将尽最大努力"接近"法官,希望法官做出有利自己的判决。这里所说的"接近",显然不是经验意义上的"拉关系,找门路"甚至行贿法官,而是抽象意义上的希望得到法官理解的合理愿望。另一方面,对被害人而言,像刑法保护的法益、刑法对犯罪的否定性评价、从重加重的条件等,都是被害人一旦进入司法程序都希望充分利用的法律资源。为了使这些法律资源最大限度地有利于自己,被害人也将尽最大努力去"接近"法官,希望法官做出有利于自己的判决。当然,这里所说的"接近"也不是什么拉关系,而是指希望得到法官理解以更有力地惩戒罪犯替自己伸张正义的良好愿望。从这个意义上说,出于法律上利益最大化的理性考量,犯罪人和被害人也会象沙滩博弈中的两个小贩一样,拥挤在法律资源的二分之一处,集中在法官的身边。如果说这种趋于中点的倾向或者法律资源的争夺是一种自然理性的体现的话,那么,相对于一个具体案件而言,所有相关法律资源的二分之一处,就应该是法和法律适用的立场所在。法律的真正智慧就是要最大限度地体现这种自然理性,在评价被告人的行为时,不能忽略被害人对法律

---

① 施锡铨:《博弈论》,上海财经大学出版社,2000年2月版,第1—2页。

资源最大限度的理性争夺;同理,在评价被害人责任时,也要充分考虑被告人对法律资源最大限度的理性争夺。总之,刑法应该成为调整加害被害关系的平衡器,刑事司法就是这个平衡器的实际运作,加害和被害都能够借助这一平衡器的实际运作找到最接近各自利益的平衡点,从而得到一个最佳的结局。这就是裁判中立理念的基本内容。

当然,我们的分析还是不能止于理论说明,还需进行实证检验。两个可供检验的工作假设分别是:第一,如果裁判中立,有被害过错的案件中的罪犯平均刑量就应该显著低于无被害过错案件中罪犯的平均刑量。应该说明,被害过错的有无与刑量大小分配的关系之所以被用来检验裁判中立性假设,是因为按照犯罪互动理论,被害也是加害的某种解释。有无被害过错,对犯罪决策有着直接影响,有多大的被害过错,对加害强度、方式、持续性都有不同的影响。第二,如果裁判中立的话,犯罪被害人遭受经济损失的案件判处赔偿损失的比率即犯罪赔偿率应达到100%。从互动理论来说,剥夺犯罪人的生命、自由、资格或者财产,对被害人损失的弥补、修复来说,没有直接的实际意义。因此,既然刑事评价要体现中立性,那么,一方面被害人应该对自己可能的过错行为承担责任,另一方面,被害人也有权从案件处理中获得一定的实际补偿。

遗憾的是,当我们着手前一个假设的检验时发现,抢劫案件毕竟不同于故意杀人以及伤害案件,很难从判决书中发现关于被害过错的认定。因此,假设四的检验只能空缺。然而,具体到抢劫案件,既危害到被害一方的生命、健康的人身权利,又使被害人因此或多或少地遭受到了经济损失。所以,几乎所有抢劫案件都应该属于《刑法》第三十六条规定的"由于犯罪行为而使被害人遭受经济损失的"情况,因而都应该对犯有抢劫罪的犯罪分子除依法给予刑事处罚外根据情况判处赔偿经济损失。这个假设的检验结果是:示范性案例中抢劫案件的犯罪赔偿率为48.9%。就是说,有48.9%的抢劫罪被害人及其亲属得到了程度不同的经济赔偿。

9.3.4 结论:公正在于平等

综上,如果刑事司法对每个被害人都(至少在拟制意义上)兑现了保护的承诺,如果每个犯罪人都受到了同等的处罚,如果每个案件中的加害被害双方都能看到一个中立的裁判者,那么,我们就可以大体上相信,这样的司法是公正的。而这个意义上的公正,其核心就在于平等,即被害人之间的平等,受刑人之间的平等,以及加害被害双方之间的在刑法权利上的平等。而且,这种平等也只有在当事人之间的关系中才能得到把握。离开关系,就看不见公正与否,公正显然不是一种孤立的结果。总之,公正在于平等,平等存在于当事人之间也才有意义。

9.4 证券执法实效和制度成本

抽象概念操作化的另一个实用领域就是法律实效问题的研究。笔者主持实施并于 2005 年完成的上海证券交易所第十三期法制系列专题研究报告"证券违法违规惩戒的实效和制度成本分析"就是这个领域的一个尝试。①

9.4.1 "惩戒实效"的操作化

本研究的核心概念是"惩戒实效"。所谓惩戒实效,就是指法律规范的适用过程在多大程度上实现了法律的规范性预期;证券违法违规行为的惩戒实效,就是证券领域相关法律规范的适用过程在多大程度上实现了其规范性预期,即规范的应然性目标与适用的实然性结果之间的实际差距。这就意味着,我们不能超越规范本身有限的预期,不考虑规范制定时的各种认识局限、经验局限、利益分配局限、时空局限,仅仅以其直接的或间接的实际后果来评价惩戒实践的效果好坏。换句话说,理论上存在符合预期却不利社会发展的惩戒实效。对此,本研究将不做专门考察,而只将研究限定在规范性预期的实现程度上。

惩戒实效的抽象概念只有转换成可观测、可检验的指标体系和命题时,才能用来帮助我们观察中国证券市场中各类违法违规行为的惩戒实效实际状况。按其内容,惩戒实效的概念应当分解为 4 个具体方面,因而,如图 9.4.1.1 所示,惩戒实效的实证研究便可以表现为 4 个假设的检验过程:

图 9.4.1.1 "惩戒实效"的操作化

---

① 该课题组成员还有许克显、任扬帆、易晓洁、粘怡佳、王炜、左婧。

(一) 规范认同性

所谓规范认同性,就是指执法者、被惩戒者以及因法律规范的适用而得到救济的人对规范内容本身的接受程度,或者说,就是规范的被认同程度。不具有规范认同性的规范及其适用活动,都是更前提意义上的无效规范以及无效的适用。内容本身可能兑现,适用才可能有效。为了进行实证检验,我们可以通过人们对违法暗数的估计,间接地测量我国证券法治中的规范认同性。其工作假设是,人们对证券市场违法行为的暗数估计越高,说明执法率越低,潜在的加害被害对相关规则的实质合理性的认同度较低。反之,如果人们对违法暗数的估计较低,才说明执法率较高,人们对惩戒实践的认同度较高。理论上说,当暗数估计为零时,是规范认同性最为符合规范性预期的理想状态。

(二) 查处及时性

违法行为发生以后,执法机关的反应是否及时、迅速,发现、证实、立案、查处的速度如何,是惩戒有效性的动态方面。如果一个违法行为实施以后,没有得到及时的查处,待人们淡忘了案件的影响和危害以后再行处理,无论对被惩戒者、被害人还是其他潜在的行为人、被害人而言,其价值都大大缩水。从这个意义上说,迟来的惩戒,也是无效的惩戒。查处及时性的概念可以具体化为案件开始实施的时间到案件被查处的时间之间的间隔。其工作假设是,案件的开始实施到被查处之间的时间间隔越短,说明执法机构对违法案件的反应越灵敏、及时,因而其执法活动也就越有效。反之,这个间隔时间越长,说明执法机构的反应越迟钝、拖延,因而其执法活动的效率就越低。理论上说,当案件从发生到查处的时间间隔缩短为零时,是查处及时性最为符合规范性预期的理想状态。

(三) 程度均衡性

所谓程度均衡性,就是指违法行为的严重性程度与惩戒活动的严厉性程度之间应当大体均衡。惩戒活动对惩戒者而言就是一种投入,对被惩戒者来说就是一种成本或代价。因此,对轻微的违法投入过于严厉的惩戒资源,对惩戒者而言是一种浪费式的投入,对被惩戒者而言是一种代价过大的责任负担;另一方面,对严重的违法投入过轻的惩戒资源,对惩戒者而言是一种无用的投入,对被惩戒者而言是一种收益极高的交易;无论怎样,都有悖于规范性预期本身,因而都是无效的。这种均衡性可以具体化为违法行为严重性程度与惩戒严厉性程度之间的回归系数。其工作假设是,两者之间的回归系数越高,意味着均衡性越好,说明惩戒越有效。反之,两者之间的回归系数越低,意味着均衡性程度较低,说明惩戒活动的实效越差。理论上说,当违法的严重性程度的每个方面都与惩戒的严厉性程度之间呈高度正相关关系时,是程度均衡性最为符合规范性预期的理想状态。

(四) 惩戒阻遏性

所谓惩戒阻遏性就是指惩戒活动在多大程度上使得被惩戒者因此而吸取了教训不再实施违法行为。如果被惩戒者屡屡再犯,形成犯了被罚,罚了再犯,再犯再罚,再罚再犯的恶性循环,显然不能说惩戒是有效的。惩戒阻遏性可以具体化为再犯率,其工作假设是,再犯率越高,说明已发动的惩戒活动的实效越低;反之,再犯率越低,说明已发动的惩戒活动的实效越高。理论上说,当再犯率为零时,是惩戒阻遏性最为符合规范性预期的理想状态。

综上,在证券业中,所谓法律规范的适用过程在多大程度上实现了法律的规范性预期,应操作化为规范本身的被认同性、对违法案件的查处及时性、违法严重性与惩戒严厉性之间的程度均衡性和惩戒阻遏性四个具体方面。这四个具体方面又可以通过可经验、可量化的指标测量加以检验。最终,基于这些实证检验,我们将对我国证券违法违规行为的惩戒实效做出综合性的评估。四个方面中的任何一个方面,都不能单独成为全面评估惩戒实效的充分依据。

9.4.2 样本的类型分布

本研究以能够从公开途径获得的中国证券监督管理委员会(以下简称"证监会")做出的全部"行政处罚决定"、"通报批评"、"整改通知书"以及上海证券交易所、深圳证券交易所(以下统称"交易所")做出的全部"公开谴责"等文件为数据来源,以接受行政处罚、通报批评、整改通知或者公开谴责(以下统称"惩戒")的各个行为主体为样本的分析单位。样本总数为607个。

这样,本研究共得到符合上述条件的样本共607个,基本上代表了我国证券违法违规现象的全部被处罚案件。由于样本基本等于总体,所以其结论应该没有明显的抽样误差。

9.4.3 从违法暗数看惩戒实效

违法暗数的概念源自于犯罪暗数的概念。所谓犯罪暗数,就是潜伏犯罪的估计值。所谓潜伏犯罪,就是确已发生,但未被记录到官方犯罪统计中去的犯罪。违法暗数越大,估计值越高,说明未被发现、证实的证券违法违规行为的实践规模越大,反之,该规模越小。

违法暗数与惩戒实效的直接关联在于,暗数越大,说明越多的违法违规行为未被发现或者证实,自然谈不上执法机构惩戒活动的发动。对那些潜伏的违法违规行为而言,被制定出来的法律规范形同虚设。而形同虚设的法律规范,是最简单意义上的无效规范。因此,通过违法暗数的大小,可以看出执法效率的高低。

我们对261家上市公司和228家证券公司进行了该项调查,其结果是:来自上市公司的被调查者对暗数估计的平均数值为50.4%,中值为50%;证券公司对暗数估计的平均值为72.7%,中值为80%。即是说,在100个证券违法违规行为中,来自上市公司的被调查者认为有50个左右的行为没有被发现和处罚;来自证券公司的被调查者认为有72个左右的行为没有被发现和处罚。从总体上看,来自上市公司和证券公司的被调查者都认为:在证券市场中违法违规行为的暗数是相当大的。

我们从违法暗数与执法者的执法率、违法暗数与公众对执法活动的认同度以及违法暗数潜在的违法者的受罚预期等三个关系入手,考察了规范认同度的概念。结果发现:

- 潜在的违法者和被害人认为,我国证券市场中至少有一半以上的违法行为未被执法者发现和惩戒——而理想的暗数估计应为零;
- 这在一定程度上与公众对执法活动的配合不够积极有关;
- 证券违法的高暗数导致了潜在违法者较低的受罚预期以及对自己违法选择的合理化解释,使得执法效率进一步相对降低。可见,证券市场中,人们对违法惩戒活动的认同程度远远不如传统道德上善恶、是非那样无可争议,从而使得相关规范的可兑现性也大大低于其他规范。

9.4.4 从查处速度看惩戒实效

查处及时性应该是惩戒有效性的一个动态指标。迟来的惩戒,也是无效的惩戒。迟钝的惩戒性反应,也是低效率的执法。案件查处速度,就是案件开始实施的时间,到案件被查处的时间之间的间隔(以下简称时间差),是查处及时性的一个操作概念。从时间差的角度考察证券市场违法违规的惩戒实效问题,具有心理学和制度经济学根据。现代行为科学和犯罪心理学的研究成果表明,为使惩罚达到立法者预定的、阻却潜在的同类违法行为的立法目的,必须使违法行为发生和惩罚做出之间的时差尽可能降低到最低限度。理论上时差为零时(即违法行为一经发生,立刻做出惩罚)惩罚效果最优;但现实中的情况是在违法行为发生和惩罚做出之间会有一个正值的时间差,这个时间差的大小在相当程度上影响着法律的惩戒实效。这种时间差和法律的惩戒实效呈现负相关联系,即随着时间差的增大,惩戒实效会呈现降低趋势。

基于以上理念,我们对本研究的607个样本进行了时间差与惩戒实效之间关系的考察。在607个样本中,有562个处罚决定的时间差可以被精确或模糊地计算出来,本文所讨论的问题即建立在对这些有效样本的分析基础之上。①结果发现,这些处罚决定的时间差平均值约为608.9天,中值为487.5天,最小值为0天,最大值为3208天。② 为了避免一些极端值的干扰作用,本研究采用中值来进行描述。即一个违法行为从着手实施到被惩戒一般要前后经过487.5天,应该说这样的执法效率是比较低的。

具体来说:

(一)交易所与证监会在查处速度上的比较

交易所和证监会分别为两个惩戒主体,由交易所做出的处罚决定,时间差的平均值为412.1天,中值为221.5天;由证监会做出的处罚决定,时间差的平均值为692.7天,中值为618.5天。结果表明,两者的惩戒时间差有显著区别,各自的执法效率明显不同;证监会的执法效率相对交易所而言要低。另外,由交易所做出的处罚决定,时间差的方差为288 211.3;由证监会做出的处罚决定,时间差的方差为311 296.6。可见,与交易所相比,证监会在处罚违法行为时效率更加参差不齐。

证监会的执法效率之所以要低于交易所,可能与以下几个因素有关:第一,从机构性质上讲,交易所作为上市公司、证券商和市场交易行为的一线监管者,在性质上属于市场自律监管机构,理当更加自觉主动地对违法行为做出反应。第二,从业务上讲,交易所较之证监会更加贴近市场,可能对于一些特定交易的惯例和业务细则更为熟悉,在查处与之相关的违法行为时便可以更为从容、有效。第三,从职能上来讲,证监会的职能较之交易所为广,对于一些比较严重的违法行为往往独享处罚权。而这种行为又通常比较复杂,查处起来比较困难,这也使得证监会的执法效率整体速度偏慢。由此可见,交易所在查处证券违法行为上与证监会相比具有更大的优势,而实践中交易所也确实拥有相对更高的执法效率。从这一点上看,政府可以考虑适当地向交易所下放更多的权力。当然,这种权力的下放仍需要以政府对市场自律监管机构实施必要监管为前提。

---

① 针对样本中存在少量处罚决定未提及行为人实施违法行为具体日期的情况,本研究予以空缺处理;部分处罚决定中提及的违法行为发生日期只具体到月份,且不能推测出精确日期,则一律按照该月15日进行处理;少量处罚决定中提及的违法行为发生日期只具体到年份,且不能推测出精确日期,则一律按照该年6月1日处理。

② 其中,不排除极少数案件因刑事司法程序的启动而导致行政处罚中断的情况。这时,查处速度的高低应由多种因素的介入共同解释。

(二) 惩戒依据与时间差的关系

本研究通过集中趋势分析发现,惩戒依据分别是行业规范、法规和法律时,处罚决定的时间差存在着显著区别(Sig.<0.05)。惩戒依据是行业规范的处罚决定,时间差的平均值为388.5天,中值为211.5天;惩戒依据是法规的处罚决定,时间差的平均值为683.4天,中值为592.0天;惩戒依据是法律的处罚决定,时间差的平均值为827.5天,中值为838.0天。独立样本T检验的结果表明,分别以行业规范与法律法规为依据的处罚决定,时间差的平均值有显著差异;但分别以法律与法规为依据的处罚决定,时间差的平均值没有显著差异。所以,惩戒依据为行业规范时,查处速度较快;惩戒依据为法律法规时,查处速度较慢。查处速度在惩戒依据上所以存在差异,可能是因为惩戒依据的位阶可以反映被惩戒行为的严重程度,而相对比较轻微的行为往往也比较简单,其中包含的环节通常较少,相对来说就比较容易查处。

(三) 犯罪相似性与时间差的关系

本研究通过集中趋势分析发现,被查处行为是否与刑法禁止行为相似或与其法律特征相符合,与处罚决定的时间差大小有显著关联(Sig.=0.000<0.05)。当被查处行为不符合犯罪特征时,时间差的平均值为364.5天,中值为191.0天;当被查处行为部分符合犯罪特征时,时间差的平均值为1 042.5天,中值为1 034.0天;当被查处行为完全符合犯罪特征时,时间差的平均值为862.9天,中值为713.5天。独立样本T检验的结果表明,被查处行为不符合犯罪相似与部分、完全符合犯罪相似的处罚决定,时间差的平均值之间都有显著差异;但被查处行为部分符合犯罪相似与完全符合犯罪相似的处罚决定,时间差的平均值之间没有显著差异。因此初步结论是:当被查处的行为不符合刑事犯罪特征时,即信息未及时披露、透支申购股票、违规配股、法人以个人名义买卖股票证券、违规申购基金等类案件,其查处速度较快。而被查处的行为部分或者完全符合犯罪特征的案件,如证券经营机构挪用客户保证金、证券经营机构以客户名义自营股票的案件、内幕交易、操纵市场、虚假陈述、欺诈发行等案件,其查处速度相对较慢。

(四) 券种归类与时间差的关系

本研究还从券种的角度对时间差进行了分析。从研究数据看,涉及的券种与查处速度之间有一定的关系。涉及股票的处罚决定,时间差的平均值为635.3天,中值为529.0天;涉及其他券种的处罚决定,时间差的平均值为402.5天,中值为264.5天。可见,被查处行为涉及股票时,执法效率相对较慢。

（五）对象特定与时间差的关系

通过集中趋势分析方法的运用，本研究还发现，违法行为针对的对象特定与否同有关机构的查处速度之间也存在一定关系。从研究数据看，违法行为针对集中的被害人，较之针对离散的被害人，查处速度未必一定要快或者慢（Sig.＞0.05）。但可以明显看出的是：针对被害集中违法行为的处罚决定，时间差的离散程度较弱（方差＝179 893.2）；而针对被害离散违法行为的处罚决定，时间差的离散程度较强（方差＝335 393.0）。这说明，对被害离散的违法案件进行查处时，查处时间间隔并不十分集中在某一数值左右，而是或快或慢不很整齐。导致这种情况出现，可能的原因是：第一，被害人特定的情形下，被害人的检举可能会是违法行为被较快发现并查处的一个原因；在被害人离散的情形下，往往需要证券监管部门自行发现，可能会因为敏感程度的不同导致不同行为的查处速度不同。第二，被害人特定的情形下，违法行为往往比较简单，容易被查处；而被害人离散的情况下，违法行为大致可以分为两类：一类是未及时披露信息等行为，这类行为尽管存在很多相对人，但由于证券监管部门无需仔细调查就可发现，也不存在证明上的困难，查处速度比较快；另一类是内幕交易、操纵市场等行为，如上文所述，调查和证明上都存在一定的困难，查处速度相对很慢。

综上，我们从查处速度的角度考察了惩戒实效问题。结果发现：

- 在中国证券市场中，一个违法行为从着手实施到被惩戒一般要前后经过487.5天，其执法效率有较大的提高空间；
- 证监会对证券违法的查处速度低于交易所的查处速度；
- 惩戒依据为行业规范时，查处速度较快，而惩戒依据为法律法规时，查处速度则相对较慢；
- 当被查处的行为不符合刑事犯罪特征时其查处速度较快，而被查处的行为部分或者完全符合犯罪特征的案件时其查处速度相对较慢；
- 被查处行为涉及股票时，执法效率相对较慢；
- 对被害离散的违法案件进行查处时，查处时间或快或慢不很整齐。

9.4.5 从程度均衡性看惩戒实效

按照研究的总体假设，均衡性应当是惩戒实效的含义之一。这里所谓的均衡性，就是指证券违法、违规行为的严重性程度与证券执法及相关机构对证券违法、违规行为做出惩戒反应的严厉性程度的对应性、相关性。就是说，较轻的证券违法、违规受到了相对较轻的惩戒，较重的证券违法、违规受到了相对较重的惩戒。违规与惩戒在轻重程度上相关性越高、两者之间越均衡,说明惩戒活动越接近、符合证券法律规范的基本预期,因而也说明证券法律规范的制度成本越低。或者说,违规与惩戒在轻重程度上越均衡,越说明针对轻重不等的违规行为投入的惩罚资源的多少越适度。在这里,惩戒实效问题与规范制度的运行成本问题之间相互交织,互为你我。

问题是,我国证券市场中的这对关系到底在多大程度上实现了高度相关这一规范性预期呢?为此,我们首先需要分别对"证券违法、违规的严重性程度"与"证券执法惩戒严厉性程度"两个概念进行明确界定,然后才可能测量两者之间的相关性程度。

"证券违法、违规的严重性程度"可以从危险性和危害性两个维度加以理解。危险性着重从某种行为导致一定危害后果的可能性角度说明其严重性程度。一般而言,导致实际危害后果的可能性越大,行为越危险,因而也就越严重。反之则越轻。危害性着重从某种行为已然造成了一定损害后果的客观性角度说明其严重性程度。一般来说,已然的损害结果越明显,行为的危害性越大,因而也就越严重。反之则越轻。具体到证券市场的实际情况来说,危险性和危害性往往体现为三个方面:刑事关联性、载体交互性和对象离散性。

刑事关联性是指某个证券违法、违规行为与刑法明文禁止的证券犯罪的犯罪构成特征是否相似或者符合。按照一般法学理论,违法不一定犯罪,而犯罪则一定属于违法,犯罪是最严重的违法。正因为此,国家才会发动最严酷的惩戒手段——刑罚——去对付符合犯罪构成要件的刑事犯罪行为。本研究中的违法违规样本中有相当一部分都符合犯罪构成的形式特征,但由于种种原因最终都没有引发刑事司法程序的启动。但这并不意味着,没有引发刑事司法程序的案件实际上也就不可能是犯罪。所以,在本研究的样本中,那些刑事关联性越明显的案例,说明其危险性和危害性都相对越大,违法、违规严重性程度也就越大,反之,则严重性程度越小。因此,该变量分为三个取值:一是"与刑事规范无关"(赋值为1),如违规申购股票、未按规定向证监会备案、未如实执行客户指令、与客户分享股票交易利润等情况;二是"与刑事规范部分关联"(赋值为2),主要是指券商作为单位挪用客户保证金的行为,其行为本身符合挪用公款罪的特征,但主体是单位,不符合该罪的刑法规定;三是"与刑事规范明显关联"(赋值为3),如操纵市场、内幕交易、欺诈客户等。

载体交互性是对证券违法、违规行为手段特征的一种描述。根据行为人所利用的工具性资源的不同,证券犯罪可以归结为两大类:权力型证券违法犯罪和金钱型证券违法犯罪。就是说,有的证券违法可能利用权力分配关系中的某种资源优势,如滥用提前知悉证券交易的内幕信息的职务便利,为自己买卖证券牟取私利的内幕交易行为所凭借的就是权力资源。与此不同,有的证券违法可能利用财富分配关系中的某种资源优势,如凭借资金实力雄厚,在证券交易市场中人为地抬高或者压低某证券的交易价格,从中牟取差价利益的操纵市场行为所凭借的就是财富资源。尽管目前我们尚无进一步的理论认定这两种资源优势中的哪种滥用更为严重,但可以肯定的是,如果两种资源优势交合在一起形成优势资源之间的高度相关,也就是作为获取非法利益的工具性载体,不同种类的优势资源之间表现出显著的交互性,那么,违法违规行为将释放出更大的能量,如被人滥用,则可能表现为更严重的违法违规行为。同时利用两种优势载体牟取非法利益,显然更加危险。因此,该变量分为两个取值:一是"单一载体"(赋值为1),主要是指滥用权力或者财富等资源优势中的某一种实施证券违法违规行为,如内幕交易主要是滥用权力资源获取信息优势,而操纵市场主要是滥用财富资源获取价格优势。二是"复合载体"(赋值为2),主要是指权力资源与财富资源混用的情况,如证券公司挪用投资者资金自营股票交易的行为,一方面是滥用代理权的行为,另一方面又是滥用资金优势的行为。

对象离散性是许多证券业中违法违规行为的一种独有属性,是指违法行为是否导致不特定的多数人遭受损失。如果行为只是造成特定人被害,如挪用某个客户保证金进行证券交易的行为,就可能只涉及少数具体的投资者,因而对象是特定的。如果行为的实施必然导致不特定的许多人都可能遭受损失,如操纵市场、传播虚假信息、欺诈上市等,都可能导致公众投资者的投资行为受到虚假信息的误导。很显然,被害对象的离散程度越大,即被害对象越不特定,违法行为的影响范围就越大,越可能给整个证券市场带来系统性的危害和风险。因此,被害对象的离散性程度越大,违法行为就越严重。从这个意义上说,该变量可以分为两个取值:一是"被害集中"(赋值为0),如挪用特定投资者保证金、挪用客户的国债、不如实执行客户的交易指令,擅自境外期货交易、未经批准境外上市(被害对象是否也不特定)等。二是"被害离散"(赋值为1),主要是指信息披露方面的违法违规行为。

综上,我们可以从以上"刑事关联性"、"载体交互性"和"对象离散性"三个方面对我国证券市场中的各类违法违规行为的严重性程度进行综合度量和评价。换句话说,每个证券违法案件的严重性程度都可以因这三类指标的测量获得一个轻重不等的严重性刻度。

"证券执法惩戒严厉性程度"是证券市场中负有监管责任的执法机构或具有监管机构性质的机构依照证券法律法规以及相关行业规范对各类证券违法违规行为做出反应、给予否定性评价的强烈程度。惩戒的严厉性程度也可以具体化为三方面指标:惩戒主体、惩戒依据和责任种类。惩戒主体是依法对违法违规行为做出处罚的机构。在我国证券市场中，对违法违规行为进行惩戒的主要是证监会和交易所两级机构。相对而言，如果惩戒活动是由证监会实施的，说明反应的力度较大，如果惩戒活动是由交易所自己实施的，则说明反应的力度相对较小。惩戒的严厉性大小不仅要看惩戒活动是由谁实施的，还要看是依据什么实施的。因此，所谓惩戒依据就是指证监会或者交易所对违法行为进行惩戒时所依据的规范的性质。如果依据某一法律法规对某一行为加以处罚，说明该行为已经较重，需要动用层级较高的规范加以评价。如果只是依据某一行业规范对某一行为进行评价，说明该行为尚未严重到必须动用法律法规的地步，只需动用层级较低的规范做出反应。除此之外，描述反应的严厉性程度还需要看被惩戒者最终负担的是何种责任。从我国实际情况看，绝大多数证券违法违规行为都作为行政案件或具有行政处罚性质的案件加以处理。本研究的样本结构也正是这个实际情况的真实反映。从这个意义上说，我们可以从资格罚、财产罚和名誉罚三个方面观察被惩戒者负担行政责任的轻重。这三者当中，资格罚最重，财产罚次之，名誉罚最轻。所以，我们还可以从"惩戒主体"、"惩戒依据"和"责任种类"三个方面对证券执法机构对各类违法违规行为实施惩戒的严厉性程度进行综合度量和评价。每个证券违法案件所受到的惩戒性反应的严厉性程度也都可以因这三类指标的测量获得一个轻重不等的刻度。

既然每个样本都可以通过上述指标体系的衡量对应出违法违规严重性程度的刻度和所受惩戒严厉性程度的刻度，那么，我们便可能对样本这两方面的数量特征之间的相关性程度进行统计检验，从而得出两者之间相均衡性程度的估计。沿着这一思路，我们对两个"程度"之间的关系进行了 logistic 回归分析，具体过程是先分别考察"证券违法、违规的严重性程度"与惩戒主体、惩戒依据以及责任种类三个变量之间各自的关系，然后再对三个分析结果加以综合归纳，形成两个"程度"之间关系的总体估计。

（一）惩戒依据的均衡性检验

该检验过程中的自变量为一组定类变量：是否具有刑事关联性，是否表现出资源优势的交互性和是否具有被害对象的离散性。因变量"惩戒依据"定义为行业规范（赋值为 1）和法律法规（赋值为 2）的二分变量。这样，违法违规行为严重性程度的取值与惩戒严厉性程度的取值在方向上相互一致。其基本理论预期是，违法行为越严重，越应当导致较高层次规范即法律法规的适用，违法违规行为越轻微，越可能导致较低层级规范即行业规范的适用，二者之间呈正相关关系。回归结果见表 9.4.5.1：

表 9.4.5.1　违法严重性程度与惩戒依据之间的均衡性回归分析

变量	发生比率	P 值	标准化回归系数
刑事关联性	1.51	<0.0005	0.210
载体交互性	7.39	<0.0005	0.455
对象离散性	0.72	0.327	−0.049
模型的预测正确率：		69%	

从发生比率的比较来看，首先，部分或完全地符合犯罪特征的证券违法行为导致法律法规适用的可能性是不具有任何犯罪特征的违法行为（即参照组）导致法律法规适用的可能性的 1.51 倍，即前者比后者提高 0.51 倍。说明越接近或者符合犯罪特征的证券违法行为越可能导致较高效力层次的规则的适用。其次，利用权力或者财富多种资源优势实施证券违法违规行为导致法律法规适用的可能性是只利用权力或者财富中的某一种单一资源优势实施证券违法违规行为（参照组）导致法律法规适用的可能性的 7.39 倍，即比参照组提高了 6.39 倍。说明越是同时利用多种资源优势实施证券违法行为，越可能导致较高层次规则的适用。再次，针对不特定多数被害人的证券违法行为导致法律法规适用的可能性是以特定被害人为对象的证券违法行为（参照组）导致法律法规适用的可能性的 0.72 倍，就是说，针对不特定被害人实施证券违法行为导致较高效力层次法律适用的机会反而会较低。

由于自变量所取单位不同，非标准化的发生比率不能直接用于比较各个自变量之间的相对作用，只有经过标准化处理后 logistic 回归系数才能用来进行自变量之间的比较。因此，表中给出了各个自变量的标准化回归系数。通过比较可以看出，对是否导致较高效力层次的规则适用这一结果来说，载体交互性比刑事关联性的作用更大，而对象离散性的作用方向与这两者都相反。这就意味着，是否利用多种资源优势实施证券违法行为与惩戒主体所代表的惩戒力度之间相关性最高，均衡性相对较好，制度成本相对较低；而是否与刑事犯罪有涉、是否损害了不特定多数被害的利益，与惩戒主体代表的惩戒力度之间的相关性程度较低，均衡性程度较差，制度成本可能较高。而且，在被害对象的离散性方面，还出现了负相关，说明行为的严重性程度越大而惩戒的严厉性程度越小的情况，与理论预期相悖，是更实质意义上的制度无效。

（二）责任种类的均衡性检验

该检验过程中的自变量为一组定类变量：是否具有刑事关联性，是否表现出资源优势的交互性和是否具有被害对象的离散性。因变量"责任种类"定义为非资格罚(赋值为1)和资格罚(赋值为2)的二分变量。其中,非资格罚主要包括声誉罚和财产罚。这样,违法违规行为严重性程度的取值与惩戒严厉性程度的取值在方向上相互一致。其基本理论预期是,违法行为越严重,越应当导致越严厉的惩戒性反应即资格罚,二者之间呈正相关关系。分析方法是logistic回归分析,回归结果见表9.4.5.2:

表9.4.5.2 违法严重性程度与责任种类之间的均衡性回归分析

变量	发生比率	P值	标准化回归系数
刑事关联性	1.95	<0.0005	0.341
载体交互性	2.56	<0.0005	0.214
对象离散性	0.22	<0.0005	−0.232
模型的预测正确率:		87.5%	

从发生比率的比较来看,首先,部分或完全地符合犯罪特征的证券违法行为导致资格罚的可能性是不具有任何犯罪特征的违法行为(即参照组)导致资格罚的可能性的1.95倍,即前者比后者提高0.95倍。说明越接近或者符合犯罪特征的证券违法行为越可能导致较严厉的责任承担。其次,利用权力或者财富多种资源优势实施证券违法违规行为导致资格罚的可能性是只利用权力或者财富中的某一种单一资源优势实施证券违法违规行为(参照组)导致资格罚的可能性的2.56倍,即比参照组提高了1.56倍。说明越是同时利用多种资源优势实施证券违法行为,越可能导致较严厉责任的承担。再次,针对不特定多数被害人的证券违法行为导致资格罚的可能性是以特定被害人为对象的证券违法行为(参照组)导致资格罚的可能性的0.22倍,就是说,针对不特定被害人实施证券违法行为导致较严厉责任承担的机会反而会较低。

由于自变量所取单位不同,非标准化的发生比率不能直接用于比较各个自变量之间的相对作用,只有经过标准化处理后logistic回归系数才能用来进行自变量之间的比较。因此,表中给出了各个自变量的标准化回归系数。通过比较可以看出,对是否导致较严厉责任承担这一结果来说,刑事关联性比载体交互性的作用更大,而对象离散性的作用方向与这两者都相反。这就意味着,所实施的证券违法行为是否与刑事犯罪有涉与责任种类所代表的惩戒力度之间相关性最高,均衡性相对较好,制度成本相对较低;而是否利用多种资源优势实施证券违法行为,是否损害了不特定多数被害的利益,与责任种类所代表的惩戒力度之间的相关性程度较低,均衡性程度较差,制度成本可能较高。而且,在被害对象的离散性方面,同样出现了负相关,说明行为的严重性程度越大而惩戒的严厉性程度越小的情况，与理论预期相悖，是更实质意义上的制度无效。

我们很难一下得出结论说，我国证券违法违规的严重性程度与惩戒的严厉性程度之间是高度相关还是低度相关。我们只能分别考察违法行为严重性的哪些方面与惩戒严厉性的哪些方面之间有何相关，有多大程度的相关，在相对的意义上把握两者之间的均衡性问题。尽管如此，我们还是可以从表 9.4.5.3 中观察到某些普遍性的规律。

表 9.4.5.3 违法严重性与惩戒严厉性的关系

违法严重性	关系	惩戒严厉性
刑事关联性	＋	惩戒主体
	＋	惩戒依据
	＋＋	责任种类
载体交互性	＋＋	惩戒主体
	＋＋	惩戒依据
	＋	责任种类
对象离散性	－	惩戒主体
	－	惩戒依据
	－	责任种类

说明：表中的"＋"和"－"代表现象之间相互关系的力度和方向，其根据是上述表中的标准化回归系数的相对大小以及正负值。"＋＋"代表左端的现象对右端的现象具有非常显著的正相关性影响，因为其标准化回归系数最高；"＋"，代表左端的现象对右端的现象具有显著的正相关性影响，因为其标准化回归系数次高；"－"代表左端的现象对右端的现象有显著影响，但方向相反，呈负相关关系，其标准化回归系数为负值。

归纳起来，从均衡性上看，我国的证券市场中有三类违法惩戒实效：

（1）最有效的惩戒

最有效的惩戒发生在以下三个关系中。其一是载体交互性对惩戒主体的影响：只要同时利用权力优势和财富优势实施证券违法的案件，即具有明显的"载体交互性"的证券违法案件，就最可能引发证监会直接实施对违法案件的惩处，在上表中用"＋＋"表示。其二是载体交互性对惩戒依据的影响：只要同时利用权力优势和财富优势实施证券违法的案件，即具有明显的"载体交互性"的证券违法案件，也最可能导致法律法规等效力层次较高的规范的适用，在上表中用"＋＋"表示。其三是刑事关联性对责任种类的影响：只要违法行为在较大程度上与刑法禁止的证券犯罪相似,最可能导致针对行为者的资格罚而不仅仅是声誉罚或者财产罚,在上表中用"＋＋"表示。之所以说这三个关系意味着最有效的惩戒,是因为它们相对最符合"行为越重惩戒越重"的理论预期。相比而言,那些针对较轻违法的超量惩戒资源投入,或者针对较重违法的惩戒资源投入不足,都无法有效地实现惩戒目的,因而都是低效或无效的。

这三个关系的存在,验证了笔者于1996年提出的一个论断:证券违法犯罪是一种优势犯罪,也就是社会资源分配关系中处于优势地位的人,在证券发行、交易的过程中,滥用拥有的权力、财富牟取私利的犯罪。[①] 从所凭借优势的性质来看,资源优势的滥用包括权力资源的滥用和财富资源的滥用。从资源优势的滥用手段来看,资源优势的滥用包括滥用单一的优势资源违法违规和凭借资源优势之间的高度相关违法违规。既利用权力分配关系中的资源优势,又利用财富分配关系中的资源优势,就是所谓高度相关的重要表现。如果证券违法犯罪的本质在于资源优势的滥用的话,那么,同时涉及两种或者以上的资源优势的滥用而涉足证券违法违规,即具有载体交互性的违法违规,则应当是比只利用单一资源优势违法违规更为严重的违法违规,因而也应当比利用单一资源优势的违法违规更可能引起更为强烈的惩戒性反应。"载体交互性"变量的设计,就是表明案件中滥用单一资源优势还是混合资源优势的指标。正因为此,那些具有载体交互性的案件,才必然引起相对更为严厉的惩戒性反应。在上表中的体现就是,在三次均衡性检验过程中,有两次都可以观察到载体交互性的存在对惩戒严厉性程度的显著影响。

(2) 较有效的惩戒

较有效的惩戒发生在以下三个关系中。其一是刑事关联性对惩戒主体的影响:只要行为本身的性质与刑事犯罪的特征相似,即具有明显的"刑事关联性"的证券违法案件,就比较可能引发证监会直接实施对违法案件的惩处,在上表中用"＋"表示。其二是刑事关联性对惩戒依据的影响:只要行为本身的性质与刑事犯罪的特征相似,即具有明显的"刑事关联性"的证券违法案件,也比较可能导致法律法规等效力层次较高的规范的适用,在上表中用"＋"表示。其三是载体交互性对责任种类的影响:只要同时利用权力优势和财富优势实施证券违法的案件,即具有明显的"载体交互性"的证券违法案件,比较可能导致针对行为者的资格罚而不仅仅是声誉罚或者财产罚,在上表中用"＋"表示。之所以说这三个关系意味着比较有效的惩戒,是因为它们相对比较符合"行为越重惩戒越重"的理论预期。相比而言,较有效的惩戒中,行为的严重性程度与惩戒的严厉性程度

---

① 白建军:"资源优势的滥用与证券犯罪",载《法学》1996年第3期。

之间的相关性程度低于最有效的惩戒中这个相关性程度,但是,至少比两者关系呈负数的情况更加符合两者关系的理论预期。

较有效的惩戒存在于这三个关系中,这意味着我国证券惩戒实践至少在刑事重于民事、刑事重于行政这一点上基本上是理性的。就是说,即使在行政处罚范围内,惩戒主体也还是尽可能将最重的行政责任即资格罚分配给那些与证券犯罪更为相似的证券违法违规行为,尽管这种理性的追求仍可能做得更好,更加符合我国证券违法犯罪规范体系的整体要求。

(3) 最低效的惩戒

在三个检验过程中,都可以发现"对象离散性"与惩戒严厉性之间存在负相关关系,即,违法行为的侵害对象越是涉及不特定的多数人,如公众投资者,则越不可能引起较高级监管主体发动的惩戒,越不可能导致较高效力层次的规则的适用,越不可能表现为较重责任的承担。就是说,对象离散性与惩戒严厉性的每个方面都存在同样的负相关关系,其一致性程度很高。分解来看,对象离散性与惩戒主体之间的负相关系数为 0.249,占第一位,与责任种类之间的负相关系数为 0.232,占第二位,与惩戒依据之间的负相关系数为 0.049,强度最弱。这意味着,在我国证券市场中,针对离散性较大即涉及不特定多数被害人的证券违法行为的各种惩戒资源的投入,其效率最低,实效最差。具体表现为,应投入适量的惩戒资源而没有投入,使得已投入的少量惩戒资源杯水车薪。应当承认,对轻微违法行为投入过重的惩戒资源,是一种浪费式的投入,显然是无效投入或者低效投入。但对严重违法行为投入过轻的惩戒资源,似乎没有浪费惩戒资源,而实际上相对投入的预期目的而言,也是一种无效益,是另一种形式的低效投入。

究其原因,可能与我们证券监管的有关制度安排有关。首先,在民事诉讼中,那些涉及不特定多数人的证券违法违规行为,往往可能导致集团诉讼。而按照有关司法解释,法院往往严格控制涉及集团诉讼案件的立案受理。如最高法院 2002 年 1 月 15 日颁布实施的《最高人民法院关于受理证券市场因虚假陈述引发的民事侵权纠纷案件有关问题的通知》第四条规定:"对于虚假陈述民事赔偿案件,人民法院应当采取单独或者共同诉讼的形式予以受理,不宜以集团诉讼的形式受理。"也就是说,凡涉及对象离散性较高的证券违法问题,往往缺乏足够的诉讼救济和法制保障。难怪证券监管机关以及交易所在着手处理此类案件时顾虑重重。另一方面,在刑事方面,那些涉及不特定多数人的证券违法行为,往往与内幕交易、操纵市场、欺诈客户等刑事犯罪有关。照理说,证券监管机关和交易所如遇此类案件不及时移送给司法机关启动相关刑事司法程序,如果满足一定的构成条件,是要构成刑法第 402 条规定的徇私舞弊不移交刑事案件罪的。但是,司法实践中,有些司法机关往往以各种理由为依据,阻止证券监管机关或交易所将相关案件向其移交,造成监管机关和交易所面对此类案件只得背水一战。这种情况下,对涉及刑事问题的严重证券违法只好依据现有行政法律规范做出处理收场了事,便成为不难理解的选择了。

在这两点背后,其实还可能存在着一个更为根本性的问题,即面对此类案件所遭遇到的一种政策困境:坚决执法的一个可能结果,是比较彻底地剥夺违法者的入市资格,或是判刑,或是摘牌,或是将这些行为的危害后果部分地转嫁给政府财政,最终都可能使得不特定多数投资者的切身利益血本无归。而这又是各级执法者所不愿意看到的结果。从这个意义上说,证券市场的安全,说到底是制度设计的结构性安全;对证券违法的惩戒实效,说到底是制度运作的合理有效。

9.4.6 从再犯率看惩戒实效

理论上说,再犯率反映了惩戒活动本身的个别预防价值的实现程度,也反映了被惩戒者是否因为被惩戒而停止实施其既往的违规行为,从而达到监管、执法机构对其实施惩戒的目的。因此,再犯率的高低,间接地说明了惩戒活动能否有效地阻遏违法行为,实现规范的预期。再犯率越高,惩戒活动的阻遏性就越低,反之,再犯率越低,才能说明惩戒活动的阻遏性越高,实效越好。

本研究中所谓再犯,就是指因违法违规受到执法机构两次或者两次以上惩戒的情形。按照这个界定,前后行为的性质如果不同,如前次因内幕交易受到惩戒后又因操纵市场受到惩戒,仍属再犯。因为对各类证券违法违规所实施的惩戒,是向违法者确证国家抽象的公权力在概括意义上的威慑作用。如果某人前一次因为实施内幕交易行为被处罚,而后又实施操纵市场行为,就说明行为人尚未从前一次的惩戒中吸取教训。此外,再犯率与再处罚率也应当有所区别。但是,由于违法暗数的存在,我们无法确知再犯的真实规模、范围和水平。我们只能间接地通过已知的再次违法违规,即再次受到惩戒的案件,近似地推知所谓再犯。因此,本研究所谓的再犯率就是再处罚率。因此不难理解的是,现实生活中的再犯,只会多于本研究中的再犯,真实的再犯率,只会高于本研究报告的再犯率。再处罚仅仅是指被惩戒主体在受到处罚之后再一次受到监管、执法主体的处罚。

统计结果表明,我国证券市场中违法违规的再犯率是 9.4%,接近于十分之一的惩戒对象在被处罚后会再次进行证券市场的违规违法活动,而且有相当一部分公司不止一次地重复进行违规活动。在 607 个案例中,共有 57 个是再次处罚案例,其中再犯一次的有 31 个,再犯二次的有 9 个,再犯三次的有 8 个,再犯四次的有6个,再犯五次的有3个。

具体来说:

● 证券公司或其从业人员再犯的概率大于上市公司,而且,绝大多数违法违规的再犯行为都是由证券公司实施的,从而验证了证券公司从业人员受罚预期较低的结论,说明证券公司从业人员应当是再犯预防的重点对象。

● 大部分再犯都发生在二级市场,因而二级市场也是再犯预防的主要领域。

● 全国性公司不仅最可能再犯,而且,大部分再犯都是由全国性公司实施的。因此,全国性公司应是再犯预防的重点。

● 在行政处罚以及公开谴责的范围内,惩戒的轻重与再犯的有无之间,并不存在确定的关联,抽象的被惩戒者并不会因为受到较重的行政惩戒就不选择再犯。因此,仅仅凭借行政惩戒或准行政惩戒(即交易所的公开谴责),即使在强度上的均衡性再高,也基本无法调控再犯率的高低。

● 在中国证券市场中,不考虑犯罪暗数的情况下,就有将近一半即44.7%的案件具有刑事关联性,部分或全部符合证券犯罪的法律特征,却没有导致刑事司法程序的启动或者刑事判决的做出。这可能是再犯现象即屡罚屡犯的一种解释。

9.4.7 结论与建议

根据上述研究,对于如何提高证券违法违规惩戒的实际效果,我们提出如下建议供参考:

首先,要提高证券违法违规者受惩戒的机会成本。证券监管机关要通过各种手段努力改变长期以来执法率不高的现状,降低违法暗数,从而提高违法后受到处罚的确定性,提高违法违规者的受罚机会预期。

其次,要增大证券违法违规者受惩戒的经济成本。一方面证券监管机关要加大行政处罚力度,另一方面要通过完善和修改法律,扩大民事司法介入的范围,增大违法违规者的经济成本,提高惩戒的效果。

第三,完善证券监管体制,扩大证券监管机关监管权限,提高监管技术,以加快证券违法违规行为的查处速度,提高惩戒效果。

第四,坚持严厉打击优势资源交互滥用的证券违法的政策导向,阻遏权力资源滥用与财富资源滥用在我国证券市场中的不法结合。

第五,要下大力气扭转对侵害对象不特定的证券违法违规案件惩戒乏力低效的状况。

最后,扩大刑事司法的介入范围,降低再犯率,提高惩戒实效。

9.5　怎样获得可比性：量刑情节的幅度

为了检验假设所做的操作化处理,常常需要让性质不同、量纲各异的不同法律现象之间实现可比性。而大多数法律现象之间是不能直接拿来相互比较的,不具有可比性。因此,怎样使其获得可比性,是实证研究的一个基本技巧。这部分里,我们以量刑情节的适用幅度问题为例,说明怎样使原本不具可比性的法律现象获得可比性。

在刑法中,只规定了何为从宽情节,何为从严情节,并未规定从何处开始从宽以及从宽多少的具体幅度,也没有规定从何处开始从严以及从严多少的具体幅度。因此,在具体案件处理中,不排除某个从宽处理的案件的刑期与从严处理的案件的刑期相差无几的可能性。甚至,理论上也不排除某个从宽处理的案件实际上还重于某个从严处理的案件的可能性。严格讲,即使出现这种情况,也很可能不违背法律规定。但是我们还是希望知道,在宏观上看,从宽与从严到底有没有统计意义上的显著差异,以及这个差异到底有多大。因此我们假设,从宽情节的适用显著轻于从严情节的适用,从宽情节的平均适用结果应该接近法定刑底线,而从严情节的平均适用结果应该接近法定刑上限;而从宽情节之间以及从严情节之间不存在适用幅度上的显著差异。

由于法律没有规定情节适用幅度的起点,而我们的假设检验过程又需要对不同量刑情节的实际幅度进行测量,因此,我们试图找到一个公认的参照点,作为测量幅度大小的根据。由于有期徒刑的适用涵盖了绝大多数案件的量刑实践,所以我们认为,以有期徒刑的底线为参照点,便可以实现对不同量刑情节轻重幅度的测量和比较。因此,实际量刑幅度的计算方法为,某罪法定刑(有期徒刑)上限减去下限,被具有某量刑情节的该罪样本平均刑期与法定刑下限之差除,所得结果距该罪法定刑(有期徒刑)下限越近,说明从宽的幅度越大,当这个距离为零时,也就是等于法定刑底线时,从宽幅度达到最大;距该罪法定刑(有期徒刑)上限越近,说明从严的幅度越大,当这个距离为零时,也就是等于法定刑上限时,从严幅度达到最大。这种以法定刑底线为参照点的测量方法,既直观又基本符合常识。应当说明,尽管无期徒刑、死刑、拘役、管制也都存在量刑情节的适用问题,但我国刑法最常见的适用仍是有期徒刑的适用。所以,本研究仅讨论有期徒刑下量刑情节幅度的选择问题。

研究的样本是来自全国各地各级法院的十万余生效判决书。由于一个案件可能有多个被告,一个被告可能有多个罪名,而最终一个被告人的宣告刑来自各个罪名判处的刑罚。所以,本研究更关注的是具体罪刑关系背后的规律,将研究的分析单位确定为具体罪行所判处的刑罚,即罪刑关系的最小单位。这个意义上的应该说明,尽管样本总数不小,但每次检验中,同时符合多个条件的样本数十分有限。

本研究对不同犯罪的法定刑进行了去量纲化处理,将不可比的绝对数转换成可比的相对数。这样,就使不同性质、种类案件的量刑幅度获得了可比性。所谓去量纲化,就是将单位各异因而不可比的各种事物放在一起,剥离掉事物间不可比的因素,抽离出共有的属性加以比对,使其获得可比性。去量纲化的操作所以可能,是因为根据事物之间的系统关联和逻辑联系,完全可以把某种测量对象转换到相关的事物上去,然后通过测量相关事物,间接地测量目标事物。

在包括法律现象在内的社会研究中,这种去量纲化的方法很有用处。例如,交通肇事案件与机动车的多少有关,虽然"案件"和"辆"是两个不同的量纲,但人们可以基于两者之间的相关,推算出某城市每增加多少辆机动车,便会带来交通肇事案件发案率多少个百分点的上升。再如,人的教育程度或知识水平、心理能力也可以转换为各类考试、测验的分数。此外,倍数、百分比数、比例数、权重数、级数、概率值等统计量的量纲都不同,但都可以转换为 0 到 1 之间的任何相对数值而获得可比性。其实,刑法中的杀人和盗窃也是量纲不同的两种犯罪,一个是杀了几个"人",另一个是偷来几"元"钱。但聪明的立法者将其折合成当判十五年有期徒刑的犯罪,或者当判十年有期徒刑的犯罪。实际上,这就是把"人数"、"钱数"转换成了"刑期数",这就是典型的去量纲化操作。

当下的问题是,怎样比较法定刑幅度不同的犯罪实际刑期的调节幅度?比如,过失致人死亡罪与交通肇事罪的共性显而易见,但是,怎样比较这两罪都认定为自首的情况下,从宽的幅度有何不同呢?在我们的样本库中,同时满足犯过失致人死亡罪一罪、自首、判处有期徒刑三个条件的有 104 例,平均刑期为 660 天,即 22 个月有期徒刑。另有同时满足犯交通肇事罪一罪、自首、判处有期徒刑三个条件的样本 2 600 例,平均刑期 610 天,即 20.3 个月有期徒刑。问题是,仅从 20.3 个月低于 22 个月这一点就可以直接得出结论说,犯交通肇事罪后自首的实际刑期低于犯过失致人死亡罪后自首的实际刑期,所以,前者的从宽幅度大于后者吗?显然不行,因为这两个原始数值之间不能拿来直接比较。

按照刑法第一百三十三条的规定,犯交通肇事罪的,有期徒刑的法定幅度为三年以下到七年以上有期徒刑,也即半年到十五年之间。而按照刑法第二百三十三条的规定,犯过失致人死亡罪的,有期徒刑的法定幅度为半年到七年有期徒刑。尽管底线都是半年即 180 天有期徒刑,但两者的上限不同,全距也不同。交通肇事罪的法定刑上限为十五年即 5 400 天,法定刑全距为 5400－180＝5220 天;而过失致人死亡罪的上限为七年即 2 520 天,法定刑全距为 2 520—180＝2 340 天。既然一个罪是在 5 220 天中选择实际刑期,另一个罪是在 2 340 天中选择实际刑期,那么,实际刑期同为六百多天的两个平均值,其实际意义相等吗?能说都判了六百多天,所以因自首得到了同样的从宽幅度吗?显然不行。

这时,就需要对两个幅度不同的刑期全距进行去量纲化处理。具体做法是,先将两个法定刑由绝对数转换为相对数,也即,由 5 220 天以及 2 340 天转换为刻度为 100 的相对数。两个实际刑期也是绝对数,若要比较,也要将其转换为相对数。因此,需要将实际刑期减去 180 天,即法定刑底线。在本例中,两个罪的法定刑底线都是 180 天。而实际上,需要比较的不同犯罪中,可能出现法定刑底线不同的情况,有的是半年,有的是三年,有的是五年。如果不把实际平均刑期减去法定刑底线,不同实际刑期的绝对值之间也不具可比性。

在此基础上,我们便可以用减去法定刑底线以后的平均刑期做分子,用法定刑全距做分母,除出来的商再乘以 100％,便得到了每个实际刑期在各自法定刑全距中所处的百分比,也即与法定刑底线之间的相对距离。结果,过失致人死亡后自首的平均刑期为 660 天,在法定刑全距 2 340 天中的相对位置是距法定刑底线 21％ 的位置。而交通肇事后自首的平均刑期为 610 天,在法定刑全距 5 220 天中的相对位置是距法定刑底线 8％ 的位置。可见,660 天与 610 天之间无法直接比较,只有 21％ 和 8％ 之间才具可比性。这时我们才能说,由于过失致人死亡后自首的,实际刑期距法定刑底线更远,所以从宽幅度实际上较小。而交通肇事后自首的,实际刑期距法定刑底线更近,所以从宽幅度实际上较大。

于是我们看到了一个有趣的分歧。一方面,立法上为交通肇事罪规定了更高的法定刑上限,为过失致人死亡罪规定了相对较低的法定刑上限。在两罪法定刑底线同为半年有期徒刑的前提下,显然,在立法者看来,交通肇事罪的恶害性大于过失致人死亡罪。的确,至少在立法者看来,交通肇事罪是危害公共安全的犯罪,而过失致人死亡罪不具有危及不特定人生命的属性。所以,才有两罪配刑轻重上的不同。但是,假定我们的样本库具有一定的代表性,那么,我们实际看到的司法审判实践则是,对交通肇事罪后自首的从宽幅度显然大于过失致人死亡罪的从宽幅度。

怎样解释这一立法与司法之间的不同处理呢?一个可能性是,上述四千多个样本恰巧是所有同类司法实践的反例。不过,要证实这一点,至少还要更大规模的规范抽样后才能得出结论。另一个可能性是,由于自首因素的引入,使得自首的交通肇事罪的恶害性明显低于自首的过失致人死亡罪的恶害性了。可是,如果没有更复杂缜密的论证,这个解释也是靠不住的。再一个解释是,立法上,对两种犯罪的法定刑全距做出了不同的规定本身是否合理?也许,法官们会认为,两种犯罪的实际危害性基本上一样,所以都在六百多天上下量刑。距法定刑底线的相对位置不同,原因是立法上不应将两罪的法定刑上限做不同的规定。还有一种可能性是,由于既有人身伤害又有财产损失,所以交通肇事案件的赔偿力度比较大。基于"打了不罚,罚了不打"的观念,刑期上的从宽幅度就大一些。而过失致人死亡案件往往只涉及人身伤亡,因而赔偿力度很可能没有交通肇事案的大,所以实刑相对长一些。不论哪个更接近客观真理,都离不了上述实证观察和科学计量方法的运用。

两类案件可以通过去量纲化的处理实现量刑幅度的间接比较,那么,多个罪名及多个量刑情节组合起来,能否实现比较呢?

在表9.5.1中,我们基于79 021例样本的计量分析,列出了27种常见犯罪与6种常用量刑情节之间的90种组合。

表9.5.1 罪名与量刑情节的常见组合

	未成年		未遂		自首		从犯		主犯		累犯	
	%	N	%	N	%	N	%	N	%	N	%	N
赌博							28	116				
寻衅滋事	13	493			15	1018	18	590	24	930	32	610
掩饰隐瞒犯罪所得					9	244			15	110	12	217
过失致死					21	104						
敲诈勒索			16	1428	11	235	14	435	21	476	21	370
聚众斗殴	15	257			21	492	20	418	30	326	37	192
强奸	13	267	4	610	14	211	16	154	43	224	34	213
抢劫	2	4260	13	2674	16	1846	20	2842	34	2637	40	1816
杀人			42	202	61	180	41	150				
非法拘禁					7	250	7	467	9	410	7	214
抢夺	5	192	12	270	15	208	14	136	20	251	19	492
盗窃	10	1790	19	3019	12	4218	21	3324	27	4214	21	6827
诈骗			21	320	20	427	23	761	28	664	24	472
伤害	23	1208			26	3381	29	2091	37	1699	27	1031
贩毒	21	103	35	303	42	143	46	875	53	565	32	785
交通肇事					8	2600						
信用卡诈骗					10	115						
职务侵占					16	378	13	219	23	167		
走私					17	105	32	201				
贪污					28	301	26	173	40	122		
合同诈骗					31	120	34	265	51	168		
受贿					32	294						
挪用					33	163						

续表

	未成年		未遂		自首		从犯		主犯		累犯	
	%	N	%	N	%	N	%	N	%	N	%	N
非法经营							11	148	22	101		
伪劣产品			19	177			21	174				
拐卖妇女儿童							5	152	24	105		
绑架							30	270	60	238		
合计		8 570		9 003		20 841		13 961		13 407		13 239

表 9.5.1 中,在罪名与量刑情节的每个交叉点上,都有两个数据。一个是距法定刑底线的量刑参数,用百分比表示。百分比越小说明距法定刑底线越近,对从宽情节而言意味着从宽幅度越大,对从严情节来说意味着从严幅度越小。百分比越大说明距法定刑底线越远,对从宽情节而言意味着从宽幅度小,对从严情节而言意味着从严幅度越大。另一个数据是每种组合的个案数,用 N 来表述。N 值越大,说明样本数越大,所获结论相对更可靠些。在 90 种组合中,样本数最小的是非法经营罪主犯的样本,仅有 101 例;最大的是前后罪中至少有一罪为盗窃罪的累犯样本,有 6 827 例。

利用这个量刑参数表,人们可以方便地检索到,何种犯罪与何种量刑情节的组合,其司法实践中宽严幅度的平均水平和集中趋势。例如,要想知道盗窃未遂的大概量刑水平,便可以从表格中盗窃罪与犯罪未遂的交汇处看到,3 019 例盗窃未遂样本的平均刑期,与盗窃罪法定有期徒刑底线之间的距离为 19%,即大约 33 个月有期徒刑的位置。又如,要想对各种犯罪后自首量刑的宽严水平加以比较,便可以从表格中盗窃与自首的交汇处看到,4 218 例盗窃后自首的样本的平均刑期,与盗窃罪法定刑底线相距 12%;从职务侵占罪与自首的交汇处看到,378 例职务侵占后自首的样本的平均刑期,与职务侵占罪法定刑底线相距 16%;从走私罪与自首的交汇处看到,105 例走私后自首的样本的平均刑期,与走私罪法定刑底线相距 17%;从贪污罪与自首的交汇处看到,301 例贪污后自首的样本的平均刑期,与贪污罪法定刑底线相距 28%;从受贿罪与自首的交汇处看到,294 例受贿后自首的样本的平均刑期,与受贿罪法定刑底线相距 32%。

了解司法实践中各种犯罪组合平均宽严程度的意义至少有,首先,从微观上看,这种实然的宽严水平数据,可以为具体案件的处理提供某种参考。基于这种参考信息,人们可以大体上知道,其他法官是怎样处理此类情况的。在这种实际的约束下,同类案件的处理很可能逐渐靠近平均水平,从而向司法统一、同案同判的方向迈进。而这种来自周围司法实践的影响,是规范本身作为演绎起点而无法实现的。第二,从宏观上看,最高司法当局或者各上级司法机关可以根据此类大样本的计量分析结果，科学地制定刑事政策，确定量刑实践的宽严导向。至少，有此类数据的支持，总比根据个别极端案件来进行决策要更可靠一些。第三，从学术研究的视角来看，上述实然的量刑数据还为理论思考提供了素材和进路。比如，根据上表，我们可以沿着横向来看，比较某类犯罪的各种量刑情节的适用，还可以沿着纵向来看，比较某个量刑情节，比如各类犯罪的累犯的量刑水平及宽严程度。应该承认，这种研究很可能成为规范刑法学或者理论刑法学研究的必要补充。

当然也应看到，尽管我们已经报告了近八万案例中 90 种组合的量刑参数，但是，这些参数的方法论意义大于其结果本身的意义。就是说，这一结果表明，对量刑实践可以这样来研究，但并不等于说 90 个参数中的任何一个都可以直接拿来指导或者规范量刑实践。首先，27 种常见犯罪与 6 种常用量刑情节相遇，应该有 162 种组合，也就是应该有 162 个量刑参数。但是，上表中只有 90 个组合的样本大于 100，尚有 72 个空白中没有任何量刑参数可供参考。其次，即使是提供的参数中，样本量大小也不一样，有的更可靠些，有的就不太可靠。第三，以上量刑参数没有考虑基本犯罪构成与加重犯罪构成之分，只是笼统地计算法定刑中有期徒刑的幅度。第四，以上分析中只是某个罪名与某个量刑情节一对一的组合，没能细化到数个量刑情节相竞合的情况下量刑实践的基本参数。第五，表中只是 27 种犯罪与 6 种法定量刑情节的组合，而没有足够的样本来支持更多犯罪与更多法定量刑情节乃至酌定量刑情节之间的组合数据。第六，表中数据只能回答一罪与某个量刑情节的组合数据，没有足够样本进行数罪与量刑情节之间关系的分析。

可以说，至少对经验研究而言，存在并公开承认这样那样的遗憾才是正常的。尽管存在这些局限，但是，上述研究毕竟证明了某种可能性：规则、演绎的大前提，并不是用来规范司法实践的唯一根据。昨天的实践也可以用来规范今天的实践，预见明天的实践；职业共同体的大规模实践也可以用来规范一个具体时间地点的司法实践，预测某个案件的法律后果；从实践中提炼出来的规律也可以用来规范、指导进一步的司法实践。总之，用实践理性去规范理性的实践，大概也是量刑规范化的另一层意义。

9.6 无罪研究：简单的往往是有力的

对初学者来说，往往会对实证研究方法抱有一种误解，似乎在一个研究中，用上的方法越多，涉及的分析工具越复杂，研究就越有水平，结论就越不可置疑。

以我自己来说也不过如此。在我早些时候的一些研究中,就有意无意地追求方法选用上的多样性。似乎图表、模型越多越热闹,就越有说服力。但时至今日我开始意识到,这不是在与读者沟通,而是在炫技。当然,没有哪个学者会承认,(我也不想承认),炫技是想吓跑读者。但我们还得说,做研究的目的,不应该是告诉读者:"嘿! 你不懂吧,我懂",而是唤醒我们和读者之间原本就有的某些共识,真正推进某个问题的深入理解。当然,作为入门者,刀枪剑戟十八般武艺应该样样都学,至少都知道一点。但真正实战时,往往最简单的方法,才是最有效的也是最有力的方法。作为本书最后一小节,我想以我最近一项无罪率的研究为例,与读者分享这个体会。① 在这项研究中,虽然用到的分析工具不过是交互分析等简单方法,但人们看到的只是些更简单的百分比,就连列联表都没有出现。因为目前在国内法学研究的读者群中,还是百分比比交互分析能够留住更多的读者。

9.6.1 怎样理解无罪率

法院的无罪判决,通常会引起来自两个不同方向的关注。一方面,每当出现佘祥林这样的错判案件,②人们便会思考,这种没有把握定罪的案件当初为什么没有作出无罪判决? 无罪判决为何凤毛麟角?③ 许多国外学者往往从这个视角研究无罪问题。2005年,美国西北大学法学院的《刑法和犯罪学杂志》发表了萨缪尔·格罗斯等人的研究报告。该研究选取从1989—2003年间美国的无罪裁决共340个作为样本进行分析,其中,绝大部分是由于证据不足,或借助DNA技术发现新的无罪证据而裁决无罪的。作者承认,这些无罪裁决并非美国这一时期无罪裁决的全部,司法事故的范围很可能不止于此。④ 实际上,早在1986年,纽约市立大学的几位教授就基于500个错判案例样本的调查,研究过错案的

---

① 参见白建军:"论法潜见对定罪过程的影响",载《中国社会科学》2013年第1期。
② 1994年4月11日,湖北省京山县雁门口镇吕冲村发现一具无名女尸,被认定是佘祥林失踪的妻子。当月,佘因涉嫌杀妻而被捕。同年10月,湖北省原荆州地区法院做出一审判决,以故意杀人罪判处佘死刑。1995年1月,佘上诉至湖北省高级法院,案件发回重审。1998年6月京山县法院以故意杀人罪判处佘有期徒刑15年。1998年9月,荆门市中级法院驳回佘上诉维持原判,佘在湖北沙洋监狱服刑。2005年3月28日,佘"死亡"11年的妻子突然出现。2005年4月13日,京山县法院宣判佘无罪。(参见《特别策划:佘祥林案——冤案为何办成了"铁案"?》,2005年4月7日,http://www.people.com.cn/GB/news/25064/3300177.html,2012年10月16日;《佘祥林案今日再审"杀妻者"被当庭宣判无罪》,2005年4月13日,http://www.chinacourt.org/public/detail.php?id=158116,2012年10月16日。)
③ 葛琳:《无罪判决为何凤毛麟角》,《南方周末》2005年6月16日,A5版。
④ 萨缪尔·格罗斯等:《美国的无罪裁决——从1989年到2003年》,刘静坤译,《中国刑事法杂志》2006年第6期。

普遍性、形成原因和相应对策。① 比较晚近的研究是旧金山大学法学院的理查德·A.利奥以《错判研究：以社会科学为视角》为题发表的一篇论文。该文指出，近十年来错判问题研究呈爆炸式增长，说明法学界越来越重视刑事司法中实际上无罪却被定罪的现象。然而，在这个领域，缺乏刑法学、刑事诉讼法学与犯罪学的合作研究。② 无罪判决是错案发生的最后一道防线，所以，错判研究是无罪研究的重要视角。

与此不同，对无罪问题的另一种关注来自相反方向。一般来说，无罪判决意味着有罪指控的失败。而问题是，到底该如何理解控方的这种失败？失败是否意味着失误？这里所说的控方，显然主要是指公诉方，因为自诉案件在司法实践中毕竟不多。在本研究的样本库中，自诉案件只占所有样本的0.2%，其余99.8%的案件都是公诉案件。因此，这个追问及其回答对检察机关的意义显而易见。目前各级检察机关已经将无罪率设为评价检控质量的一个重要指标。只要出现了无罪判决，相关公诉人员就会在绩效考核中承担不利后果。③ 进一步看，旁观者也想知道，既然无罪，为什么当初被司法机关认为有罪？既浪费了司法资源，又给被指控有罪的人带来各种负面影响。

对无罪问题的上述两种关注都与无罪判决有关，然而，从错判研究角度关注无罪问题，出发点是被告合法权益和人权的有效保护。而从公诉成功率的角度关注无罪问题，出发点是打击犯罪、保卫社会。从这两个出发点提出的问题恰好又由无罪问题关联在一起，其实正好揭示了无罪问题研究的真正意义：对无罪问题的深入观察和思考，让"既要打击犯罪又要保护人权"这个话语模式不得不面对某种实际上的紧张关系：无罪率过高，会被指打击犯罪不利；无罪率太低，又会担心人权风险被掩盖起来。

其实，"为什么本来无罪却被判有罪"和"为什么实际上有罪却被判无罪"这两个问题可以合并为一个问题：到底该如何解释无罪判决？无罪判决与有罪判决到底有何不同？对此，一个可能的解释是，检法两家的证据标准不同，法律解释的精准性要求也不同，法律适用对审判机关有着更高更严的要求。这个解释暗示着，指控犯罪可以粗一点，审理刑事案件要细一点。这种关于控审关系的概括显然也站不住脚，因为不论是法院还是检察院，执行的是同一部刑法，同一部

---

① C. Ronald Huff, Arye Rattner, Edward Sagarin and Donal E. J. MacNamara, *Guilty Unti Proved Innocent: Wrongful Conviction and Public Policy*, Massachusetts Lowell: Crime & Delinquency, vol. 32, no. 4 (October 1986), pp. 518—544.

② Richard A. Leo and Jon B. Gould, *Studying Wrongful Convictions: Learning from Social Science*, Ohio: *Ohio State Journal of Criminal Law*, vol.7, no.1 (Fall 2009), pp. 7—30.

③ 仇新华：《对待无罪判决应持宽容态度》，《检察日报》2009年08月11日，第03版。

刑事诉讼法,说执法标准只是"粗"与"细"的不同没有任何法律根据,也是对现代司法制度的肤浅误解。

另一个可能的解释是,无罪判决意味着控方把本来不是犯罪的行为当成犯罪来指控。这个解释似乎暗含着某种指责:控方对案件的误读或对法律的误解导致司法资源的浪费。应该说,这个解释也让人难以接受。其一,即使让法官与检察官的位置调过来,仍然会有无罪判决。更何况,我国恢复高考制度以来,检法两大群体的人员组成和知识结构已经大体相当,没有太明显的制度性差异。其二,为了考察司法实践中罪与非罪界限的实际操作,我们还在北京市几家基层检察院进行调研,收集了大约200多件不捕不诉案件样本。仔细观察这些样本不难看出,在审判阶段之前,一个案件是否逮捕、提起公诉,检察机关已经投入了大量司法资源。检察官通常不愿意看到一个案件的最终结局是捕了不诉,或者诉了无罪。没有十分的把握,检察官不会轻易把决定一个案件无罪的机会留给法官。这说明,检察官不大可能以牺牲公诉成功率相对降低为代价,换取公诉成功绝对数量的提高。其三,如果认为公诉失败等于工作失误,无异于鼓励检察机关为了降低无罪率而尝试检法之间的私下运作。这种运作的结果很可能就是,对法院可能宣判无罪的案件做出提前撤案处理。这样,无罪率也许真的得到了控制,可被控有罪的人却被剥夺了由国家审判机关依法做出无罪判决的权利和机会。

这两种解释尽管让人无法接受,但还是蕴含着某种合理性:从定义犯罪的主体和过程角度,而不是从定义对象本身去寻找无罪现象的解释。当然,沿着这个理论方向进行的考察到底能让我们走多远,还要看无罪判决的大样本经验研究能带给我们多少新的发现。

9.6.2 潜见的形成及其对判决的影响

观察发现,法官之所以形成某个案件事实不符合实体定罪条件的判断,很可能与案件处理过程中的某种思维过程有关。比如,"某人实施盗窃一犯再犯,和某个体面人同时被发现在某个失窃现场,于是,窃贼肯定是这个惯窃而不是那个体面人"。这个关于无罪的判断即使结论很可能正确,但仍然不能直接据此做出结论。美国学者布莱克较早注意到类似因素对司法的影响。他指出,即使案件的社会性质是完全一致的,它们所包含的社会信息仍然会使他们变得不一样,并且导致处理差异的产生。① 在《法与现代精神》一书中,弗兰克认

---

① 〔美〕唐·布莱克:《社会学视野中的司法》,郭星华等译,法律出版社,2002年,第69页。

为传统的概念法学就像那些坚信父亲全知全能的儿童一样不成熟。在审判实践中,决定判决内容的,既不是法律规范,也不是逻辑,更不是概念,而是"跟着感觉(hunch)走"!换言之,要先根据感觉大胆得出结论,然后到法律和学说中去小心求证。①

在此类观察启发下,我们的假设是,某些案件之所以被认为不符合定罪条件,原因之一是司法潜见的影响。司法潜见形成于尚未结案之前,一旦形成某种司法潜见,司法人员会能动地寻找、组织甚至裁剪案件事实和法律根据,有意无意地去支持这种潜见。

从司法潜见与以下几个概念的区别,可以看出其独特性:其一,司法潜见来自于某些刑事诉讼相关的背景信息,如控辩力量是否悬殊,而不是更宽泛意义上的社会、经济、文化、身份地位等所有信息。因此,司法潜见比社会偏见、社会歧视等概念更接近刑事诉讼过程本身。其二,由于入罪并非司法运作的唯一功能,因此,司法潜见不同于具有负面影响的司法惯性,②而是既可能不利于被告又可能有利于被告。例如在美国,最有可能被判处死刑的案件是一名黑人杀死了一名白人,其次是一名白人杀死了一名白人,再其次是一名黑人杀死了一名黑人,最后是一名白人杀死了一名黑人。③ 这里,司法潜见对黑人而言是负面的,对白人而言则是正面的。其三,与潜见更相近的术语是前见,两者常有交叉重合,但前见的含义更为广博深刻。在哲学上,前见又称前结构,是诠释学用语,是伽达默尔定义的一种人们头脑中预先存在的观念及思考方式。④ 在法学研究中,人们也从不同角度注意到前见的存在。⑤ 而潜见与刑事司法的自身结构以及运作规律有关,因而,具有大体相同前见的个体被分派到不同的司法机关,处于不同的诉讼环节,就可能对同一案件形成不同的潜见。其四,司法潜见对判决结果的影响具有某种潜在性,是在某些案件背景信息渗透下而形成的案件处理的隐性推定,而非明确的思维定势或先入为主的判断倾向。导致司法潜见的案件背景信息与案件基本法律事实有关,但并非基本法律事实本身,更谈不上对案件基本事实的采信取舍。因此,司法潜见也与法官自由裁量权的行使有别。其实,潜在性意味着不规范性,而刑事司法的功效之一正是过滤非规范性影响,这也是关注

---

① 季卫东:"法律解释的真谛——探索实用法学的第三道路",见季卫东著:《法治秩序的建构》,中国政法大学出版社,1999年7月版第90—95页,或《中外法学》1998年第6期。
② 姜保忠:《刑事司法错误与司法惯性》,《河北法学》2010年第8期。
③ 〔美〕唐·布莱克:《社会学视野中的司法》,郭星华等译,法律出版社,2002年,第66页。
④ 刘星:《法学"科学主义"的困境——法学知识如何成为法律实践的组成部分》,《法学研究》2004年第3期。
⑤ 冯亚东:《违法性认识与刑法认同》,《法学研究》2006年第3期;许发民:《论前见、法律事实与刑法解释》,《甘肃政法学院学报》2011年第1期。

司法潜见的意义所在。其五,作为思维定势的一种特殊形式,司法潜见还与法律经验有关。从这个意义上说,司法潜见其实是概率现象的主观反映。因此,司法潜见可能有助于提高司法效率。但经验是实践理性,而潜见也有可能是非理性的。在一个反扒专家眼中,匆匆路人只有两类,小偷和常人。但是,反扒专家一旦失手,就不能归咎于经验太多,而应归因于潜见的影响。经验越多越好,丰富的经验使人更加关注对象的特定性、丰富性和唯一性,从而减少误判的可能。相反,潜见越多越容易使人陷入某种归类陷阱而忽略某种不该简化的信息,增加误判的可能。至于哪些司法潜见,如何促成了法官对案件罪与非罪的判断,正是接下来的研究需要回答的问题。

9.6.3 研究样本及分析

通常,研究无罪判决的常规方法是对无罪判决与有罪判决进行判决理由的直接比较。在这方面学界已有成熟研究,①然而,先不说实践中判决理由的说理水平参差不齐,就是这种解释方法本身的客观性和可信性,不可能不因判决书中当然的"自圆其说"有所折扣。在有罪判决中,法官会将所有证据、法律规则组织起来,论证其有罪判决的合法性。同理,在无罪判决中,法官为了证明无罪结果,也会穷其证据和法律根据,支持无罪的决定。将这两种判决理由放在一起比较,将毫无悬念地发现差异,并据此说明罪与非罪的不同。如果某些案件另有隐情,有罪与否的判断实际上受到其他因素的影响,法官便不会将其写进判决书。一些连法官自己都没有意识到而又的确存在的某种影响因素对判断产生影响,这些因素就更不可能出现在判决理由中。既然判决书中没有,比较就没了根据,既然无法直接比较,猜测、想象便在所难免。为了避免这种研究方法的局限性,本文以判决结果是否有罪为因变量,以大约几十个判决理由以外的其他案件信息为自变量,利用量化分析手段透视它们之间的关系,揭示判决书背后的规律,在此基础上提炼一般性理论。

本研究的检验逻辑是,如果对有罪样本与无罪样本的比较,没有发现除被告人基本行为事实以外的其他任何显著差异,那么,有罪与无罪的判决结果就只能归因于被告人的基本行为事实。只有当研究发现,有罪无罪两组样本之间的确存在基本行为事实以外的显著差异,这些差异对理解罪与非罪的不同才有意义,也才能进一步发现这些不同与司法潜见有无关联,进而解释为什么对有些案件

---

① 参见陈兴良:《对68起无罪案件的实证分析》,《刑事法评论》第18卷,北京大学出版社,2006年,第405页。

做无罪处理。还应说明,这种开放性研究策略对样本的规模、跨度、多样性也有较高的要求。为满足这种要求,本研究的经验材料来自北京大学实证法务研究所从全国各地各级法院收集的刑事判决书数据库:

① 该样本库到目前为止的总规模为 32 万生效刑事判决。应该交代的是,一个刑事案件中可能有若干犯罪人,一个犯罪人可能被控多项罪名。其中,每项罪名的法律后果才是罪刑关系的最小单位。不论是研究有罪无罪还是罪轻罪重,都应该聚焦这个最小分析单位。这个样本库中的 32 万刑事判决的分析单位就不是判决书的份数,也不是犯罪人的个数,而是从二十几万刑事判决书中逐一拆分出来的被控罪名及其相应法律后果的罪刑关系个数。从这个意义上说,某个无罪判决其实不是指某个案件无罪,也不是说某个被告人无罪,而是指某个具体行为的有罪指控不成立。

② 这个样本库中,无罪判决仅有 586 个,约占样本总量的 0.2%。这个数据是否意味着司法实践中的无罪率,还要看该样本库本身的代表性。需要说明的是,样本库中还有 4 395 个样本,是根据《刑法》第 37 条的规定,由于犯罪情节轻微不需要判处刑罚而免予刑事处罚,予以训诫或者责令具结悔过、赔礼道歉、赔偿损失,或者由主管部门予以行政处罚或者行政处分的非刑罚性处置措施样本。由于本研究的问题定位在无罪问题,因此,这四千多个免予刑事处罚的样本还是归入有罪样本。

③ 这 32 万样本的空间分布大体上是,东部沿海地区占 41.1%,中部内陆地区占 50.6%,西部边远地区不到 5%,其余样本的地区信息不详。可见,本研究结论将对东部和中部大部分地区有一定可推论性,但基本无法用于说明西部边远地区的实况。

④ 时间上,样本库中 97% 以上的样本为 2000 年及以后判决的案件。其中,所占比例较大的几个年份依次是,2010 年案例占 28.5%,2011 年案例占 22.1%,2009 年案例占 21.7%,2008 年案例占 5.8%,2006 年案例占 4.5%,2007 年案例占 4.1%。可见,所研究的样本基本上都是近年来根据 1997 年《刑法》做出的裁判,具有一定的鲜活性和时效性。

⑤ 从做出裁判的法院层级来看,这些样本中的 76.7% 是由基层法院做出的裁判,20.3% 是由中级法院做出的裁判,2.8% 是由高级法院做出的裁判,0.2% 是由最高法院做出的裁判。四级法院的无罪率顺序与其样本规模的顺序正好相反,分别是:0.1%、0.5%、0.8% 和 1.5%。就是说,基层法院虽然受理案件最多,但每百个案件中的无罪判决仅占 0.1 个,而最高法院裁判的案件虽然最少,但每百个案件中的无罪样本就有 1.5 个。应该说,这基本上反映了受理案件的实际规模以及案件疑难性程度与无罪率之间的关系。

9.6.4 四类背景信息下的司法潜见

尽管我们已经说明,司法潜见不等于偏见、歧视,但我们还是对以下几个变量与无罪结果的关系进行了观察。结果证实,在我们的样本库中,无罪率的高低基本上与被告人的某些社会身份特征无关。第一,在样本库中,有13.3%的样本涉及外来人口被告人。而这些样本与其他非外来人口样本两组样本相比,其无罪率都是0.2%。而且,在全部五百多个无罪样本中,有15.2%的样本是外来人口被告的样本,略高于外来人口样本在总样本中的比例。这至少说明,本地人被告并不比外来人口被告有更高的机会得到本地法院的无罪处理。第二,样本总数中有将近5%的案件属于少数民族被告人,而在无罪样本中,有8%的少数民族被告人。可以认为,少数民族被告人在无罪样本中的比重略高于少数民族被告人在样本总数中的比重,说明对其是否有罪的判断,司法机关是比较审慎的。第三,从性别差异来看,样本总数中有7%左右的案件属于女性被告人,而在无罪样本中,有9%左右的女性被告人。至少可以认为,女性被告人被判无罪的机会与男性被告人被判无罪的机会大体上相当。当然,籍贯、民族、性别并非全部甚至不是主要的社会身份、地位的象征。因此,我们只能说,在这些有限的观察中,未见无罪率的明显归因。

至此,我们可以着手司法潜见的测量了。我们认为,证据与事实的关系、事实与法律的关系、控辩关系、控审关系,是刑事司法中的四大元素。如果现实生活中真的存在所谓司法潜见,也应该从这四大元素中去寻找。

第一,证据信息不对称与司法潜见。

证据与事实的关系是刑事司法中第一对基本关系,也是发现司法潜见的第一条线索。证据不等于案件事实本身,甚至证据永远都无法百分之百地还原案件事实本身。证据与案件事实之间距离的大小,与证据提供者与案件之间的利害关系有关。① 从这个意义上说,证据可以分为两类,一类是无直接利害关系的证据,包括刑事诉讼法规定的物证、书证,证人证言,鉴定结论,勘验、检查笔录,视听资料等。这些证据的大部分提供者至少在形式上与案件中的冲突双方之间保持中立客观的立场。所以,无直接利害关系的证据又可以称为中立证据。另一类是无法排除利害关系的证据,包括刑事诉讼法规定的被害人陈述和犯罪嫌疑人、被告人供述和辩解这两种重要的证据。与中立证据不同,这两种证据的共性在于,其提供者与案件之间的利害关系明确,不可能具有绝对的中立立场,都

---

① 参见赵旭光:《刑事被害人陈述的证据学思考》,《证据科学》2011年第1期。

希望所提供的证据有利于自己而不利于对方。不同的只是,被害人陈述更可能导致案件处理朝着有罪或罪重的方向发展,而犯罪嫌疑人、被告人供述和辩解更可能导致案件处理朝着无罪或罪轻的方向发展。由非中立性立场所决定,这类证据往往会掩饰、夸大甚至改编案件事实。

基于证据与案件处理结果之间的关系,为此,我们对样本进行了两次划分:首先将样本中包含中立证据且包含犯罪嫌疑人、被告人供述和辩解,但不包含被害人陈述的样本提取出来,作为证据更有利于辩方的一组样本;然后,将样本中包含中立证据且包含被害人陈述但不包含犯罪嫌疑人、被告人供述和辩解的样本提取出来,作为证据更有利于控方的一组样本。完成这一操作以后,我们便可以对两组样本的无罪机会加以比较。结果发现,非中立证据仅为犯罪嫌疑人、被告人供述和辩解而没有被害人陈述的样本,在所有样本中的比重为29%,但在无罪案件中,这种证据明显有利被告的样本就占到了61.6%,是前者的两倍还多。而非中立证据仅为被害人陈述而没有犯罪嫌疑人、被告人供述和辩解的样本,在所有样本中的比重为23.6%,但在无罪案件中,这种证据明显不利被告的样本只占到了0.5%,是前者的几十分之一。就是说,无罪案件中,有利被告的证据至少在数量上绝对压倒不利被告的证据;绝大部分非中立性证据都有利于犯罪嫌疑人、被告人,只有很小一部分有利于被害人的证据。应该说,无罪案件中这种证据取向的明显倾斜,在一定程度解释了为什么案件最终结果有较大的概率有利于被告。① 因为不对称的证据信息更容易在法官头脑中形成某种有利被告的背景信息,而这种背景信息很可能在法官头脑中形成某种潜见,其直接逻辑结果就可能是被告无罪。至少在证据与事实的关系中,我们无法排除或证否这一司法潜见的存在。

这个发现的意义并不在于证明,何种证据将导致何种判断。这个发现的真正意义是提出这样一个问题,为什么有的案件中的非中立证据只有利被告,而有的案件中的非中立证据只有利被害人?或者说,为什么会出现证据信息的不对称现象?一个可能的解释是,在刑事诉讼中,将被害人陈述作为一种与证人证言相区别的独立证据种类,本来就是比较特殊的分类方式。其实,无论在大陆法系还是在英美法国家,被害人陈述均属于证人证言。因此,无罪案件中证据信息的不对称现象,可能是由于有些被害人陈述被归入了证人证言的范围。如果是这样,上述证据信息不对称的说法就不能成立。然而,事实并非如此。因为在我国

---

① 应当承认,我国司法实践中往往更看重被告人供述,甚至夸大口供的作用,而轻其辩解。理论上,这种重供述轻辩解的证据实际上很可能不利辩方,以至于更多地成为有罪的关键证据。然而,这与多数只有犯罪嫌疑人、被告人供述和辩解的案件还是被判有罪,以及只有此类证据的案件无罪率毕竟高于只有被害人陈述案件的事实之间并不矛盾。

刑事诉讼法中,被害人陈述毕竟仍是一种法定的与口供并列的独立证据种类。况且,它是否应该被归入证人证言的范围尚存争议。一些学者坚持认为,被害人陈述应被视为一种独立证据。① 因此,一个建设性的追问是,是否应该要求司法机关收集的证据中只要包含非中立性证据,就应当尽可能追求其对称性、对等性?② 其实,这种追问本身也是无罪现象的某种解释:除了案件中构成要件事实本身是否违反刑法、该当某罪以外,如何借助证据体系还原、再现这些事实的过程,也在一定程度上说明了为什么有些被控有罪的案件最终走到无罪判决。

第二,实体性暗示与司法潜见。

对证据清楚的案件来说,接下来的问题是,有证据证明的某个案件事实,是否符合实体刑法的相关规定而构成某个犯罪。因此,事实与法律的关系是刑事司法中第二对基本关系,也是发现司法潜见的第二条线索。然而,针对某个案件事实的实体性判断不只发生在庭审阶段,还发生在庭审之前的许多个环节。问题是,这些庭审前的实体性判断是否会形成某种司法潜见,对最终的定罪过程构成影响?观察发现,某些司法潜见实际上以一些实体性暗示的形式存在着。在其影响下,一些案件在最终判决结果出来之前其实已经没了悬念。

我们发现的第一种实体性暗示是,在有罪判决中,曾犯过罪的人员比例占12.4%,相比之下,在无罪判决中,只有2%的样本属于曾犯过罪的人员。在有罪判决中,曾被劳教的人员比例占2%,而在无罪判决中,无一例曾被劳教的人员。在有罪判决中,有其他行政前科的人员比例占5%,而在无罪判决中,只有0.3%的样本有其他行政前科。可以认为,如果面临刑事审判,曾经犯过罪的人、曾被劳教的人以及有其他行政前科的人,比其他人有更大的机会被判有罪。③ 应该指出,这与累犯制度截然不同。从原因上看,曾犯过罪的人可能构成累犯,也可能不构成累犯,行政前科和劳教都与累犯构成条件无关。从结果上看,累犯只涉及刑罚轻重,不涉及罪与非罪问题。更明显的是,累犯重罚有法律根据,而上述几类人是否应该有小于常人的无罪机会,不可能有任何法律根据。尽管如此,这几类刑法现象之间还是有一个共性:它们都是当下法律事实以外的其他因素,明示或暗示着对当下被告人不利的案件处理结果。

---

① 龙宗智:《证据分类制度及其改革》,《法学研究》2005年第5期。
② 的确,刑事诉讼法只规定,案件处理必须证据确凿,但没有规定一个案件的证据必须由全部证据种类所构成。相关法条规定的司法人员收集的证据种类,也只是能够证实犯罪嫌疑人、被告人有罪或者无罪的各种证据。既然是"或"而不是"和"的关系,那么,就不是在收集有罪证据的同时,又必须收集无罪证据。
③ 有学者指出,在某些案件中,如果被告人的犯罪记录(一种规范的信息)被法官及陪审团预先得知了,那么这些被告人在案件审理过程中就会处于不利的地位(参见唐·布莱克:《社会学视野中的司法》,第69页)。

除了被告人自身因素以外,被告人以外的其他同案被告也可能成为某种实体性参照物。观察发现,无罪样本中只有3.6%的案例是案件审理时同案其他被告人已经被判刑的样本。而在有罪样本中,则有10.2%的案例属于案件审理时同案其他被告人已经被判刑的样本。即,如果法官知道某被告的同案被告已经被定罪,那么,就更可能对本案被告做出有罪认定。也许,由于同案的某甲有罪,所以某乙也有罪,这一逻辑是客观事实的某种反映。但是,如果将这一事实逻辑直接取代刑事司法的定罪逻辑,就意味着,由于经法定程序审理认定的某甲有罪,所以,未经法定程序审理认定的同案被告某乙也就一定有罪。归谬的结果,事实逻辑当然不能直接取代法律逻辑,但刑事司法中一定不存在这种取代现象?不一定。一些相互印证的证据是,在我们的样本库中,涉黑社会样本的无罪率几乎为零。而且,无罪样本中只有2.6%的案例是案件审理时同案其他被告人因脱逃不在案的样本。而在有罪样本中,则有5.5%的案例属于案件审理时同案其他被告人因脱逃而不在案的样本。就是说,如果法官知道,某被告的同案被告在押中脱逃,那么,就更可能对本案被告做出有罪认定。尽管影视作品中不乏因蒙冤而脱逃的个案,但人们还是更容易相信,实际生活中多半的在押犯脱逃属于畏罪脱逃。一般认为,分化瓦解,区别对待,是法官常用的策略技巧。对同案不同犯罪人做出的刑事反应有轻有重,有宽有严,将有助于案件的处理。但是,上述证据的不同之处在于,对当下案件做出无罪认定,已经不大可能对已经定罪或脱逃的同案被告是否与司法机关合作构成积极的策略性影响。在这个前提下,与其做出无罪决定,不如有罪决定来得更加符合常理。

的确,上述几个观察结果都在说明这样一个事实:那些曾经有违法、犯罪记录的人,或者同案其他被告人有罪或很可能有罪的人,的确更大的可能实施了犯罪。相比而言,不具备这些背景信息的被告人,就有相对较大的机会被认为无罪。至少,此类判断所冒的犯错误的风险的确较小。这就是为什么会形成司法潜见的一个解释,无论有罪判断还是无罪判断,判断失误的风险越小,先前反复出现的概率事件对当下的判断就越可能形成有影响力的司法潜见。尽管如此,任何司法官员都不太会确认,自己的某个具体判断是基于某种潜见作出的。

第三,法律服务市场与司法潜见。

对一个案件基本法律性质的判断来说,控辩关系是一个案件能否生成一个高质量法律问题的关键。几乎所有刑事案件中都有至少一个焦点问题,案件的最终处理结果实际上可以视为刑事司法对这种焦点问题的回答。从这个意义上说,研究无罪判决应该从这些判决中的焦点问题开始。当然,大部分聚焦是否有罪问题的案件最终还是走到有罪判决的结果。同时,这也不意味着那些没有集中讨论是否有罪问题的案件就一定有罪。接下来的讨论中我们会看到,本研究的意义之一恰好在于提出问题：为什么在有些案件中，是否有罪的问题未被提出？法庭上这类问题的缺席，到底对案件处理有何影响？

高质量焦点问题的提出不一定导致无罪判决，但没有高质量问题的提出，甚至没有提出罪与非罪的界限问题，法庭做出无罪判决的可能更是微乎其微。既然焦点问题的质量如此重要，那么，谁更可能提出这样的问题呢？法庭上，被告人一方的各种角色中，最关心被告诉讼结果的显然是被告人本人，而最熟悉相关业务的应该是职业律师。然而，我们不敢肯定，一个关键性的高质量焦点问题更可能出自被告人本人还是职业律师。被告人为自己所作的辩解可能因为不够专业无法切中要害，而律师所作的辩护又可能基于成功率的考虑而放弃无罪辩护，只做罪轻辩护。相比之下，除了少量自诉案件以外，控方是检察机关的公诉人员，不仅业务上训练有素，背后有强大的国家检察机关背景，而且在公安、批捕、审查起诉等多个环节已有充分准备。在这三者之中，被告和控方在任何案件中都是必备元素，而职业律师不是每个案件都会出现。于是，我们可以假定，案件中是否存在职业律师为被告提供专业法律服务，意味着控辩双方在力量对比上的两种可能：如果没有职业律师的法律服务，则被告方的力量相对较弱；如果有职业律师提供的法律服务，被告人的境况将相对好于没有律师服务的案件。

具体到无罪案件来说，这个假设就可以转换为：有职业律师参与的案件的无罪率应该高于其他案件的无罪率。为此，我们对 32 万多样本进行观察，结果发现：全部无罪样本中，有 365 个样本中有职业律师为被告提供辩护，占无罪案件的 62.3%，只有 221 个样本中没有职业律师的出现，占无罪案件的 37.7%。相比而言，在有罪样本中，只有 26.8% 的样本中可见职业律师的身影，其余 73.2% 的有罪判决都没有看到职业律师的辩护活动。就是说，绝大部分无罪判决中都有职业律师的出现，而绝大部分有罪判决中都没有职业律师的出现。换个角度观察，有职业律师辩护的无罪案件占有职业律师辩护案件总数的 0.4%，没有职业律师辩护的无罪案件仅占没有职业律师辩护案件总数的 0.1%，而无罪案件占总体样本的 0.2%。这三个微小的百分比从另一个角度印证了这样一个判断：只要有职业律师的参与，案件审理出现无罪结果的概率就显著高于没有律师参与的案件。① 反之，职业律师的缺席大大增加了案件有罪判决出现的机会。

一个更细致的观察是，在有职业律师参与的无罪案件中，又可以分为被告人委托律师和指定辩护这两种情况。观察发现，律师参与的无罪案件中，大约

---

① 这里所谓"显著"，是指交互分析的显著值 $P<0.05$。

90%的案件都是被告委托律师,指定辩护只占极小部分。这两种情况对无罪结果的贡献率也存在不同:如果律师的出现是被告人出钱委托的,则有0.5%的机会得到无罪结果。而如果律师是由法庭指定的,则只有0.2%的机会看到无罪判决。如果被告人自行辩护,无罪结果的机会只有0.1%。这个差异的显著值也符合小于0.05的要求。换个角度观察,在样本库中,所有案件的委托辩护与自行辩护的比例分别为24%和73%,但在无罪样本库中,委托辩护与自行辩护的比例则调过来,为59.7%和37.7%。可以说,职业律师的出现与否对无罪案件的显著影响,应主要归因于委托辩护,而指定辩护的影响很小。一般而言,委托律师比指定的律师可以得到更高的律师费用。因此,从这个数据分布中最可能推出的认识是,不仅要有专业法律知识的介入,而且要有更高费用支付的这种介入,才会有更大的机会出现无罪结果。从这个意义上说,所谓辩方力量越强越可能出现无罪结果,就是指辩方的法律知识越专业,并且,辩方因辩护服务所得到的收益越高,案件才越可能走向无罪判决。①

总之,法律服务市场对有罪无罪的界分也有显著影响。雇不到好的律师,就可能提不出有质量的法律问题,结果,无罪判决出现的机会就随之降低。这是因为,焦点法律问题是连接案件事实与相应法律规定之间的重要纽带。如果这条纽带的发现出自训练有素的律师,显然会有利于被告。因此,有无有利被告的高质量法律问题的提出,在法官心目中会形成完全不同的关于案件的心理准备状态。如果这种心理准备状态事实上对案件处理过程和结果构成影响,我们就有理由相信司法潜见的存在。尽管对无罪案件而言,这种潜见的作用无可厚非,但是,从这个视角观察我国的法律服务市场,反倒引人思考。有学者发现,我国东部西部之间存在法律职业分布的严重不平衡。②而且,由于种种原因,③有些律师对刑事辩护往往采取回避态度。结果,70%的刑事案件中没有律师辩护。④从这个视角观察司法潜见与刑事司法的关系,真正引发人们思考的,也许不是无罪判决的解释,而是有罪判决的原因。

第四,控审关系与司法潜见。

除了上述三对关系以外,控审关系也会对案件处理结果构成直接影响。在

---

① 当然,不能绝对排斥这样一种可能,即被告人不出钱聘请律师是因为确信自己有罪,而舍得出钱聘请律师是因为确信自己无罪。然而,我们也无法绝对排除另一种可能,即被告人聘请律师的目的是为自己减轻罪责。而不论被告人出于何种目的聘用或不聘用律师,法律服务市场与刑事案件判决结果之间的高度相关性,的确是一个引发人们深入思考的现象。
② 朱景文:《中国法律工作者的职业化分析》,《法学研究》2008年第5期。
③ 其中,律师对自身利益最大化的追求,是无罪辩护率一直处于较低水平的原因之一(参见成安:《无罪辩护实证研究——以无罪辩护率为考察对象》,《西南民族大学学报》2012年第2期)。
④ 谢佑平等:《律师角色的理论定位与实证分析》,《中国司法》2004年第10期。

这条线索上我们注意到,案件提起公诉之前,如果检察官相信某个案件构成犯罪,便会对其进行另一种的筛选。其中,最常见的选择性操作就是逮捕还是取保候审。在样本库中,逮捕率约为63.6%,取保候审率约为19.3%,说明这是两种最常用的强制措施。除了一些信息不详的样本以外,拘传和监视居住两项加起来还不足3%。由于逮捕和取保候审的决定很可能反映出检察官对案件的某种预知,因此,如果要了解检察官的这种预知会不会对法官的决定构成影响,就要比较这两种强制措施最终的无罪机会有无显著差异。观察结果发现,在203 604个采取逮捕措施的样本中,有0.1%的样本最终无罪;而61 862个采取取保候审措施的样本中,有0.3%的样本最终无罪。这两个数据看似差距不大,但相对全库中的无罪率0.2%的水平,两者的差异则意味着,逮捕案件的无罪机会低于平均水平,而取保候审案件的无罪机会高于平均水平。这个检验的显著性水平$p=0.000$,说明差异显著。可以说,取保候审案件比逮捕案件有更大的可能性最终走向无罪。

这个现象看似细枝末节,却很有意义。在刑事司法过程中,法官面对一个案件时其实清楚地知道,经过侦查、批捕、公诉等多道工序,案件已经被层层过滤,先后被做过两次划分:第一次划分是罪与非罪的划分,不构成犯罪或者不按犯罪处理的案件被检察机关剔除,其法律形式是存疑不起诉、绝对不起诉或相对不起诉。第二次划分是重罪与轻罪、危险性大与小的划分,法官所能见到的案件其实只是被第二次划分过的这两类案件。那么,这种先于审判阶段对犯罪的分类,会不会形成审前程序的某种潜见对法官的判断构成影响?换句话说,在所有可能构成犯罪的案件中,较重或较危险的犯罪被突出显示,是否在向法官暗示此类案件应该有更高的定罪机会?在上述观察中,检察官对案件的初选主要体现在各类强制措施的选用上。根据《刑事诉讼法》,取保候审的对象包括可能判处管制、拘役或者独立适用附加刑的,或者可能判处有期徒刑以上刑罚,采取取保候审不致发生社会危险性的犯罪嫌疑人、被告人,等等(第65条)。相比而言,逮捕的对象则是有证据证明有犯罪事实,可能判处徒刑以上刑罚,采取取保候审尚不足以防止发生社会危险性,而有逮捕必要的犯罪嫌疑人、被告人(第79条)。可以看出,管制、拘役等可能适用的刑罚轻于有期徒刑等刑罚,采取取保候审不致发生社会危险性的犯罪嫌疑人、被告人,比采取取保候审尚不足以防止发生社会危险性的嫌疑人、被告人的危险性要小。应该承认,审判之前对案件的这种划分,是法律赋予检察官的一种权力。尽管下一道工序中的法官会想,罪与非罪的问题还没最终判定,何来的轻重重罪?但是,法官不大可能彻底无视检察官对案件的这种初选。至少,我们已经看到了这样一个链条:被检察官认为较重或较危险的犯罪案件,则更可能采取逮捕措施,而逮捕后起诉到法院的刑事案件则更可能被判有罪,即无罪的机会相对较小。相比而言,被检察官认为较轻或危险较小的犯罪案件,则更可能被取保候审,而取保候审后起诉到法院的刑事案件则有相对较大的机会被判无罪。① 总之,统计结果表明,法官的最终决定并非完全独立于之前检察官对案件的初步筛选。②

问题是,该怎样理解之前轻与重或危险性不等的初选,对之后有罪与无罪判断的影响?尽管无论是检察官还是法官,这种初选的影响不应该是一种有意而为,但我们还是应该承认,逮捕后被判无罪的案件可能导致国家赔偿乃至一系列紧随其后的负面评价,很可能引发检法之间关系的紧张,对检方而言构成一定压力。捕后无罪率较低这一现象,也许正是避免这种紧张、回避上述压力的某种结果。③ 有的法官可能为了避免这种紧张关系的出现,有意无意地对逮捕案件选择有罪处理。相比之下,取保候审后被法院判决无罪就显得相对容易接受一些。对控审之间这些微妙的博弈过程,除了用刑罚资源的透支或者逮捕的实体化来说明,还可以用司法潜见来解释。对一个案件的处理将会给司法机关内部带来何种影响的预见,也会作为某种心理准备状态或者背景信息对案件审理构成影响。

至此,我们完成了四类案件背景信息及其影响的观察,但在得出结论之前还应审慎地回应一种可能的质疑:也许正是由于案件本来的确无罪,所以证据信息才不对称,所以才有律师愿意提供法律服务做出无罪辩护。所以,所谓司法潜见的发现和证实就变得没有意义。笔者认为,绝大多数案件处理结果的确都是因为案件原本就无罪或有罪。但在逻辑上,我们不能反过来用结果推导原因,这无异于否认错判的可能性。在接下来的分析中我们将看到,谁能保证这种错判只是将有罪错判为无罪而不可能将无罪错判为有罪呢?只要部分案件处理结果可能部分地归因于司法潜见的非规范性影响,只要这部分案件没有少到不符合

---

① 有学者通过对146个法院无罪判决的实证分析得出结论,在我国,取保候审制度的司法实践仍有较大的改进空间。这反过来正好证明,取保候审与无罪判决之间的确存在更紧密的关联(参见陈轶:《我国取保候审制度的完善——从无罪判决的实证分析入手》,《政治与法律》2005年第2期)。

② 陈瑞华也发现,在中国,由于逮捕的条件接近于检察机关提起公诉、法院做出有罪判决所需要的证据条件,也由于逮捕与未决羁押在程序和理由上都没有发生分离,因此,逮捕的决定一旦做出,往往被视为定罪、科刑的预演。在司法实践中,嫌疑人一旦被批准或者决定逮捕,往往就被作为准罪犯来对待。而各地公安机关在侦破刑事案件(尤其是具有重大社会影响的案件)后,普遍采取的召开"公开逮捕大会"的做法,也从一个角度表明逮捕以及由逮捕所引发的羁押,实际被赋予强烈的先期刑罚的意味。这充分地显示出逮捕、羁押实际具有明显的惩罚意味,而丧失了作为强制措施所应具备的诉讼保障、防止社会危险性等一系列的羁押目的(参见陈瑞华:《未决羁押制度的理论反思》,《法学研究》2002年第5期)。

③ 这一现象的另一个反映就是关于附条件逮捕制度的讨论。尽管许多学者对此持反对意见,但还是有学者发现,实施附条件逮捕后,捕后无罪率提高了,实际上对逮捕条件几乎等同于定罪条件的现象有所改观(参见陈光中等:《控制犯罪与保障人权的权衡》,《国家检察官学院学报》2008年第6期)。

统计规律上的显著性要求,我们去挖掘这部分案件背后的真实定案原因就是有意义的。至此,我们可以说,用司法潜见解释无罪判决的理论假设得到了证实,司法潜见是无罪判决的影响因素之一。司法潜见源自于四种有利被告的案件背景信息,使面对这些案件的司法人员无形中对无罪结果早有心理准备乃至预期,因而提高了这些案件的无罪机会。这四种有利被告的背景信息分别是:向被告倾斜的证据信息、实体性无罪暗示、高质量的辩方法律意见、控方附加给案件的宽宥属性。对每天都会面对大量有罪案件的司法人员来说,这四种背景信息一旦集中出现在某个案件中,无罪几乎就是顺理成章的高概率选项。至少,在这种心理准备状态下,司法人员基本上不会拒绝无罪结论。

9.6.5 从无罪看有罪

完成了上述假设检验,我们不可避免地联想,司法潜见的解释力是否仅限于无罪判决?其实,如果换个角度理解四种背景信息,无罪也许不一定是司法潜见的唯一结果。因此,我们可以把向被告倾斜的证据信息表述为证据信息不对称,把实体性无罪暗示表述为实体性暗示,把高质量的辩方法律意见表述为控辩力量对比悬殊,把控方附加给案件的宽宥属性表述为控方对案件的初选。与此前不同,重新表述的背景信息由仅仅有利被告变为中性信息,既可能有利被告,也可以不利被告。问题是,如果案件背景信息是中性的,相应的司法潜见是不是也可能具有双重属性?如果司法潜见既可能导致无罪也可能是某些有罪判决的解释,我们到底该怎样理解有罪与无罪之间的真正界分呢?

根据以上分析,与案件基本法律事实有关的背景信息既可能有利被告人又可能不利被告人,于是,司法潜见也相应地有无罪潜见和有罪潜见之分。我们在证实无罪潜见是无罪判决的一种解释的同时,实际上也一并证实,有罪潜见也会让有些案件比其他案件有更多的可能性走向有罪判决。于是,这些有罪案件的可靠性其实是令人担心的。起初,我们只是假定,司法潜见是无罪判决的原因之一。现在,它的自身逻辑已经把我们从无罪判决的观察带进了有罪判决的分析,发现其真正的理论潜力。

首先,司法潜见位于形式理性与实质理性二元分析框架的盲区。

本研究的知识增量不在于提出实体定罪条件的新解释,而在于发现现有定罪条件的实际运作规律,了解定罪条件是如何与司法潜见交织在一起影响案件处理的。在刑法学中,形式理性与实质理性是刑法解释论中两种相对较权威和前沿的理论概括。坚持形式理性的一方认为,形式解释论基于罪刑法定原则所倡导的形式理性,通过形式要件,将实质上值得科处刑罚但缺乏刑法规定的行为排斥在犯罪范围之外。① 坚持实质理性的一方则认为,对构成要件的解释不能停留在法条的字面含义上,必须以保护法益为指导,使行为的违法性与有责性达到值得科处刑罚的程度;在遵循罪刑法定原则的前提下,可以做出扩大解释,以实现处罚的妥当性。② 应该说,这一论争为刑法解释论提供了一个穿透力很强的分析框架,绝大多数刑法学问题都能在这个框架中得到深刻把握。然而,司法潜见的发现和证实意味着,司法潜见现象恰好位于这个分析框架的盲区中。

根据我们对司法潜见的观察,司法潜见以潜在的、隐性推定的方式对定罪过程构成影响。所以一方面,尽管法益保护是实质理性说的基本追求,但不排除实践中被扩大解释而与有罪潜见混杂在一起的可能。结果,有些有罪潜见会以法益保护为名无形中挤压无罪判决的空间。另一方面,不论是有罪潜见还是无罪潜见,都可能从刑事法的形式要件中找到支持。一个因有罪潜见而指控乃至定罪的案件,也可能符合形式要件的要求。同理,一个符合定罪形式要件的行为,也可能因实质上不应处罚而出罪。因此,坚持形式理性不必然通向人权保护。司法潜见的存在证明,有些非规范的人为因素,正是借助规范刑事法律制度的形式化运作影响案件处理过程的。当这种影响的结果是有罪判决时,就意味着被告人并不完全是因为符合实体法的定罪条件并依照法定刑事诉讼程序而最终承担了刑事责任,而是部分地受到司法潜见的非规范性影响。可见,法的形式要件不仅不是人权保护的充分必要条件,而且还可能掩盖某些有罪判决中的实质非理性,使其看上去具有相当的妥当性。因此,只有在坚持形式理性的过程中,自觉控制司法潜见的影响,才更加贴近刑事法治的要义。

其次,刑事法治意味着刑事法权利的平等保护和控制犯罪控制。

既然形式理性与实质理性不是刑事法治问题的终极概括,那么,我们至少有理由从其他角度寻求刑事法治内涵的不同理解。审视上述考察不难看出,证据信息不对称意味着被告人与被害人刑法权利的不平等,实体性有罪暗示意味着行为人之间刑法权利的不平等,法律服务市场的不平衡意味着被告人之间刑法权利的不平等,控审关系中对不同案件的审前筛选意味着当事人刑法权利的不平等。这些不平等发生在刑事司法的不同环节,是司法潜见的不同侧面,所以,刑事司法潜见的要害在于,它把一种看不见的不平等悄悄植入罪与非罪的判断过程乃至结果,并使其获得合法性身份。这就是为什么刑事司法中有法律有法学,却不等于有法治的一种解释。从这个意义上说,实现刑事法权利的平等保护应是刑事法治的内涵之一。

---

① 陈兴良:《形式解释论的再宣示》,《中国法学》2010年第4期。
② 张明楷:《实质解释论的再提倡》,《中国法学》2010年第4期。

不过，如果用平等保护来解读刑事法治，那么，实现这个意义上刑事法治的最大障碍也许并不来自犯罪现象，而是来自犯罪控制本身。因为从理论上看，司法潜见可以理解为一种犯罪定义学现象。① 有罪判决其实是法定犯罪条件与司法潜见的综合产物。作为犯罪定义的一种文书形式，有罪判决既无法彻底还原为犯罪定义的对象本身，也无法彻底还原为定义者自身的主体性。这种不可还原性又一次证实了犯罪定义学的一个基本理念：犯罪是按照一定主观图式组织建构起来的事实，而不是纯客观自在的对象。② 组织建构犯罪的这些主观图式除了法定形式要件和诉讼程序以及精美的犯罪论体系以外，还有司法潜见。和规范因素一起，司法潜见也参与了对某些行为的筛选、分类、排序，赋予这些行为以犯罪的属性和意义，从而制作出有罪判决。司法潜见的客观存在意味着，即使不存在歧视、偏见因素，司法潜见也不可避免地将犯罪定义者自身的某种属性投射、粘贴到对象身上，在诠释、适用实体刑法的同时，也无意中留下了自己的痕迹。因此，某些案件所以有罪或者无罪，不能简单地归因于案件事实符合或不符合定罪条件，还应当承认定罪条件在被解释过程中不可避免地被掺入了某些主体自身的元素。如果说，形式理性与实质理性只是一种技术性较强的选择的话，那么，对犯罪定义者来说，是否将刑法平等确定为法治的目标，是一个难度更大的选择。

正如美国学者吉尔兹所说：法律事实并不是自然生成的，而是人为造成的，它们是根据证据法规则、法庭规则、判例汇编传统、辩护技巧、法官雄辩能力以及法律教育成规等诸如此类的事物而构设出来的，是社会的产物。③ 所以，有效控制人为因素对刑事司法的负面影响，自觉控制犯罪控制，才能相对接近刑事法治的理想状态。从某种意义上说，犯罪控制的对象不只是犯罪行为，还包括犯罪控制本身。只有当犯罪控制实现了规范化、制度化，犯罪行为才可能得到规范、有效的控制。

第三，回到无罪率。

由司法潜见的角度质疑有些有罪案件的真实原因，其实践意义之一在于使人们理解司法潜见的不可避免性，进而理解无罪判决的不可避免性。无罪判决并不意味着其中的有罪指控错了，同理，有罪判决也不绝对意味着其中的无罪辩解全都无理。因为我们有理由怀疑，有些有罪判决的原因之一可能是有罪潜见。

---

① 参见白建军：《关系犯罪学》（第 2 版）第六章"犯罪定义学"，中国人民大学出版社，2009 年。
② 白建军：《从中国犯罪率数据看罪因、罪行与刑罚的关系》，《中国社会科学》2010 年第 2 期，第 157 页。
③ 克利福德·吉尔兹：《地方性知识：事实与法律的比较透视》，梁治平编：《法律的文化解释》，上海三联书店，1994 年，第 80 页。

与其质疑无罪率太高,还不如去质疑有罪率是不是真的这么高。零无罪率的提法不仅流露出对现代诉讼规律的无知,甚至有容忍错案乃至掩饰错案之嫌。从这个意义上说,过分追求低无罪率是一个可怕的想法。而保持一定水平的无罪率,其实可以适当调节打击犯罪与保障人权之间的紧张关系,对控方乃至整个犯罪定义系统而言都将利大于弊。至于为什么会提出零无罪率问题,可能已经超出了法学本身力所能及的范围。但可以肯定的是,本研究中 0.2% 的无罪率水平只低不高,实际上的无罪案件应该高过这个水平。

最后,既然某些无罪案件被掩埋在有罪判决中不能归咎于执法水平失衡或社会偏见歧视,也不能说现行实体、诉讼法律制度本身就蕴含着这种必然性,那么,就应尝试一些建设性的对策建议,积极消减有罪潜见的负面影响。其中,除了要求证据信息对称、鼓励而不是压制律师依法从事刑事辩护等措施之外,在案例指导的实践中建立无罪案例库也许是个可行的尝试。而且,根据同案同判原理,这里所说的无罪案例不应该是经各级法院层层筛选仅限于最高法院发布的所谓精品无罪案例,而应该是全部依法经法庭审理并发生法律效力的无罪判决。作为指导性案例,一个质量有瑕疵的无罪判决,总比一个有问题的有罪判决更加安全。如果这样的无罪案例库实现全面公开,相信对定义犯罪的各方都是个好消息。

参考文献

〔美〕Donald J. Treiman(中文名:唐启明)著:《量化数据分析:通过社会研究检验想法》,任强译,社会科学文献出版社,2012年7月版。

〔德〕阿·迈纳著:《方法论导论》,王路译,三联书店,1991年5月版。

〔德〕马克斯·韦伯著:《社会科学方法论》,韩水法、莫茜译,中央编译出版社,1999年3月版。

〔法〕E.迪尔凯姆著:《社会学方法的准则》,狄玉明译,商务印书馆,1995年12月版。

〔法〕皮埃尔·布迪厄、〔美〕华康德著:《实践与反思——反思社会学导引》,李猛、李康译,中央编译出版社,1998年2月版。

〔加〕伊恩·哈金:《驯服偶然》,刘钢译,中央编译出版社,2000年3月版。

〔美〕D. P. 约翰逊著:《社会学理论》,国际文化出版公司,1988年2月版。

〔美〕M.尼尔·布朗、斯图尔特·M.基利著:《走出思维的误区》,张晓辉等译,中央编译出版社,1994年3月版。

〔美〕艾尔·巴比著:《社会研究方法》(第8版),邱泽奇译,华夏出版社,2000年4月版。

〔美〕托马斯·库恩著:《科学革命的结构》,金吾伦、胡新和译,北京大学出版社,2003年1月版。

〔美〕朱迪思·A.麦克劳夫林著:《行为科学统计学入门》,严文蕃、夏春等译,凤凰出版传媒集团、江苏教育出版社,2005年12月版。

〔美〕德尔伯特·C.米勒、内尔·J.萨尔金德著:《研究设计与社会测量导引》,风笑天等译,重庆大学出版社,2004年12月版。

〔德〕阿图尔·考夫曼、温弗里德·哈斯默尔主编:《当代法哲学和法律理论导论》,郑永流译,法律出版社,2002年1月版。

〔德〕伯恩·魏德士著:《法理学》,丁小春、吴越译,法律出版社,2003年7月版。

〔德〕哈贝马斯著:《在事实与规范之间——关于法律和民主法治国的商谈理论》,童世骏译,三联书店,2003年8月版。

〔法〕杜尔海姆著:《乱伦禁忌及其起源》,汲喆等译,上海人民出版社,2003年1月版。

〔美〕波斯纳著:《法理学问题》,苏力译,中国政法大学出版社,1994年7月版。

〔美〕布莱克著:《法律的运作行为》,唐越、苏力译,中国政法大学出版社。

〔美〕加里·S.贝克尔著:《人类行为的经济分析》,王业宇、陈琪译,上海三联书店、上海人民出版社,1995年4月版。

〔美〕杰克·D.道格拉斯、弗兰西斯·C.瓦克斯勒著:《越轨社会学概论》,张宁、朱欣民译,河北人民出版社,1987年版。

〔美〕唐·布莱克著:《社会学视野中的司法》,郭星华等译,法律出版社,2002年4月版。

〔意〕贝卡里亚著:《论犯罪与刑罚》,黄风译,中国大百科全书出版社,1993年6月版。

〔意〕菲利著:《实证派犯罪学》,郭建安译,中国政法大学出版社,1987年7月版。

〔意〕切萨雷·龙勃罗梭著:《犯罪人论》,黄风译,中国法制出版社,2000年8月版。

〔美〕汉斯·采泽尔(Hans Zeisel)、戴维·凯(David Kaye)著,黄向阳译:《用数字证明:法律和诉讼中的实证方法》,中国人民大学出版社,2008年6月版。

〔美〕迈克尔· O. 芬克尔斯坦(Michael O. Finkelstein)、布鲁斯·莱文(Bruce Levin)著:《律师统计学》,中国人民大学出版社,2008年7月版。

范并思:"社会转型时期的中国社会科学——社会科学的科学计量学分析",《上海社会科学院学术季刊》2001年第3期。

范伟达:《现代社会研究方法》,复旦大学出版社,2001年4月版。

高隆昌:《社会度量学原理》,西南交通大学出版社,2000年6月版。

郭志刚:《社会统计分析方法——SPSS软件应用》,中国人民大学出版社,1999年12月版。

胡辉华:"论知识社会学的困境",《哲学研究》2005年第4期。

卢淑华:《社会统计学》,北京大学出版社,1989年8月版。

唐盛明:《社会科学研究方法新解》,上海社会科学出版社,2003年9月版。

吴元樑:《科学方法论基础》,中国社会科学出版社,1984年6月版。

袁方:《社会研究方法教程》,北京大学出版社,1997年2月版。

袁方主编:《社会统计学》,中国统计出版社,1998年9月版。

郑杭生、李强、李路路:《社会指标理论研究》,中国人民大学出版社,1989年9月版。

郑真真:"社会科学实证研究中的统计方法应用",《人口研究》第26卷第5期。

陈弘毅:"当代西方法律解释学初探",梁治平编,《法律解释问题》,法律出版社,1998年6月版。

陈金钊:"法律解释及其基本特征",《法律科学》2000年第6期。

陈金钊:"法律解释中的矛盾与选择",《法商研究》2004年第2期。

陈兴良:"法的解释与解释的法",《法律科学》1997年第4期(总第81期)。
陈兴良:《刑法哲学》,中国政法大学出版社,2000年5月第2版。
陈正云:《刑法的经济分析》,中国法制出版社,1997年1月版。
储槐植:《刑事一体化与关系刑法论》,北京大学出版社,1997年1月版。
季卫东:"法律解释的真谛——探索实用法学的第三道路",见季卫东著:《法治秩序的建构》,中国政法大学出版社,1999年7月版第90—95页,或《中外法学》1998年第6期。
加罗法洛:《犯罪学》,耿伟、王新译,中国大百科全书出版社,1996年1月版。
李道军:《法的应然与实然》,山东人民出版社,2001年1月版。
梁根林:"罪刑法定视域中的刑法适用解释",《中国法学》2004年第3期第120—131页。
吴宗宪:《西方犯罪学史》,警官教育出版社,1997年7月版。
谢晖:《法的思辨与实证》,法律出版社,2001年12月版。
杨仁寿:《法学方法论》,中国政法大学出版社,1999年1月版。
张明楷:《刑法的基本立场》,中国法制出版社,2002年3月版。
张志铭:"当代中国的法律解释问题研究",《中国社会科学》1996年第5期。
张志铭:"法律解释概念探微",《法学研究》1998年第5期。

致　　谢

　　本书的出版当然先要感谢我自己的"勤劳勇敢",还要感谢北大研究生院、法学院臧文素老师和北大出版社在这本书立项、出版中作出的努力,感谢中国社会科学院郑真真研究员在统计方法方面给予的无私帮助,感谢《中国社会科学》《法学研究》《中国法学》《中外法学》等多家杂志社以及法律出版社、中国人民大学出版社的编辑们多年来对我的耐心和肯定,感谢我书中所有引文的作者们,感谢我的老师、同事和家人对我的宽容,感谢北大实证法务研究所和北大法意网的郑顺炎、陈浩麾下几十人组成的研究团队在案例信息和数据库技术方面的长期有效合作。

　　不过,最该得到感谢的应该是另一群特殊的支持者——我的学生们。在现行法律教育的知识配置中基本没有实证分析方法方面内容,全国其他各法律院系也没有开设这样的课程。但从2000年开始,北大法学院的研究生在课表中发现了一门奇怪的课程,就是我开设的"法律实证分析"。经过几年来的不断补充、完善,这门课的讲授内容最终形成了这本书。如果没有这些学生们的期待和肯定,如果不是他们课上课下的提问,如果没有亲眼看到他们用实证分析方法成功敲开核心期刊的大门,如果没有学生们在案例信息收集、处理过程中付出的大量繁重劳动,总之,如果没有我的学生们,就没有这门课,也就没有这本书。

　　我向我的学生们深深地致谢。